教員採用試験「全国版」過去問シリーズ ⑫

全国まるごと

過去問題集

2025
年度版

保健体育科

#分野別　　　#項目別

協同教育研究会 編

協同出版

はじめに

　本書は，全国47都道府県と20の政令指定都市の公立学校の教員採用候補者選考試験を受験する人のために編集されたものです。

　教育を取り巻く環境は変化しつつあり，学校現場においても，教員免許更新制の廃止やGIGAスクール構想の実現などの改革が進められており，現行の学習指導要領においても，「主体的・対話的で深い学び」を実現するため，指導方法や指導体制の工夫改善により，「個に応じた指導」の充実を図るとともに，コンピュータや情報通信ネットワーク等の情報手段を活用するために必要な環境を整えることが示されています。

　一方で，いじめや体罰，不登校，教員の指導方法など，教育現場の問題もあいかわらず取り沙汰されており，教員に求められるスキルは，今後さらに高いものになっていくことが予想されます。

　協同教育研究会では，現在，626冊の全国の自治体別・教科別過去問題集を刊行しており，その編集作業にあたり，各冊子ごとに出題傾向の分析を行っています。本書は，その分析結果をまとめ，全国的に出題率の高い分野の問題，解答・解説に加えて，より理解を深めるための要点整理を，頻出項目毎に記載しています。そのことで，近年の出題傾向を把握することでき，また多くの問題を解くことで，より効果的な学習を進めることができます。

　みなさまが，この書籍を徹底的に活用し，教員採用試験の合格を勝ち取って，教壇に立っていただければ，それはわたくしたちにとって最上の喜びです。

協同教育研究会

教員採用試験「全国版」過去問シリーズ⑫

全国まるごと過去問題集　保健体育科＊目次

はじめに・1

出題傾向と対策・4

●体育分野

要点整理 …………………………………………………8

体つくり運動 …………………………………………17

トレーニング・新体力テスト ………………………43

陸上競技 ………………………………………………50

器械運動 ………………………………………………77

球技 ……………………………………………………107

水泳 ……………………………………………………150

武道 ……………………………………………………169

ダンス …………………………………………………205

競技のルール・競技総合問題 ………………………225

体育理論 ………………………………………………282

●保健分野

要点整理 ………………………………………………320

傷害の防止・心身の発達と機能 ……………………339

病理・健康と生活・環境 ……………………………364

保健分野総合 …………………………………………395

●学習指導要領・指導法

要点整理 ……………………………………………460

学習指導要領 ………………………………………464

学習指導法 …………………………………………506

●総合問題

答申・報告・法令・計画 …………………………522

語句説明 ……………………………………………539

本書について

　本書には，各教科の項目毎に，出題率が高い問題を精選して掲載しております。前半は要点整理になっており，後半は実施問題となります。また各問題の最後に，出題年，出題された都道府県市及び難易度を示しています。難易度は，以下のように5段階になっております。

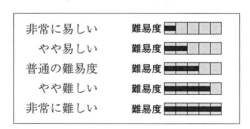

　また，各問題文や選択肢の表記については，できる限り都道府県市から出題された問題の通りに掲載しておりますが，一部図表等について縮小等の加工を行って掲載しております。ご了承ください。

出題傾向と対策

　今年度も例年の出題傾向から大きな変化はなく，広範囲から出題されている。分野としては，体育分野，保健分野，学習指導要領，実技各論とあるが，実技各論と保健分野からの出題は少なく，体育分野と学習指導要領からの出題が多い。学習指導要領の問題に加えて，学習指導法に関する出題が増えてきている。

　出題形式としては，政令市等ではマークシート方式の選択式問題が多いが，全体的には記述式の問題が多く，語句説明の問題等では，論述式の問題も一部では見られる。日頃から自分の言葉で説明できるように心掛けたい。

　また，ここ数年の傾向であるが，環境問題が話題になってから用語などの問題で環境問題が取り上げられる場合が増えてきている。さらに，保健体育といえども時事的なテーマについても出題されるので，よく理解しておくことが大切である。

○学習指導要領

　教科の目標及び各科目・各分野の目標，具体的な目標，心と体を一体としてとらえる観点，各運動領域の内容・技能・態度・学び方及び各領域や各領域の内容の取扱いについて，またそれらの改訂部分，指導計画作成上の留意事項，学校における体育・健康に関する指導などが頻出すると予想される。

○実技各論

　各運動領域の種目や技能の指導法，体つくり運動の領域における「体ほぐしの運動」のねらい，運動例，他の運動領域との関連や取扱い，各運動領域の内容・種目や技能，各種スポーツのルール，審判法と試合再開の方法，選択制授業の形態・意義・ねらい・選択制の類型・課題解決に対する具体的な指導法・アドバイスなどの出題が予想される。

○体育に関する知識・体育理論

　運動の特性と練習のしかたや学び方，運動処方，各種トレーニング法，トレーニングの基本5原則，現代社会とスポーツの意義・役割，運動技能の構造と練習法，技能の上達過程，体ほぐし，体力の意義と行い方，体力の高め方，スポーツ振興基本計画，スポーツ基本法，全国体力・運動能力調査，運動部活動等の在り方に関する方針などからの出題が予測される。

○保健分野

　中学・高校の保健の学習内容全般から広く出題されると考えられる。ヘルスプロモーションの考え方，その考え方を基底にした喫煙，飲酒，薬物乱用，生活習慣病，ストレスなど，救急蘇生法と応急処置，熱中症，思春期における性に関する問題・心の健康，感染症(コロナウイルス等)など，幅広く問われる。

学習対策

○学習指導要領

　中学校学習指導要領解説　保健体育編・高等学校学習指導要領解説保健体育編　体育編を熟読し，保健体育科の改善の趣旨・基本方針及び具体的事項・改訂の要点，目標(教科，各分野や各科目)，心と体を一体としてとらえる観点，具体的な目標，各部分の考え方，体育分野・体育の各領域の特性と内容(技能・態度・学び方)及び内容の取扱い，保健分野・保健の内容と内容の取扱い，指導計画作成上の留意事項などについて徹底的に理解すること。

○実技各論

①自分の専門とする運動種目に習熟するとともに，専門外の運動種目の基礎的な技能を幅広く身に付けることをすすめる。

②より多くの実技指導資料を読み，指導法や練習法の支援ができる力量を身につけること。

③選択制授業(選択履修)に対して学習をすすめておくこと。

④いろいろなスポーツ種目の競技規則や審判法，国際的なスポーツ用
　語を理解しておくこと。

○体育に関する知識・体育理論

　学習指導要領及び中・高の保健体育の教科書で，このジャンルの内
容を理解しておくこと。

○保健分野

　中・高の保健体育の教科書を意欲的に学習し，基礎知識を確実に身
に付ける。ヘルスプロモーションの考え方やオタワ憲章，救急蘇生法，
健康増進法などについて学習をすすめ，内容を理解しておくこと。

○その他

　スポーツの国際化が進んでいる今日，オリンピック大会をはじめと
して，国際的なスポーツ競技大会，国民体育大会などの発祥，開催地，
開催間隔，優勝者(日本人)，次期開催年と開催地等についても理解を
深めておくとよい。

体育分野

要点整理

▼体つくり運動

　体つくり運動は，体ほぐしの運動と体の動きを高める運動及び実生活に生かす運動の計画で構成され，自他の心と体に向き合って，体を動かす楽しさや心地よさを味わい，心と体をほぐしたり，体の動きを高める方法を学んだりすることができる領域である。

　中学校では，体つくり運動で学んだことを授業以外でも生かすことをねらいとした小学校の学習を受けて，より具体的なねらいをもった運動を行い，学校の教育活動全体や実生活で生かすことが求められる。

　高等学校では，これまでの学習を踏まえて，体を動かす楽しさや心地よさを味わい，自己の体力や生活に応じた断続的な運動の計画を立て，実生活に役立てることなどが求められる。

　学習指導要領の改訂にあたっては，中学校では体を動かす楽しさや心地よさを味わわせるとともに，健康や体力の状況に応じて体力を高める必要性を認識させ，学校の教育活動全体や実生活で生かすことができるよう改善が図られた。具体的には，「体ほぐしの運動」において，第1学年及び第2学年では，「手軽な運動を行い，心と体との関係や心身の状態に気付き，仲間と積極的に関わり合うこと」とし，第3学年では，「手軽な運動を行い，心と体は互いに影響し変化することや心身の状態に気付き，仲間と自主的に関わり合うこと」が内容として示された。また，従前の「体力を高める運動」が，第1学年及び第2学年で「体の動きを高める運動」，第3学年で「実生活に生かす運動の計画」として新たに示された。高等学校では，生徒の運動経験，能力，興味，関心等の多様化の現状を踏まえ，体を動かす楽しさや心地よさを味わわせるとともに，健康や体力の状況に応じて自ら体力を高める方法を身に付けさせ，地域などの実社会で生かせるよう改善が図られた。具体的には，「体ほぐしの運動」において，「手軽な運動を行い，心と体は互いに影響し変化することや心身の状態に気付き，仲間と主体的に関わり合うこと」が内容として示された。また，従前の「体力を高める運動」は，体力の必要性を認識し，日常的に継続して高める

能力の向上が重要であることから，「実生活に生かす運動の計画」として新たに示された。

●**体ほぐしの運動**

　中学第1・2学年では，心と体の関係や心身の状態に気付くこと，仲間と積極的に関わり合うことをねらいとして行われる。指導に際しては，これらのねらいを関わり合わせながら，運動を経験するだけでなく，心や体の状態を軽やかにし，ストレスの軽減にも役立つなど，自他の心と体の関係や心身の状態を確かめながら学ぶことができるように留意する。

　中学第3学年と高校入学年次では，心と体は互いに影響し変化することや心身の状態に気付くこと，仲間と自主的に関わり合うことをねらいとして行われる。指導に際しては，これらのねらいを関わり合わせながら運動を経験するだけでなく，心や体の状態を軽やかにし，ストレスの軽減にも役立つなど，自他の心と体の関係や変化を確かめ，仲間と自主的に学ぶことができるように留意する。

　高校入学年次以降では，心と体は互いに影響し変化することや心身の状態に気付くこと，仲間と主体的に関わり合うことをねらいとして行われる。指導に際しては，これらのねらいを関連させながら，運動を経験するだけでなく，心や体の状態を軽やかにし，ストレスの軽減にも役立つなど，自他の心と体の関係や変化を確かめ，仲間と主体的に学ぶことができるように留意することが大切である。

●**体の動きを高める運動(中学第1・2学年)及び実生活に生かす運動の計画(中学第3学年・高校)〕**

　中学第1・2学年では，体の柔らかさ，巧みな動き，力強い動き，動きを持続する能力の，それぞれの動きを高めるための運動を行い，調和のとれた体力を高めることが大切である。

　中学第3学年及び高校入学年次では，自己の日常生活を振り返り，健康の保持増進や調和のとれた体力の向上を図るために，体の動きを高める運動の計画を立てて取り組むことが大切である。

　高校入学年次以降では，自己の日常生活を振り返り，自己のねらいに応じて，健康の保持増進や調和のとれた体力の向上を図るために，継続的な運動の計画を立てて取り組むこととする。

● 体育分野

▼トレーニング

　運動や環境に対する適応性を利用して，体力を高めようとすることをトレーニングという。適切なトレーニングにより行動力や抵抗力が高まれば，行動はより活発になり，病気や怪我などを防ぐことができるようになる。

　筋力を高めるには，最大筋力(全力)あるいはそれに近い筋力を発揮する運動を行い，筋力が増大するにしたがって，負荷をしだいに増していく。これは筋力を高める運動(トレーニング)の基本原則(漸進性の原則)である。筋力を高める運動には，負荷のかけ方のちがいから，2種類の方法がある。1つは，筋肉の等張性収縮を利用する方法で，バーベル，ダンベル，鉄アレイなどの重量物やエキスパンダーなどの抵抗物を用いる動的トレーニング(アイソトニックトレーニング)，またはウエイトトレーニングが代表的である。

　もう1つは，筋肉の等尺性収縮を利用する方法で，負荷してある筋力を，全力を出して動かそうとする静的トレーニングまたはアイソメトリックトレーニングである。

▼新体力テスト

　国民の体力・運動能力の現状を明らかにするとともに，体育・スポーツの指導と行政上の基礎資料を得るために実施されているテストのこと。従来の体力テストに比べ，より実施しやすいテストにするために測定方法の簡素化やテスト項目数の精選がされている。また，小学生から高齢者までを対象に同一方法で実施される項目数が多いことから，評価は個人でも容易に，かつ時系列的変化を把握しやすくなるように作られている。このテストは，測定を実施すること自体が目的ではなく，測定結果を何らかの基準に照らし，体力水準やその特性を評価するための資料を提供することが主な目的である。調査結果から，「①全国平均値，県平均値や集団の平均値と比較することで，テストの結果が優れているのか劣っているのかがわかる。②前年の結果と比較することで，体力の発達や低下傾向がわかる。」などのことが分析できる。なお，平成11年度に内容が改訂され，従前のテストと対比するため「新体力テスト」と呼ばれている。

▼陸上競技

　陸上競技は，「走る」，「跳ぶ」，「投げる」などの運動で構成され，記録に挑戦したり，相手と競争したりする楽しさや喜びを味わうことのできる運動である。

　中学校では，小学校での幅広い走・跳に関する運動の動きの学習を受けて，陸上競技に求められる基本的な動きや効率のよい動きを発展させて，各種目特有の技能を身に付けることができるようにすることが求められる。

　高等学校では，これまでの学習を踏まえて，記録の向上や競争及び自己や仲間の課題を解決するなどの多様な楽しさや喜びを味わい，「各種目特有の技能を身に付けること」ができるようにすることが求められる。

　改訂にあたっては，中学校ではバトンの受渡しの指導内容が新たに示されるとともに，「内容の取扱い」に，競走種目及び跳躍種目の中からそれぞれ選択して履修できるようにすることが示された。高等学校では，従来通り，「競走」，「跳躍」，「投てき」に示した運動で構成されているが，バトンの受渡しの指導内容が新たに示された上で，これらの中から選択して履修できるようにすることとされた。

▼器械運動

　器械運動は，マット運動，鉄棒運動，平均台運動，跳び箱運動で構成され，器械の特性に応じて多くの「技」がある。これらの技に挑戦し，その技ができる楽しさや喜びを味わうことのできる運動である。

　小学校では，技ができることや技を繰り返したり組み合わせることを学習している。

　中学校では，これらの学習を受けて，技がよりよくできることや自己に適した技で演技することが求められる。

　高等学校では，これまでの学習を踏まえて，技がよくできたり自己や仲間の課題を解決したりするなどの多様な楽しさや喜びを味わい，「自己に適した技を高めて，演技すること」ができるようにすることが求められる。

　改訂にあたっては，中学校では，従前どおり，「マット運動」，「鉄

11

棒運動」，「平均台運動」及び「跳び箱運動」の4種目で構成されるとともに，「内容の取扱い」に，第1学年及び第2学年においては，「マット運動」を含む二つを選択して履修できるようにすることが，第3学年においては，「マット運動」，「鉄棒運動」，「平均台運動」及び「跳び箱運動」の中から選択して履修できるようにすることが示された。

▼球技

　球技は，ゴール型，ネット型及びベースボール型などから構成され，個人やチームの能力に応じた作戦を立て，集団対集団，個人対個人で勝敗を競うことに楽しさや喜びを味わうことのできる運動である。

　小学校では，「ゲーム」と「ボール運動」で簡易化されたゲームでルールを工夫したり，チームの特徴に応じた作戦を立てたりして攻防を展開できるようにすることをねらいとした学習に取り組んでいる。

　中学校では，これらの学習を受けて，勝敗を競う楽しさや喜びを味わい，作戦に応じた技能で仲間と連携しゲームが展開できるようにすることをねらいとして，第1学年及び第2学年は，「基本的な技能や仲間と連携した動きでゲームが展開できるようにする」ことなどを，第3学年は，「作戦に応じた技能で仲間と連携してゲームが展開できるようにする」ことなどを学習している。

　高等学校では，これまでの学習を踏まえて，勝敗を競ったりチームや自己の課題を解決したりするなどの多様な楽しさや喜びを味わい，「作戦や状況に応じた技能で仲間と連携しゲームを展開する」ことなどが求められる。

　なお，今回の改訂でも従前どおり，中学校においては生涯にわたって運動に親しむ資質・能力を育成する観点，高等学校においては生涯にわたって豊かなスポーツライフを継続する資質や能力を育成する観点から，攻防を展開する際に共通して見られるボール操作などに関する動きとボールを持たないときの動きについての課題に着目し，その特性や魅力に応じて，相手コートに侵入して攻防を楽しむ「ゴール型」，ネットを挟んで攻防を楽しむ「ネット型」，攻守を交代して攻防を楽しむ「ベースボール型」に分類し示されている。また，中学校の「内容の取扱い」では，第1学年及び第2学年においては，これらの型の全

てを履修させる，また取り扱う種目については，従前から示されている種目の中から取り上げること，「ベースボール型」の実施に当たり十分な広さの運動場の確保が難しい場合は，指導方法を工夫して行うことが示された。

▼水泳

　水泳は，クロール，平泳ぎ，背泳ぎ，バタフライなどから構成され，呼吸をする，浮く，進むなどのそれぞれの技能の組合せによって成立している運動で，それぞれの泳法を身に付け，続けて長く泳いだり，速く泳いだり，競い合ったりする楽しさや喜びを味わうことのできる運動である。

　小学校では，低学年の「水の中を移動する運動遊び，もぐる・浮く運動遊び」，中学年の「浮いて進む運動，もぐる・浮く運動」，高学年の「クロール，平泳ぎ，安全確保につながる運動」で幅広い水泳に関する動きの学習をしている。

　中学校では，これらの学習を受けて，記録の向上や競争の楽しさや喜びを味わい，効率的に泳ぐことができるようにすることをねらいとして，第1学年及び第2学年は「泳法を身に付ける」ことなどを，第3学年では「効率的に泳ぐ」ことなどを学習している。

　高等学校では，これまでの学習を踏まえて，記録の向上や競争及び自己や仲間の課題を解決するなどの多様な楽しさや喜びを味わい，「自己に適した泳法を身に付け，その効率を高めて泳ぐ」ことができるようにすることなどが求められる。

　なお，改訂にあたり，「内容の取扱い」に，中学校では，「学校や地域の実態に応じて，安全を確保するための泳ぎを加えて履修させることができること」が新たに示されたとともに，引き続き，スタートの指導については，安全への配慮から，全ての泳法について水中からのスタートを扱うこととされた。高等学校では「泳法との関連において水中からのスタート及びターンを取り上げること」及び「入学年次の次の年次以降は，安全を十分に確保した上で，学校や生徒の実態に応じて段階的な指導を行うことができること」が新たに示された。

● 体育分野

▼武道

　武道は，武技，武術などから発生した我が国固有の文化であり，相手の動きに応じて，基本動作や基本となる技を身に付け，相手を攻撃したり相手の技を防御したりすることによって，勝敗を競い合い互いに高め合う楽しさや喜びを味わうことのできる運動である。また，武道に積極的に取り組むことを通して，武道の伝統的な考え方を理解し，相手を尊重して練習や試合ができるようにすることを重視する対人的な技能を基にした運動である。

　武道は，中学校で初めて学習する内容であるため，中学校では，技を高め勝敗を競う楽しさや喜びを味わい，基本動作と基本となる技を用いて攻防を展開できるようにすることをねらいとして，第1学年及び第2学年は，「基本動作や基本となる技を用いて簡易な攻防を展開する」ことなどを，第3学年では，「基本動作や基本となる技を用いて攻防を展開する」ことなどを学習する。

　高等学校では，これまでの学習を踏まえて，勝敗を競ったり自己や仲間の課題を解決したりするなどの多様な楽しさや喜びを味わい，「得意技などを用いた攻防を展開することができるようにする」ことなどが求められる。

　改訂にあたっては，「内容の取扱い」に，我が国固有の伝統と文化への理解を深める観点から，日本固有の武道の考え方に触れることができるよう，「柔道，剣道，相撲，空手道，なぎなた，弓道，合気道，少林寺拳法，銃剣道などを通して，我が国固有の伝統と文化により一層触れることができるようにすること」が新たに示されたとともに，学校や地域の実態に応じて，中学校では，従前から示されているなぎなたに加えて，空手道，弓道，合気道，少林寺拳法，銃剣道などについても履修させることができることが，高等学校では，従前から示されている相撲，なぎなた，弓道に加えて，空手道，合気道，少林寺拳法，銃剣道などについても履修させることができることが新たに示された。

▼ダンス

　ダンスは,「創作ダンス」,「フォークダンス」,「現代的なリズムのダンス」で構成され, イメージをとらえた表現や踊りを通した交流を通して仲間とのコミュニケーションを豊かにすることを重視する運動で, 仲間とともに感じを込めて踊ったり, イメージを捉えて自己を表現したりすることに楽しさや喜びを味わうことのできる運動である。

　小学校では, 低学年の表現リズム遊びで, 題材の特徴を捉え全身で踊ったり, リズムに乗ったりして踊ることを, 中学年及び高学年の表現運動で, 表したい感じをひと流れの動きで表現したり, リズムや踊りの特徴を捉えたりして踊ることを学習している。

　中学校では, これらの学習を受けて, 感じを込めて踊ったりみんなで自由に踊ったりする楽しさや喜びを味わい, イメージを深めた表現や踊りを通した交流や発表ができるようにすることをねらいとして, 第1学年及び第2学年は,「イメージを捉えた表現や踊りを通した交流をする」ことなどを, 第3学年は,「イメージを深めた表現や踊りを通した交流や発表をする」ことなどを学習する。

　高等学校では, これまでの学習を踏まえて, 感じを込めて踊ったり仲間と自由に踊ったり, 自己や仲間の課題を解決したりするなどの多様な楽しさや喜びを味わい,「それぞれ特有の表現や踊りを身に付けて交流や発表をする」ことなどができるようにすることが求められる。

▼体育理論

　中学校の体育理論の内容は, 体育分野における運動の実践や保健分野との関連を図りつつ, 豊かなスポーツライフを実現するための資質・能力を育成するため, 中学校第1学年では, 運動やスポーツの多様性を, 中学校第2学年では, 運動やスポーツの効果と学び方を, 中学校第3学年では文化としてのスポーツの意義を中心に構成されている。また, これらの内容は, 主に, 中学校期における運動やスポーツの合理的な実践や生涯にわたる豊かなスポーツライフを送る上で必要となる運動やスポーツに関する科学的知識等を中心に示している。これらの内容について学習したことを基に, 思考し, 判断し, 表現する活動を通して, 体育の見方・考え方を育み, 現在及び将来における自己の適

性等に応じた運動やスポーツとの多様な関わり方を見付けることができるようにすることが大切である。

　高等学校の体育理論の内容は，中学校体育理論の学習成果を踏まえ，「する，みる，支える，知る」といった生涯にわたる豊かなスポーツライフを卒業後にも主体的に実践できるようにするため，主に現代におけるスポーツの意義や価値，科学的，効果的なスポーツの実践，豊かなスポーツライフの設計等に関わる内容で構成されている。特に，高等学校では，スポーツから得られる恩恵とスポーツについての課題の双方から，多角的に思考し判断し表現する学習を通して，個人がスポーツ文化を創造する主体となっていることに気付くことを目指している。

体つくり運動

【1】次の文は，中学校学習指導要領解説保健体育編(平成29年7月)に示されている体つくり運動における第3学年の知識及び運動についての抜粋である。文中の(①)～(④)に入る適切な語句を以下の語群から選び，それぞれ記号で答えよ。

○健康に生活するための体力の向上を図る運動の計画と実践
・(①)の解消や体調維持のために，食事や睡眠などの(②)の改善も含め，休憩時間や家庭などで(③)に行うことができるよう効率のよい組合せやバランスのよい組合せで運動の計画を立てて取り組むこと。

○運動を行うための体力の向上を図る運動の計画と実践
・(④)のとれた体力の向上を図ったり，選択した運動やスポーツの場面で必要とされる体の動きを高めたりするために，効率のよい組合せやバランスのよい組合せで運動の計画を立てて取り組むこと。

語群

1	調和	2	心身	3	均衡	4	運動不足
5	定期的	6	生活習慣	7	ストレス	8	日常的

‖ 2024年度 ‖ 山口県 ‖ 難易度 ■■□□□

【2】次の(1)～(5)の各問いに答えなさい。

(1) 次は，中学校学習指導要領(平成29年告示)「第2章　各教科　第7節　保健体育　第2　各学年の目標及び内容〔体育分野　第1学年及び第2学年〕2　内容　A　体つくり運動」の一部です。①に入る語句を，以下の1～4の中から1つ選びなさい。

ア　体ほぐしの運動では，(①)な運動を行い，心と体との関係や心身の状態に気付き，仲間と積極的に関わり合うこと。

1　高度　　2　容易　　3　複雑　　4　手軽

17

(2) 次は，中学校学習指導要領(平成29年告示)「第2章　各教科　第7節　保健体育　第2　各学年の目標及び内容　〔体育分野　第3学年〕2　内容　A　体つくり運動」の一部です。①，②に入る語句の組み合わせとして正しいものを，以下の1～4の中から1つ選びなさい。

> (1)　次の運動を通して，体を動かす楽しさや（　①　）を味わい，運動を継続する意義，体の構造，（　②　）などを理解するとともに，健康の保持増進や体力の向上を目指し，目的に適した運動の計画を立て取り組むこと。

1　①　喜び　　　　②　体力の高め方
2　①　喜び　　　　②　運動の原則
3　①　心地よさ　　②　体力の高め方
4　①　心地よさ　　②　運動の原則

(3) 次は，中学校学習指導要領(平成29年告示)解説　保健体育編「第2章　保健体育科の目標及び内容　第2節　各分野の目標及び内容〔体育分野〕　2　内容　A　体つくり運動　[第1学年及び第2学年](1)　知識及び運動　○　運動」に示されている〈行い方の例〉の一部です。「イ　体の動きを高める運動」の行い方の例として示されていないものを，1～4の中から1つ選びなさい。

1　自己の体重を利用して腕や脚を屈伸したり，腕や脚を上げたり下ろしたり，同じ姿勢を維持したりすること。
2　大きくリズミカルに全身や体の各部位を振ったり，回したり，ねじったり，曲げ伸ばしたりすること。
3　リズムに乗って心が弾むような運動を行うことを通して，気付いたり関わり合ったりすること。
4　ステップやジャンプなど複数の異なる運動を組み合わせて，エアロビクスなどの有酸素運動を時間や回数を決めて持続して行うこと。

(4) 次は，中学校学習指導要領(平成29年告示)解説　保健体育編「第2章　保健体育科の目標及び内容　第2節　各分野の目標及び内容〔体育分野〕　2　内容　A　体つくり運動　内容の取扱い」の一部です。①，②に入る語句の組み合わせとして正しいものを，以下の

1～4の中から1つ選びなさい。

> (エ)　主体的・対話的で深い学びの実現に向けた授業改善を推
> 進する観点から，必要な知識及び(　①　)の定着を図る学習
> とともに，生徒の思考を深めるために発言を促したり，気
> 付いていない視点を提示したりするなど，学びに必要な指
> 導の在り方を追究し，生徒の学習状況を捉えて指導を改善
> していくことが大切である。
> 　その際，互いに(　②　)時間を確保するなどの工夫をする
> とともに，指導事項の精選を図ったり，運動観察のポイン
> トを明確にしたり，ICTを効果的に活用するなどして，体を
> 動かす機会を適切に確保することが大切である。

1　①　運動　　②　教え合う　　2　①　技能　　②　教え合う

3　①　技能　　②　見せ合う　　4　①　運動　　②　見せ合う

(5)　次は，学校体育実技指導資料　第7集「体つくり運動－授業の考
え方と進め方－(改訂版)」(平成24年　文部科学省)「第1章　理論編
第2節　『体つくり運動』の具体的な指導内容　4　『体力を高める
運動』について　(2)　中学校第1学年及び第2学年」に示されている
「巧みな動きを高めるための運動」の【行い方の例】です。「巧みな
動きを高めるための運動」として示されていないものを，1～4の中
から1つ選びなさい。

1　支え合いバランス　　　2　上体起こし

3　背面受け　　　　　　　4　背中バランス

● 体育分野

【3】次の文は，高等学校学習指導要領解説保健体育編・体育編(平成30年7月)に示されている体つくり運動における入学年次の知識及び運動についての抜粋である。文中の(①)～(④)に入る適切な語句を以下の語群から選び，それぞれ記号で答えよ。

○健康に生活するための体力の向上を図る運動の計画と実践
  ・(①)の解消や体調維持のために，食事や睡眠などの(②)の改善も含め，休憩時間や家庭などで(③)に行うことができるよう効率のよい組合せやバランスのよい組合せで運動の計画を立てて取り組むこと。
○運動を行うための体力の向上を図る運動の計画と実践
  ・(④)のとれた体力の向上を図ったり，選択した運動やスポーツの場面で必要とされる体の動きを高めたりするために，効率のよい組合せやバランスのよい組合せで運動の計画を立てて取り組むこと。

語群

1	調和	2	心身	3	均衡	4	運動不足
5	定期的	6	生活習慣	7	ストレス	8	日常的

┃ 2024年度 ┃ 山口県 ┃ 難易度 ┃■■■□□□

【4】次の文章は，「高等学校学習指導要領(平成30年告示)解説　保健体育編　体育編(平成30年7月　文部科学省)　第1部　保健体育編　第2章　保健体育科の目標及び内容　第2節　各科目の目標及び内容　「体育」　3　内容　A　体つくり運動　[入学年次]」の一部である。(a)～(d)に当てはまる語句の組合せとして正しいものを，以下の①～⑤の中から一つ選べ。

ア　体ほぐしの運動
  (中略)
    体ほぐしの運動は，心と体は互いに影響し変化することや心身の状態に気付くこと，仲間と自主的に(a)をねらいとして行われる運動である。

　　　指導に際しては，これらのねらいを関わり合わせながら運動を経験するだけでなく，心や体の状態を軽やかにし，(b)の軽減にも役立つなど，自他の心と体の関係や変化を確かめ，仲間と自主的に学ぶことができるように留意することが大切である。

(中略)

イ　実生活に生かす運動の計画

　　実生活に生かす運動の計画では，自己の(c)を振り返り，健康の保持増進や調和のとれた(d)を図るために，体の動きを高める運動の計画を立てて取り組むことが大切である。

① a 交流し合うこと　b ストレス　c 日常生活
　 d 体力の向上
② a 関わり合うこと　b 疲労　c 運動内容
　 d 身体の形成
③ a 交流し合うこと　b ストレス　c 日常生活
　 d 身体の形成
④ a 関わり合うこと　b ストレス　c 日常生活
　 d 体力の向上
⑤ a 交流し合うこと　b 疲労　c 運動内容
　 d 体力の向上

▎2024年度 ▎岐阜県 ▎難易度

【5】中学校学習指導要領(平成29年3月)「第2章　各教科」「第7節　保健体育」「第2　各学年の目標及び内容」〔体育分野　第1学年及び第2学年〕「2　内容」「A　体つくり運動」について，問1～問3に答えなさい。

　A　体つくり運動
　　体つくり運動について，次の事項を身に付けることができるよう指導する。
　(1)　次の運動を通して，体を動かす楽しさや心地よさを味わい，体つくり運動の意義と行い方，体の動きを高める方法などを理解し，目的に適した運動を身に付け，組み合わせ

● 体育分野

> ること。
> ア　<u>体ほぐしの運動</u>では，手軽な運動を行い，[　　]に気
> 　　付き，仲間と積極的に関わり合うこと。
> イ　<u>体の動きを高める運動</u>では，ねらいに応じて，体の柔
> 　　らかさ，巧みな動き，力強い動き，動きを持続する能力
> 　　を高めるための運動を行うとともに，それらを組み合わ
> 　　せること。
>
> (略)

問1　空欄に当てはまる語句として，正しいものを選びなさい。
　ア　一人一人の違い
　イ　心と体との関係や心身の状態
　ウ　心と体との関係
　エ　心と体は互いに影響し変化することや心身の状態

問2　a___について，「行い方の例」として，正しくないものを選びな
　さい。
　ア　のびのびとした動作で用具などを用いた運動を行うことを通し
　　て，気付いたり関わり合ったりすること。
　イ　仲間と動きを合わせたり，対応したりする運動を行うことを通
　　して，気付いたり関わり合ったりすること。
　ウ　床やグラウンドに設定した様々な空間をリズミカルに歩いた
　　り，走ったり，跳んだり，素早く移動したりすること。
　エ　いろいろな条件で，歩いたり走ったり跳びはねたりする運動を
　　行うことを通して，気付いたり関わり合ったりすること。

問3　b___について，「行い方の例」として，正しくないものを選びな
　さい。
　ア　人と組んだり，用具を利用したりしてバランスを保持すること。
　イ　自己の体重を利用して腕や脚を屈伸したり，腕や脚を上げたり
　　下ろしたり，同じ姿勢を維持したりすること。
　ウ　動作や人数などの条件を変えて，歩いたり走ったりする運動を
　　行うこと。
　エ　体の各部位をゆっくり伸展し，そのままの状態で約10秒間維持

すること。

| 2024年度 | 北海道・札幌市 | 難易度 ■■■□□ |

【6】「体つくり運動」について，次の問1，問2に答えなさい。

問1　高等学校における体つくり運動に関する次のa〜dについて，正誤の組合せとして正しいものを，以下の1〜4のうちから1つ選びなさい。

a　高等学校では，中学校までの学習を踏まえて，「体を動かす楽しさや心地よさを味わい，目的に適した運動を身に付け，組み合わせる」ことが求められている。

b　実生活への取り入れ方において，1日の運動計画を考える際は，学校(体育の授業，休憩時間，運動部活動)や登校時・下校時，家庭などでの行動を考慮する。

c　体つくり運動の領域は，各学年において，すべての生徒に履修させることとし，授業時数は，各年次で7〜10単位時間程度としている。

d　内容の取扱いにおいて，「体ほぐしの運動」は，「B器械運動」から「E球技」までの運動に関する領域においてのみ関連を図って指導することができる。

	a	b	c	d
1	誤	正	正	誤
2	誤	誤	正	正
3	正	正	誤	誤
4	正	誤	誤	正

問2　体つくり運動に関する次のa〜dについて，誤りを含むものはいくつあるか，以下の1〜4のうちから1つ選びなさい。

a　総合的に筋力を高める方法として，サーキットトレーニングがある。実施する際は，なるべく同じ種類の運動を連続して行うように配列するとよい。

b　スクワットをする際，曲げた膝は，つま先より前に出るように曲げるとよい。また，膝の角度によって負荷の大きさを変えることができる。

c　柔軟性を高めるストレッチをする際は，できるだけ筋温を高めておき，軽い運動から始めるとよい。

d　空間をリズミカルに動いたり，用具を利用してバランスをとったり，用具を操作してタイミングをとったりする運動をとおして，調整力を高めることができる。

1　1つ　　2　2つ　　3　3つ　　4　4つ

▌2024年度▐ 宮城県・仙台市 ▌難易度 ■■■□□

【7】体つくり運動について，次の問に答えよ。

問1　次の文章は，「体つくり運動」について述べたものである。
　　ア ， イ にあてはまる語を答えよ。

> 　体を動かす楽しさ，心地よさを味わいながら，心と体を ア たり，体の イ を高めたりすることをねらいとして行う運動。

問2　図1は，運動やスポーツが心と体に及ぼすと期待される効果をまとめたものである。 ウ ～ カ にあてはまる語句を，A～Iから選び，記号で答えよ。

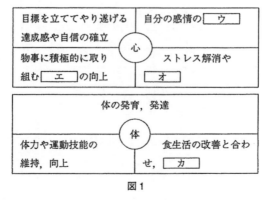

図1

A　姿勢　　　　　B　リラックス効果　　C　コントロール

D　睡眠の改善　　E　肥満予防　　　　　F　運動不足の改善

G　表現　　　　　H　ストレッチ効果　　I　意欲

▌2024年度▐ 島根県 ▌難易度 ■■■□□

【8】「体つくり運動」について，問1，問2に答えなさい。

問1　次の文は，高等学校学習指導要領解説(保健体育編)(平成30年7月)における「体つくり運動」の「内容の取扱い」の一部である。空欄に当てはまる数字の組合せとして，正しいものを選びなさい。

　　体つくり運動の領域は，各学年において，全ての生徒に履修させることとしている。また，「各科目にわたる指導計画の作成と内容の取扱い」において，授業時数については，各年次で[①]〜[②]単位時間程度としているが，このことは，授業時数が2単位の学年については[①]単位時間以上とし，3単位の学年については[②]単位時間を目安として配当することを示したものである。

	①	②
ア	6	7
イ	6	10
ウ	7	10
エ	7	12
オ	8	12

問2　次の表は，高等学校学習指導要領解説(保健体育編)(平成30年7月)における「体つくり運動」の領域の内容を説明したものである。空欄に当てはまる語句として，正しいものを選びなさい。

領域の内容			
ア　体ほぐしの運動	(1) 知識及び	生涯スポーツにつながる知識	(2) 思考力，判断力，表現力等
イ　実生活に生かす運動の計画	(1) 知識及び		(3) 学びに向かう力，人間性等

ア　運動　　イ　実践　　ウ　原則　　エ　技能　　オ　計画

‖ 2024年度 ‖ 北海道・札幌市 ‖ 難易度 ‖

【9】体つくり運動について，次の各問いに答えよ。

1　次の文は，平成29年告示の中学校学習指導要領「保健体育〔体育分野　第1学年及び第2学年〕」の「2内容」の一部である。(①)〜(③)に当てはまる語句を書け。

イ （ ① ）では，ねらいに応じて，（ ② ），(a)<u>巧みな動き</u>，力強い動き，動きを持続する能力を高めるための運動を行うとともに，それらを（ ③ ）こと。

2 下線部(a)について，その具体例として正しいものを次の(ア)～(ウ)から一つ選び，記号で答えよ。

 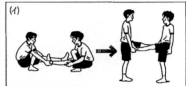

| 2024年度 | 岡山市 | 難易度

【10】 体つくり運動について，次の各問いに答えなさい。

(1) 「中学校学習指導要領解説　保健体育編」(平成29年7月　文部科学省)第2章　第2節　各分野の目標及び内容　〔体育分野〕　2　内容　A　体つくり運動　[第1学年及び第2学年]　(1)知識及び運動　に即して，次の文の（ a ）～（ d ）に当てはまる語句をそれぞれ書きなさい。

> 体つくり運動について，次の事項を身に付けることができるよう指導する。
>
> > (1) 次の運動を通して，体を（ a ）楽しさや心地よさを味わい，体つくり運動の意義と行い方，体の動きを高める方法などを理解し，目的に適した運動を身に付け，組み合わせること。
> > ア 体ほぐしの運動では，手軽な運動を行い，心と体との関係や心身の状態に気付き，仲間と積極的に関わり合うこと。
> > 略
>
> ○ 知識

略

○　運動

ア　体ほぐしの運動

　　手軽な運動とは，（　b　）が簡単に取り組むことかできる運動，仲間と（　c　）して楽しくできる運動，心や体が弾むような軽快な運動を示している。

　　心と体の関係や心身の状態に気付きとは，運動を通して，体がほぐれると心がほぐれたり，心がほぐれると体がほぐれたりするように，自己の心と体は互いに関係していること，さらに，他者の心と体とも関わり合っていることに気付くことである。また，自らの心が軽くて（　d　）された状態なのか重く沈んだ状態なのかを自覚したり，体の動かし方には個人差があることなどに気付いたりすることである。

略

(2)　「中学校学習指導要領解説　保健体育編」(平成29年7月　文部科学省)第2章　第2節　各分野の目標及び内容　〔体育分野〕　2　内容　A　体つくり運動　[第3学年]　(3)学びに向かう力，人間性等　に即して，指導に際して説明している次の文の（　e　），（　f　）に当てはまる語句をそれぞれ書きなさい。

　　指導に際しては，生徒自身が公正，協力，責任，参画，（　e　）の意義や価値を認識し取り組もうとする意欲を高めることが求められることから，意義や価値の理解とその（　f　）な取り組み方を結び付けて指導することが大切である。また，学びに向かう力，人間性等に関する意義や価値については，各領域で繰り返し伝えることも大切である。

‖ 2024年度 ‖ 長野県 ‖ 難易度 ■■■□□

【11】次の文章は「中学校学習指導要領(平成29年告示)解説　保健体育編　平成29年7月」の「第2章　保健体育科の目標及び内容」「第2節　各分

● 体育分野

野の目標及び内容」「2　内容」「A　体つくり運動〔第1学年及び第2学年〕」から一部を抜粋したものです。

(1)　文中の(①)～(③)に適する語句を答えなさい。

> 体ほぐしの運動は，(①)の関係や(②)の状態に気付くこと，仲間と(③)に関わり合うことをねらいとして行われる運動である。

(2)　体ほぐしの運動には，「気付き」「調整」「交流」のねらいがあります。運動を行った後，そのねらいに迫る内容を引き出す問いかけを工夫することが求められています。体ほぐしの運動の行い方の例の一つに，「リズムに乗って心が弾むような運動を行うこと」とあります。生徒がこのように運動を行ったとき，生徒にどのように問いかけるのが適切であるか具体的に答えなさい。

┃ 2024年度 ┃ 名古屋市 ┃ 難易度 ■■■□□

【12】体つくり運動について，次のそれぞれの問いに答えなさい。

問1　次の記述は，「中学校学習指導要領(平成29年告示)解説　保健体育編」の中で，体つくり運動[第1学年及び第2学年]の知識及び運動について示されているものの一部である。[1]，[2]に当てはまるものとして最も適切なものを，それぞれの語群の①～④のうちから選びなさい。

> ○　知識
> 　　体つくり運動の意義では，自他の心と体に向き合って心と体をほぐし，体を動かす[1]を味わい，進んで運動に取り組む気持ちを高めたり，体の柔らかさ，巧みな動き，力強い動き，動きを持続する能力を高めたりするといった意義があることを理解できるようにする。
> 　〜中略〜
> 　　体の動きを高める方法では，ねらいや体力の程度に応じて，適切な強度，時間，回数，頻度などを考慮した[2]が大切であることを理解できるようにする。

[　1　]の語群

①　楽しさや喜び　　②　方法や心地よさ　　③　方法や喜び

④　楽しさや心地よさ

[　2　]の語群

①　運動の組合せ　　②　活動の組合せ　　③　運動のねらい

④　活動のねらい

問2　次の記述は，「中学校学習指導要領(平成29年告示)解説　保健体育編」の中で，体つくり運動[第1学年及び第2学年]の思考力，判断力，表現力等について示されているものの一部である。[　]に当てはまるものとして最も適切なものを，以下の語群の①～④のうちから選びなさい。

> (2)　思考力，判断力，表現力等
> 　～中略～
> 　　指導に際しては，第1学年及び第2学年においては，習得した知識を用いて仲間に課題や解決の方法を伝えるなど，生徒が習得した知識を基に[　]な課題の提示の仕方を工夫することが大切である。

語群

①　判断が容易　　②　工夫が可能　　③　解決が可能

④　取組みが容易

問3　次の記述は，「中学校学習指導要領(平成29年告示)解説　保健体育編」の中で，体つくり運動[第3学年]の思考力，判断力，表現力等について示されているものの一部である。[　1　]，[　2　]に当てはまるものとして最も適切なものを，それぞれの語群の①～④のうちから選びなさい。

> (2)　思考力，判断力，表現力等
> 　～中略～
> 　　自己や仲間の課題を発見しとは，体つくり運動の特性を踏まえて，運動の[　1　]についてのポイントを発見したり，仲間との関わり合いや健康・安全についての自己や仲間の取り組み方などの課題を発見したりすることを

示している。

～中略～

　　指導に際しては，第3学年においては，習得した知識を基に，よりよい解決方法を[　2　]したり，活動を振り返ったりするなどによって，学習成果を分析する活動の提示の仕方を工夫することが大切である。

[　1　]の語群
①　選択の方法　　②　計画の改善　　③　技能の習得
④　種類や意義
[　2　]の語群
①　比較　　②　検討　　③　思考　　④　実践

| 2024年度 | 神奈川県・横浜市・川崎市・相模原市 | 難易度 ■■■□□ |

【13】次の文は，『高等学校学習指導要領(平成30年告示)解説　保健体育編　体育編　第1部　保健体育編　第2章　保健体育科の目標及び内容　第2節　各科目の目標及び内容　「体育」　3　内容　A　体つくり運動』から抜粋したものである。以下の各問いに答えなさい。

[入学年次]
　　途中省略
　(3)　学びに向かう力，人間性等
　　　体つくり運動について，次の事項を身に付けることができるよう指導する。

　　(3)　体つくり運動に(　①　)に取り組むとともに，互いに助け合い(　②　)とすること，一人一人の違いに応じた動きなどを大切にしようとすること，(　③　)に貢献しようとすることなどや，健康・安全を確保すること。

[入学年次の次の年次以降]
　　途中省略
　(3)　学びに向かう力，人間性等
　　　体つくり運動について，次の事項を身に付けることがで

きるよう指導する。

> (3) (A)<u>体つくり運動に主体的に取り組む</u>とともに，互いに助け合い高め合おうとすること，一人一人の違いに応じた動きなどを大切にしようとすること，合意形成に貢献しようとすることなどや，(B)<u>健康・安全を確保する</u>こと。

(1) 上の文中の(　)に当てはまる語句として正しい組合せを，次の選択肢から1つ選び，記号で答えなさい。

ア　① 積極的　　② 教え合おう　　③ 場の設定
イ　① 自主的　　② 学び合おう　　③ 場の設定
ウ　① 自主的　　② 教え合おう　　③ 話合い
エ　① 積極的　　② 学び合おう　　③ 話合い

(2) 次の文は下線部(A)<u>体つくり運動に主体的に取り組む</u>について説明したものである。(　)に当てはまる語句を，以下の選択肢から1つ選び，記号で答えなさい。

> 体つくり運動に主体的に取り組むとは，(　)などの学習に主体的に取り組もうとすることを示している。そのため，主体的に学習に取り組むことは，生涯にわたる豊かなスポーツライフの継続につながることなどを理解し，取り組めるようにする。

ア　「する，得る，支える，生かす」
イ　「する，みる，捉える，生かす」
ウ　「する，得る，捉える，知る」
エ　「する，みる，支える，知る」

(3) 次の文は下線部(B)<u>健康・安全を確保する</u>について説明したものである。(　)に当てはまる語句として正しい組合せを，以下の選択肢から1つ選び，記号で答えなさい。ただし，同じ番号には，同じ語句が入るものとする。

> 　健康・安全を確保するとは，主体的な学習の段階では，（　①　）の変化に注意を払いながら運動を行うこと，けが等を未然に防ぐために必要に応じて，（　②　）をしながら回避行動をとることなど，体の状態のみならず心の状態にも配慮し，自己や仲間の健康を維持したり安全を保持したりすることなどを示している。そのため，自己の体力の程度，（　①　）の変化に応じてけが等を回避するための適正な（　③　）やとるべき行動を認識し，念頭に置いて活動することで，健康・安全を確保することにつながることを理解し，取り組めるようにする。

ア　①　天候　　　　　②　場所の移動　　　③　運動量
イ　①　体調や環境　　②　危険の予測　　　③　運動量
ウ　①　体調や環境　　②　場所の移動　　　③　準備
エ　①　天候　　　　　②　危険の予測　　　③　準備

▌ 2024年度 ▌ 宮崎県 ▌ 難易度 ▌▌▌▌▌

【14】体つくり運動について，次の問いに答えなさい。

　次の記述は，「高等学校学習指導要領(平成30年告示)解説　保健体育編　体育編(平成30年7月)」の中で，体つくり運動の入学年次について示されているものの一部である。空欄[　ア　]～[　エ　]に当てはまるものの組合せとして最も適切なものを，以下の①～⑥のうちから選びなさい。

A　体つくり運動
[入学年次]
　(中略)
○　運動
　ア　体ほぐしの運動
　　[　ア　]な運動とは，誰もが簡単に取り組むことができる運動，仲間と協力して楽しくできる運動，心や体が弾むような軽快な運動を示している。

　　心と体は互いに影響し変化することや心身の状態に気付きとは，運動を通して，体がほぐれると心がほぐれ，心がほぐれると体が軽快に動き，仲間の心も一層解放されるように，自己や他者の心と体は，互いに影響し合い，関わり合いながら変化することに気付くことである。また，自らの心が軽くて解放された状態なのか重く沈んだ状態なのかを自覚したり，体がどのような動きができる状態なのかに気付いたりすることである。

　　仲間と[　イ　]的に関わり合うとは，共に運動する仲間を認め合い，大切にすること，感じたり工夫したりしたことを自ら進んで伝え合うことによって，お互いの[　ウ　]が生じるように関わりをもつことである。

　　このように，体ほぐしの運動は，心と体は互いに影響し変化することや心身の状態に気付くこと，仲間と[　イ　]的に関わり合うことをねらいとして行われる運動である。

　　指導に際しては，これらのねらいを関わり合わせながら運動を経験するだけでなく，心や体の状態を軽やかにし，ストレスの[　エ　]にも役立つなど，自他の心と体の関係や変化を確かめ，仲間と[　イ　]的に学ぶことができるように留意することが大切である。

(第1部　保健体育編　第2章　保健体育科の目標及び内容　第2節　各科目の目標及び内容「体育」3　内容)

① 　ア　気軽　　イ　積極　　ウ　信頼　　エ　軽減
② 　ア　手軽　　イ　積極　　ウ　爽快感　エ　解消
③ 　ア　手軽　　イ　自主　　ウ　爽快感　エ　解消
④ 　ア　手軽　　イ　自主　　ウ　信頼　　エ　軽減
⑤ 　ア　気軽　　イ　自主　　ウ　信頼　　エ　軽減
⑥ 　ア　気軽　　イ　積極　　ウ　爽快感　エ　解消

2024年度 ▌ **神奈川県・横浜市・川崎市・相模原市** ▌ 難易度

● 体育分野

【15】次の文章は，学習指導要領における体つくり運動について述べたものである。文中の[　]にあてはまる語句を，それぞれ以下の①から⑥までの中から一つ選び，記号で答えよ。

(1) 中学校学習指導要領(平成29年告示)解説　保健体育編(平成29年7月)「第2章　保健体育科の目標及び内容　第2節　各分野の目標及び内容　〔体育分野〕　2　内容」の「A　体つくり運動　〔第1学年及び第2学年〕　(1)　知識及び運動　○　運動　ア　体ほぐしの運動」では，次のように示されている。

> 　心と体の関係や心身の状態に気付きとは，運動を通して，体がほぐれると心がほぐれたり，心がほぐれると体がほぐれたりするように，自己の心と体は互いに関係していること，さらに，他者の心と体とも関わり合っていることに気付くことである。また，自らの心が軽くて解放された状態なのか重く沈んだ状態なのかを自覚したり，体の動かし方には[　]があることなどに気付いたりすることである。

① 個人差　② 技能差　③ 男女差　④ 発育の差
⑤ 体力差　⑥ 体格差

(2) 高等学校学習指導要領(平成30年告示)解説　保健体育編　体育編(平成30年7月)「第1部　保健体育編　第2章　保健体育科の目標及び内容　第2節　各科目の目標及び内容　「体育」　3　内容」の「A　体つくり運動　〔入学年次〕　(3)　学びに向かう力，人間性等」では，次のように示されている。

> 　互いに助け合い教え合おうとするとは，運動を行う際，互いの心の変化に気付いたり，仲間の動きをよく見たりして，仲間に課題を伝え合いながら取り組もうとすることを示している。そのため，互いに助け合い教え合うことは，安全を確保したり，課題の解決に役立つなど[　]な学習を行いやすくしたりすることを理解し，取り組めるようにする。

① 積極的　② 自主的　③ 主体的　④ 包括的
⑤ 活動的　⑥ 科学的

解答・解説

【1】 ① 4 ② 6 ③ 8 ④ 1

○**解説**○ 第3学年の体つくり運動「実生活に生かす運動の計画」からの空所補充問題(選択式)であるが、難易度は高くないため確実に正答したい。なお、「体つくり運動」領域は、第1学年及び第2学年では「体ほぐしの運動」と「体の動きを高める運動」で構成されるが、第3学年では「体ほぐしの運動」と「実生活に生かす運動の計画」とで構成される。この点はきちんと把握しておこう。

【2】 (1) 4 (2) 4 (3) 3 (4) 1 (5) 2

○**解説**○ (1)「A体つくりの運動」の第1学年及び第2学年の内容は、体ほぐしの運動と体の動きを高める運動で構成されている。体ほぐしの運動については、小・中・高等学校を通して、「手軽な運動を行う」ことが示されている。 (2) ① 今回の学習指導要領改訂において「体つくり運動」については、体を動かす楽しさや心地よさを味わわせるとともに、健康や体力の状況に応じて体力を高める必要性を認識させ、学校の教育活動全体や実生活で生かすことができるよう改善が図られた。 ② 第3学年における体つくり運動の知識のテーマとして、運動を継続する意義、体の構造とともに「運動の原則」がある。運動の原則の代表的なものとしてトレーニングの5原則があり、「全面性」・「意識性」・「漸進性」・「個別性」・「反復性」の原則を押さえておきたい。 (3) 3は、「ア体ほぐしの運動」における〈行い方の例〉である。1は「力強い動きを高めるための運動」、2は「体の柔らかさを高めるための運動」、4は「動きを持続する能力を高めるための運動」における〈行い方の例〉である。 (4) 体つくり運動では、内容構成のうち「知識及び技能」の部分が、「知識及び運動」として示されていることを押さえておく必要がある。 (5) 学校体育実技指導資料第7集「体つくり運動」には、巧みな動きを高めるための運動の【行い方の例】として選択肢1、3、4のほかに、バランス立ち、台上バランス、足投げ、股下投げ、背中転がしなどが示されている。2は、力強い動きを

高めるための運動の【行い方の例】である。

【3】① 4　　② 6　　③ 8　　④ 1

○**解説**○ 高等学校の入学年次は中学校第3学年とほぼ同様の内容である。体つくり運動「実生活に生かす運動の計画」からの空所補充問題(選択式)であるが，難易度は高くないため確実に正答したい。なお，「体つくり運動」領域は，中学校第1学年及び第2学年では「体ほぐしの運動」と「体の動きを高める運動」で構成されているが，中学校第3学年及び高等学校では「体ほぐしの運動」と「実生活に生かす運動の計画」とで構成される。この点はきちんと把握しておこう。

【4】④

○**解説**○ 体ほぐしの運動のテーマは「気付き」と「交流」である。交流とは関わり合うことで，それがストレス軽減に寄与しうることを覚えておこう。実生活に生かす運動の計画のテーマは「日常生活を見直す」ことである。見直すのは，自分の日常のなかに運動を行う時間がどれくらいあるか，どのような運動を行うのがよいかといった点である。

【5】問1　イ　　問2　ウ　　問3　ウ

○**解説**○ 問1 「心と体との関係や心身の状態に気付き」とは，運動を通して，体がほぐれると心がほぐれたり，心がほぐれると体がほぐれたりするように，自己の心と体は互いに関係していること，また，他者の心と体とも関わり合っていることに気付くことである。　問2　ウは，「体の動きを高める運動」の行い方の例である。「体ほぐしの運動」の他の行い方の例としては，「リズムに乗って心が弾むような運動を行うことを通して，気付いたり関わり合ったりすること」「緊張したり緊張を解いて脱力したりする運動を行うことを通して，気付いたり関わり合ったりすること」「仲間と協力して課題を達成するなど，集団で挑戦するような運動を行うことを通して，気付いたり関わり合ったりすること」が示されている。　問3　ウは，「小学校第5学年及び第6学年の体ほぐしの運動」の行い方の例である。「体の動きを高める運動」の他の行い方の例としては，＜体の柔らかさ＞「大きくリズミ

カルに全身や体の各部位を振ったり，回したり，ねじったり，曲げ伸ばしたりすること」，＜巧みな動き＞「いろいろなフォームで様々な用具を用いて，タイミングよく跳んだり転がしたりすること」「大きな動作で，ボールなどの用具を，力を調整して投げたり受けたりすること」「床やグラウンドに設定した様々な空間をリズミカルに歩いたり，走ったり，跳んだり，素早く移動したりすること」，＜力強い動き＞「二人組で上体を起こしたり，脚を上げたり，背負って移動したりすること」「重い物を押したり，引いたり，投げたり，受けたり，振ったり，回したりすること」，＜動きの持続＞「走や縄跳びなどを，一定の時間や回数，又は，自己で決めた時間や回数を持続して行うこと」「ステップやジャンプなど複数の異なる運動を組み合わせて，エアロビクスなどの有酸素運動を時間や回数を決めて持続して行うこと」が示されている。

【6】問1　1　　問2　2

○**解説**○　問1　aについて，「体を動かす楽しさや心地よさを味わい，自己の体力や生活に応じた継続的な運動の計画を立て，実生活に役立てること」などが求められる。問題文は中学校の内容である。dについて，「B器械運動」から「Gダンス」までの運動に関する領域においても関連を図って指導することができるとともに，「保健」における精神疾患の予防と回復などの内容との関連を図ることとしている。
　問2　a，bが誤りである。aについて，サーキットトレーニングは，数種類の筋力トレーニング(無酸素運動)と有酸素運動を交互に繰り返すトレーニングのことである。たとえば，筋トレを30秒ほど行ったら，次に30秒ほどの有酸素運動を行い，ふたたび別の筋トレに移ることを繰り返す。bについて，スクワットをする際は，膝がつま先よりも前に出ると，膝の関節に過度の負担がかかってしまい危険である。

【7】問1　ア　ほぐし　　イ　動き　　問2　ウ　C　　エ　I　　オ　B
　カ　E

○**解説**○　問1　中学校第1学年及び第2学年における体つくり運動の特性について述べているものであり，前半が体ほぐしの運動，後半が身体

の動きを高める運動についての記述である。　問2　中学校第2学年で取り扱う体育理論の一部であるが，本問は，現行の中学校学習指導要領解説保健体育編(平成29年7月)ではなく，従前(平成20年7月)の同解説に基づく出題と思われる。出題の空欄ウと空欄エを含む文言は，従前の同解説の記載内容であり，「感情のコントロール」や「意欲の向上」等は，現行(平成29年7月)の同解説には記載されていない内容であるので，注意されたい。また，現行のものでは従前のものと異なり，スポーツが心身だけでなく社会性にも影響を及ぼすことが示されている。

【8】問1　ウ　　問2　ア
○解説○　問1　「体つくり運動」については，生徒の運動経験，能力，興味，関心等の多様化の現状を踏まえ，体を動かす楽しさや心地よさを味わわせるとともに，健康や体力の状況に応じて自ら体力を高める方法を身に付けさせ，地域などの実社会で生かせるよう改善が図られた。具体的には，これまで「体力を高める運動」であったものが「実生活に生かす運動の計画」となり，指導内容の定着がより一層図られるよう授業時数が示されている。　問2　体つくり運動では，例えばバスケットボールのパスやドリブル，シュートといった特定の技能が無いことから「運動」として示されている。

【9】1　①　体の動きを高める運動　　②　体の柔らかさ　　③　組み合わせる　　2　(ウ)
○解説○　1　①・②　従前の中学校学習指導要領(平成20年3月告示)で「体力を高める運動」と示されていたものが，現行の学習指導要領(平成29年3月告示)の[第1学年及び第2学年]では「体の動きを高める運動」に改訂された。「体の動きを高める運動」では，「体の柔らかさ」，巧みな動き，力強い動き，動きを持続する能力を高めることをねらいとする。　③「それらを組み合わせる」とは，体の動きを高める運動を効率よく組み合わせたり，バランスよく組み合わせたりすること。
2　「巧みな動き」を高める運動は，タイミングよく動く，力を調整して動く，バランスをとって動く，リズミカルに動く，素早く動くことができる能力を高めることをねらいとして行われる運動である。なお，

(ア)は「体の柔らかさを高める運動」，(イ)は「力強い動きを高める運動」であるので誤り。(ウ)の左右両手でボールをつく運動は，力の調整やタイミングのよさ，バランス力を必要とし，巧みな動きを高める運動であるので正しい。

【10】(1)　a　動かす　　b　誰も　　c　協力　　d　解放　　(2)　e　共生　　f　具体的
○解説○ (1)　a・b　誰もが簡単に取り組むことができる手軽な運動を行うことで，体を動かす楽しさや心地よさを味わうことができる。 c　仲間と協力して課題を達成するなど，集団で挑戦するような運動を行うことで，協力し合ったり関わり合ったりする良さや，仲間の良さに気づくことができる。 d 「心が解放される」とは，悩みやストレスなどの束縛されているものから解き放たれて，心が自由になること。 (2) e 「共生」に関する事項として，第1学年及び第2学年においては「一人一人の違いを認めようとすること」，第3学年においては「一人一人の違いを大切にしようとすること」を示している。「一人一人の違い」とは，体力や技能，性別や障害の有無等による，動きや課題及び挑戦などの違いのこと。 f 「公正，協力，責任，参画，共生などの具体的な取り組み」とは，積極的に取り組もうとする，仲間の学習を援助しようとする，一人一人の違いに応じた動きなどを認めようとする，話合いに参加しようとする，健康・安全に留意するなどのことである。

【11】(1)　①　心と体　　②　心身　　③　積極的　　(2)・軽快に弾んでリズムに乗ると，心と体にどんな変化がありましたか。 ・リズムに乗って動くときと，リズムが感じられない動きをするときでは，心と体の変化に違いはありますか。
○解説○ (1)　体つくり運動は，体ほぐしの運動と体の動きを高める運動で構成されている。いずれも同資料で運動の行い方の例なども含めて理解しておくこと。 (2)　体ほぐしの運動は，心身の関係に気付くこと，仲間と積極的に関わり合うことをねらいとしているだけでなく，心や体の状態を軽やかにし，ストレスの軽減に役立つなど，自他の心

● 体育分野

と体の関係や心身の状態を確かめながら学ぶことができるように留意するよう示されている。運動をすると心がどのような変化を起こすか，生徒に感じさせ，味わわせることが求められる。

【12】問1　1　④　　2　①　　問2　③　　問3　1　②　　2　①
○**解説**○　問1　1　体つくり運動は，体ほぐしの運動と体の動きを高める運動，実生活に生かす運動の計画で構成されている。小学校では体つくり運動で学んだことを授業以外でも行うことをねらいとして学習してきた。中学校ではより具体的なねらいをもった運動を行い，実生活でも生かすことが求められる。　2　運動の組み合せとは，体の動きを高める運動を効率よく組み合わせたり，バランスよく組み合わせたりすることを示している。体の柔らかさ，巧みな動き，力強い動き，動きを持続する能力などそれぞれ効率よく高めることができるように組み合わせる。　問2　設問であげられている箇所は，第3学年においては「指導に際しては，第3学年においては，習得した知識を基に，よりよい解決方法を比較したり，活動を振り返ったりするなどによって，学習成果を分析する活動の提示の仕方を工夫することが大切である。」としている。このように発展することを考え，課題の提示をすることが大切である。　問3　第3学年では実生活に生かす運動の計画に学習が広がる。課題の例示として，「ねらいや体力の程度を踏まえ，自己や仲間の課題に応じた強度，時間，回数，頻度を設定すること。」「健康や安全を確保するために，体力や体調に応じた運動の計画等について振り返ること。」「課題を解決するために仲間と話し合う場面で，合意形成するための関わり方を見付け，仲間に伝えること。」「体力の程度や性別等の違いに配慮して，仲間とともに体つくり運動を楽しむための活動の方法や修正の仕方を見付けること。」「体つくり運動の学習成果を踏まえて，実生活で継続しやすい運動例や運動の組合せの例を見付けること。」があげられている。

【13】(1)　ウ　　(2)　エ　　(3)　イ
○**解説**○　(1)　①　運動に対する愛好的な態度の育成については，高等学校入学年次では「自主的に取り組む」，その次の年次以降では「主体

的に取り組む」ことを情意面の目標として示している。 ② 「互いに助け合い教え合おうとする」とは，運動を行う際，互いの心の変化に気付いたり，仲間の動きをよく見たりして，仲間に課題を伝え合いながら取り組もうとすること。 ③ 「話合いに貢献しようとする」とは，自己や仲間の課題の解決に向けて，自己の考えを述べたり相手の話を聞いたりするなど，話合いに責任をもって関わろうとすること。なお，その次の年次以降では「合意形成に貢献する」と示している。

(2) スポーツや運動を生涯にわたって楽しむためには，ライフステージやライフスタイルに応じて「する，みる，支える，知る」などの多様な関わり方から自己に適した関わり方を見付けることが大切である。そのためには，「する，みる，支える，知る」の視点から課題を発見し，解決する学習に主体的に取り組めることが必要である。

(3) 健康や安全を確保するために，体調や環境に応じた適切な練習方法や，一人一人の違いに応じた課題や挑戦を大切にした練習計画，危険を予測しながら回避行動をとること，自己や仲間の体力や環境の変化に応じた運動量などが大切である。

【14】 ④

○**解説**○ 体ほぐし運動の行い方の例として，「のびのびとした動作で用具などを用いた運動を行うことを通して，気付いたり関わり合ったりすること。」「リズムに乗って心が弾むような運動を行うことを通して，気付いたり関わり合ったりすること。」「緊張したり緊張を解いて脱力したりする運動を行うことを通して，気付いたり関わり合ったりすること。」「いろいろな条件で，歩いたり走ったり飛び跳ねたりする運動を行うことを通して，気付いたり関わり合ったりすること。」「仲間と協力して課題を達成するなど，集団で挑戦するような運動を行うことを通して，気付いたり関わり合ったりすること。」が示されている。入学年次の次の年次以降の記述に関しても確認しておくこと。

【15】 (1) ① (2) ②

○**解説**○ (1) 「体の動かし方の個人差」とは，成長の段階によって発育や発達の時期や程度に差があり，体の動かし方にも差が生じること。

● 体育分野

(2) 「学びに向かう力・人間性等」における課題の解決に取り組む態度などの共通事項は，各領域とも共通に中学校第1学年及び第2学年は「積極的」，中学校第3学年と高等学校入学年次は「自主的」，高等学校入学年次の次の年次以降は「主体的」と表記されている。

【1】次の(1)～(3)に答えなさい。

(1) 体つくり運動について，次の(①)～(③)に適する語句を書きなさい。

> ・ 手軽な運動を行い，心と体は互いに影響し変化することや心身の状態に気付き，仲間と自主的に関わり合うことをねらいとした運動を(①)の運動という。
>
> ・ 自己のねらいに応じて，健康の保持増進や調和のとれた体力の向上を図るための継続的な運動の計画を立て取り組むことを(②)に生かす運動の計画という。
>
> ・ 自己のねらいに応じて，体の柔らかさ，巧みな動き，力強い動き，動きを持続する能力を高めるための運動を行うとともに，それらを組み合わせることを(③)を高める運動という。

(2) 技能の上達に関する用語について，次の①，②に答えなさい。

① 運動技能の上達の過程で，上達が一時的に停滞している状態を何というか，書きなさい。

② 運動技能の上達の過程で，成績や記録などが一定期間低下する時期を何というか，書きなさい。

(3) 練習とトレーニングの基本原理で，技能や体力を向上させるためには，それまでに行っていた運動より難度や強度が高い運動を行う必要があるが，この原理を何というか，書きなさい。

┃ 2024年度 ┃ 青森県 ┃ 難易度 ■■■□□□

【2】次の文章は，力強い動きについての説明である。文中の[　]にあてはまる語句を，以下の①から⑥までの中から一つ選び，記号で答えよ。(「アクティブ中学校体育実技」(大日本図書)より)

> 体を動かすときに筋肉が発揮する力を「筋力」と言う。また，筋力にスピードを掛け合わせたものを「[　](パワー)」と言い，

> 重い物を一気に持ち上げたり，投げたりするなどの動きでは，大きなパワーが発揮される。

① 筋持久力　② 調整力　③ 瞬発力　④ 巧緻性
⑤ 柔軟性　⑥ 敏捷性

| 2024年度 | 沖縄県 | 難易度 ■■■□□

【3】次の(1)～(5)の文は，体力トレーニングの方法について説明したものである。(1)～(5)の説明が示すトレーニング方法の名称として最も適切なものを以下のA～Eの中からそれぞれ一つずつ選び，その記号を書け。

(1) 関節角度が変化しながら最大筋力の発揮が可能な「筋の等速性収縮」を利用したトレーニング方法。
(2) 全力ペース強度の運動と，完全休息を交互に繰り返して行うトレーニング方法。
(3) 全力に近いペースでの強度での運動と，不完全な休息を交互に繰り返して行うトレーニング方法。
(4) 筋肉にかかる抵抗負荷が一定であるという「筋の等張性収縮」を利用したトレーニング方法。
(5) 筋肉が長さを変えずに収縮するという「筋の等尺性収縮」を利用したトレーニング方法。
　A　インターバルトレーニング
　B　アイソキネティックトレーニング
　C　アイソメトリックトレーニング
　D　レペティショントレーニング
　E　アイソトニックトレーニング

| 2024年度 | 愛媛県 | 難易度 ■■■□□

【4】「新体力テスト実施要項(12歳～19歳対象)」(文部科学省)について，次の[問1]，[問2]に答えよ。
　[問1]　次の(1)～(4)の文は，各テスト項目の準備や記録，実施上の注意点について示したものである。その内容が正しければ○を，誤っていれば×を書け。

(1) 反復横とび

　　屋内，屋外のいずれで実施してもよいが，屋外で行う場合は，よく整地された安全で滑りにくい場所で実施すること(コンクリート等の上では実施しない)。

(2) 50m走

　　記録は1/10秒単位とし，1/10秒未満は四捨五入する。

(3) 立ち幅とび

　　踏み切り線は，砂場やマットの手前(50cm～100cm)とする。

(4) ハンドボール投げ

　　投球のフォームは自由であるが，できるだけ「下手投げ」をしない方がよい。

[問2] ある生徒の握力を測定したところ，1回目は右30kg，左29kgで，2回目は右32kg，左27kgであった。この生徒の握力の記録は何kgか，書け。

▌2024年度 ▌和歌山県 ▌難易度 ■■■■□

【5】生徒の体力や技能の向上について，次の問いに答えなさい。

1　新体力テストの「反復横とび」について説明した次の文中の(①)，(②)に入る適切な数字を書きなさい。

(1) 中央ラインをまたいで立ち，「始め」の合図で右側のラインを越すか，または踏むまでサイドステップし，次に中央ラインにもどり，さらに反対側のラインを越すか触れるまでサイドステップする運動を(①)秒間繰り返す。

(2) 床の上に次の図のように中央ラインを引き，その両側(②)cmのところに2本の平行ラインをひく。

図

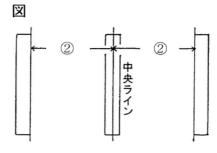

● 体育分野

2 反復横とびについて，次の問いに答えなさい。

(1) 反復横とびを実施することにより調べることのできる体力要素を書きなさい。

(2) (1)の体力要素を高めるためのトレーニング方法を，次のア〜エから1つ選んで，その符号を書きなさい。

ア　スタビライゼーション　　　イ　フロントブリッジ

ウ　バービー　　　　　　　　　エ　ヒップロール

3 次の(1)〜(5)は，筋力及び持久力に関するトレーニングについて説明した文である。トレーニング方法の名称を，それぞれカタカナで書きなさい。

(1) 筋の両端が固定された状態で，筋の長さが変わらずに張力を発揮するような筋活動のトレーニング

(2) 筋を，単に短縮するのではなく，いったん伸張してからすばやく短縮するとより大きな力やパワーを発揮できる特性を利用したトレーニング

(3) 筋が収縮したり，伸長されたりする速度が一定になるようにコントロールした筋活動のトレーニング

(4) 心拍数が毎分180拍程度を超えるような高強度のランニングや運動を，短い休息時間をはさんで繰り返すトレーニング

(5) 全力の運動を十分な休息をとって数本繰り返すトレーニング

4 運動における体力向上について述べた次の文中の（　①　）〜（　⑤　）に入る適切な語句を書きなさい。

(1) 練習の上達過程で技能の向上が長期間止まる場合を（　①　），後退がみられる場合を（　②　）という。

(2) 対応すべき相手やボールが常に変化するような状況下で発揮される運動技能を（　③　）という。また，外的条件に左右されることのない状況下で発揮される運動技能を（　④　）という。

(3) 練習やトレーニングによって技能や体力を向上させるためには，それまで行っていた運動より強度や難度が高い運動を行う必要がある。これを（　⑤　）の原理という。

2024年度 ┃ 兵庫県 ┃ 難易度

解答・解説

【1】(1) ① 体ほぐし ② 実生活 ③ 体の動き
(2) ① プラトー(高原状態, 高原現象) ② スランプ
(3) オーバーロードの原理(過負荷の原理)

○**解説**○ (1) ① 中学校第3学年及び高等学校入学年次において「体ほぐしの運動」は, 手軽な運動を行い, 心と体は互いに影響し変化することや心身の状態に気付くこと, 仲間と自主的に関わり合うことをねらいとしている。 ② 高等学校の入学年次の次の年次以降において「実生活に生かす運動の計画」は, 自己の日常生活を振り返り, 自己のねらいに応じて, 健康の保持増進や調和のとれた体力の向上を図るために, 継続的な運動の計画を立てて取り組むことをねらいとしている。 ③ 中学校第1学年及び第2学年における「体の動きを高める運動」の「体の動き」とは, 体の柔らかさ, 巧みな動き, 力強い動き, 動きを持続する能力の総称を示しており, それぞれの動きを高めるための運動を行い, 調和のとれた体力を高めることが大切である。
(2) ① プラトーは, もてる力を発揮できているが, その力が伸び悩んでいる状態である。 ② スランプは, 上級者に生じることが多く, 実力があるのに, それを発揮できない状態である。 (3) 筋肉は環境の変化に応じて自らを再構成する能力(可塑性)が高いので, それまでより高い負荷(オーバーロード)を与えると, 疲労により体の機能は一時的に低下するが, 適度な休養によって前よりも高いレベルに回復(超回復)するため, 適応の結果として体力の向上につながる。

【2】③

○**解説**○ 筋力は重いものを持ったり移動させたり, 硬いものを曲げたりする筋活動によって発揮する力の大きさを意味する。パワーは単位時間当たりの仕事量で仕事率を指し, 「力×距離÷時間」で求められる。「距離÷時間＝速度(スピード)」なので, 「パワー＝力×速度(スピード)」となる。瞬発力は筋パワーとも呼ばれ, 筋肉が素早い動きの中でどれだけ大きな力を発揮する能力があるかを表すもので, 一瞬で遠くへ跳

ぶ，高く跳ぶ，遠くへ投げるといった運動に関係する体力要素である。なお，敏捷性は動作のすばやさ，瞬発力は大きな筋力を一瞬に発揮する能力であり，敏捷性にはパワーが伴わなくてもよいが，瞬発力にはパワーが伴う。

【3】 (1) B　　(2) D　　(3) A　　(4) E　　(5) C
○**解説**○ 「等速」はアイソキネティック，「等張」はアイソトニック，「等尺」はアイソメトリック，「完全休息」はレペティション，「不完全休息」はインターバルと覚えよう。

【4】 問1 (1) ○　　(2) ×　　(3) ×　　(4) ○　　問2 31 kg
○**解説**○ 問1 (2) 50m走の記録は，1/10未満は四捨五入ではなく切り上げることになっている。　(3) 「50cm〜100cm」ではなく，「30cm〜1m」が正しい。　問2 左右それぞれの高いほうの記録を平均し，キログラム未満は四捨五入する。今回の場合，1回目の左29kgと2回目の右32kgの平均(29+32)÷2＝30.5[kg]のキログラム未満を四捨五入した31kgとなる。

【5】 1 ① 20　② 100　2 (1) 敏しょう性　(2) ウ
3 (1) アイソメトリック(トレーニング)　(2) プライオメトリック(トレーニング)　(3) アイソキネティック(トレーニング)
(4) インターバル(トレーニング)　(5) レペティション(トレーニング)　4 ① プラトー　② スランプ　③ オープンスキル
④ クローズドスキル　⑤ オーバーロード
○**解説**○ 1 テストは2回実施して，良い方の記録をとる。　2 運動特性(動きの特性)は，「すばやさ」「タイミングの良さ」である。バーピーは全身の瞬発力と敏捷性が鍛えられる有酸素運動である。正答以外の選択肢について，アは体幹の強化，バランス能力を高めることができる。イは，体幹や腹のインナーマッスルを鍛える筋力トレーニング，エは，腹の横の筋肉・腹斜筋を鍛える筋力トレーニングである。
3 トレーニングの種類と目的，正しい行い方は学習しておくこと。生徒それぞれの足りない特性，筋力にあったトレーニングを提示する

ことができるようにしておきたい。　4　(1)　スランプの原因として
は，身体的要因(けが，疲れ)，技術的要因(フォームの修正など)，用具
的要因(用具の使用方法など)，心理的要因(自身の喪失など)，練習環境
の変化が考えられる。　(2)　オープンスキルの運動は，球技や武道，
クローズドスキルの運動は，陸上競技や水泳，器械運動があげられる。
(3)　トレーニングでは，体に一定以上の運動負荷を与えることで，機
能が向上するという原理である。トレーニングの3原理と5原則を理解
しておきたい。

体育分野　陸上競技

実施問題

【1】次の文章は，高等学校学習指導要領(平成30年告示)「第2章　第6節　第2款　第1　体育　2　内容　C　陸上競技」の一部である。以下の(1)，(2)の問いに答えよ。

> 　陸上競技について，次の事項を身に付けることができるよう指導する。
> (1)　次の運動について，記録の向上や競争及び自己や仲間の課題を解決するなどの多様な楽しさや喜びを味わい，技術の名称や行い方，体力の高め方，課題解決の方法，競技会の仕方などを理解するとともに，各種目(①)の技能を身に付けること。
> 　ア　短距離走・リレーでは，(②)の高いスピードを維持して速く走ることやバトンの受渡しで<u>次走者と前走者の距離を長くする</u>こと，長距離走では，(③)の変化に対応して走ること，ハードル走では，スピードを維持した走りからハードルを(④)リズミカルに越すこと。
> 　イ　走り幅跳びでは，スピードに乗った助走と力強い踏み切りから着地までの動きを(⑤)にして跳ぶこと，走り高跳びでは，スピードのあるリズミカルな助走から力強く踏み切り，(⑤)な空間動作で跳ぶこと，三段跳びでは，短い助走からリズミカルに(⑥)して跳ぶこと。
> 　ウ　砲丸投げでは，立ち投げなどから砲丸を(⑦)出して投げること，やり投げでは，短い助走からやりを(⑧)にまっすぐ投げること。

(1)　(①)～(⑧)に当てはまる語句を，次のア～ソからそれぞれ一つ選び，記号で記せ。なお，同じ番号には同じ記号が入るものとする。

ア　特有　　イ　高く　　ウ　ペース　　エ　突き　　オ　初速
カ　連続　　キ　前方　　ク　中間走　　ケ　斜め　　コ　滑らか

50

サ 低く　　シ 踏み　　ス 軽やか　　セ 基本　　ソ 起伏

(2)　下線部について述べた次の文の空欄を埋めよ。

> 　次走者と前走者の距離を長くするとは，バトンパスのときの両走者間の距離(利得距離)を得るために，[　　]状態でバトンの受渡しをすることである。

┃ 2024年度 ┃ 山梨県 ┃ 難易度 ■■□□□

【2】次の文は，中学校学習指導要領「保健体育」の「体育分野　第3学年」の「内容」の一部である。以下の(1)，(2)に答えなさい。

> 　C　陸上競技
> 　　陸上競技について，次の事項を身に付けることができるよう指導する。
> 　(1)　次の運動について，記録の向上や競争の楽しさや喜びを味わい，技術の名称や行い方，体力の高め方，運動観察の方法などを理解するとともに，各種目特有の技能を身に付けること。
> 　(略)
> 　イ　A走り幅跳びでは，スピードに乗ったB助走から力強く踏み切って跳ぶこと，走り高跳びでは，リズミカルな助走から力強く踏み切り滑らかな空間動作で跳ぶこと。

(1)　下線部Aについて，中学校学習指導要領解説保健体育編に示されている跳び方で，次の①，②の説明に適する跳び方の名称を書きなさい。
　①　踏み切った後も前に振り上げた足を前方に出したままの姿勢を保ち，そのまま両足で着地する跳び方。
　②　踏み切った後に空中で体全体を反らせた状態になり，その後，両腕を下ろしながら両足を前方に出して着地する跳び方。

(2)　走り幅跳びの授業で，跳躍に高さが出ずに記録が伸び悩んでいる生徒に対するアドバイスとして，下線部Bについて，どのようなことを意識するとよいか，書きなさい。

┃ 2024年度 ┃ 青森県 ┃ 難易度 ■■□□□

● 体育分野

【3】次の文章は，中学校学習指導要領(平成29年告示)解説　保健体育編
(平成29年7月)「第2章　保健体育科の目標及び内容　第2節　各分野の
目標及び内容　〔体育分野〕　2　内容」の「C　陸上競技　[第1学年及
び第2学年]　(1)　知識及び技能　○　知識」について述べたものである。
文中の[　a　]から[　c　]にあてはまる語句の組み合わせとして最も適
当なものを，以下の①から⑥までの中から一つ選び，記号で答えよ。

> 　陸上競技の特性や成り立ちでは，陸上競技は，「[　a　]」，「走
> る」，「跳ぶ」及び「投げる」といった基本的な運動で，自己の
> 記録に挑戦したり，[　b　]したりする楽しさや喜びを味わうこ
> とのできる運動であること，古代[　c　]のオリンピア競技やオ
> リンピック・パラリンピック競技大会において主要な競技とし
> て発展した成り立ちがあることを理解できるようにする。
>
> ア　立つ　　　イ　歩く　　　ウ　競走　　　エ　競争
> オ　ローマ　　カ　ギリシア

①　a－ア　b－ウ　c－オ　　　②　a－ア　b－エ　c－カ
③　a－ア　b－ウ　c－カ　　　④　a－イ　b－エ　c－カ
⑤　a－イ　b－ウ　c－オ　　　⑥　a－イ　b－エ　c－オ

‖ 2024年度 ‖ 沖縄県 ‖ 難易度 ■■□□□

【4】次のアからオのうち，陸上競技の走り高跳びの無効試技について示
したものの組み合わせとして最も適当なものを，以下の①から⑥まで
の中から一つ選び，記号で答えよ。(「スポーツルール2022」(大修館書
店)より)
ア　跳び越す前にバーの垂直面から先に足が出た時。
イ　助走時に突風が吹いてバーが落下した時。
ウ　両足で踏み切った時。
エ　跳躍中の動作によってバーが落下した時。
オ　跳躍後，強風が吹いてバーが落下した時。
①　ア・イ・エ　　②　ア・ウ・エ　　③　ア・エ・オ
④　イ・ウ・エ　　⑤　イ・エ・オ　　⑥　ウ・エ・オ

‖ 2024年度 ‖ 沖縄県 ‖ 難易度 ■■□□□

【5】「中学校学習指導要領(平成29年告示)解説　保健体育編(平成29年7月
文部科学省)　第2章　保健体育科の目標及び内容　第2節　各分野の目
標及び内容　〔体育分野〕　2　内容　C　陸上競技　[第1学年及び第
2学年]　(1)　知識及び技能」に示されている内容として正しくないも
のを，次の①〜⑤の中から一つ選べ。

①　短距離走・リレーでは，滑らかな動きで速く走ることやバトンの
受渡しでタイミングを合わせること。

②　長距離走では，ペースを守って走ること。

③　ハードル走では，リズミカルな走りから滑らかにハードルを越す
こと。

④　走り幅跳びでは，最大スピードでの助走から素早く踏み切って跳
ぶこと。

⑤　走り高跳びでは，リズミカルな助走から力強く踏み切って大きな
動作で跳ぶこと。

┃ 2024年度 ┃ 岐阜県 ┃ 難易度 ┃■■■□□□

【6】陸上競技について，次の問に答えよ。

問1　ハードル走において，空中や着地でバランスが崩れる生徒に対
して，どのようにアドバイスをするか，記せ。

問2　ハードル走において，スタートからスピードに乗って1台目を越
すためのポイントを二つ記せ。

問3　次の文章は，トラック競技におけるルールと審判法について述
べたものである。正しいものをA〜Jから五つ選び，記号で答えよ。

A　短距離競走では定められたレーンを走らなければいけない。他
のレーンに侵入した者は，原則として失格となる。

B　400m走では，走者は「位置について」の後に信号器の発射によ
ってスタートする。

C　国際陸上競技連盟のルールでは，不正スタートをした競技者は
警告が与えられ，同じ者が2回警告を受けると失格となる。

D　最終の用意の姿勢をとった後，信号器の発射音を聞くまでにス
タート動作を開始した場合，不正スタートとなる。

E　リレー競技のバトンはスタートラインやその前方の地面に触れ

てはならない。

F　スタートの際，足がスターティングブロックのフットプレートから離れない，または手が地面から離れない限り，スタートを始めたとはみなされない。

G　「位置について」または「用意」の合図の後で，信号器発射の前に，クラウチングの姿勢から立ち上がって，スタンディングの姿勢になっても，フットプレートから足が離れなければ不適切スタートではない。

H　「用意」の合図の後，最終のスタート姿勢で一旦静止した後で動いても，フットプレートから足が離れなければ不適切スタートではない。

I　800m走では，走者は「位置について」の後に信号器の発射によってスタートする。

J　フィニッシュは胴体の一部が決勝線に到達したときであり，到着した順番に順位が決められる。

2024年度 ▎ 島根県 ▎ 難易度 ■■■□□

【7】陸上競技について，次の各問いに答えなさい。

(1)　「陸上競技ルールブック2023年度版」(2023年4月1日　公益財団法人　日本陸上競技連盟)に即して，リレー競走の競技規則について次の文の(a)～(c)に当てはまる語句をそれぞれ書きなさい。

> バトンはテイク・オーバー・ゾーン内で受け渡されなければならない。バトンの受け渡しは，受け取る競技者にバトンが(a)時点に始まり，受け取る競技者の手の中に完全に渡り，(b)のバトン保持者となった瞬間に成立する。それはあくまでもテイク・オーバー・ゾーン内でのバトンの(c)のみが決定的なものであり，競技者の身体の(c)ではない。テイク・オーバー・ゾーン外でのバトンの受け渡しは，失格となる。

.(2) 「中学校部活動における　陸上競技指導の手引き」(2018年12月25日発行　公益財団法人　日本陸上競技連盟)を踏まえて，次の問いに答えなさい。

① 4×100mリレーでは，4人の100m走のベストタイムの合計よりもリレーのタイムのほうが速くなる場合があります。その理由を，【バトンパス】という言葉を用いて40字以内で書きなさい。

② 「オーバーハンドパス」には，走者間の距離を長くとれる利点があります。その理由を40字以内で書きなさい。

‖ 2024年度 ‖ 長野県 ‖ 難易度 ■■■■□□

【8】「陸上競技」について，次の問1，問2に答えなさい。

問1　短距離走のバンチスタートに関する説明について，次の文中の空欄[　a　]〜[　c　]にあてはまる語句の組合せとして正しいものを，以下の1〜4のうちから1つ選びなさい。

バンチスタートは，前後の足幅を[　a　]し，スターティングブロックから離れるまでの時間(反応時間)が[　b　]，「用意」の姿勢で腕にかかる負担が[　c　]。

	a	b	c
1	せまく	長く	小さい
2	せまく	短く	大きい
3	広く	短く	小さい
4	広く	長く	大きい

問2　走り高跳びに関する説明について，次のa〜dの正誤の組合せとして正しいものを，以下の1〜4のうちから1つ選びなさい。

a　走り高跳びは，助走のスピードを踏み切りにより上昇スピードに変え，バーを越える競技である。

b　ベリーロールの跳躍において，助走から踏み切りをおこなう場合は，上体を十分に後傾し，バーに遠い方の足で踏み切る。

c　両足で踏み切った場合や，バーを越える前に体の一部が，支柱間の先の着地面に触れた場合は，無効となる。

d　跳躍の後に風によってバーが落下した場合はやり直しとなる。

	a	b	c	d
1	正	正	誤	誤
2	誤	誤	正	正
3	誤	正	誤	正
4	正	誤	正	誤

| 2024年度 | 宮城県・仙台市 | 難易度 ■■■□□

【9】「陸上競技」について，問1，問2に答えなさい。

問1　高等学校学習指導要領解説(保健体育編)(平成30年7月)における入学年次の「陸上競技」の知識の例示の組合せとして，正しいものを選びなさい。

① 陸上競技の各種目で用いられる技術の名称があり，それぞれの技術には，記録の向上につながる重要な動きのポイントがあること。

② 体力や技能の程度，性別等の違いを超えて仲間とともに陸上競技を楽しむための調整の仕方を見付けること。

③ 練習や競技会の場面で，自己や仲間の活動を振り返り，よりよいルールやマナーについて提案すること。

④ 自己の動きや仲間の動き方を分析するには，自己観察や他者観察などの方法があること。

ア ①② イ ①③ ウ ①④ エ ②③ オ ③④

問2　次の文は，「日本陸上競技連盟競技規則(2022年)」における「スタート」について述べたものである。空欄に当てはまる語句の組合せとして，正しいものを選びなさい。

[①]mを超えるレース(4×200mリレー，メドレーリレーそして4×400mリレーの第1走者を除く)では，すべてのスタートは[②]で行われなければならない。

	①	②
ア	100	立位（スタンディング・ポジション）
イ	200	クラウチング
ウ	200	立位（スタンディング・ポジション）
エ	400	クラウチング
オ	400	立位（スタンディング・ポジション）

‖ 2024年度 ‖ 北海道・札幌市 ‖ 難易度 ■■■□□

【10】体育分野の領域「陸上競技」について，次の1・2に答えなさい。

1 「長距離走」について，次の(1)・(2)に答えなさい。

(1) 「長距離走」において，中学校第3学年の生徒に，自己に適した
ペースを維持して走ることを指導することとします。どのような
ことに留意しますか。簡潔に書きなさい。

(2) ピッチ走法とは，どのような走法ですか。簡潔に書きなさい。

2 「走り幅跳び」について，次の(1)・(2)に答えなさい。

(1) 中学校第3学年の生徒に，スピードに乗った助走から力強く踏
み切って跳ぶことを指導することとします。踏み切りでは，どの
ようなことに留意しますか。簡潔に2つ書きなさい。

(2) 「そり跳び」とは，どのような跳び方のことですか。簡潔に書
きなさい。

‖ 2024年度 ‖ 広島県・広島市 ‖ 難易度 ■■■□□

【11】第2学年の陸上競技「短距離走・リレー」の学習について，次の(1)，
(2)の問いに答えなさい。

(1) 「短距離走」で用いられるスタート法を書きなさい。また，その
スタート法の「用意(set)」の姿勢について，運動のポイントを生徒
に提示するとき，どのような内容を提示するとよいか具体的に書き
なさい。

(2) 「リレー」のバトンパス(オーバーハンドパス)において，次の①〜
③の問いに答えなさい。

① 生徒にバトンパスの練習を段階的に行わせることとした。初期

● 体育分野

　　段階において，どのようなバトンパスの練習を取り入れるとよい
　　か2つ書きなさい。
　②　バトンパスにおいて，どのようなことを生徒に意識させるとよ
　　いか。前走者(渡し手)と次走者(受け手)それぞれについて具体的
　　に書きなさい。
　③　バトンパスにおいて，前走者が次走者に近付きすぎてスピード
　　の失速が見られた。その際の原因は何が考えられるか具体的に書
　　きなさい。また，その解決法について，生徒が気付くことができ
　　るようにするために，どのような学習活動を取り入れるとよいか
　　具体的に書きなさい。

▌2024年度 ▌群馬県 ▌難易度 ■■■□□

【12】陸上競技について，次のそれぞれの問いに答えなさい。
　問1　次の記述は，「中学校学習指導要領(平成29年告示)解説　保健体
　　育編」の中で，陸上競技[第1学年及び第2学年]の知識及び技能につ
　　いて示されているものの一部である。[　1　]，[　2　]に当てはま
　　るものとして最も適切なものを，それぞれの語群の①〜④のうちか
　　ら選びなさい。

　○　技能
　ア　短距離走・リレー
　〜中略〜
　　　滑らかな動きとは，腕振りと脚の動きを[　1　]全身の
　動きである。
　〜中略〜
　ウ　ハードル走
　〜中略〜
　　　リズミカルな走りとは，インターバルにおける[　2　]
　走りのことである。

[　1　]の語群
①　同調させた　　②　調和させた　　③　意識した
④　連動させた

[2]の語群
① スピードに乗った　②　大きなストライドの
③ テンポのよい　　　④　素早いピッチの

問2　次の記述は,「中学校学習指導要領(平成29年告示)解説　保健体育編」の中で,陸上競技[第3学年]の知識及び技能について示されているものの一部である。[1],[2]に当てはまるものとして最も適切なものを,それぞれの語群の①〜④のうちから選びなさい。

○　知識
〜中略〜
　　運動観察の方法では,自己の動きや仲間の動き方を分析するには,自己観察や他者観察などの方法があることを理解できるようにする。例えば,二人組などでお互いの動きを観察したり,ICTを活用して自己のフォームを観察したりすることで,自己の取り組むべき[1]が明確になり,学習の成果を高められることを理解できるようにする。
〜中略〜
○　技能
〜中略〜
オ　走り高跳び
〜中略〜
　　なお,「背面跳び」は競技者の間に広く普及している合理的な跳び方であるが,全ての生徒を対象とした学習では,中学生の技能レベル,器具や用具等の面から危険な場合もあると考えられる。したがって,指導に際しては,個々の生徒の技能,器具や用具等の安全性などの条件が十分に整っており,さらに生徒が安全を考慮した[2]を身に付けている場合に限って実施することとする。

---

[1]の語群
① 技術的な課題　②　特有の技能　③　練習内容
④ 効果的な技能
[2]の語群

① 着地の方法　　② 慎重な姿勢　　③ 段階的な学び方
④ 練習方法

問3　次の記述は,「中学校学習指導要領(平成29年告示)解説　保健体
育編」の中で,陸上競技の内容の取扱いについて示されているもの
の一部である。[　　]に当てはまるものとして最も適切なものを,
以下の語群の①〜④のうちから選びなさい。

> 内容の取扱い
> 　〜中略〜
> (イ)　陸上競技の運動種目は,競走種目(短距離走・リレー,
> 長距離走又はハードル走)から一以上を,跳躍種目(走り幅跳
> び又は走り高跳び)から一以上をそれぞれから選択して履修
> できるようにすることとしている。特に,第3学年では,こ
> れらの中から[　　]運動種目を選択できるようにするととも
> に,第1学年及び第2学年の学習を一層深められるよう配慮
> することが必要である。

語群
① 自己が得意な　　② 第1学年及び第2学年で取り組んだ
③ 自己に適した　　④ 第1学年及び第2学年で取り組んでいない

2024年度 ▍**神奈川県・横浜市・川崎市・相模原市** ▍難易度 ▰▰▰▱▱

【13】陸上競技について,次の問いに答えなさい。
「陸上競技ルールブック2023年度版(日本陸上競技連盟)」の「スター
ティング・ブロック」,「スタート」について,次の下線部(ア)〜(オ)の
正誤の組合せとして最も適切なものを,以下の①〜⑥のうちから選び
なさい。

> 　　　　　　TR15.　スターティング・ブロック
> 15.1　400mまでの競走(4×200mリレー,メドレーリレーおよび
> 　　4×400mリレーの第1走者を含む)においてはスターティン
> 　　グ・ブロックを (ア)使用しなければならず,その他のレース
> 　　では (イ)使用してはならない。トラック上に設置した際,ス

ターティング・ブロックのいかなる部分もスタートラインに
重ねてはならず, その走者のレーンをはみ出してはならない。
但し, 他の競技者を妨害しなければ, フレームの後部は外側
レーンのラインから_(ウ)はみ出てもよい。

(中略)

TR.16　スタート

(中略)

16.3　400mまでのレース(4×200mリレー, メドレーリレー,
4×400mリレーの第1走者を含む)において, クラウチング・
スタートとスターティング・ブロックの使用は_(エ)任意であ
る。位置についた時, 競技者はスタートラインおよびその前
方のグラウンドに_(オ)手や足を触れてはならない。

① (ア)－正　(イ)－正　(ウ)－正　(エ)－誤　(オ)－正
② (ア)－正　(イ)－誤　(ウ)－誤　(エ)－正　(オ)－誤
③ (ア)－正　(イ)－正　(ウ)－誤　(エ)－正　(オ)－誤
④ (ア)－誤　(イ)－正　(ウ)－誤　(エ)－誤　(オ)－正
⑤ (ア)－誤　(イ)－正　(ウ)－正　(エ)－誤　(オ)－正
⑥ (ア)－誤　(イ)－誤　(ウ)－誤　(エ)－正　(オ)－誤

2024年度 **神奈川県・横浜市・川崎市・相模原市** **難易度**

【14】日本陸上競技連盟の定める競技規則の内容として誤っているものを,
次の(1)～(4)の中から1つ選びなさい。

(1)　バトンはつぎ目のない木材, または金属その他の硬い物質でつく
られ, 断面が丸く, 滑らかで中空の管でなければならない。長さは
280mm～300mmで, 直径は40mm(±2mm), 重さは50g以上とする。

(2)　4×100mRと4×200mRの全走者間, およびメドレーリレーの第1
走者と第2走者間, 第2走者と第3走者間のテイク・オーバー・ゾー
ンは20mとする。

(3)　もしバトンを落とした場合, 落とした競技者がバトンを拾って継
続しなければならない。この場合, 競技者は距離が短くならないこ
とを条件にバトンを拾うために自分のレーンから離れてもよい。

(4) レース中，競技者が他チームのバトンを使ったり拾い上げたりした場合，そのチームは失格となる。

‖ 2024年度 ‖ 埼玉県・さいたま市 ‖ 難易度 ■■■□□

【15】ハードル走について，次の(1)，(2)の問いに答えよ。

(1) 次の文は，スタートから第1ハードルまでのアプローチについて説明したものである。文中の(ア)～(ウ)に当てはまる言葉の組合せとして最も適切なものを以下のA～Dから一つ選び，その記号を書け。

第1ハードルまでの
(ア)に応じて前後の
足の位置を決める。

短距離走より
(イ)に
体を起こす。

第1ハードルを
めざして
加速する。

スピードにのったまま
(ウ)から踏み切る。

	ア	イ	ウ
A	速度	遅め	遠く
B	歩数	遅め	近く
C	速度	早め	近く
D	歩数	早め	遠く

(2) 次の文は，ハードリングについて説明したものである。文中の下線部①～③について，正しいものを○，誤っているものを×としたときの組合せとして最も適切なものを以下のA～Hから一つ選び，その記号を書け。

> 振り上げ脚を①まっすぐに引き上げる。抜き脚を②たたんでハードルを越える。振り上げ脚を振り下ろし，ハードルの近くに着地する。着地後の1歩目を③素早く，小さく踏み出す。

62

	①	②	③
A	○	○	○
B	○	○	×
C	○	×	○
D	○	×	×
E	×	○	○
F	×	○	×
G	×	×	○
H	×	×	×

2024年度 ┃ 愛媛県 ┃ 難易度

【16】陸上競技について，次の問いに答えなさい。

(1) 次の文章は「日本陸上競技連盟競技規則(2023年4月1日修改正)」から一部を抜粋したものです。文中の(①)〜(⑥)に適する語句を答えなさい。

○ スタート

400mまでのレース(4×200mリレー，メドレーリレー，4×400mリレーの第1走者を含む)において，(①)・スタートと(②)・ブロックの使用は必須である。位置についた時，競技者はスタートラインおよびその前方のグラウンドに手や足を触れてはならない，「On your marks(位置について)」の合図の後，競技者は自分の割り当てられたレーン内のスタートラインの後方の位置につく。(③)と少なくとも片膝がグラウンドに，両足は(②)・ブロックのフットプレートと接触していなければならない。「Set (用意)」の合図で競技者は手とグラウンド，足と(②)・ブロックのフットプレートとの接触を保ちながら，速やかに最終のスタート体勢に構えなければならない。スターターは，全ての競技者が「Set (用意)」の構えで(④)したと確認した時点で，信号器を発射しなければならない。

○ リレー競走

もしバトンを落とした場合，(⑤)がバトンを拾って継続しなければならない。この場合，競技者は距離が短くならないことを条件にバトンを拾うために自分のレーンから離れて

もよい。加えて，バトンを落とした時，バトンが横や進行方向(フィニッシュラインの先も含む)に転がり，レーンから離れて拾い上げた後は，競技者は(　⑥　)に戻ってレースを再開しなければならない。これらの手続きが適正になされ，他の競技者を妨害しない限りはバトンを落としても失格とはならない。

(2) 次の文章は「中学校学習指導要領(平成29年告示)解説　保健体育編　平成29年7月」「第2章　保健体育科の目標及び内容」「第2節　各分野の目標及び内容」「〔体育分野〕2　内容」「C　陸上競技」の<用語の説明>から一部を抜粋したものです。文中の(　①　)～(　⑥　)に適する語句を答えなさい。

> 　走り高跳びにおける「はさみ跳び」とは，バーに対して斜め後方や(　①　)から助走し，踏み切った後，(　②　)から順にバーをまたいで越えるまたぎ跳びや，両足を(　③　)させて大きく開き，上体を横に倒しながらバーを越える正面跳びなどの跳び方のことである。
> 　走り幅跳びにおける「そり跳び」とは，踏み切った後に空中で体全体を(　④　)状態になり，その後，(　⑤　)を下ろしながら(　⑥　)を前方に出して着地する跳び方のことである。

‖ 2024年度 ‖ 名古屋市 ‖ 難易度 ■■■■□

【17】次の(1)～(4)の各問いに答えなさい。

(1) 次は，中学校学習指導要領(平成29年告示)「第2章　各教科　第7節　保健体育　第2　各学年の目標及び内容　〔体育分野　第3学年〕2　内容　C　陸上競技」の一部です。①に入る語句を，以下の1～4の中から1つ選びなさい。

> (1) 次の運動について，記録の向上や競争の楽しさや喜びを味わい，技術の名称や行い方，体力の高め方，運動観察の方法などを理解するとともに，各種目特有の技能を身に付けること。

> ハードル走では，スピードを維持した走りからハードルを(　①　)越すこと。

1　低く　　2　滑らかに　　3　リズミカルに　　4　素早く

(2)　次は，中学校学習指導要領(平成29年告示)解説　保健体育編「第2章　保健体育科の目標及び内容第2節　各分野の目標及び内容〔体育分野〕　2　内容　C　陸上競技　[第1学年及び第2学年]　(1)知識及び技能　○　技能　イ　長距離走」の一部です。①，②に入る語句を，以下の1〜4の中から1つずつ選びなさい。

> 長距離走では，(　①　)を維持できるフォームで(　②　)を守りながら，一定の距離を走り通し，タイムを短縮したり，競走したりできるようにする。

①　1　一定のリズム　　　　　2　負担のない姿勢
　　3　最大限のスピード　　　4　自己のスピード
②　1　心拍数　　2　リズム　　3　ペース　　4　歩数

(3)　次は，中学校学習指導要領(平成29年告示)解説　保健体育編「第2章　保健体育科の目標及び内容　第2節　各分野の目標及び内容〔体育分野〕　2　内容　C　陸上競技　[第3学年]　(1)　知識及び技能　○　技能」に示されている〈用語の説明〉の一部です。走り幅跳びにおける「そり跳び」の説明として正しいものを，1〜4の中から1つ選びなさい。

1　踏み切った後，身体を仰向けにして上体を大きく反り，背部や肩から着地する跳び方のことである。

2　踏み切った後に体を直線的に伸ばし，空中を走るように両足を一回交差してから，両腕を下ろしながら両足を前方に出して着地する跳び方のことである。

3　踏み切った後も前に振り上げた足を前方に出したままの姿勢を保ち，そのまま両足で着地する跳び方のことである。

4　踏み切った後に空中で体全体を反らせた状態になり，その後，両腕を下ろしながら両足を前方に出して着地する跳び方のことである。

● 体育分野

(4) 日本陸上競技連盟競技規則(2023)における陸上競技のルールについて誤っているものを，次の1〜4の中から1つ選びなさい。

1 トラック競技で，レース中に他の者や何らかの物によって押されたり，妨害されたりしたために，自分のレーン外，縁石やラインの上あるいは内側に足が入ったり走ったりした場合には失格とはならない。

2 ハードル競走で，ハードルを越える瞬間に，足または脚がハードルをはみ出て(どちら側でも)バーの高さより低い位置を通った時には失格となる。

3 走幅跳で，助走の途中，助走路を示す白線の外側にはみ出た場合は無効試技とする。

4 走高跳で，助走して跳躍せずにバーまたは支柱の垂直部分に接触した時は，無効試技とする。

▌2024年度 ▌埼玉県・さいたま市 ▌難易度 ■■■■□

【18】陸上競技について，次の(1)，(2)の各問いに答えよ。

(1) 走り幅跳びで，より遠くへ跳ぶことができるよう，大きな空間動作を身に付けさせるための効果的な学習の場として考えられる工夫を具体的に述べよ。

(2) 次のア〜エの文中の下線部について，正しければ○を，誤りがあれば正しい語句を答えよ。

ア 走り高跳びにおいて，両足で踏み切った場合は，無効試技となる。

イ リレー競技の4×100mリレーにおいて，20mのテイクオーバーゾーンの中でバトンの受け渡しを完了しなければならない。

ウ 走り幅跳びにおいて，競技者が8人以下の場合は，各5回ずつ試技ができる。

エ 混成競技の場合を除く短距離走において，2回の不正スタートで失格となる。

▌2024年度 ▌山口県 ▌難易度 ■■■■□

66

【19】次の文章は,「高等学校学習指導要領(平成30年告示)解説　保健体育編　体育編(平成30年7月　文部科学省)　第1部　保健体育編　第2章　保健体育科の目標及び内容　第2節　各科目の目標及び内容　「体育」3　内容　C　陸上競技　[入学年次の次の年次以降]　(1)　知識及び技能　知識」に示されている内容の一部である。下線部ア～オの解説として正しくないものを,以下の①～⑤の中から一つ選べ。

> (1)　知識及び技能
> 　陸上競技について,次の事項を身に付けることができるよう指導する。
>
> > (1)　次の運動について,記録の向上や競争及び自己や仲間の課題を解決するなどの多様な楽しさや喜びを味わい,ァ技術の名称や行い方,ィ体力の高め方,ゥ課題解決の方法,ェ競技会の仕方ォなどを理解するとともに,各種目特有の技能を身に付けること。

①　ァ技術の名称や行い方では,局面ごとに技術の名称があること,それぞれの技術には,記録の向上につながる重要な動きのポイントがあること,それらを身に付けるための安全で合理的,計画的な練習の仕方があることを理解できるようにする。

②　ィ体力の高め方では,陸上競技のパフォーマンスは体力要素の中でも,短距離走では主として瞬発力などに,長距離走では主として全身持久力などに強く影響される。そのため,それぞれの種目に必要な体力を技能に関連させながら高めることが重要であることを理解できるようにする。

③　ゥ課題解決の方法では,自己に応じた目標の設定,目標を達成するための課題の設定,課題解決のための練習法などの選択と実践,記録会などを通した学習成果の確認,新たな目標の設定といった過程があることを理解できるようにする。

④　ェ競技会の仕方では,競技会や記録会の競技のルール,運営の仕方や役割に応じた行動の仕方,全員が楽しむためのルール等の調整の仕方などを理解できるようにする。

⑤ _オなどの例では，走る，跳ぶ，投げるなどの動作を局面に分けて段階的に目標を設ける。

| 2024年度 | 岐阜県 | 難易度 ■■■■□

【20】 高等学校学習指導要領(平成30年告示)「第2章　各学科に共通する各教科　第6節　保健体育　第2款　各科目　第1　体育　2　内容　C　陸上競技」に示されているものを，次の(1)～(4)の中から1つ選びなさい。

(1) 陸上競技に主体的に取り組むとともに，勝敗などを冷静に受け止め，ルールやマナーを大切にしようとすること，役割を積極的に引き受け自己の責任を果たそうとすることなどや，健康・安全を確保すること。

(2) 陸上競技に主体的に取り組むとともに，勝敗などを冷静に受け止め，役割を積極的に引き受け自己の責任を果たそうとすること，一人一人の違いに応じた課題や挑戦を大切にしようとすることなどや，健康・安全を確保すること。

(3) 陸上競技に主体的に取り組むとともに，勝敗などを冷静に受け止め，ルールやマナーを大切にしようとすること，一人一人の違いに応じた課題や挑戦を大切にしようとすることなどや，健康・安全を確保すること。

(4) 陸上競技に主体的に取り組むとともに，勝敗などを冷静に受け止め，ルールやマナーを大切にしようとすること，役割を積極的に引き受け自己の責任を果たそうとすること，一人一人の違いに応じた課題や挑戦を大切にしようとすることなどや，健康・安全を確保すること。

| 2024年度 | 埼玉県・さいたま市 | 難易度 ■■■■■■

解答・解説

【1】(1) ① ア　② ク　③ ウ　④ サ　⑤ コ　⑥ カ　⑦ エ　⑧ キ　(2) 両走者が十分に腕を伸ばした

○**解説**○ (1) ① 各種目特有の技能とは，陸上競技には，短距離走・リレー，長距離走，ハードル走，走り幅跳び，走り高跳びなど様々な種目があり，各種目にはそれぞれの種目が有する固有の技能があること。 ② 中間走の高いスピードを維持して速く走るとは，スタートダッシュでの加速を終え，ほぼ定速で走る区間の走りを，走る距離に応じた高いスピードをできる限りフィニッシュ近くまで保つこと。 ③ ペースの変化に対応して走るとは，自ら変化のあるペースを設定して走ったり，仲間のペースの変化に応じて走ったりすること。 ④ ハードルを低くリズミカルに越すとは，ハードリングでハードルを低く走り越し，インターバルで3歩の早いリズムに近づけること。 ⑤ 踏み切りから着地までの動きを滑らかにして跳ぶとは，踏み切り準備でスピードを落とさないようにして踏み切りに移り，自己に合った空間動作から脚を前に投げ出す着地動作までを一連の動きでつなげること。また，滑らかな空間動作とは，流れよく行われるはさみ跳びや背面跳びなどの一連の空間での動きのこと。 ⑥ リズミカルに連続して跳ぶとは，1歩目と2歩目は同じ足，3歩目は反対の足で踏み切る「ホップ−ステップ−ジャンプ」の連続する3回のバランスを保ち，リズムよく跳ぶこと。 ⑦ 突き出して投げるとは，砲丸を顎の下に保持した姿勢から，肘や肩に負担がかからないように直線的に砲丸を押し出す動きのこと。 ⑧ 前方にまっすぐ投げるとは，やりを真後ろに引いた状態から，やりに沿ってまっすぐに力を加えて投げること。 (2) 利得距離とは，渡し手と受け手が手を伸ばした分，走らなくてすむ距離のことで，利得距離を長くするには，前走者と後走者が腕をまっすぐに伸ばし，両者の腕が地面と平行に上がっている状態を作るとよい。

【2】(1) ① かがみ跳び ② そり跳び (2) 踏み切り前3〜4歩からリズムアップして踏み切りに移ること

○**解説**○ (1) ① かがみ跳びは，かがんだ姿勢で跳ぶフォームである。振り上げ脚(リード脚)は踏み切り時の前方の位置をキープし，踏み切り脚は空中動作の前半では後ろに残っているが，後半では踏み切り脚を曲げて前方やや上方向に振り出して，最後は両脚を前に伸ばして着

地の準備をする。　②　そり跳びは，空中で体を反って跳ぶフォーム
である。空中動作の前半では，踏み切りを行った後，腹部から腰の部
分を前方に押し出すようなイメージで，両腕を上にあげて伸び上がる。
後半では，両脚を軽く曲げ，前方やや上方向に出して，両腕は大きく
振り下ろす。　(2)　解答例は学習指導要領解説に例示されている内容
である。例示以外では，「上体を起こして，地面を踏みつけるように
キックする」，「踏み切り前の3歩を，ターン・タ・タンというリズム
で踏み切りに移る」，「ミニハードルを置き，それに触れないように力
強く踏み切る」，「丸めた新聞紙などを入れたビニール袋などの安全な
障害物を置き，ふわっと跳び上がり，着地姿勢に移る」などが考えら
れる。

【3】④
○**解説**○　陸上競技は「歩く」「走る」「跳ぶ」「投げる」などの基本的な
運動能力を，速さ，長さ，高さによって競う競技であり，よい動きや
フォームを身に付けたり，体力を高めたりすることにより記録が向上
するので，自己の記録に挑戦したり仲間と競争する楽しさや喜びを味
わう運動である。古代ギリシアのオリンピア競技(古代オリンピック)
は紀元前776年から競走競技で始まり，その後円盤投げや走り幅跳び，
やり投げなども行われるようになった。

【4】②
○**解説**○　日本陸上競技連盟競技規則・第3部「フィールド競技」「TR27.
走高跳」に，次のように記されている。　27.1　競技者は片足で踏み
切らなければならない。　27.2　次の場合は無効試技とする。　27.2.1
跳躍した後，バーが競技者の跳躍中の動作によってバー止にとどまら
なかった時。　27.2.2　バーを越える前に，バーの助走路側の垂直面
より着地場所側の，またはその垂直面を支柱から左右に延長した着地
場所側の，地面あるいは着地場所に身体のいかなる部分でも触れた時。
27.2.3　助走して跳躍せずにバーまたは支柱の垂直部分に接触した時。

【5】④

○**解説**○ ④ 「最大スピード」ではなく，「スピードに乗った助走」が正しい。スピードに乗った助走とは，最大スピードでの助走ではなく，踏み切りに移りやすい範囲でスピードを落とさないように走ることである。

【6】問1 抜き脚側の腕を大きく横に振り，抜き脚をかかえ込んでくるように引くと，抜き脚との動きのバランスがうまくとれるようになる。問2 ・スタートしたらすぐには顔を上げずに加速し，徐々に上体を起こしていく。 ・踏み切りでブレーキをかけないためにできるだけ遠くから踏み切る。 問3 A，D，F，I，J

○**解説**○ 問1 抜き足のかかえ込み動作については，「胸に膝を引き付ける」といったアドバイスも考えられる。また，着地の際に，腰が落ちてしまうことが考えられることから，着地地点の先の方にラインを引き，着地後の踏み出しを意識させることも考えられる。 問2 他にも，常に一定の歩数で第1ハードルを跳び越すようにすることも重要である。 問3 B 400m走までは，クラウチングスタートを用い，「位置について，用意」の後に信号器が発射される。なお，クラウチングスタートは，"On your marks"の姿勢，"Set"の姿勢，蹴り出し，加速と4つの局面に分けられる。"On your marks"の姿勢ではスターティングブロックを合わせて静止する。"Set"の姿勢では腰を上げる。蹴り出し局面ではスターティングブロックを離れて1歩目を踏み出す。加速局面では速度を上げていき，走動作へと移行する。 C 不正スタートは1回目で失格となる。 E 触れてもよい。 G・H 不適切スタートになる。「用意」の合図の後，体を静止する必要がある。

【7】(1) a 触れた b 唯一 c 位置 (2) ① バトンパスによって，1走以外の選手は加速をした状態からバトンを持って走れるから。(40字) ② 次走者は後ろに腕を伸ばし，前走者が前に押し出すようにしてバトンを渡すから。(37字)

○**解説**○ (1) a バトンパスの開始は，前走者が保持しているバトンを次走者に渡すために，渡し手と受け手の両者の手がバトンに触れた時

点である。　b　「唯一のバトン保持者」とは，バトンが渡し手を離れ，受け手だけが持っている状態。　c　バトンパスは，テイク・オーバー・ゾーン内で行われなければならず，選手の身体の位置には関係なくバトンの位置で決まる。　(2)　①　バトンパスの時に，前走者はスピードをできる限り落とさずに，次走者はできる限りトップスピードになった状態でバトンをつなぐことが重要で，第1走者以外の選手は加速をした状態からほぼ100mを走ることになる。　②　オーバーハンドパスでは，次走者は後ろに手のひらを向けて腕を伸ばし，前走者は前に押し出すようにしてバトンを渡すため，両者が腕を伸ばした状態でバトンパスが行われることにより，走者間の距離(利得距離)を長くとりやすい。

【8】問1　2　　問2　4
○解説○　問1　クラウチングスタートは，前後に置く足の幅によって，バンチ(狭い)，ミディアム(普通)，エロンゲーテッド(広い)の3種類に分けられる。選手の体格，戦略に合わせたスタート方法を選ぶことが重要である。　問2　bについて，バーに遠い方の足ではなく，「バーに近い方の足」が正しい。ベリーロールの跳び方は，十分に後傾する→バーに近い方の足で踏み切る→両腕・両肩で体を引き上げる→振り上げた脚を高く引き上げる→体を回転させながら腹でバーを越す→踏み切り脚をうまく越す→安全に着地する，である。dについて，やり直しではなく「有効」が正しい。なお，跳躍の途中に風で落ちた場合は，やり直しになる。

【9】問1　ウ　　問2　オ
○解説○　問1　②と③については，その次の年次以降の「思考力，判断力，表現力等」の内容である。　問2　クラウチングスタートは，まず肩幅より少し腕を広げて両指を地面に付き，前足側は膝を立てる。そして少し下がったところにうしろ足の膝を伸ばして置き，腰を上げて静止するというスタート姿勢である。一方，スタンディングスタートは，立ったままの姿勢から走り始める方法である。スタートラインの内側で身体を前にかがめ，片足を後ろに引いた状態でスタートの合

図と共に飛び出せるよう，前足に体重をかける。

【10】1 (1) 走る距離は，1,000〜3,000m程度を目安とするが，生徒の体力や技能の程度や気候等の状況に応じて弾力的に扱うようにする。(2) 身長や速度と比較して，小さい歩幅で足の回転を速くする走法。 2 (1) ・踏み切りでは，上体を起こしてキックすること。 ・踏み切りでは，地面を踏みつけるようにキックすること。 ・踏み切りでは，振り上げ脚を素早く引き上げること。 から2つ (2) 踏み切った後に空中で体全体を反らせた状態になり，その後，両腕を下ろしながら両足を前方に出して着地する跳び方のこと。

○解説○ 1 (1) 中学校学習指導要領解説に示されているので確認すること。長距離走について問われたが，短距離走・リレー，ハードル走，走り幅跳び，走り高跳びについても同様の問題に解答できるよう学習しておくこと。 (2) ピッチ走法とは逆に，歩幅を大きくとってスピードを維持するストライド走法がある。それぞれのメリットデメリットを理解しておくこと。 2 (1) 特に踏み切り前3〜4歩からリズムアップして踏み切りに移ることがポイントである。 (2) 他に，かがみ跳び，はさみ跳びがある。それぞれ特徴を理解しておくこと。

【11】(1) スタート法…クラウチングスタート ポイント…・後ろ脚のひざが伸びきらないようにする ・目線をスタートラインの先にする ・体重を両手にかける (2) ① ・その場で止まって腕を振りながらバトンパスの練習をする ・ジョギングをしながらバトンパスをする ② 前走者・渡し手…相手の手のひらに押し込むようにバトンの上部を渡す 次走者・受け手…腕を地面と平行になるまで上げて，手を開いて相手に向ける ③ 原因…次走者のスタートするタイミングが遅い 学習活動…ICT機器で撮影した動画を仲間同士で見合い，話し合う学習活動

○解説○ (1) クラウチングスタートを行う際に，前足と後ろ足の前後の間隔が短すぎたり長すぎたりすることもよく見られる。スタートラインから前足までの距離の目安は1.5足長，後ろ足の距離の目安も1.5足長といったように目安を示すことも重要である。 (2) ① 初期の段

階では，声に合わせて手を出す，渡すふりをするといったように，2人組で止まったまま交替で行う練習も考えられる。　②　バトンパスを行う際に，渡し手がはっきりと声を出すことの重要性もしっかりと指導したい。　③　前走者の到達位置を示すマーカーをいくつか置いて，どこに来た際にスタートするのが的確か，グループで見合う活動等も考えられる。

【12】問1　1　②　　2　④　　問2　1　①　　2　③　　問3　③
○**解説**○　問1　第1学年及び第2学年では，短距離走・リレーについて，走る距離は，短距離走では50〜100m程度，リレーでは一人50〜100m程度を目安とする。自己に合ったピッチとストライドで速く走ることができるようにする。ハードル走は，距離は50〜80m程度，その間にハードルを5〜8台程度置くことを目安とする。インターバルを3又は5歩でリズミカルに走る。長距離走と走り幅跳び，走り高跳びについても確認しておくこと。　問2　1　運動観察の方法では，ICT機器を活用することで効率よく分析することができる。　2　走り幅跳びには，かがみ跳び，そり跳びなど，走り高跳びには，はさみ跳び，背面跳びなどの跳び方があり，それぞれの跳び方で留意すべき特有の動きのポイントがある。背面跳びの事故としては，後頭部や首を痛める，マットから出てしまい，背面のまま地面に着地してしまうなどのことが考えられるため，踏切をしないでマットに着地したり，跳び箱を用いて少し高さのある所から着地の練習をしたりするなどの，練習方法を行う。　問3　内容の取扱いでは履修に関する具体的な内容が示されているので，必ず覚えること。

【13】①
○**解説**○　正しくは(エ)必須である。陸上競技ルールブック2023年度版は確認し理解しておくこと。

【14】(2)
○**解説**○　リレー種目では，走者同士がバトンを受け渡しできる区間が決められている。第1走者と第2走者間，第2走者と第3走者間のテイク・

オーバー・ゾーンは30mで，ゾーンの入口から20mが基準線となり，手前20m，後ろ10mの範囲でバトンパスをしなければならない。区間外でバトンパスをした場合，そのチームは失格となる。

【15】(1)　D　　(2)　B
○**解説**○ (1)　スタートから早めに上体を起こすこと，ハードルの遠くから踏み切ることがポイントである。　(2)　③は「素早く，大きく」が正しい。インターバルを3歩で走るには，着地後の1歩目が「小さく」ては合理的な運動とならない。

【16】(1)　①　クラウチング　　②　スターティング　　③　両手
④　静止　　⑤　落とした競技者　　⑥　バトンを落とした地点
(2)　①　正面　　②　振り上げ足　　③　交差　　④　反らせた
⑤　両腕　　⑥　両足
○**解説**○ (1)　陸上競技規則から語句の穴埋め記述式の問題である。授業で必要となる知識なので，スタートとリレーだけでなく他の種目についても確認しておくこと。　(2)　中学校学習指導要領解説から陸上競技の用語の説明から出題された。はさみ跳びと，かがみ跳びについては，問われることが多いので理解しておくこと。

【17】(1)　1　　(2)　①　4　　②　3　　(3)　4　　(4)　3
○**解説**○ (1)　ハードルの越し方については，第1学年及び第2学年では「滑らかに」だが，第3学年では「低く」となる。ハードル走では，ハードリングとハードルを越える前後の走りが一連の流れで行われるよう，なるべくスプリント動作に近い状態でハードルを越えるようにすることがたいせつである。　(2)　長距離走は長く走ることから，自己にあったペースを維持しながら走ることが重要となる。　(3)　2ははさみ跳び，3はかがみ跳びの跳び方の説明である。1は，走り高跳びの背面跳びの跳び方の説明である。　(4)　100m走では，コースからのはみ出しは失格となるが，走り幅跳びでは，助走路からはみ出しても無効にはならない。ただし，踏み切りが踏み切り板より左右どちらかにはみ出た場合は，無効試技となる。

● 体育分野

【18】(1)　ばねのない踏切板を利用して，かがみ跳び，そり跳び，はさ
み跳びの練習を行う。　　　(2)　ア　○　　イ　30m　　ウ　6回
エ　1回

○**解説**○　(1)　踏み切りの位置を高くすることで空中姿勢の時間が伸び，
空間動作をダイナミックにすることが可能となる。　　(2)　イ　4×
100mリレーのテイクオーバーゾーン(バトンパスが行える区間の長さ)
は，国際ルールでは2017年に，日本では2018年に，20mから30mに改
正された。　　ウ　走り幅跳びの試技は，最初に3回行い，記録上位者8
名がさらに3回(計6回)行う。　　エ　短距離走の不正スタート(いわゆる
フライング)は1回で失格という厳しいルールとなっている。

【19】⑤

○**解説**○　これは「課題解決の方法」の解説文中から引用された文章であ
る。「など」の例は，「運動を継続するための方法がある。卒業後も運
動やスポーツに多様な形で関わることができるよう，『する，みる，
支える，知る』の視点から，運動やスポーツとの多様な関わり方につ
いて理解できるようにする」が正しい。

【20】(4)

○**解説**○　陸上競技について，「入学年次のその次の年次以降」の「学び
に向かう力・人間性等」の内容である。陸上運動への取り組み方につ
いて，「入学年次」では「自主的に取り組む」とあるのに対して，「入
学年次のその次の年次以降」では「主体的に取り組む」と変わるほか，
「役割を積極的に引き受け」の文言が新たに加えられている。他の選
択肢は，正確な内容からそれぞれ部分的に脱落した文になっている。
「入学年次」と「入学年次のその次の年次以降」の内容の対比をして，
年次の進行に伴った内容の変遷を確認しておきたい。

【1】「中学校学習指導要領(平成29年告示)解説　保健体育編(平成29年7月文部科学省)　第2章　保健体育科の目標及び内容　第2節　各分野の目標及び内容　〔体育分野〕　2　内容　B　器械運動　[第1学年及び第2学年]」に示されている中学校で学習する器械運動における「知識」の例示として正しくないものを，次の①〜⑤の中から一つ選べ。

①　器械運動には多くの「技」があり，これらの技に挑戦し，その技ができる楽しさや喜びを味わうことができること。

②　器械運動は，種目に応じて多くの「技」があり，技の出来映えを競うことを楽しむ運動として多くの人々に親しまれてきた成り立ちがあること。

③　器械運動は，自己の記録に挑戦したり，競争したりする楽しさや喜びを味わうことができること。

④　技の名称は，運動の基本形態を示す名称と，運動の経過における課題を示す名称によって名づけられていること。

⑤　技の行い方は技の課題を解決するための合理的な動き方のポイントがあること。

‖ 2024年度 ‖ 岐阜県 ‖ 難易度 ■□□□□

【2】次の文章は，「中学校学習指導要領解説　保健体育編　第2章　保健体育科の目標及び内容　第2節　各分野の目標及び内容〔体育分野〕2　内容　B　器械運動　[第1学年及び第2学年]　(1)知識及び技能」の一部抜粋である。文章中の(　ア　)〜(　エ　)にあてはまる最も適当な語句を，以下の①〜④のうちからそれぞれ一つずつ選びなさい。

> (1)　知識及び技能
>
> 　　　　　　　—　(中略)　—
>
> 　器械運動の各種目には多くの技があることから，これらの技を，運動の構造に基づいて，系，技群及びグループの視点によって(　ア　)に分類した。系とは各種目の特性を踏まえて技の課題の視点から大きく分類したものである。技群とは類似の課題

● 体育分野

や技術の視点から分類したものである。グループとは類似の課題や技術に加えて，運動の方向や運動の経過の視点から分類したものである。さらに，各系統の技は，発展性を考慮して示している。なお，平均台運動と(イ)については，技の数が少ないことから系とグループのみで分類している。この分類については，小学校から(ウ)までの一貫性を図ったものである。

　器械運動では，生徒の技能・体力の程度に応じて条件を変えた技，(エ)などに挑戦するとともに，学習した基本となる技の出来映えを高めることも器械運動の特性や魅力に触れる上で大切であることから，(エ)の例示を示すとともに，技の出来映えの質的変化を含めた指導内容の整理をしている。それによって自己の技能・体力の程度に適した技を選ぶための目安をより一層明らかにし，学習に取り組みやすくしようとしたものである。

　　　　　　　　　　　　― （略） ―

【解答群】
ア　①　規則的　　　　　②　分散的　　　　　③　計画的
　　④　系統的
イ　①　跳び箱運動　　　②　マット運動　　　③　鉄棒運動
　　④　体力を高める運動
ウ　①　中学校第1学年　②　高等学校　　　　③　中学校第2学年
　　④　中学校第3学年
エ　①　回転技　　　　　②　発展技　　　　　③　応用動作
　　④　基本動作

‖ 2024年度 ‖ 千葉県・千葉市 ‖ 難易度 ■■□□□

【3】「器械運動」について，次の問1，問2に答えなさい。
　問1　マット運動の技の系統性・発展性を踏まえた習得の順番に関する次のa～dについて，正誤の組合せとして正しいものを，以下の1～4のうちから1つ選びなさい。
　　a　開脚後転→伸膝後転　　　　b　頭はね起き→側方倒立回転

78

c　側方倒立回転→ロンダート　　d　倒立ブリッジ→後転倒立

	a	b	c	d
1	誤	正	正	誤
2	正	誤	正	誤
3	正	誤	誤	正
4	誤	正	誤	正

問2　器械運動の各種目に関する「技の分類」の組合せとして正しいものを，次の1～4のうちから1つ選びなさい。

	マット運動	鉄棒運動	平均台運動	跳び箱運動
1	回転系・巧技系	切り返し系・回転系	体操系・バランス系	支持系・懸垂系
2	体操系・バランス系	支持系・懸垂系	回転系・巧技系	切り返し系・回転系
3	回転系・巧技系	支持系・懸垂系	体操系・バランス系	切り返し系・回転系
4	体操系・バランス系	切り返し系・回転系	回転系・巧技系	支持系・懸垂系

▌2024年度 ▌宮城県・仙台市 ▌難易度 ■■□□□

【4】「中学校学習指導要領解説　保健体育編」(平成29年7月　文部科学省)参考：運動領域，体育分野の系統表　運動領域，体育分野の「学びに向かう力，人間性等」系統表　器械運動領域に即して，次の枠内の(a)～(f)に当てはまる語句をそれぞれ書きなさい。

中学校 第1学年及び第2学年	中学校 第3学年	領域
略	略	体つくり運動
・器械運動に(a)に取り組む ・よい演技を認めようとする ・仲間の学習を(b)とする ・一人一人の違いに応じた課題や挑戦を認めようとする ・健康・安全に(c)	・器械運動に自主的に取り組む ・よい演技を(d)とする ・互いに助け合い(e)とする ・一人一人の違いに応じた課題や挑戦を(f)とする ・健康・安全を確保する	器械運動
略	略	略

▌2024年度 ▌長野県 ▌難易度 ■■□□□

【5】次の文章は,「中学校学習指導要領解説　保健体育編」(平成29年7月)及び「高等学校学習指導要領解説　保健体育編　体育編」(平成30年7月)の第2章　保健体育科の目標及び内容　第2節　各分野*の目標及び内容　から,「器械運動」について,中学校第3学年と高等学校入学年次で共通する部分を抜粋したものである。以下の各問いに答えなさい。

＊　高等学校は「各科目」

---

(3)　学びに向かう力，人間性等
　　器械運動について，次の事項を身に付けることができるよう指導する。

> (3)　器械運動に自主的に取り組むとともに，よい演技を讃えようとすること，互いに助け合い教え合おうとすること，一人一人の違いに応じた課題や挑戦を大切にしようとすることなどや，健康・安全を確保すること。

(中略)
　健康・安全を確保するとは，器械や器具を(①)に応じて使用すること，練習場所の安全を確認しながら練習や演技を行うこと，自己の(②)，体力や技能の程度に応じた技を選んで(③)的に挑戦することなどを通して，健康を維持したり自己や仲間の安全を保持したりすることを示している。そのため，器械・器具等の試技前の確認や修正，準備運動時の(④)の状態の確認や調整の仕方，補助の仕方やけがを(⑤)するための留意点などを理解し，取り組めるようにする。

---

(1)　文章中の空欄(①)〜(⑤)に当てはまる語句をそれぞれ答えなさい。

(2)　下線部「互いに助け合い教え合おうとすること」について，マット運動の授業を例に具体的に説明しなさい。

【6】「器械運動」について，問1，問2に答えなさい。

問1　次の表は，高等学校学習指導要領解説(保健体育編)(平成30年7月)における入学年次の「鉄棒運動の主な技の例」の一部である。グループ，基本的な技及び発展技として，誤っているものを選びなさい。

	グループ	基本的な技 (主に中1・2で例示)	発展技
ア	前転	前方支持回転 ————→ 踏み越し下り ————→	前方伸膝支持回転 伸身支持跳び越し下り
イ	前方足掛け回転	前方膝掛け回転 ————→ 膝掛け上がり ————→	前方もも掛け回転 もも掛け上がり ——→ け上がり
ウ	後転	後方支持回転 後ろ振り跳びひねり下り	後方伸膝支持回転 ⇒ 後方浮き 　　　　　　　　　　支持回転 棒下振り出し下り
エ	後方足掛け回転	後方膝掛け回転 ————→	後方もも掛け回転
オ	懸垂	懸垂振動 ⇒ 後ろ振り跳び下り (順手・片逆手)	懸垂振動ひねり 前振り跳び下り

問2　次の文の空欄に当てはまる人物として，正しいものを選びなさい。

　今日の器械運動の基礎は，ドイツの[　　]氏によって築かれた。跳び箱や平均台の原型となる器具を使った運動をトゥルネンと命名し，青年の精神と身体の鍛錬に役立てようとした。
ア　ウィングフィールド　　イ　クラーク　　ウ　ネイスミス
エ　ヤーン　　　　　　　　オ　ツダルスキー

‖ 2024年度 ‖ 北海道・札幌市 ‖ 難易度 ■■■□□

【7】「体育」の領域「器械運動」について，次の1～4に答えなさい。

1　器械運動は，4つの運動で構成されています。「マット運動」以外にどのような運動がありますか。3つ書きなさい。

2　「マット運動」は，3つの技群に分類されています。側方倒立回転は，どの技群に分類されていますか。書きなさい。

3　次の図1・図2は，「マット運動」の技を行っている様子を示したものです。それぞれ何という技ですか。その名称を書きなさい。

図1

図2

4　次の図は,「マット運動」の倒立前転の学習において,倒立から前転するとき,つぶれた姿勢になってしまった生徒を示しています。このような姿勢になったのは,どのような技術的な要因が考えられますか。また,その要因を改善するためにどのような練習に取り組ませますか。それぞれ簡潔に書きなさい。

| 2024年度 | 広島県・広島市 | 難易度 ■■■■□□

【8】学校体育実技指導資料第10集「器械運動指導の手引」に示されるマット運動の技の分類及びその段階的な指導方法の例について述べた次の文中の(　①　)～(　⑲　)に入る最も適切な語句を,あとのア～ノからそれぞれ1つ選んで,その符号を書きなさい。ただし,同じ記号には同じ語句が入る。

【技の分類】

マット運動の技は，大きく（　①　）系と（　②　）系に分けられ，学校体育では（　①　）系では（　③　）技群とほん転技群，（　②　）系では（　④　）技群が取り上げられます。

【段階的な指導方法の例】

(1)　初めから（　⑤　）をマットに順々に接触させて一回転するのは難しいので，「（　⑥　）」で動き方を身に付けるとよいでしょう。

(2)　倒立前転では，まず，（　⑦　）等で（　⑧　）を腹屈できるか確認します。そして，（　⑧　）を腹屈したまま倒立位が保持できたら，次の課題として，壁登り逆立ちや（　⑨　）から倒立前転をすることが考えられます。このとき，（　⑩　）を着くのと同時に（　⑤　）を小さく丸めてしまうのは危険です。

(3)　後転グループでは，回転力を高めることに加えて，（　⑧　）を抜くときに，（　⑪　）を開き，（　⑫　）の押しを同調させ，（　⑪　）の位置を高くすることが，発展技に結びつきます。発展技の学習には，（　⑬　）グループを関連付けて指導すると効果的です。

(4)　倒立の指導に当たっては，支える場所が（　⑭　）倒立から（　⑮　）倒立へと発展させていくことが考えられます。また，立位から逆位へ一気に姿勢を変えるのは，バランスが取りにくい課題です。したがって，（　⑦　）をしようとして，壁に（　⑪　）をぶつけて崩れてしまったり，怖くて（　⑯　）を振り上げられず，逆位に戻ってきたりしてしまいます。このような生徒に対して，（　⑰　）から補助者が（　⑯　）を持って倒立させるという方法が考えられます。

(5)　倒立と側方倒立回転は，上体を倒しながら（　⑯　）を振り上げること，（　⑫　）でマットを押しながら起き上がることは共通しています。この動きに側方倒立回転は（　⑤　）の向きを変えることが加わります。

(6)　前方倒立回転跳びの指導においては，立ちやすいように，（　⑱　）を利用した練習が有効です。（　⑤　）を反ったまま回転し，（　⑲　）の準備をする感覚をつかむようにします。初めのうちは補助者に回転中と（　⑲　）時に（　⑤　）を支えてもらいます。回転力が高まってくると，回りすぎるので，（　⑲　）での補助を注意させるとともに，（　⑱　）を小さくしていき，最終的にはマット上で練

習できるように導いていきます。

ア	後頭部	イ	着地	ウ	補助倒立
エ	はねおき	オ	頭	カ	落差
キ	肩	ク	ゆりかご	ケ	巧技
コ	壁倒立	サ	平均台	シ	回転
ス	脚	セ	腰	ソ	接転
タ	体	チ	高い	ツ	多い
テ	手	ト	腕立て正面支持臥	ナ	少ない
ニ	低い	ヌ	緩急	ネ	鉄棒
ノ	平均立ち				

┃ 2024年度 ┃ 兵庫県 ┃ 難易度 ■■■□□

【9】平均台運動について，次の各問いに答えよ。

1 次の表は，平均台運動の主な技の例示である。表中の(①)(②)に当てはまる語句を書け。

系	グループ	基本的な技	発展技
(①)系	歩走	前方歩 後方歩	前方ツーステップ、前方走 後方ツーステップ
	跳躍	伸身跳び（両足踏切） 開脚跳び（片足踏切）	かかえ込み跳び 開脚跳び下り、かかえ込み跳び下り (③) 片足踏み切り跳び上がり
(②)系	ポーズ	立ちポーズ （両足・片足） 座臥・支持ポーズ	(④) Y字ポーズ、片膝立ち水平持ポーズ
	ターン	両足ターン	片足ターン（振り上げ型、回し型）

2 次の図は，上の表中の(③)(④)に該当する技である。それぞれの技の名称を書け。

(③)

(④)

3 次の文の(A)(B)に当てはまる語句を書け。

> 学習した技の中から，いくつかの技を，「(A)-(B)-下りる」に構成して演技できるようにする。

┃ 2024年度 ┃ 岡山市 ┃ 難易度 ■■■□□

【10】次の文章は「学校体育実技指導資料　第10集」「器械運動指導の手引(平成27年3月　文部科学省)」「第4章　器械運動系の指導と安全」「第3節　器械運動系の指導の安全管理」から一部を抜粋したものです。

(1)　マット運動について文中の(　①　)・(　②　),

(2)　跳び箱運動について文中の(　③　)～(　⑤　),

(3)　鉄棒運動について文中の(　⑥　)～(　⑧　)に適する語句の組み合わせを選び, それぞれア～カの記号で答えなさい。

---

(1)　マット運動

　　後転の学習で首の筋肉を痛めることがありますが, 逆さを経過して後方に回転する際に, (　①　)で体を押して(支えて)頭を抜く際の首への負担を少なくすることにより, 首を痛めることを防ぐことができます。この(　①　)の押しと頭を抜く動きは, (　②　)の指導の際に両手の着き・押しと頭の腹屈(腹側に曲げること)を指導することにより, 身に付けることができます。

＜組み合わせ＞

ア　①　腕　　　　②　ゆりかご
イ　①　腕　　　　②　かえるの足打ち
ウ　①　後頭部　　②　ブリッジ
エ　①　後頭部　　②　かえるの足打ち
オ　①　首　　　　②　ゆりかご
カ　①　首　　　　②　ブリッジ

(2)　跳び箱運動

　　同じ授業内で回転系と切り返し系の両方を指導する場合, (　③　)を先に取り上げると, (　④　)の学習の際に(　⑤　)が残っていて事故につながることがありますから, (　④　)を先に取り上げるようにします。

＜組み合わせ＞

ア　③　切り返し系　　④　巧技系　　　⑤　回転感覚
イ　③　切り返し系　　④　回転系　　　⑤　逆さ感覚
ウ　③　巧技系　　　　④　切り返し系　⑤　回転感覚

エ ③ 巧技系　　　④ 回転系　　　⑤ 逆さ感覚

オ ③ 回転系　　　④ 切り返し系　⑤ 回転感覚

カ ③ 回転系　　　④ 巧技系　　　⑤ 逆さ感覚

(3) 鉄棒運動

平成25年に報告された遊戯施設別の負傷・疾病の件数で
は，鉄棒が際だって多くなっていました。多くが(⑥)に
よる負傷であると考えられます。技能に見合った技の選択
や，行い方の指導が必要ということが示唆されます。また，
報告するほどの傷害ではなくても，(⑦)での腹部の苦痛
や，膝裏の擦過傷など，児童生徒の取組への意欲の低下に
つながる痛みは，できるだけ軽減させたいものです。

鉄棒運動については，安全に・確実に技能の向上を図る
ために，多様な技を習得する際の基礎となる，(⑧)や，
膝掛け振り上がりなどの技の指導が重要です。

＜組み合わせ＞

ア ⑥ 回転　　⑦ 支持回転技　⑧ ふとんほし

イ ⑥ 回転　　⑦ 上がり技　　⑧ ダルマ回り

ウ ⑥ 回転　　⑦ 支持回転技　⑧ 逆上がり

エ ⑥ 落下　　⑦ 上がり技　　⑧ 逆上がり

オ ⑥ 落下　　⑦ 支持回転技　⑧ ダルマ回り

カ ⑥ 落下　　⑦ 支持回転技　⑧ ふとんほし

▍2024年度 ▍名古屋市 ▍難易度 ■■■□□

【11】器械運動について，次の(1)，(2)の各問いに答えよ。

(1) 図1は，鉄棒運動における支持系の技の一つを，連続する動作に
分けて示したものである。この技について，次のア，イの各問いに
答えよ。

ア　図1の技の名称を答えよ。

イ　AからBの動作において，上手く回転できない生徒を補助する
際のポイントを述べよ。

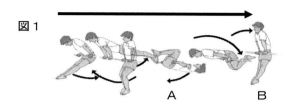

図1

A   B

(2)　図2は，マット運動における回転系の技の一つを，連続する動作
に分けて示したものである。この技について，次のア，イの各問い
に答えよ。

ア　図2の技の名称を答えよ。

イ　CからDの動作において，スムーズに立ち上がれない生徒に対
する学習の場の工夫を具体的に述べよ。

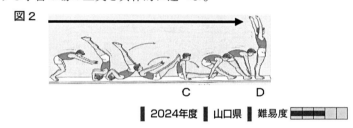

図2

C   D

| 2024年度 | 山口県 | 難易度 |

【12】器械運動について，次の問に答えよ。

問1　次のア～オの文章は，器械運動における安全に対する留意点に
ついて述べたものである。ア～オの正誤について正しい組み合わせ
を表1のA～Dから一つ選び，記号で答えよ。

ア　予備的な運動や動きのアシンメトリーによって運動感覚を養
い，自分の体をコントロールできるようにしておく。

イ　スポンジマットや補助を用いるなどして，失敗したときの事態
に備え，練習を段階的に進められるようにする。

ウ　自分の能力に適した技を選んで，練習の仕方や場づくりを工夫
し，正しい動き方が確実に身につくようにする。

エ　器械器具の点検や安全を十分に確かめるとともに危険を取り除
く場づくりができるようにする。

オ　自分の体を支える力や体の柔軟性が求められたりするので，準
備運動では持久走でこのような身体能力を高めておく。

表1

	ア	イ	ウ	エ	オ
A	○	×	×	×	○
B	○	×	○	×	○
C	×	○	○	○	×
D	×	○	×	○	×

(○は正を、×は誤を表す)

問2　次の文章はマット運動における，ロンダートである。この技を行う際のポイントについて，　ア　～　ウ　にあてはまる語や数値を答えよ。

・ホップしてから側方　ア　回転に入る。
・踏み切りからスムーズに支持腕に　イ　を乗せる。
・空中ですばやく足を揃え　ウ　ひねりを加える。
・足を下に下ろしながら，手の突き放しによって上体を起こす。

問3　後転において，回転後にうまく立てない生徒が行うべき練習方法の工夫を記せ。

▊ 2024年度 ▊ 島根県 ▊ 難易度 ▰▰▰▱▱

【13】器械運動について，次のそれぞれの問いに答えなさい。

問1　次の記述は，「中学校学習指導要領(平成29年告示)解説　保健体育編」の中で，器械運動[第1学年及び第2学年]の知識及び技能について示されているものの一部である。[　　]に当てはまるものとして最も適切なものを，以下の語群の①～④のうちから選びなさい。

○　技能
　　基本的な技とは，各種目の系の技の中で基本的な運動課題をもつ技を示している。[　　]以外の種目では，小学校第5学年及び第6学年で学習される技を含んでいる。

語群
①　マット　　②　鉄棒　　③　平均台　　④　跳び箱
問2　次の記述は，「中学校学習指導要領(平成29年告示)解説　保健体

88

育編」の中で，器械運動[第1学年及び第2学年]の思考力，判断力，表現力等について示されているものの一部である。[　]に当てはまるものとして最も適切なものを，以下の語群の①〜④のうちから選びなさい。

> (2)　思考力，判断力，表現力等
> 　〜中略〜
> 　　　自己の考えたことを他者に伝えるとは，自己の課題について，思考し判断したことを，言葉や文章などで表したり，他者に[　]伝えたりすることを示している。

語群
①　わかりやすく　　②　理由を添えて　　③　自らの意思を
④　論理的に

問3　次の記述は，「中学校学習指導要領(平成29年告示)解説　保健体育編」の中で，器械運動[第3学年]の知識及び技能について示されているものの一部である。[　1　]，[　2　]に当てはまるものとして最も適切なものを，それぞれの語群の①〜④のうちから選びなさい。

> ○　知識
> 　〜中略〜
> 　　　体力の高め方では，器械運動のパフォーマンスは，体力要素の中でも，それぞれの種目や系，技群，グループにより種目や技の動きに関連して[　1　]などに強く影響される。
> 　〜中略〜
> 　　　指導に際しては，第1学年及び第2学年に示したことに加え，領域の[　2　]を一層味わい，自主的な学習を促すための知識を効果的に理解できるよう指導の機会を工夫することが大切である。

[　1　]の語群
①　技の出来映え　　②　仲間との連帯感
③　課題を解決する力　　④　筋力や柔軟性，平衡性
[　2　]の語群

● 体育分野

① 課題や特性　　② 特性や魅力　　③ 魅力や楽しさ
④ 楽しさや課題

問4　次の記述は,「中学校学習指導要領(平成29年告示)解説　保健体育編」の中で,器械運動[第3学年]の学びに向かう力,人間性等について示されているものの一部である。[　　]に当てはまるものとして最も適切なものを,以下の語群の①〜④のうちから選びなさい。

---

(3)　学びに向かう力,人間性等
〜中略〜
　　　よい演技を讃えようとするとは,仲間の技のよい動きやよい演技を客観的な立場から,自己の技の出来映えや状況にかかわらず,讃えようとすることを示している。そのため,仲間のよい演技を称賛することは,コミュニケーションを深めること,互いに讃え合うことで[　　]する意欲が高まることを理解し,取り組めるようにする。

語群
①　技に挑戦　　② 技能を向上　　③ 運動を継続
④　体力を向上

‖ 2024年度 ‖ 神奈川県・横浜市・川崎市・相模原市 ‖ 難易度 ▪▪▪▫▫

【14】次の(1)〜(5)の各問いに答えなさい。

(1)　次は,中学校学習指導要領(平成29年告示)「第2章　各教科　第7節　保健体育　第2　各学年の目標及び内容〔体育分野　第1学年及び第2学年〕2　内容　B　器械運動」の一部です。①に入る語句を,以下の1〜4の中から1つ選びなさい。

---

(1)　次の運動について,技ができる楽しさや喜びを味わい,器械運動の特性や成り立ち,技の名称や行い方,その運動に関連して高まる体力などを理解するとともに,技をよりよく行うこと。
イ　鉄棒運動では,支持系や(　①　)の基本的な技を滑らかに行うこと,条件を変えた技や発展技を行うこと及びそれらを組み合わせること。

1　バランス系　　2　懸垂系　　3　切り返し系　　4　回転系

(2)　次は，中学校学習指導要領(平成29年告示)「第2章　各教科　第7節　保健体育　第2　各学年の目標及び内容　〔体育分野　第3学年〕2　内容　B　器械運動」の一部です。①，②に入る語句の組み合わせとして正しいものを，以下の1〜4の中から1つ選びなさい。

> (3)　器械運動に(　①　)に取り組むとともに，よい演技を讃えようとすること，互いに助け合い教え合おうとすること，一人一人の違いに応じた課題や(　②　)を大切にしようとすることなどや，健康・安全を確保すること。

1　①　自主的　　②　挑戦　　2　①　積極的　　②　援助
3　①　自主的　　②　援助　　4　①　積極的　　②　挑戦

(3)　次は，中学校学習指導要領(平成29年告示)解説　保健体育編「第2章　保健体育科の目標及び内容　第2節　各分野の目標及び内容〔体育分野〕　2　内容　B　器械運動　[第1学年及び第2学年]　(1)知識及び技能　○　技能　ウ　平均台運動」に示されている「平均台運動の主な技の例示」にある技の1つを図で示したものです。この技の名称を，以下の1〜4の中から1つ選びなさい。

1　V字ポーズ　　2　前方走　　3　片足ターン(回し型)
4　片足水平バランス

(4)　次の表は，中学校学習指導要領(平成29年告示)解説　保健体育編「第2章　保健体育科の目標及び内容　第2節　各分野の目標及び内

● 体育分野

容〔体育分野〕2 内容 B 器械運動 [第1学年及び第2学年]
(1) 知識及び技能 ○ 技能 エ 跳び箱運動」に示されている
「跳び箱運動の主な技の例示」の一部です。①，②に入る語句の組
み合わせとして正しいものを，以下の1～4の中から1つ選びなさい。

系	グループ	基本的な技 (主に小5・6で例示)	発展技
切り返し系	切り返し跳び	開脚跳び ————→ (①) ————→	開脚伸身跳び 屈身跳び
回転系	回転跳び	頭はね跳び ————→	(②) ———→前方倒立回転跳び

1 ① かかえ込み跳び ② 首はね跳び
2 ① 伸身跳び ② 前方屈腕倒立回転跳び
3 ① 伸身跳び ② 首はね跳び
4 ① かかえ込み跳び ② 前方屈腕倒立回転跳び

(5) 学校体育実技指導資料 第10集「器械運動指導の手引」(平成27
年 文部科学省)「第4章 器械運動系の指導と安全 第3節 器械
運動系の指導の安全管理 5. 跳び箱運動」に示されている指導す
る際に配慮する内容として誤っているものを，次の1～4の中から1
つ選びなさい。

1 跳び箱運動で要求される動きや感覚を高めておくことです。具
体的には，マット運動で回転感覚を高めておくことであり，馬跳
びやウサギ跳び等の切り返し系の技に類似した運動を十分に指導
しておくことです。

2 安全な場づくりです。落下の心配がある台上前転の指導では，
跳び箱の両側にマットを敷いたり，補助の仲間を配置したりする
ことです。着地に柔らかいマットを準備しておくことも，児童生
徒が安心して取り組むことに役立ちます。

3 決して無理をさせないことです。低い跳び箱が易しい条件とは
限りませんし，高さばかりを追求する授業は危険という他ありま
せん。跳び箱運動では，技能にあった高さを選び，余裕と雄大さ
を感じさせる技の実施を目指すようにします。

4 授業で取り上げる技の順番に配慮することです。具体的には，
同じ授業内で切り返し系と回転系の両方を指導する場合，切り返

し系を先に取り上げると，回転系の学習の際に切り返しの感覚が残っていて事故につながることがありますから，回転系を先に取り上げるようにします。

| 2024年度 | 埼玉県・さいたま市 | 難易度 ▰▰▰▱▱

【15】器械運動について，次の問いに答えなさい。

次の記述は，「高等学校学習指導要領(平成30年告示)解説　保健体育編　体育編(平成30年7月)」の中で，器械運動の入学年次について示されているものの一部である。空欄[　ア　]～[　エ　]に当てはまるものの組合せとして最も適切なものを，以下の①～⑥のうちから選びなさい。

> B　器械運動
> [入学年次]
> 　(中略)
> 　したがって，入学年次では，[　ア　]楽しさや喜びを味わい，[　イ　]などを理解するとともに，自己に適した技で演技することができるようにする。その際，[　ウ　]の課題を発見し，合理的な解決に向けて運動の取り組み方を工夫するとともに，自己の考えたことを他者に伝えることができるようにすることが大切である。また，器械運動の学習に自主的に取り組み，[　エ　]ことや一人一人の違いに応じた課題や挑戦を大切にすることなどに意欲をもち，健康や安全を確保することができるようにすることが大切である。

(第1部　保健体育編　第2章　保健体育科の目標及び内容　第2節　各科目の目標及び内容「体育」3　内容)

① ア　多様な
　 イ　運動観察の方法や体力の高め方
　 ウ　技などの自己や仲間
　 エ　よい演技を讃える
② ア　技ができる
　 イ　技の名称や行い方

ウ　生涯にわたって運動を豊かに継続するため

エ　技がよりよくできる

③　ア　技ができる

　　イ　運動観察の方法や体力の高め方

　　ウ　生涯にわたって運動を豊かに継続するため

　　エ　技がよりよくできる

④　ア　多様な

　　イ　技の名称や行い方

　　ウ　技などの自己や仲間

　　エ　よい演技を讃える

⑤　ア　技ができる

　　イ　運動観察の方法や体力の高め方

　　ウ　技などの自己や仲間

　　エ　よい演技を讃える

⑥　ア　多様な

　　イ　技の名称や行い方

　　ウ　生涯にわたって運動を豊かに継続するため

　　エ　技がよりよくできる

┃ 2024年度 ┃ 神奈川県・横浜市・川崎市・相模原市 ┃ 難易度 ┃■■■□□

【16】「中学校学習指導要領(平成29年告示)解説　保健体育編」で示されている「器械運動」に関する次の問いに答えなさい。

(1)　次の文は第1学年及び第2学年に関する記述の一部を抜き出したものである。(　A　)〜(　C　)に当てはまる言葉を書きなさい。

> 　器械運動は，マット運動，鉄棒運動，(　A　)運動及び(　B　)運動で構成され，器械の特性に応じて多くの「技」がある。これらの技に(　C　)し，その技ができる楽しさや喜びを味わうことのできる運動である。

(2)　次の表は器械運動系における「知識及び技能」の系統表の一部を抜き出したものである。

中学校 第1学年及び第2学年	中学校 第3学年
○技ができる楽しさや喜びを味わう ○器械運動の特性や（ a ），技の名称や行い方，その運動に関連して高まる体力などを理解する ○技をよりよく行う ※マット運動 ・(ｱ)回転系や巧技系の基本的な技を滑らかに行う ・（ c ）や発展技を行う ・それらを(ｲ)組み合わせる	○技ができる楽しさや喜びを味わう ○技の名称や行い方，（ b ）の方法，体力の高め方などを理解する ○自己に適した技で（ d ）する ※マット運動 ・回転系や巧技系の基本的な技を滑らかに安定して行う ・（ c ）や発展技を行う ・それらを構成し（ d ）する

ア （ a ）～（ d ）に当てはまる言葉を選び，番号を書きなさい。

① 運動継続　　② 運動　　　　　③ 難易度の高い技

④ 演技　　　　⑤ 運動観察　　　⑥ 発表

⑦ 成り立ち　　⑧ 自己の得意な技　⑨ 運動計画

⑩ 条件を変えた技

イ　表中の下線部(ｱ)回転系や巧技系の基本的な技の中で例示されている技を3つ書きなさい。

ウ　表中の下線部(ｲ)組み合わせるの説明として正しいものを一つ選び，番号を書きなさい。

① いくつかの技を「まえ－なか－うしろ」に組み合わせて行うこと。

② いくつかの技を「個－集団－個」に組み合わせて行うこと。

③ いくつかの技を「はじめ－なか－おわり」に組み合わせて行うこと。

④ いくつかの技を「動－静－動」に組み合わせて行うこと。

(3) 指導法に関する次の問いに答えなさい。

次の各文の中で，運動が苦手な生徒への配慮または，運動に意欲的でない生徒への配慮として正しいものには○を，間違っているものには×を書きなさい。

ア　前転グループの技が苦手な生徒には，起き上がる速さをつけたり，傾斜を利用したりして，勢いをつけて回転する動きが身に付くようにするなどの配慮をする。

イ　倒立グループの技が苦手な生徒には，壁登り逆立ちや壁倒立などをして，体を逆さまに支えたり，足を振り上げたりする動

● 体育分野

きが身に付くようにするなどの配慮をする。

ウ　既に基本的な技を滑らかに行えるようになった生徒でも，途中から発展技の練習に取り組ませることは避け，同じ技の練習に粘り強く取り組ませる時間や場を設定するなどの配慮をする。

▌ 2024年度 ▌ 静岡県・静岡市・浜松市 ▌ 難易度 ■■■□□

【17】空欄にあてはまるものを【解答群】から一つ選び，記号で答えよ。

　器械運動の技，短距離走のスタートのしかた，球技でのボール操作の方法など，それぞれの運動やスポーツを上手に行うための合理的な体の動かし方を[　1　]という。そして，合理的な練習によって[　1　]を身に付けた状態を[　2　]という。

　試合などの対戦相手との競争においては，技術を選択する際の方針を[　3　]といい，試合を行う際の方針を[　4　]という。

【解答群】

①　戦術　　　②　達成感　　　③　社会性　　　④　技能
⑤　巧緻性　　⑥　作戦　　　　⑦　攻防　　　　⑧　習得
⑨　ルール　　⓪　技術

▌ 2024年度 ▌ 愛知県 ▌ 難易度 ■■■■□

【18】次の文章は，器械運動について述べたものである。文中の[　　]にあてはまる最も適当な語句を，以下の①から⑥までの中から一つ選び，記号で答えよ。(「ステップアップ高校スポーツ2022」(大修館書店)より)

　マット運動の技のうち，回転系―ほん転技群―倒立ブリッジの発展技は，[　　]である。

①　倒立ひねり
②　側方倒立回転跳び $\frac{1}{4}$ ひねり(ロンダート)
③　頭はね起き
④　後転倒立
⑤　前方倒立回転跳び

96

⑥　倒立伸膝前転

┃ 2024年度 ┃ 沖縄県 ┃ 難易度 ■■■□□

【19】鉄棒運動について，次の(1)，(2)の問いに答えよ。

(1)　次の図は，技の組合せ例を示したものである。ア，イの技の名称
　　　の組合せとして最も適切なものを以下のA〜Dから一つ選び，その
　　　記号を書け。

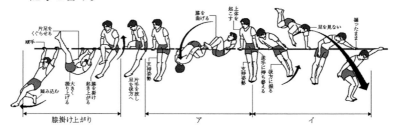

	ア	イ
A	前方かかえ込み回り	支持跳び越し下り
B	前方かかえ込み回り	転向前下り
C	前方支持回転	転向前下り
D	前方支持回転	支持跳び越し下り

(2)　次の文は，中学校学習指導要領解説「保健体育編」(平成29年7月
　　　文部科学省)　第2章　保健体育科の目標及び内容　[B　器械運動]
　　　イ　鉄棒運動に示されている「第1学年及び第2学年における鉄棒運
　　　動の主な技の例示」の一部である。文中の(　　)に当てはまる言葉
　　　をひらがなで書け。

> ○　(　　)技群
> 　・振動の幅を大きくするための動き方，安定した振動を行
> 　　うための鉄棒の握り方で基本的な技の一連の動きを滑ら
> 　　かにして体を前後に振ること。

┃ 2024年度 ┃ 愛媛県 ┃ 難易度 ■■■□□

【20】次の問いに答えなさい。

1　「学校体育実技指導資料　第10集　器械運動指導の手引」(平成27年
　　3月　文部科学省)では，跳び箱運動の授業において，同じ授業内で

● 体育分野

指導する際，取り上げる技の順番に配慮する必要があると示している。取り上げる技の順番として適切なものを，次のア〜エの中から一つ選び，記号で答えなさい。

ア　回転系　→　切り返し系　　イ　回転系　→　巧技系
ウ　体操系　→　巧技系　　　　エ　切り返し系　→　回転系

2　上記1において，同じ授業内で指導する際に取り上げる技の順番を選んだ理由を，簡潔に書きなさい。

3　次の図の技の名称を，以下のア〜オの中から一つ選び，記号で答えなさい。

図

(文部科学省「学校体育実技指導資料
第10集　器械運動指導の手引」による)

ア　頭はね跳び　　イ　前方倒立回転跳び　　ウ　台上前転
エ　首はね跳び　　オ　前方屈腕倒立回転跳び

| 2024年度 | 山形県 | 難易度 |

解答・解説

【1】③
○**解説**○ 器械運動の知識の例示に関する問題である。器械運動においては，自己の記録(数値)というものは観念しにくいし，他者との競争を楽しむというものでもない。

【2】ア　④　　イ　①　　ウ　②　　エ　②
○**解説**○ B器械運動の内容の部分から，第1学年及び第2学年の(1)知識及び技能についての記述から出題された。マット運動，鉄棒運動，平均台運動，跳び箱運動それぞれについて，どのような技をどのように行うのか整理して覚えておくこと。技の系，技群，グループ，基本的な技，発展技が図表されているので系統立てて覚えること。

【3】問1　2　　問2　3

○**解説**○　問1　bについて，頭はね起きには同じ系統の発展技は示され
ていない。dについて，倒立ブリッジの発展技は前方倒立回転で，さ
らなる発展技は前方倒立回転跳びである。なお，後転倒立は，aの伸
膝後転のさらなる発展技である。　問2　4つの種目にそれぞれ2つの
「系」が示されている。さらに「系」はいくつかの「グループ」が示
されている。たとえば，平均台運動の体操系は「歩操」と「跳躍」，
バランス系は「ポーズ」と「ターン」がある。似たような用語や内容
が多いため，学習指導要領の内容をしっかり押さえておきたい。

【4】a　積極的　　b　援助しよう　　c　気を配る　　d　讃えよう
e　教え合おう　　f　大切にしよう

○**解説**○　第1・2学年の「a　積極的に取り組む」とは，各領域の学習に
進んで取り組めるようにすることで，第3学年の「自主的に取り組む」
とは，義務教育の修了段階であることを踏まえ，各領域に自ら進んで
取り組めるようにすること。第1・2学年の「よい演技を認めようとす
る」とは，仲間の演技のよさを称賛したり，努力を認めたりすること
で，第3学年の「d　よい演技を讃えようとする」とは，人にはそれぞ
れ違いがあることを認めた上で，仲間の演技のよさを指摘したり，讃
えたりすること。第1・2学年の「b　仲間の学習を援助しようとする」
とは，自分のことだけでなく共に学ぶ仲間に対して必要な支援をした
りすることで，第3学年の「e　互いに助け合い教え合おうとする」と
は，仲間の技能の程度にかかわらず，課題を共有して互いに助け合っ
たり教え合ったりすること。第1・2学年の「一人一人の違いに応じた
課題や挑戦を認めようとする」とは，体力や技能の程度，性別や障害
の有無等にかかわらず，人には違いがあることに気付き，その違いを
可能性として捉え，互いを認めようとすることで，第3学年の「f　一
人一人の違いに応じた課題や挑戦を大切にしようとする」とは，体力
や技能の程度，性別や障害の有無等にかかわらず，人には違いがある
ことに配慮し，よりよい環境づくりや活動につなげようとすること。
第1・2学年の「c　健康・安全に気を配る」とは，自己の体調の変化
に気を配ったり，用具や場所の安全に留意したりすることで，第3学

● 体育分野

年の「健康・安全を確保する」とは，自己の体調の変化に応じて段階的に運動をしたり，用具や場所の安全を確認したりすること。

【5】(1) ① 目的　② 体調　③ 段階　④ 体　⑤ 防止
(2) 開脚前転等，技や演技を行う際に，互いに仲間の動きを観察して動きの様子や課題を伝え合ったりしている。
○**解説**○ (1) 健康・安全の内容については，中学校第1学年及び第2学年では，「気を配る」となっているが，中学校第3学年以降では，「確保する」となっており，生徒自らが健康・安全を確保しながら運動に取り組めるようにすることが大切である。　(2) 思考力，判断力，表現力等の例示に，「選択した技の行い方や技の組合せ方について，合理的な動きと自己や仲間の動きを比較して，成果や改善すべきポイントとその理由を仲間に伝えること。」が示されており，それと混同しないようにすることが大切である。学びに向かう力，人間性等では伝えることで，「互いに助け合い教え合おうとする」姿にすることが求められる。

【6】問1　ア　問2　エ
○**解説**○ 問1 「踏み越し下り」の発展技は「支持跳び越し下り」，「支持跳び越し下り」の発展技が「伸身支持跳び越し下り」である。
問2　ドイツ体操の父といわれるヤーンは，1811年ベルリン郊外のハーゼンハイデに体操場をつくり，祖国の若者の心身を鍛えるため，今の器械の原形となるあん馬や平均台，平行棒などの器械運動を行わせた。体操場に集まった若者たちが，そこにある器械を使用して運動の出来栄えを競い合うようになり，体操競技が生まれたといわれている。

【7】1 「鉄棒運動」，「平均台運動」，「跳び箱運動」　2 ほん転技群
3 図1…伸膝後転　図2…Y字バランス　4 技術的な要因…・倒立から前転するとき，体の力を抜いてしまう。　・腰と膝の曲がりが早い。　から1つ　練習…・三点倒立により，頭頂・額及び両手で体を支持する感覚を身に付けさせ，回転を始める際に，腰角を広く保ったまま回転する練習をさせる。　・背支持倒立の姿勢で腰と膝

を伸ばす感覚を身に付けさせ，補助倒立から前転の練習をさせる。から1つ

○**解説**○　1　高等学校学習指導要領には，入学年次においては，「B器械運動」，「C陸上競技」，「D水泳」及び「Gダンス」についてはこれらの中から一つ以上を，「E球技」及び「F武道」についてはこれらの中から一つ以上をそれぞれ選択して履修できるようにすること。その次の年次以降においては，「B器械運動」から「Gダンス」までの中から二つ以上を選択して履修できるようにすること，としており，B器械運動については4つの運動の中から選択して履修できるようにすること，とある。　2　マット運動は回転系と巧技系に分かれ，回転系の技は，背中をマットに接して回転する接点技群と，手や足の支えで回転するほん転技群に分かれる。巧技系は平均立ち技群がある。技群の中にグループがあり，基本技から発展技があるので表を確認して覚えること。3　膝伸後転の終末局面では，足を手の近くに着き，しっかりと手でマットを押すことが重要である。Y字バランスでは，中心に軸を持ち重心を保つことが重要である。それぞれの技の種類と内容，指導のポイントを整理しておくこと。　4　倒れる際に肘を曲げ，重心を徐々に背面側に移動させることがポイントである。補助をしながら感覚をつかませることも一つの方法である。

【8】　①　シ　　②　ケ　　③　ソ　　④　ノ　　⑤　タ　　⑥　ク　　⑦　コ　　⑧　オ　　⑨　ウ　　⑩　ア　　⑪　セ　　⑫　テ　　⑬　エ　　⑭　ツ　　⑮　ナ　　⑯　ス　　⑰　ト　　⑱　カ　　⑲　イ

○**解説**○　背中をマットに接して回転する技を接転技群，手や足の支えで回転する技を，ほん転技群という。バランスをとりながら静止する技を，平均立ち技群という。技の分類は，系と技群，グループと技の名称と内容とその発展技を整理して覚えること。段階的な指導方法として，接転技群では，小さいゆりかごからはじめ，足を伸ばした大きなゆりかごに発展させていく。倒立前転は，倒れる際に肘を曲げ，重心を徐々に背面側に移動させることがポイントである。補助をしながら感覚をつかませることも一つの方法である。後転グループの発展技は

後転倒立である。手はマットに着き，足を台の上に乗せ，あらかじめ
逆位になっておき，片足を台から上にあげ，補助者が足を持ち，もう
一人の補助者が，台を踏み切った足を持つようにして倒立になるよう
にすると，姿勢変化が小さいだけでなく，補助も容易に行うことがで
きる。倒立は，背支持倒立(首支持)や頭倒立でいったん腰を曲げ，手
の押しを同調させながら体を伸ばす練習を，はじめは補助者を付けて
行うことによって，動き方の感覚をつかめるようになる。倒立になる
ときに向きを変える，倒立から起き上がるときに向きを変えるという
動きは，壁倒立や補助倒立で練習することができる。学校体育実技指
導資料はすべての分野について確認し理解しておくこと。

【9】1　①　体操　　②　バランス　　2　③　前後開脚跳び　　④　片
足水平バランス　　3　A　上がる　　B　なかの技
○解説○　①・②　平均台運動の技は，「体操系」と「バランス系」に大
別される。体操系には，台上を歩いたり走ったりして移動する「歩走
グループ」と，台上で跳び上がって着台する，フロアから台上へ跳び
上がったり，台上から跳び下りたりする「跳躍グループ」がある。
「バランス系」には，台上でポーズを示して安定を保ったり静止した
りする「ポーズグループ」と，台上で両足，あるいは片足で体の向き
を変える「ターングループ」がある。　2　③　「前後開脚跳び」は，
前方歩から膝を伸ばして脚を上げながら大きく振り出し，もう片方の
足で上方向に踏み切って空中で前後開脚姿勢を示し，振り出した足で
安定した着台を行う技である。　④　「片足水平バランス」は，直立位
から片足を後ろに上げ，上体を前に傾けていき，上げた脚と上体が水
平になるようにして，バランスが崩れないように姿勢を保持し，両腕
は横か後ろに上げる技である。　3　A・B　平均台運動の「いくつか
の技を，構成して演技する」とは，同じグループや異なるグループの
基本的な技，条件を変えた技，発展技の中から，技の組合せの流れや
技の静止に着目して「上がる―なかの技―下りる」に構成し演技する
こと。

【10】(1)　ア　　(2)　オ　　(3)　カ

○**解説**○　器械運動の事故に関する記述である。事故の原因と，事故防止に役立つ準備運動，技の正しい行い方と選び方について，理解しておきたい。学校体育実技指導資料の内容は出題に頻繁に使用されるので，必ず確認しておくこと。

【11】(1)　ア　後方支持回転　　イ　ももと腰を支え，体が鉄棒から離れないように補助する。　　(2)　ア　伸膝前転　　イ　マットの下に踏切板を入れて浅い角度の傾斜を作る。

○**解説**○ (1)　器械運動では連続図からの問題が頻出である。連続図を見てどの技か分かるように日頃から参考書や指導書に目を通しておこう。また，それらの本には補助に関する記述もあるのでなるべく多く記憶しておきたい。　　(2)　伸膝前転では終局面で立ち上がることのできない生徒が多い。そのときの場の工夫といえば，傾斜を利用して回転の勢いを増すようにすることが定石である。設問文に「具体的に述べよ」との指示があるので，「踏切板」としっかり書くべきである。

【12】問1　C　　問2　ア　倒立　　イ　体重　　ウ　$\frac{1}{4}$　　問3　2，3枚重ねたマットの上で落差を利用してスムーズに立つ。

○**解説**○　問1　ア　アシンメトリーとは，ダンスに使われる用語で，左右非対称のことである。　　オ　器械運動を継続することで，筋力や柔軟性，平衡性などが種目や技の動きに関連して高められる。よって，準備運動には，持久走のような身体能力は必要ない。　　問2　ロンダート(側方倒立回転跳び $\frac{1}{4}$ ひねり)は，側転に4分の1ひねりを入れたもので，進行方向と逆向きに両足で着地する。なお，ホップは，助走からロンダートや転回につなげるための動作のことを指す。　　問3　段差をつけることで，空中での動作の時間が確保され立ちやすくなる。1枚ずつマットを少なくして，最後は普通のマットでできるようにする。

● 体育分野

【13】問1 ③ 問2 ① 問3 1 ④ 2 ② 問4 ③

○**解説**○ 問1 小学校では，マット運動，鉄棒運動，跳び箱運動の3種目を必修で学習する。 問2 同資料で「第1学年及び第2学年では，自己の課題を発見し，基礎的な知識や技能を活用して，学習課題への取り組み方を工夫できるようにしたり，自己の課題の発見や解決に向けて考えたりしたことを，他者にわかりやすく伝えられるようにする。」としている。 問3 系，技群，グループによって課題を解決するための合理的な動き方のポイントがあり，同じ系統の技には共通性があることを理解させる。自己観察と他者観察を行い，分析することで課題を理解することができる。知識として，それぞれの運動の技について系統立てて覚えておくこと。 問4 指導に際しては，生徒自身が公正，協力，責任，参画，共生の意義や価値を認識し取り組もうとする意欲を高めることが求められる。「自己の状況にかかわらず，互いに讃え合おうとすること。」「仲間に課題を伝え合ったり補助し合ったりして，互いに助け合い教え合おうとすること。」が例示としてあげられている。

【14】(1) 2 (2) 1 (3) 3 (4) 4 (5) 4

○**解説**○ 1 (1) 鉄棒運動の技は，支持系及び懸垂系で構成されている。バランス系は平均台運動，切り返し系は跳び箱運動，回転系はマット運動や跳び箱運動における技である。 (2) 内容(3)は，学びに向かう力，人間性等に関する指導事項である。器械運動への取組については，第1学年及び第2学年では「積極的に」，第3学年では「自主的に」として示されている。第1学年及び第2学年で「認めようとする」，第3学年で「大切にしようとする」として示された内容の要素は，「一人一人の違いに応じた課題や挑戦」である。学年進行に応じた内容の表し方を，対比して確認しておくとよい。 (3) 平均台運動は体操系とバランス系で構成され，バランス系ではポーズグループとターングループがある。片足ターンは，ターングループの両足ターンの発展技として示されている。V字ポーズはポーズグループの座臥・支持ポーズの発展技，片足水平バランスはポーズ系グループの立ちポーズの発展技である。前方走は体操系の技である。 (4) 伸身跳びは平均台運動の技

である。首はね跳びは跳び箱運動の回転系の技だが，小学校において学習する技である。　(5)　回転系を先に取り上げると，切り返し系の学習の際に回転感覚が残っていて事故につながることがあるため，切り返し系を先に取り上げるようにすることとされている。

【15】⑤

○**解説**○　中学校では，技ができる楽しさや喜びを味わい，自己に適した技で演技することをねらいとして，第1学年及び第2学年は，「技がよりよくできる」ことなどを，第3学年は，「自己に適した技で演技する」ことなどを学習している。マット運動，鉄棒運動，平均台運動，跳び箱運動それぞれの技の名称や技群など覚えておくこと。

【16】(1)　A　平均台　　　B　跳び箱　　　C　挑戦　　　(2)　ア　a　⑦
b　⑤　　　c　⑩　　　d　④　　　イ　前転，開脚前転，補助倒立前転
ウ　③　　　(3)　ア　○　　　イ　○　　　ウ　×

○**解説**○　(1)　第1学年及び第2学年では，マット運動を含む2種目選択となっている。　(2)　イ　他の回転系の技で接点技群では，後転，開脚後転が示されている。ほん転技群では，側方倒立回転，倒立ブリッジ，頭はねおきが示されている。巧技系では，片足平均立ち，頭倒立，補助倒立が示されている。　ウ　それらを組み合わせるとは，同じグループや異なるグループの基本的な技，条件を変えた技，発展技の中から，いくつかの技を「はじめ—なか—おわり」に組み合わせて行うことを示している。　(3)　今回の学習指導要領が改訂された際に，小学校学習指導要領解説に「運動の苦手な児童への配慮の例」と「運動に意欲的でない児童への配慮の例」が示されている。中学校においても，技能面と意欲の面から様々な配慮が求められている。

【17】1　⓪　　2　④　　3　①　　4　⑥

○**解説**○　戦術とは，戦略のもと立てられた作戦を成功させるための戦い方のことで，最適な技術を選択したり，組み合わせたりした合理的な戦い方のことである。球技では，チーム戦術やグループ戦術，個人戦術などがある。作戦とは，実際の試合に向けて自分たちや対戦相手の

特徴を分析して，どのような戦い方をするのかを決める計画のことである。戦略とは，個人やチームの目標をもとに，最高の成績を上げるために長期的な見通しのもと，トレーニングや練習内容，スケジュールなどを決め，方針を立てることである。

【18】⑤
○**解説**○ マット運動の回転系→ほん転技群→倒立回転・倒立回転跳びグループにおける倒立ブリッジの発展技には，高等学校入学年次は前方倒立回転と前方倒立回転跳びが例示され，入学年次の次の年次以降は前方倒立回転跳びのみが例示されている。なお，入学年次の側方倒立回転の発展技には側方倒立回転 $\frac{1}{4}$ ひねりが例示されている。

【19】(1)　D　　(2)　けんすい
○**解説**○ (1)　器械運動「鉄棒運動」の技は多い。技の連続図が掲載されている参考書やインターネットページを探し出し，なるべく多くの技の名称と動作形態を記憶しよう。　　(2)　鉄棒運動には「支持系」と「けんすい系」があり，支持系には「前方支持回転技群」と「後方支持回転技群」が，けんすい系には「けんすい技群」がある。「振動」が懸垂系のキーワードである。

【20】1　エ　　2　回転系を先に取りあげると，切り返し系の学習の際に回転感覚が残っていて事故につながることがあるから。　　3　エ
○**解説**○ 1，2　回転系の技を先に指導し，後で切り返し系を取り扱うと，回転感覚が身体に残り，腰を必要以上に高くして跳んだり，切り返しができなかったりすることで顔や体からマットに追突する事故が考えられる。　　3　後頭部から首を支点にはねているので，首はね跳びである。頭頂部を支点とした場合は頭はね跳びとなる。

【1】球技について，次の各問いに答えなさい。

(1) 授業を構想するにあたり，指導する内容を明確にした。次の文の（ a ）～（ d ）に当てはまる語句を，「中学校学習指導要領」（平成29年3月　文部科学省）第2章　第7節　保健体育　第2　各学年の目標及び内容　〔体育分野　第1学年及び第2学年〕　2　内容　E　球技に即して，それぞれ書きなさい。

> E　球　技
> 　球技について，次の事項を身に付けることができるよう指導する。
> (1) 次の運動について，勝敗を競う楽しさや喜びを味わい，球技の特性や成り立ち，技術の名称や行い方，その運動に関連して高まる体力などを理解するとともに，基本的な技能や仲間と連携した動きでゲームを展開すること。
> 　ア　ゴール型では，ボール（ a ）と空間に（ b ）などの動きによってゴール前での攻防をすること。
> 　イ　ネット型では，ボールや用具の（ a ）と定位置に戻るなどの動きによって空いた場所をめぐる攻防をすること。
> 　ウ　（ c ）型では，基本的なバット（ a ）と走塁での攻撃，ボール（ a ）と定位置での守備などによって攻防をすること。
> (2) 攻防などの自己の課題を発見し，合理的な解決に向けて運動の（ d ）を工夫するとともに，自己や仲間の考えたことを他者に伝えること。
> (3) 略

(2) 授業を構想するにあたり，内容の取扱いにも配慮した。次の文の（ e ），（ f ）に当てはまる語句を，「中学校学習指導要領」（平成29年3月　文部科学省）第2章　第7節　保健体育　第2　各学年の目標及び内容　〔内容の取扱い〕　に即して，それぞれ書きなさい。

● 体育分野

> (1)　略
> (2)　内容の「A体つくり運動」から「H体育理論」までに示す
> 事項については，次のとおり取り扱うものとする。
> ア～エ　略
> オ　「E球技」の(1)の運動については，第1学年及び第2学年
> においては，アからウまでを全ての生徒に履修させること。
> 第3学年においては，アからウまでの中から二を選択して
> 履修できるようにすること。また，アについては，バスケ
> ットボール，（ e ），サッカーの中から，イについては，
> バレーボール，卓球，（ f ），バドミントンの中から，ウ
> については，ソフトボールを適宜取り上げることとし，学
> 校や地域の実態に応じて，その他の運動についても履修さ
> せることができること。なお，ウの実施に当たり，十分な
> 広さの運動場の確保が難しい場合は指導方法を工夫して行
> うこと。

(3)　中学校1年生のバドミントンの授業について，次の問いに答えな
さい。

①　バドミントンの基本的なストロークを確認した。次の あ～う
の内容に合う打ち方の名称を以下の選択肢から選び，書きなさい。
　あ　ネット際に落とされたシャトルに対し，アンダーハンドス
　　トロークでコートの奥深くへ返球する打ち方。
　い　コートの後方から相手のネット際へ落下させるように，力
　　をぬき，押し出すように打つ打ち方。
　う　オーバーヘッドストロークで相手の頭上を越えてコートの
　　後方まで深く飛ばす打ち方。
　選択肢
　クリアー　　スマッシュ　　ボレー　　ヘアピン　　プッシュ
　アタック　　ドロップ　　　ロブ　　　ドライブ　　フライト

②　相手コートに向けサービスを打ち入れることが苦手な生徒に配
慮をした。考えられる配慮を30字以内で書きなさい。

2024年度 ▌ **長野県** ▌ 難易度 ■■■□□□

【2】次の文を読み，各問いに答えなさい。

36チームが参加しバレーボールの大会が行われた。予選リーグ戦は，決勝トーナメント戦から参加するシードの4チームを除き，各リーグ4チームの総当たり戦で行った。決勝トーナメント戦は，各予選リーグ戦上位2チームにシードチームを加え行い，3位決定戦も行った。

(1) 予選リーグ戦の試合総数は，何試合になるか答えなさい。

(2) 決勝トーナメント戦の試合総数は，何試合になるか答えなさい。

▐ 2024年度 ▐ 長野県 ▐ 難易度 ■■□□□

【3】バレーボール6人制競技規則(2023年度版)に示されている内容として正しくないものを，次の①〜⑤の中から一つ選べ。

① 相手チームがアタックヒットを行う前にネットを超えてボールに接触することは許されない。

② 相手チームのサービスをブロックすることは許されない。

③ 一人の選手が連続してボールを2回ヒットすること，またはボールが一人の選手の身体のさまざまな部分に連続して触れることをダブルコンタクトという。

④ ボールをつかむこと，または投げることは許されない。

⑤ リベロは，サービスはできるが，ブロックまたはブロックの試みをしてはならない。

▐ 2024年度 ▐ 岐阜県 ▐ 難易度 ■■■□□

【4】次の文は，高等学校学習指導要領解説保健体育編の入学年次の次の年次以降の，ベースボール型の球技の指導に関する説明である。(①), (②)に適する語句を書きなさい。

(①)バット操作とは，安定したバット操作に加えて投球の(②)や走者の位置などに対応して，ヒットの出やすい空いた場所などにボールを打ち返したりバントをしたりするバット操作のことである。

▐ 2024年度 ▐ 青森県 ▐ 難易度 ■■□□□

● 体育分野

【5】次の文は，高等学校学習指導要領(平成30年3月告示)で示されている教科「保健体育」科目「体育」における領域「E球技」の内容についての記述である。以下の(1)～(5)の問いに答えなさい。

---

(1) 次の運動について，勝敗を競ったりチームや自己の課題を解決したりするなどの多様な楽しさや喜びを味わい，技術などの名称や行い方，体力の高め方，課題解決の方法，競技会の仕方などを理解するとともに，作戦や状況に応じた技能で仲間と連携しゲームを展開すること。

　ア　ゴール型では，a状況に応じたボール操作と空間を埋めるなどの動きによって空間への侵入などから攻防をすること。

　イ　ネット型では，b状況に応じたボール操作や安定した用具の操作と連携した動きによって空間を作り出すなどの攻防をすること。

　ウ　ベースボール型では，状況に応じたバット操作とc走塁での攻撃，安定したボール操作と状況に応じた守備などによって攻防をすること。

(2) 生涯にわたって運動を豊かに継続するためのチームや自己の課題を発見し，合理的，計画的な解決に向けて取り組み方を工夫するとともに，自己やチームの考えたことを他者に伝えること。

(3) 球技に主体的に取り組むとともに，dフェアなプレイを大切にしようとすること，合意形成に貢献しようとすること，一人一人の違いに応じたプレイなどを大切にしようとすること，互いに助け合い高め合おうとすることなども，健康・安全を確保すること。

---

(1) 高等学校学習指導要領(平成30年3月告示)で示されているベースボール型の運動種目を答えよ。

(2) 下線部aについて，守備者とボールの間に自分の体を入れて，味方や相手の動きを見ながらボールをキープする技能を身に付けるために，バスケットボールの授業の導入段階において，ドリブルを用いて行う練習の例を1つ答えよ。

110

(3)　下線部bについて，バレーボールのゲームにおいて，スパイクを打つためのトスを上げる際に，生徒が積極的にオーバーパスを用いるようにしたい。どのようなルールの工夫が考えられるか，1つ答えよ。

(4)　下線部cのうち，「タッチアップ」について説明せよ。

(5)　下線部dについて，次の文は，高等学校学習指導要領解説「保健体育編・体育編」(平成30年7月)において，記述されているものの一部である。文中の(　①　)～(　③　)に当てはまる語句を答えよ。

> 　フェアなプレイを大切にしようとするとは，決められたルールや自分たちで決めたルール及びマナーを単に守るだけではなく，練習やゲームで相手の(　①　)を認めたり，相手を尊重したりするなどの行動を通して，フェアなプレイを大切にしようとすることを示している。そのため，ルールやマナーを大切にすることは，(　②　)を高めるとともに，(　③　)に役立つことを理解し，取り組めるようにする。

2024年度 ▎ 群馬県 ▎ 難易度 ▰▰▰▱▱

【6】球技に関する各問いに答えよ。

1　次の文章は，平成29年告示の中学校学習指導要領解説「保健体育編」の「E球技」[第1学年及び第2学年]の「(1)知識及び技能」及び平成30年告示の高等学校学習指導要領解説「保健体育編　体育編」「E球技」[入学年次]の「(1)知識及び技能」の抜粋である。次の(　①　)～(　④　)に当てはまる語句を答えよ。

【中学校選択問題】

> ア　ゴール型では，ボール操作と(　①　)に走り込むなどの動きによって(　②　)での攻防をすること。
> イ　(　③　)型では，ボールや用具の操作と定位置に戻るなどの動きによって空いた場所をめぐる攻防をすること。
> ウ　ベースボール型では，基本的なバット操作と(　④　)での攻撃，ボール操作と定位置での守備などによって攻防をすること。

【高等学校選択問題】

> ア　ゴール型では，安定したボール操作と（　①　）を作りだす
> などの動きによって（　②　）への侵入などから攻防をするこ
> と。
> イ　（　③　）型では，役割に応じたボール操作や安定した用具
> の操作と連携した動きによって空いた場所をめぐる攻防を
> すること。
> ウ　ベースボール型では，安定したバット操作と（　④　）での
> 攻撃，ボール操作と連携した守備などによって攻防をする
> こと。

2　次の図A，Bはソフトボールのピッチャーの投法を示したものであ
る。それぞれの投法の名称を答えよ。

図A

図B

3　ソフトボールの公式ルールについて次の各問いに答えよ。

(1)　投手が投球動作に入るときは，体の前または横で両手を合わせ2秒以上何秒以内静止しなければならないか答えよ。

(2)　ソフトボールの試合は，何イニングで行われるか答えよ。ただしタイブレークは含まない。

(3)　スターティングプレイヤーがいったん試合から退いても，一度に限り再び試合に出ることが認められている。これを何というかカタカナで答えよ。

(4)　1チームの出場プレイヤーは何人か答えよ。ただし，指名選手及び交代要員は含まない。

▌ 2024年度 ▌ 岡山県 ▌ 難易度 ▆▆▆☐☐

【7】球技について，次の(1)〜(3)の各問いに答えよ。

(1)　次のア〜オの文中の下線部について，正しければ○を，誤りがあれば正しい語句を答えよ。

ア　バスケットボールにおいて，ボールをライブでコントロールするチームは20秒以内にシュートをしなければならない。

イ　サッカーにおいて，ボールが両ゴールポスト間とクロスバーの下で，ボール全体がゴールラインを完全に越えたとき得点になる。

ウ　ソフトテニスのネットの高さは1.07mである。

エ　バドミントンにおいて，低い位置から，相手の頭上を高く超えてコートの後方まで深く飛ばす打ち方をヘアピンという。

オ　ハンドボールにおいて，攻撃の意図を示さず，チームがボールを所持し続けることは許されない。このような兆候が続く場合には，オーバータイムと見なされ，相手チームにフリースローが与えられる。

(2)　次の表は，中学校学習指導要領解説保健体育編(平成29年7月)に示されているネット型のボールや用具の操作とボールを持たないときの動きの例の一部を示したものである。表中の(　①　)〜(　⑤　)に入る適切な語句を以下の語群から選び，それぞれ記号で答えよ。

	中学校3年
ボールや用具の操作	・サービスでは，ボールをねらった場所に打つこと ・ボールを相手側のコートの空いた場所やねらった場所に打ち返すこと ・（ ① ）につなげるための次のプレイをしやすい高さと位置にボールを上げること ・ネット付近でボールの（ ② ）を防いだり，打ち返したりすること ・腕やラケットを強く振って，ネットより高い位置から相手側のコートに打ち込むこと ・ポジションの（ ③ ）に応じて，拾ったりつないだり打ち返したりすること
ボールを持たないときの動き	・ラリーの中で，味方の動きに合わせてコート上の空いている場所を（ ④ ）すること ・連携プレイのための基本的な（ ⑤ ）に応じた位置に動くこと

語群

1 侵入	2 攻撃	3 フォーメーション	4 落下
5 カバー	6 準備姿勢	7 守備	8 作戦
9 確認	10 役割		

(3) バレーボールのスパイクにおいて，ジャンプのタイミングが上手くつかめない生徒への効果的な練習方法を述べよ。

∎ 2024年度 ∎ 山口県 ∎ 難易度 ∎∎∎□□□

【8】体育分野の領域「球技」について，次の1・2に答えなさい。

1 「ゴール型　ハンドボール」について，次の(1)〜(3)に答えなさい。

(1) 次の表は，ハンドボールにおける主な違反行為とその内容を示したものです。表中の（ a ）〜（ c ）に当てはまる言葉は何ですか。それぞれ書きなさい。

違反行為	内容
オーバータイム	（ a ）
オーバーステップ	（ b ）
（ c ）	攻撃しよう，あるいはシュートしようという意図を示さないで，チームがボールを所持しようとする。

(2) ブラインドシュートとは，どのようなシュートですか。簡潔に書きなさい。

(3) 前後半の開始時や得点後，プレーを始めるためにボールを投げることを何といいますか。その名称を書きなさい。

2 「ネット型　バレーボール」について，次の(1)〜(3)に答えなさい。

(1) 次の図は，「ネット型　バレーボール」のコートを示したもの

です。授業では，攻撃側の▲の選手が守備側に向かってスパイク
を打つことを指導することとします。その際，得点できる確率を
高めるため，2通りのスパイクを考えることとします。▲の選手
に対し，どこにボールを落とすよう指導しますか。また，どのよ
うなスパイクを打つよう指導しますか。2通りのスパイクについ
て，コート図にボールを落とす場所をそれぞれ●で示すとともに，
●にボールを落とすためにどのようなスパイクを打つか，守備側
の状況を踏まえてそれぞれ簡潔に書きなさい。なお，フェイント
は無効とし，●はコートの内外いずれに示してもよいこととしま
す。

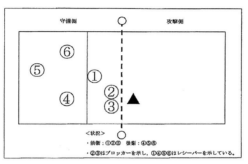

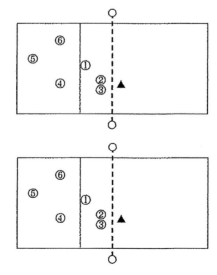

115

(2)　バレーボールにおいて，6人制と9人制ではルールが異なる点があります。6人制バレーボールのルールについて，9人制バレーボールのルールと異なる点は何ですか。簡潔に2つ書きなさい。なお，異なる点はプレーに関するルールとします。

(3)　バレーボールにおいては，各チームは，守備専門の選手であるリベロプレーヤーを2名まで登録することができます。リベロプレーヤーは，バックプレーヤーとしてのみプレーすることができるため，通常のプレーヤーが行っても反則にならないプレーをリベロプレーヤーが行うと，反則になるときがあります。それはどのようなときですか。簡潔に3つ書きなさい。

∥ 2024年度 ∥ 広島県・広島市 ∥ 難易度 ▮▮▮▮▯

【9】球技について，次の問に答えよ。

問1　次の文章は，バスケットボールのおいたちと発展について述べたものである。　ア　〜　ウ　にあてはまる人物名または都市名を答えよ。

> 　1891年にアメリカの国際YMCAトレーニングスクールの体育教師　ア　が，冬季に室内で行えるスポーツとして考案したのが始まりである。
> 　わが国へは，1908年に同校を卒業して帰国した　イ　が東京YMCAで初めて紹介し，1913年に来日したF. H. ブラウンらが各地のYMCAで指導し始め，普及した。その後，1930年，大日本バスケットボール協会が設立され，数多くの国際ゲームが行われるようになった。
> 　1936年の　ウ　オリンピック大会で男子が正式種目に加えられ，わが国の代表もこれに初参加した。

問2　バスケットボールの1対1の攻めについて，次の説明文の(1)〜(3)の展開を可能にするには，オフェンスのボール保持者がパスをした後それぞれどの方向に動くことが効果的か，A〜Cから選び，記号で答えよ。

(1)　ギブアンドゴーへの展開につなげる

(2)　インサイドスクリーンやアウトサイドスクリーンへの展開につ

なげる

(3)　ボールを持たないプレーヤー同士のスクリーンへとつなげる

A　パスをした方向(ボール方向)　　　B　ゴール方向

C　ボールとは反対方向

問3　表2は，バドミントンにおけるフライト名とその特徴について述べたものである。フライト名とその特徴の組み合わせとして正しいものをA〜Fから三つ選び，記号で答えよ。

表2

選択肢	フライト名	特徴
A	クリアー	リアコートからのショットで，バックバウンダリーラインに向かって，相手のラケットが届かない高さを越えて飛んでいくフライト。相手を動かすために使う。
B	ドライブクリアー	リアコートからのショットで，ネットを越えてすぐに落下するように飛んでいくフライト。相手を前方に動かすときに使う。
C	ドロップ	リアコートからのショットで，相手の頭上を低い弧を描くように飛んでいくフライト。相手を後方に追いつめて体勢を崩すときに使う。
D	プッシュ	フロントコートからのショットで，ネット近くからラケットに押し出されるように飛んでいくフライト。攻勢をかけるときに使う。
E	ロブ	フロントコートからのショットで，下方向にスピードをともなって飛んでいくフライト。エースをねらうときに使う。
F	ヘアピン	フロントコートからのショットで，ネットを越えてすぐに落下するように飛んでいくフライト。相手を前方に引きつけるときに使う。

問4　バドミントンにおけるシングルスとダブルスのそれぞれのゲーム様相の違いについて，記せ。

問5　図2の①は卓球のダブルスのゲームにおける，コートとプレーヤーの位置関係およびサービスの方向を表している。ダブルスのサービスとレシーブの順序について，図2の①〜④を用いて説明せよ。なお，図2の①のAを始めのサーバーとし，図2の①にならって，図2の②〜④のコートにサーブの方向を示す矢印(→)を，◯にプレーヤーA，B，X，Yの記号を記入して，[..........]に説明を記すこと。

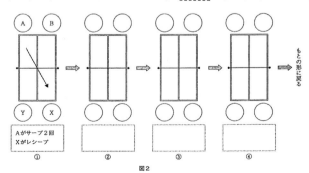

図2

● 体育分野

問6　卓球において，フォアハンドを打つと打球がオーバーしてしま
　　う生徒への助言を具体的に記せ。

│ 2024年度 │ 島根県 │ 難易度 ■■■□□

【10】「サッカー競技規則2022/23」における「オフサイド」について，オ
　　フサイドポジションにいる競技者が，①～⑤の方法で味方競技者から
　　ボールを直接受けた時，オフサイドの反則とならない場合の組合せと
　　して，正しいものを選びなさい。
　　①　間接フリーキック　　　②　スローイン　　　③　直接フリーキック
　　④　コーナーキック　　　　⑤　ゴールキック
　　ア　①②③　　　イ　①③⑤　　　ウ　①④⑤　　　エ　②③④
　　オ　②④⑤

│ 2024年度 │ 北海道・札幌市 │ 難易度 ■■■■□

【11】球技について，次の各問いに答えなさい。
　　問1　「サッカー競技規則2022/23(公益財団法人　日本サッカー協会)」
　　　　について，次の下線部(ア)～(オ)の正誤の組合せとして最も適切な
　　　　ものを，以下の①～⑥のうちから選びなさい。

第1条　競技のフィールド

(中略)

4.　国際試合用の大きさ

　　・長さ(タッチライン)　　　　・長さ(ゴールライン)

　　最小　100m(110ヤード)　　　最小　64m(70ヤード)

　　最大　(ア)120m(130ヤード)　　最大　(イ)75m(80ヤード)

競技会は，上記の大きさの範囲内でゴールラインとタッチラ
インの長さを設定することができる。

　　(公財)日本サッカー協会の決定

　　・センターマークおよびペナルティーマークは，直径
　　　(ウ)22cmの円で描く。

　　・コーナーアークから9.15mを示すマークは，ゴールライ
　　　ンまたはタッチラインから(エ)12cm離して直角に

118

_(オ)<u>22cm</u>の長さの線で描く。9.15mの距離は，コーナーアークの外側からこのマークのそれぞれゴール側の端またはハーフウェーライン側の端までとする。

① (ア)ー正　(イ)ー誤　(ウ)ー正　(エ)ー誤　(オ)ー正
② (ア)ー誤　(イ)ー誤　(ウ)ー正　(エ)ー正　(オ)ー正
③ (ア)ー誤　(イ)ー正　(ウ)ー誤　(エ)ー誤　(オ)ー正
④ (ア)ー正　(イ)ー誤　(ウ)ー誤　(エ)ー正　(オ)ー誤
⑤ (ア)ー正　(イ)ー正　(ウ)ー誤　(エ)ー正　(オ)ー誤
⑥ (ア)ー誤　(イ)ー正　(ウ)ー正　(エ)ー誤　(オ)ー誤

問2　「競技規則　Rugby Union　ラグビー憲章を含む　2022(WORLD RUGBY)」の「ラグビー憲章」について，次の下線部(ア)～(エ)の正誤の組合せとして最も適切なものを，以下の①～⑥のうちから選びなさい。

はじめに
(中略)
　ラグビーは，男性にも女性にも，_(ア)<u>子どもにも高齢者</u>にも，世界中でプレーされている。6歳から60歳を超える人まで，850万人以上の人々が定期的にラグビーのプレーに参加をしている。
(中略)
　ゲームをプレーすることとその補助的支援とは別に，ラグビーには，勇気，忠誠心，スポーツマンシップ，_(イ)<u>規律</u>，そして，チームワークといった多くの社会的・_(ウ)<u>精神</u>的概念が包含されている。この憲章は，競技の方法と行動の評価を可能にするチェックリストを示すためにある。その目的は，ラグビーがその_(エ)<u>ユニークな特徴</u>をフィールドの内外で維持できるようにすることにある。

① (ア)ー誤　(イ)ー誤　(ウ)ー誤　(エ)ー正
② (ア)ー誤　(イ)ー正　(ウ)ー誤　(エ)ー正
③ (ア)ー誤　(イ)ー誤　(ウ)ー正　(エ)ー誤

④ (ア)－正　　(イ)－正　　(ウ)－正　　(エ)－誤

⑤ (ア)－正　　(イ)－誤　　(ウ)－正　　(エ)－正

⑥ (ア)－正　　(イ)－正　　(ウ)－誤　　(エ)－誤

問3　次の記述は，「ハンドボール競技規則　2023年版(公財)　日本ハンドボール協会)」の中で「パッシブプレー」について示されているものの一部である。空欄[　ア　]～[　オ　]に当てはまるものの組合せとして最も適切なものを，以下の①～⑥のうちから選びなさい。

第7条　ボールの扱い方，パッシブプレー

(中略)

パッシブプレー

(中略)

7の12　レフェリーはパッシブプレーの兆候を察知したとき，予告合図([　ア　]17)を示す。これにより，ボールを所持しているチームはその所持を失わないように，攻撃[　イ　]を改める機会を得る。予告合図を出した後も，ボールを所持しているチームが攻撃[　イ　]を改めなかったときは，レフェリーはいつでもパッシブプレーの判定をすることができる。最大4回のパスの後，攻撃側チームが[　ウ　]をしなかった場合，相手チームにフリースローを与える(13：1a，競技規則解釈　4D　の手順と例外を参照)。

パスの回数についての判定は，競技規則17：11に示す通り，レフェリーの事実[　エ　]や判断に基づく。

プレーヤーが明らかな得点チャンスを[　オ　]的に放棄するなど特定の状況において，レフェリーは前もって予告合図を出していなくても，相手チームにフリースローを判定することができる。

---

① ア　ジェスチャー　イ　方法　　　ウ　シュート
　 エ　観察　　　　　オ　意図

② ア　ジェスチャー　イ　システム　ウ　ドリブル

エ　確認　　　　　オ　意識
③　ア　ジェスチャー　イ　方法　　　　ウ　ドリブル
　　エ　観察　　　　　オ　意図
④　ア　シグナル　　　イ　システム　　ウ　シュート
　　エ　確認　　　　　オ　意識
⑤　ア　シグナル　　　イ　方法　　　　ウ　シュート
　　エ　確認　　　　　オ　意識
⑥　ア　シグナル　　　イ　システム　　ウ　ドリブル
　　エ　観察　　　　　オ　意図

問4　「2023年度版　バレーボール6人制競技規則(公益財団法人　日本バレーボール協会)」の「7　プレーの構造」について，次の下線部(ア)～(カ)の正誤の組合せとして最も適切なものを，以下の①～⑥のうちから選びなさい。

7.4　ポジション
　　　サービスヒットの瞬間，両チームは(サーバーを除き)それぞれのコート内で_(ア)ローテーション順に位置していなければならない。

　(中略)

7.5　ポジションの反則
　　7.5.1　サービスヒットの瞬間にいずれかの選手が正しいポジションにいない場合，そのチームは_(イ)ポジションの反則をしたことになる。

　(中略)

　　7.5.4　ポジションの反則は次のような結果となる：
　　　7.5.4.1　_(ウ)相手チームに1点と次のサービスが与えられる。

　(中略)

7.6　ローテーション
　　7.6.1　ローテンション順はチームのスターティングラインアップにより決められ，_(エ)その試合を通じてサービス順と選手のポジションによりコントロールされる。

7.6.2 　レシービングチームがサービス権を得たとき，その
　　　　チームの選手は$_{(オ)}$時計回りにそれぞれ1つずつポジ
　　　　ションを移動する。(中略)

7.7 　ローテーションの反則

(中略)

7.7.1.1 　(中略)ローテーションの反則により始まったラリ
　　　　ーが完了した後に，そのローテーションの反則
　　　　が指摘された場合，そのラリーの結果に関係な
　　　　く$_{(カ)}$相手チームに1点と次のサービスが与えられ
　　　　る。

① (ア)−正　　(イ)−正　　(ウ)−誤　　(エ)−正　　(オ)−正
　 (カ)−誤
② (ア)−正　　(イ)−正　　(ウ)−正　　(エ)−誤　　(オ)−正
　 (カ)−誤
③ (ア)−正　　(イ)−誤　　(ウ)−正　　(エ)−誤　　(オ)−誤
　 (カ)−正
④ (ア)−誤　　(イ)−誤　　(ウ)−正　　(エ)−正　　(オ)−正
　 (カ)−誤
⑤ (ア)−誤　　(イ)−正　　(ウ)−誤　　(エ)−誤　　(オ)−正
　 (カ)−誤
⑥ (ア)−誤　　(イ)−正　　(ウ)−正　　(エ)−正　　(オ)−誤
　 (カ)−正

問5 　次の記述は,「バスケットボール競技規則2023年度版(公益財団法
　　人　日本バスケットボール協会)」の中で，コートについて示され
　　ているものの一部である。空欄[　ア　]〜[　オ　]に当てはまるも
　　のの組合わせとして最も適切なものを，以下の①〜⑥のうちから選
　　びなさい。

第2条　コート

2−1　コート
　　　　コートは，障害物のない水平で硬い表面とする。(中
　　　　略)

コートの大きさは，境界線の内側からはかり，縦
[　ア　]，横15mとする。

(中略)

2－3　[　イ　]コート

　　[　イ　]コートとは，自チームのバスケットの後ろの
エンドライン，サイドライン，センターラインで区切
られたコートの部分をいい，自チームのバスケットと
そのバックボードの内側の部分を含む。

　　【補足】バックボードの内側とは，裏側以外の部分を
指す。

2－4　[　ウ　]コート

　　[　ウ　]コートとは，相手チームのバスケットの後ろ
のエンドライン，サイドライン，センターラインの相
手バスケット側の端で区切られたコートの部分をい
い，相手チームのバスケットとそのバックボードの内
側の部分を含む。

2－5　ライン

　　全てのラインの幅は[　エ　]とし，白またはその他の
対照的な色(1色)のみではっきりと見えるように描かれ
ていなければならない。

　　【補足】対照的な色とは，コートや制限区域などに対
して対照的とし，ラインとはっきり認識できる色を指
す。

2－5－1　境界線(バウンダリライン)

　　　コートは，境界線(エンドラインおよびサイドライ
ン)で囲まれている。これらのラインはコートには
[　オ　]。

① ア　28m　　イ　バック　　ウ　フロント　　エ　5cm
　 オ　含まれない

② ア　30m　　イ　バック　　ウ　フロント　　エ　5cm
　 オ　含まれる

③ ア　28m　　イ　バック　　　ウ　フロント　　　エ　7cm
　　オ　含まれない

④ ア　30m　　イ　フロント　　ウ　バック　　　エ　7cm
　　オ　含まれる

⑤ ア　28m　　イ　フロント　　ウ　バック　　　エ　7cm
　　オ　含まれない

⑥ ア　30m　　イ　フロント　　ウ　バック　　　エ　5cm
　　オ　含まれる

問6　次の記述は,「競技規則(公益財団法人　日本バドミントン協会採択)令和4年4月1日一部改訂」の中で,ラケットについて示されているものの一部である。空欄[　ア　]～[　オ　]に当てはまるものの組合せとして最も適切なものを,以下の①～⑥のうちから選びなさい。

第4条　ラケット

第1項　ラケットは,フレームの全長で[　ア　]mm以内,幅は[　イ　]mm以内とし,それを構成している主な部位については次の(1)から(5)のとおりとする。(中略)

(1)　ハンドルは,プレーヤーがラケットを握るための部分である。

(2)　ストリングド・エリアは,プレーヤーがシャトルを打つための部分である。

(3)　ヘッドは,ストリングド・エリアの外枠をさしていう。

(4)　シャフトは,ハンドルをヘッドに繋ぐ部分である。(本条第1項(5)参照)

(5)　スロート(スロートのあるラケットの場合)は,シャフトをヘッドに繋ぐ部分である。

第2項　ストリングド・エリアは

(1)　平らで,交差させたストリングスがヘッドへ繋がれてできている。そして,そのストリングスは,交互に編み合わせても,また,その交差する箇所で結

合させてもよい。

(2) 全長(縦の長さ)は[　ウ　]mm以内，幅は[　エ　]mm以内とする。しかしながら，ストリングスを張って拡がったエリアの幅と縦の長さが，次のような条件を満たすのであれば，ストリングスをスロートまで拡げて張ってもよい。

(中略)

第3項　ラケットは

(1) 付着物，突起物があってはならない。ただし，摩耗や[　オ　]を抑えたり，防いだり，重量の配分を変えたり，ハンドルの部分をプレーヤーの手に紐で縛り付けるときのみ許される。なお，その付着物，突起物は妥当な大きさで目的にかなった位置に取り付けられなければならない。

(2) ラケットの形を極端に変えるような仕掛けを取り付けてはならない。

① ア 680 イ 250 ウ 300 エ 220 オ 破損
② ア 680 イ 230 ウ 300 エ 215 オ 破損
③ ア 680 イ 230 ウ 280 エ 220 オ 振動
④ ア 700 イ 230 ウ 280 エ 215 オ 破損
⑤ ア 700 イ 250 ウ 280 エ 220 オ 振動
⑥ ア 700 イ 250 ウ 300 エ 215 オ 振動

問7　次の記述は，「日本卓球ルールブック2022(令和4年版)(公益財団法人　日本卓球協会)」の中で，サービス，レシーブ及びエンドの順序について示されているものの一部である。空欄[　ア　]〜[　オ　]に当てはまるものの組合せとして最も適切なものを，以下の①〜⑥のうちから選びなさい。

1.13　サービス，レシーブ及びエンドの順序

(中略)

1.13.3　得点の合計が[　ア　]ポイント増すごとに，それま

● 体育分野

でレシーブしていた競技者または組がサービスを行い，ゲームが終了するまで続ける。双方の得点が[　イ　]ポイントになるか，[　ウ　]ルールが適用された時は，サービスとレシーブの順序を変えずに，1ポイントごとにサービスを交替する。

1.13.4　ダブルスの各ゲームでは，いずれのゲームにおいても最初にサービスする権利を持つ組が，そのうちの誰が最初にサーバーとなるかを，決めなければならない。1マッチの第1ゲーム目の最初のサーバーが決まった後に，レシーブする組は誰が最初のレシーバーとなるかを決めなければならない。続くゲームでは，最初のサーバーが決まれば，最初のレシーバーは直前のゲームで，その競技者にサービスを[　エ　]競技者とする。

(中略)

1.13.6　ゲームの最初にサービスを行った競技者または組は，その直後のゲームでは最初にレシーブする。ダブルス競技では勝敗を決定する最終ゲームで，どちらかの組が[　オ　]ポイント先取した時に，次にレシーブする組は，レシーバーの順序を交替しなければならない。

① ア 2　イ 8　ウ 促進　エ 出さなかった　オ 6
② ア 2　イ 10　ウ 促進　エ 出した　オ 5
③ ア 5　イ 10　ウ 促進　エ 出さなかった　オ 5
④ ア 2　イ 10　ウ 短縮　エ 出した　オ 6
⑤ ア 5　イ 8　ウ 短縮　エ 出した　オ 5
⑥ ア 5　イ 8　ウ 短縮　エ 出さなかった　オ 6

問8　次の記述は，「JTA TENNIS RULE BOOK 2022(公益財団法人日本テニス協会)」の中で，ゲーム中のスコアについて示されているものの一部である。空欄[　ア　]～[　オ　]に当てはまるものの組合せとして最も適切なものを，以下の①～⑥のうちから選びなさい。

126

規則5　ゲーム中のスコア

a)　スタンダード・ゲーム

　スタンダード・ゲームでは下記のように得点を数え，サーバーの得点が先にアナウンスされる。

- ● ポイントなし　　0　[　ア　]
- ● 1ポイント　　　15　フィフティーン
- ● 2ポイント　　　30　サーティー
- ● 3ポイント　　　40　フォーティー
- ● 4ポイント　　　ゲーム

もし両方のプレーヤー・チームが3ポイントずつ取れば，スコアはデュースとなる。デュースのあと次のポイントを取ったプレーヤー・チームが，アドバンテージとなる。その同じプレーヤー・チームが次のポイントも取れば，そのプレーヤー・チームはそのゲームの勝者となる。反対に，相手が次のポイントを取れば，再びデュースとなる。デュースになったあと，[　イ　]ポイントを取ったプレーヤー・チームがそのゲームの勝者となる。

b)　タイブレーク・ゲーム

　タイブレーク・ゲームでは，「[　ウ　]」,「ワン(1)」,「ツウ(2)」,「スリー(3)」…と得点を数える。相手より2ポイント以上の差をつけて先に[　エ　]ポイント取ったプレーヤー・チームがそのタイブレーク・ゲームとセットの勝者となる。2ポイントの差がなければ，2ポイントの差がつくまでタイブレーク・ゲームを続ける。

　(中略)

　タイブレーク・ゲーム第1ポイントのサーバーは，次のセット第1ゲームの[　オ　]となる。

① ア　ラブ　　イ　連続2　　ウ　ゼロ　　エ　7
　　オ　レシーバー

② ア　ラブ　　イ　2　　　　ウ　ゼロ　　エ　8

オ　サーバー
③　ア　ラブ　　イ　連続2　　ウ　ラブ　　エ　8
オ　レシーバー
④　ア　ゼロ　　イ　2　　　ウ　ゼロ　　エ　7
オ　サーバー
⑤　ア　ゼロ　　イ　連続2　　ウ　ラブ　　エ　7
オ　サーバー
⑥　ア　ゼロ　　イ　2　　　ウ　ラブ　　エ　8
オ　レシーバー

‖ 2024年度 ‖ 神奈川県・横浜市・川崎市・相模原市 ‖ 難易度 ■■■■□

【12】空欄にあてはまるものを【解答群】から一つ選び，記号で答えよ。
　　高等学校学習指導要領(平成30年告示)解説　保健体育編　体育編
　「第1部　保健体育編　第1章　総説　第2節　保健体育科改訂の趣旨及
　び要点　2　保健体育科改訂の要点　(3)　内容及び内容の取扱いの改
　善　「体育」　コ　球技」においては，次のように示されている。

> 　「球技」については，従前どおり，生涯にわたって豊かな
> [　1　]を継続する資質や能力を育成する観点から，攻防を展開
> する際に共通して見られるボール操作などに関する動きとボー
> ルを[　2　]ときの動きについての学習課題に着目し，その特性
> や魅力に応じて，相手コートに[　3　]して攻防を楽しむ「ゴー
> ル型」，ネットを挟んで攻防を楽しむ「ネット型」，攻守を交代
> して攻防を楽しむ「ベースボール型」に分類し示した。

【解答群】
①　突入　　　②　持たない　　　③　ライフステージ
④　人生　　　⑤　スポーツライフ　　　⑥　落とした
⑦　持った　　⑧　侵入

‖ 2024年度 ‖ 愛知県 ‖ 難易度 ■■■□□

【13】バスケットボールについて，次の各問いに答えよ。
　1　時間制限に関する反則について，次の文の(　①　)～(　③　)に当
　　てはまる数字を書け。

128

> ・ ボールを持っているプレイヤーが相手に1mより近い距離で積極的に守られ，（ ① ）秒を超えても，パスやドリブルなど何もしないでボールを持ち続けると反則になる。
> ・ 攻撃側が相手コートの制限区域内に（ ② ）秒を超えてとどまると反則になる。
> ・ バックコートでボールコントロールしたチームが，（ ③ ）秒以内にボールをフロントコートに進めないと反則になる。

2 次の文は，平成29年告示の中学校学習指導要領「保健体育〔体育分野 第3学年〕」の「2内容」における「E球技」の一部である。

> ア ゴール型では，安定したボール操作と(a)空間を作りだすなどの動きによってゴール前への侵入などから攻防をすること。

(1) 下線部(a)に関して，次の図のような動きを何というか。（ ）に当てはまる語句をカタカナ5文字で書け。

ドリブル（ ）

ドリブルで味方の方に進む → 手渡しパスで入れ替わる → ゴール方向へ

(2) ゴール型の運動で適宜取り上げる種目は，「バスケットボール」以外に何があるか。二つ書け。

2024年度 ┃ 岡山市 ┃ 難易度 ￭￭￭□□

【14】ネット型の球技について，次の(1)，(2)に答えなさい。

(1) 次の文は，中学校学習指導要領解説保健体育編の第1学年及び第2学年の，ネット型の球技の指導に関する説明である。（ ① ），（ ② ）に適する語句を書きなさい。

> ネット型とは，コート上でネットを挟んで相対し，身体や用具を操作してボールを空いている（ ① ）に返球し，一定の（ ② ）に早く到達することを競い合うゲームである。ネット

型の学習においては，ネット型の種目に共通する動きを身に付けることが大切である。

(2) 次の図は，バドミントンにおけるダブルスのフォーメーションを表したものである。以下の①，②に答えなさい。

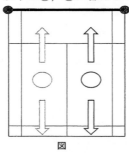

図

① このフォーメーションの名称を書きなさい。
② このフォーメーションは守りの陣形であり，コート全体を守ることができるフォーメーションであるが短所もある。短所を補いペアで協力して守備をするために，どのようなことを指導するか，説明しなさい。

┃ 2024年度 ┃ 青森県 ┃ 難易度 ■■□□

【15】次の文は，「競技規則(公益財団法人　日本バドミントン協会採択)昭和24年4月1日施行　令和4年4月1日一部改訂　第13条　フォルト」の一部抜粋である。文中の(ア)にあてはまる最も適当な語句を，以下の①～④のうちから一つ選びなさい。

第13条　フォルト
　　次の場合は「フォルト」である。
　　　　　　　　　－ (中略) －
第3項　インプレーのシャトルが
　(1) コートの境界線の外に落ちたとき(境界線上や内ではない)
　(2) ネットの上を越えなかったとき
　(3) 天井または壁に触れたとき

(4)　プレーヤーの(　ア　)に触れたとき
　　　　　　　 ― (略) ―

【解答群】

ア　①　身体またはフレーム　　②　身体または着衣

　　③　着衣またはシャフト　　④　シャフトまたはフレーム

2024年度 ▎千葉県・千葉市 ▎難易度

【16】空欄にあてはまるものを【解答群】から一つ選び，記号で答えよ。

卓球のサービスは，フリーハンドの手のひらを開いてボールを静止させ，ほぼ垂直に16cm以上投げ上げて行う。ボールはコートより高い位置で[　1　]の後方になければいけない。

ボールを[　2　]から隠してはいけない。

【解答群】

①　エンドライン　　②　センターライン　　③　レシーバー

④　サイドライン　　⑤　パートナー　　　　⑥　ネット

⑦　サーバー　　　　⑧　審判

2024年度 ▎愛知県 ▎難易度

【17】次の文章は，学習指導要領解説における球技について述べたものである。文中の[　]にあてはまる語句を，それぞれ以下の①から⑥までの中から一つ選び，記号で答えよ。

(1)　中学校学習指導要領(平成29年告示)解説　保健体育編(平成29年7月)「第2章　保健体育科の目標及び内容　第2節　各分野の目標及び内容〔体育分野〕　2　内容」の「E　球技［第1学年及び第2学年］(1)　知識及び技能　○　知識」では，次のように示されている。

> 　指導に際しては，動きの獲得を通して一層知識の大切さを実感できるようにすることや知識を活用し課題を発見・解決するなどの「思考力，判断力，表現力等」を育む学習につながるよう，[　]のある知識を精選した上で，知識を基盤とした学習の充実を図ることが大切である。

①　実行性　　②　汎用性　　③　信頼性　　④　関係性

⑤　継続性　　⑥　発展性

(2)　高等学校学習指導要領(平成30年告示)解説　保健体育編　体育編
(平成30年7月)「第1部　保健体育編　第2章　保健体育科の目標及び
内容　第2節　各科目の目標及び内容　「体育」　3　内容」の「E
球技　[入学年次]」では，次のように示されている。

> 　入学年次では，勝敗を競う楽しさや喜びを味わい，体力の
> 高め方や[　]などを理解するとともに，作戦に応じた技能で
> 仲間と連携しゲームを展開することができるようにする。そ
> の際，攻防などの自己やチームの課題を発見し，合理的な解
> 決に向けて運動の取り組み方を工夫するとともに，自己や仲
> 間の考えたことを他者に伝えることができるようにする。ま
> た，球技の学習に自主的に取り組み，作戦などについての話
> 合いに貢献することや一人一人の違いに応じた課題や挑戦を
> 大切にすることなどに意欲をもち，健康や安全を確保するこ
> とができるようにする。

①　課題解決の方法　　②　運動観察の方法
③　作戦　　　　　　　④　競技会，試合の仕方
⑤　伝統的な考え方　　⑥　技術の名称や行い方

‖ 2024年度 ‖ 沖縄県 ‖ 難易度 ■■■□□

【18】次の文は，『高等学校学習指導要領(平成30年告示)解説　保健体育
編　体育編　第1部　保健体育編　第2章　保健体育科の目標及び内容
第2節　各科目の目標及び内容　「体育」　3　内容　E　球技』から
抜粋したものである。以下の各問いに答えなさい。

> [入学年次]
> 　　途中省略
> (1)　知識及び技能
> 　　球技について，次の事項を身に付けることができるよう
> 指導する。
>
> > (1)　次の運動について，勝敗を競う楽しさや喜びを味わい，
> > 技術の名称や行い方，<u>体力の高め方</u>，運動観察の方法な

どを理解するとともに，作戦に応じた技能で仲間と連携
しゲームを展開すること。

ア　ゴール型では，安定したボール操作と空間を作りだ
　　すなどの動きによってゴール前への侵入などから攻防
　　をすること。

イ　ネット型では，役割に応じたボール操作や安定した
　　用具の操作と連携した動きによって空いた場所をめぐ
　　る攻防をすること。

ウ　ベースボール型では，安定したバット操作と走塁で
　　の攻撃，ボール操作と連携した守備などによって攻防
　　をすること。

(1)　下線部の体力の高め方について，(　　)に当てはまる語句を，以
下の選択肢から1つ選び，記号で答えなさい。

体力の高め方では，球技のパフォーマンスは，型や運動種
目によって，様々な体力要素に強く影響される。そのため，
ゲームに必要な技術と関連させた補助運動や(　　)を取り入
れ，繰り返したり，継続して行ったりすることで，結果とし
て体力を高めることができることを理解できるようにする。

ア　基本練習　　イ　応用練習　　ウ　複合練習　　エ　部分練習

(2)　「イ　ネット型」の「技能」の〈例示〉について，(　　)に当ては
まる語句を，以下の選択肢から1つ選び，記号で答えなさい。

[入学年次]
〈例示〉
・ネット付近でボールの侵入を防いだり，打ち返したりす
　ること。

[入学年次の次の年次以降]
〈例示〉
・(　　)ネット付近でボールの侵入を防いだり，打ち返した
　りすること。

ア　相手の動きに応じて　　イ　仲間と連動して
ウ　味方の指示に応じて　　エ　個の能力を発揮して

(3)　「ウ　ベースボール型」の「技能」の〈例示〉について，(　　)に当てはまる語句として正しい組合せを，以下の選択肢から1つ選び，記号で答えなさい。

[入学年次]
〈例示〉
　・タイミングを合わせてボールを捉えること。
[入学年次の次の年次以降]
〈例示〉
　・ボールの(　①　)や(　②　)などにタイミングを合わせてボールをとらえること。

ア　①　変化　　　②　高さ
イ　①　コース　②　速さ
ウ　①　高さ　　②　コース
エ　①　速さ　　②　変化

‖ 2024年度 ‖ 宮崎県 ‖ 難易度 ■■■■□

【19】日本ハンドボール協会の定める競技規則のうちゴールキーパーの行為として許されていないものを，次の(1)～(4)の中から1つ選びなさい。
(1)　ボールを持たずにゴールエリアを離れ，プレーイングエリアで競技に参加すること。
(2)　ゴールエリア内にいるゴールキーパーが，ゴールエリアの外側の床に止まっている，あるいは転がっているボールに触れること。
(3)　ボールを十分にコントロールできていない状態で，ボールと共にゴールエリアを離れ，プレーイングエリアで再びプレーすること。
(4)　コートプレーヤーに適用される制限を受けずに，ゴールエリア内でボールを持って動くこと。

‖ 2024年度 ‖ 埼玉県・さいたま市 ‖ 難易度 ■■■■■□

【20】 バスケットボールについて，次の[問1]〜[問3]に答えよ。

[問1] 「3秒ルール」について，このルールが適用されるものを，次の(ア)〜(エ)の中から1つ選び，その記号を書け。

(ア) 片足が制限区域外に出ている場合

(イ) 制限区域から出ようとしている場合

(ウ) そのプレーヤーあるいはチームメイトがショットの動作(アクトオブシューティング)中で，ボールが手から離れようとしている場合

(エ) 制限区域内に3秒未満いたあと，ゴールのショットをするためにドリブルをしている場合

[問2] 「コンタクト(体の触れ合い)：基本概念」について，チャージングに該当するものを，次の(ア)〜(エ)の中から1つ選び，その記号を書け。

(ア) 相手プレーヤーの自由な動き(フリーダムオブムーブメント)を妨げる不当な体の触れ合い

(イ) 相手チームのプレーヤーがボールを持っていてもいなくても，手や体で相手を無理に押しのけたり押して動かそうとしたりする不当な体の触れ合い

(ウ) 相手がボールを持っているかいないかにかかわらず，相手チームのプレーヤーの進行を妨げる不当な体の触れ合い

(エ) ボールを持っていてもいなくても，無理に進行して相手チームのプレーヤーのトルソー(胴体)に突き当たったり押しのけたりする不当な体の触れ合い

[問3] 4対4のミニゲーム(現行ルール3分)を実施した際に，次のような状況になった。この状況を改善するとともに，以下に示す本時の目標を達成するために，新たに加えるルールとしてどのようなものが考えられるか，10〜20字で書け。(4対4の人数は変えないものとする)

状況

> 安定したボール操作ができる1人の生徒が，ボールを保持し続け，同じチームの生徒3人は立ち止まっている。

● 体育分野

本時の目標

パスを出した後に次のパスを受ける動きができるようにする。

| 2024年度 | 和歌山県 | 難易度 ■■■■■

解答・解説

【1】(1) a 操作　b 走り込む　c ベースボール　d 取り組み方　(2) e ハンドボール　f テニス　(3) ① あ ロブ　い ドロップ　う クリアー　② 手を使って投げ入れたり，一歩前からのサービスを認めたりする。(30字)

○解説○ (1) a ボールやラケット，バットなどの用具の扱いに関わる技能を「操作」という言葉で示している。　b ゴール型のボールを持たないときの動きは，第1学年及び第2学年では「空間に走り込む動き」，第3学年では「空間を作り出す動き」と示している。　c 球技は，攻防において運動種目に共通する動きや課題に着目し，その特性や魅力に応じて，相手コートに侵入して攻防を楽しむ「ゴール型」，ネットを挟んで攻防を楽しむ「ネット型」，攻守を交代して攻防を楽しむ「ベースボール型」に分類して示している。　d 「合理的な解決に向けて運動の取り組み方を工夫する」とは，ボール操作やボールを持たないときの動き，攻防，仲間との関わり方，安全上の留意点などの発見した課題を，合理的に解決できるよう知識を活用したり，応用したりすること。　(2) e・f 球技で取り扱う運動種目は，「ゴール型」はバスケットボール，ハンドボール，サッカーの中から，「ネット型」はバレーボール，卓球，テニス，バドミントンの中から，「ベースボール型」はソフトボールを適宜取り上げることとしている。

(3) ① あ 「ロブ」は，ネット際から高く弧を描くようにコートの後方まで深く飛ばす打ち方で，ロビングともいう。　い 「ドロップ」は，シャトルがネットを越すと同時に急速にスピードが落ちてサービスラインの手前に落下させる打ち方。　う 「クリアー」は，相手の

頭上を高く越えてコートの後方まで深く飛ばす打ち方。　②　サービスに関わるルールの工夫例としては，ネット近くまで前へ出て打つことやサーブを入れるべき相手側サービスコートの範囲を広げることなどがある。

【2】(1)　48試合　　(2)　20試合
○**解説**○　(1)　リーグ戦の総当たりの試合数は，参加チーム数をnとすると$n(n-1)\div2$の式で求められる。問題文では，参加36チーム中の4チームがシードで決勝トーナメントから参加するため，予選リーグの参加チームは32チームである。各リーグ4チームずつの総当たり戦を行うので，32チームが8リーグに分かれて行うことになる。4チームのリーグ戦の試合数は，$4\times(4-1)\div2$で算出でき，6試合となる。そのリーグ戦が8リーグあるので，$6\times8=48$で，予選リーグ戦の試合総数は48試合になる。　　(2)　トーナメント戦の総試合数は$n-1$の式で求められる。決勝トーナメントへの出場チーム数は，各予選リーグ上位2チームずつとシードの4チームである。(1)の解説で述べた通り，リーグ戦は8リーグあるので，予選リーグから決勝トーナメントに勝ち進むチームは16チーム，そこにシードの4チームを加えると，全部で20チームがトーナメント戦に出場する。したがって，決勝トーナメントの試合数は$20-1=19$となる。ただし，3位決定戦も行われるため1試合多くなり，$19+1=20$で，決勝トーナメント戦の試合総数は20試合となる。

【3】⑤
○**解説**○　バレーボール6人制競技では，守備を専門とするプレーヤー「リベロ」を登録することができる。リベロは後衛のプレーヤーとしてのみ試合に参加し，後衛にいるどのプレーヤーとも交代することができる。サービス(サーブ)やブロックをすることはできない。なお，リベロはその他のプレーヤーと異なった色のユニフォームを着用する。

【4】①　状況に応じた　　②　コースの変化
○**解説**○　①　バット操作については，入学年次では安定したバット操作，

入学年次の次の年次以降では状況に応じたバット操作とされている。
②　投球のコースの変化や走者の位置などに対応して、ヒットの出やすい空いた場所などにボールを打ち返すことの例示として、「ボールの高さやコースなどにタイミングを合わせてボールをとらえ、守備スペースの広い方向をねらってボールを打ち返すこと」と示されている。

【5】(1)　ソフトボール　　(2)　3人組になり、オフェンス2人とディフェンス1人に分かれ、オフェンスは、もう1人のオフェンスの動きを見ながら、ディフェンスとボールの間に自分の体を入れて、ドリブルをしてキープする練習　　(3)　ダブルコンタクト(ドリブル)やキャッチボール(ホールディング)の反則をとられないようにする
(4)　ノーアウトまたは1アウトの時、バッターが打ったフライやライナーの打球をノーバウンドで守備側に捕球された後に、ランナーが塁を離れて、次の塁を狙うプレイ　　(5)　①　すばらしいプレイ
②　スポーツの価値　　③　自己形成
○**解説**○　(1)　ゴール型については、バスケットボール、ハンドボール、サッカー、ラグビーの中から、ネット型については、バレーボール、卓球、テニス、バドミントンの中から、ベースボール型については、ソフトボールを適宜取り上げることとしている。　　(2)　2人組で、ボールをディフェンスから守るように体を入れ、ピボットを使って1対1を30秒程度行い、時間が来た段階で他の仲間にパスを通すところまで行うといったことも考えられる。　　(3)　トスを上げやすくするため、ファーストタッチ(レシーブ)をキャッチしてもよいことにして、安定したボールをセッターに返すことも考えられる。　　(4)　バッターがフライを打ち、守備側の野手がボールを落とさずそのまま捕球した時に走者はタッチアップが出来る状態となる。タッチアップするタイミングは、野手がボールをキャッチした瞬間に離塁する事ができる。野手がボールをキャッチする前にベースを飛び出してしまった場合は、一度ベースに戻らないとならない。なお、ソフトボールのタッチアップの離塁のルールは、野球と同じである。　　(5)　入学年次の次の年次以降の「学びに向かう力、人間性等」の内容である。なお、入学年次については、次のように示されている。「フェアなプレイを大切にしよ

うとするとは，単に決められたルールやマナーを守るだけではなく，練習やゲームで求められるフェアな行動を通して，相手や仲間を尊重するなどのフェアなプレイを大切にしようとすることを示している。そのため，ルールやマナーを大切にすることは，友情を深めたり連帯感を高めたりするなど，生涯にわたって運動を継続するための重要な要素となることを理解し，取り組めるようにする」。

【6】1 【中学校選択問題】 ① 空間 ② ゴール前 ③ ネット ④ 走塁 【高等学校選択問題】 ① 空間 ② ゴール前 ③ ネット ④ 走塁 2 【中学校・高等学校共通問題】A ウインドミル B スリングショット 3 (1) 5 (2) 7 (3) リエントリー (4) 9

○**解説**○ 1 【中学校選択問題】 ①「空間に走り込むなどの動き」とは，攻撃の際のボールを持たないときに，得点をねらってゴール前の空いている場所に走り込む動きや，守備の際に，シュートやパスをされないように，ボールを持っている相手をマークする動きのこと。② 中学校第1学年及び第2学年のゴール型の学習におけるねらいは，攻撃を重視し，空間に仲間と連携して走り込み，マークをかわして「ゴール前」での攻防を展開できるようにすることである。 ③「ネット型」とは，コート上でネットを挟んで相対し，身体や用具を操作してボールを空いている場所に返球し，一定の得点に早く到達することを競い合うゲームのこと。 ④「走塁」とは，塁間を走ることであり，中学校第1学年及び第2学年では，次の塁をねらって全力で塁を駆け抜けたり，打球の状況によって止まったりするなどのボールを持たないときの動きのこと。 【高等学校選択問題】 ①「空間を作りだすなどの動き」とは，攻撃の際は，味方から離れる動きや人のいない場所に移動する動きを示している。また，守備の際は，相手の動きに対して，相手をマークして守る動きと所定の空間をカバーして守る動きのこと。 ②「ゴール前への侵入などから攻防をする」とは，仲間と連携してゴール前の空間を使ったり，ゴール前の空間を作りだしたりして攻防を展開すること。 ③【中学校選択問題】の③の解説参照。 ④ 「走塁」とは，塁間を走ることであり，高等学校入学年次ではス

ピードを落とさずに円を描くように塁間を走り，打球や守備の状況に応じて次の塁への進塁をねらうなどのボールを持たないときの動きのこと。 2 【共通問題】 A 「ウインドミル」は，風車のように腕を大きく1回転させ，その遠心力を利用して投げる投法。 B 「スリングショット」は，時計の振り子のように腕を下から振り上げ，その反動を利用して前方に振り戻して投げる投法。 3 【共通問題】 (1) 投手が投球動作に入るときは，身体の前か横で両手で球を持ち，2秒以上5秒以内身体を完全に停止させなくてはならない。2秒以上5秒以内としているのは，身体の完全停止の徹底を図るためである。 (2) ソフトボールの正式試合は7回(7イニング)である。7回終了時点で同点の場合は，タイブレーカーによる延長戦を行う。また，3回15点，4回10点，5回以降7点以上の差が生じた場合はコールドゲームとなる。

(3) 1979年のISF(国際ソフトボール連盟)のルール改正により「リエントリー」(再出場)が採用され，スターティングプレーヤーはいったん試合から退いても，一度に限り再出場することが認められた。ただし，自己の元の打順を受け継いだプレイヤーと交代しなければならない。

(4) ソフトボールの試合におけるプレイヤーの人数は，野球と同じ9人である。ただし，DP(指名選手)を活用する場合は各チーム10人となる。

【7】(1) ア 24秒 イ ○ ウ ○ エ ロビング オ パッシブプレー (2) ① 2 ② 1 ③ 10 ④ 5 ⑤ 3 (3) ボールが最高点に達する少し前から助走を始め，ジャンプの最高点でボールをつかむ練習を行う。

○解説○ (1) ア バスケットボールのルールには様々な秒数制限が設けられているのでインターネット等で最新のルールを把握しておこう。 エ バドミントンの「ヘアピン」とは，ネット間際から相手のコート側のネット間際に落とすようにするショットのこと。 オ ハンドボールの「パッシブ(passive)」は「消極的な」，「受動的な」という意味の形容詞である。「オーバータイム」とは，4秒以上ボールを持ったまま静止した状態でいることで，これは反則となる。 (2) 「サービス」は一般にサーブと呼ぶことが多いが，意味は同じである。サービスは

名詞，サーブは動詞。問題文は第3学年のものだが，第1学年及び第2学年の同じ箇所でそれぞれ言い方がどう違うか，見比べておくとよい。
(3)　解答例はペアでの練習方法として有効である。一人が両手でボールを上方へ投げ上げ，もう一人が助走，ジャンプ，キャッチという流れになる。実際の授業では，バレーボールの経験者にコツを話してもらったり，見本を見せてもらったりするとよい。

【8】1　(1)　a　3秒より長くボールを保持する。　　b　ボールを持って4歩以上歩く。　　c　パッシングプレー(パッシブプレイ)
(2)　ディフェンスに隠れてうつシュート　　(3)　スローオフ
2　(1)　コート図

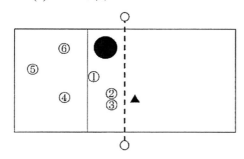

スパイク…強打のクロススパイクを打つ。
コート図

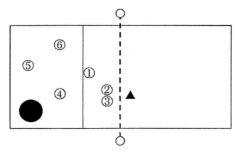

スパイク…軟打のストレートスパイクを打つ。

コート図

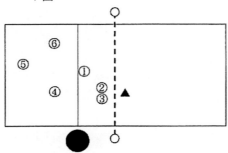

スパイク…ブロックアウトをとるため，強打のストレートスパイクを打つ。　　から2つ　　(2)　　・サービスは1回1本。　　・ブロックによる触球は回数に数えず，その後3回プレーできる。　　・同一チームの2人が同時にボールに触れたとき，2回ボールに触れたこととなり，その2人は連続してボールに触れることができない。　　・チーム第1球目の触球は1つの動作中であれば，体の2か所以上に連続して触れてもよい。　　・返球ボールがネットに触れた場合，ネットにかけたプレーヤーが続けてプレーしてはいけない。　　・ボールがネットに触れた場合でも，そのボールへの触球も含めて3回までの触球で返球しなければならない。　　・ブロックの場合に限り，相手コート内にあるボールにネットを越えて触れてもよい。　　・サービスしたボールは，ネット上を通過するときネットに触れてもよい。　　・バックプレーヤーは，ブロックに参加してはいけない。　　・センターラインを越えて相手コートに侵入してはいけない。　　・バックプレーヤーが，フロントゾーン内でネット上端よりも完全に高い位置にあるボールをヒットしてアタックヒットを行ってはいけない。　　から2つ

(3)　　・ボール全体がネット上端より高い位置にあるときに，リベロプレーヤーがアタックヒットを行ったとき。　　・リベロプレーヤーが，サービスを行ったとき。　　・リベロプレーヤーが，ブロック，またはブロックの試みを行ったとき。　　・リベロプレーヤーが，自チームのフロントゾーン内で指を使ったオーバーハンドパスで上げたボールがネット上端より完全に高い位置にあるときに，他の選手がアタックヒットを行ったとき。　　から3つ

○**解説**○ 1 (1) a　この3秒間には，ボールを床につけている状態も含める。　b　次の状況は1歩歩いたとみなされる。「両足を床につけて立っているプレーヤーがボールをキャッチした後，片足をあげて再びその足をおろしたとき，あるいは片足を他の場所へ移動させたとき。」「プレーヤーが片足だけを床につけていて，ボールをキャッチした後に他の足を床につけたとき。」「空中でボールをキャッチしたプレーヤーが片足で着地し，その後に同じ足でジャンプして着地するか，他の足を床につけたとき。」「空中でボールをキャッチしたプレーヤーが両足で同時に着地し，その後に片足をあげて再びその足をおろしたとき，あるいは片足を他の場所に移動させたとき。」　c　自チームのスローオフやフリースロー，スローイン，ゴールキーパースローの実施を繰り返し遅延することもパッシングプレーと見なされる。　(2)　ゴールキーパーから見たとき，ディフェンダーや間からボールが急に出てきたように打つシュートである。ゴールキーパーと自分の間にディフェンダーがいる状態で，ディフェンダーを目隠しとして利用し，シュートモーションをゴールキーパーに見せないようにする。　(3)　スローオフをするチームのうちの1人がボールを持ってセンターラインの中央に片足を置き，レフェリーによる笛から3秒以内にボールを投げる。ボールが手から離れるまでライン上の足は離してはいけない。味方チームの他プレーヤーはスローオフが行なわれるまではセンターラインよりも自チーム側のコートにいなければならない。　2 (1)　相手コートの空いている場所，ポイントにつながりやすいコースを解答すること。　(2)　6人制と9人制の大きなルールの違いは，サーブのルールである。6人制は1度しかサービスを打つことができないが，9人制は1度失敗してももう一度やり直しができる。また，6人制はボールがネットに当たっても相手コートに落ちればよいのに対し，9人制はネットにボールが触れた時点で失点になる。プレー以外のルールの違いも確認しておきたい。　(3)　リベロプレーヤーは守備専門の選手で，同じチームの他のプレーヤーとはっきりと異なる色のユニフォームを着用しなければならない。また，サービスやブロックをすることはできない。リベロプレーヤーがフロントゾーンで，オーバーハンドでパスしたボールを，他のプレーヤーがネットの上端より高い位置でアタッ

● 体育分野

クヒットすることはできないが，バックゾーンでパスしたボールなら
ばアタックヒットすることができる。

【9】問1　ア　J.ネイスミス　　イ　大森兵蔵　　ウ　ベルリン
問2　(1)　B　　(2)　A　　(3)　C　　問3　A, D, F　　問4　シング
ルスでは，ショットを打った後の相手のリターンに対してコートを一
人でカバーしなければならないので，オープンなスペースができやす
い。一方で，ダブルスでは，コートを二人でカバーすることができる
ので，オープンなスペースはできにくい。

問5

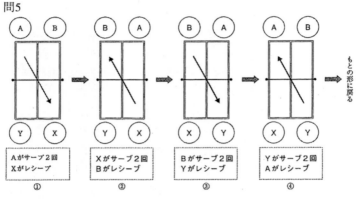

問6　ラケットを後ろから前ではなく，下から斜め上方へスイングして，
ボールに上回転をかけることを心がける。

○解説○　問1　バスケットボールの誕生当時は，現在ほど施設やルール
が整っておらず，木製の桃を入れる籠を体育館の手すりに2個ぶら下
げ，そこにボールを入れて点を取り合うという形だった。籠(basket)を
使用したということから「バスケットボール」という名称が付けられ，
日本語名でも「籠球」と表記される。　問2　ギブアンドゴーとは，
ボールを保持している選手が味方にパスを出し，その後走ってディフ
ェンスを振りきってもう一度パスを受けるプレイのことであり，パス
アンドランと同じ意味で使われる。インサイドスクリーンでは，ボー
ルを持った選手のディフェンスの進路に，壁を作り，ボールを持った
選手はドリブルで進みながら，ディフェンスを壁にひっかける感じで
引き離す。アウトサイドスクリーンでは，ボールを持っている選手に

144

向かって，味方が走り込み，ボールを持っている選手のギリギリ近く
を通過し，ボールを持っている選手を壁として，自分でディフェンス
を振り切る。すれ違い様に，ボールを持った選手は走り込んだ選手に
ボールを手渡す。　問3　B　ドライブクリアーとは，コートの後ろか
ら相手の頭を超えて，コートの奥まで低い軌道で打つ攻撃的なクリア
ーである。高さの目安は，腕を延ばされたりジャンプされるとさわら
れたりしてしまう，もしくはぎりぎりさわれないぐらいの高さである。
C　ドロップとは，主にコート後方から相手コートのネット近くにシ
ャトルを落とすショットのことである。スマッシュと同じフォームか
ら，遅く緩やかな打球を返す。　　E　ロブは，ドロップやカットでネ
ット近くに落とされたシャトルを，アンダーハンドストロークで相手
コートの奥深くまで大きく打ち返すショットである。自分の体勢を立
て直したい時や相手プレーヤーを後方へ追い込んで反撃のきっかけを
つかみたい時に有効なショットである。　　問4　シングルスはシング
ルスサイドライン内だけなのに対して，ダブルスはダブルスサイドラ
イン内，つまり全面を守らなければならないことになる。守備範囲が
広がるということは，それだけフットワークが重要になり，一人では
なく二人で戦うので，ぶつからないようにしなくてはならないなど，
シングルスでは気にしなくてよいことに気を遣わなくてはならない。
問5　ダブルスのサーブは，シングルス同様2本交代である。自分のペ
アのどちらかがサーブをしているとしたら，2本続けてサーブを出す
とサーブ権は相手ペアに移る。サーブ，レシーブ共に2本ずつ交代に
なる。ダブルスもシングルス同様，ゲームごとにチェンジコートをす
るが，その際は打球する順番も変わる。1ゲーム目と同じように，サ
ーブ権を持っているペアはどちらが最初にサーブをするか決めるが，
ここでポイントとなるのは，レシーバー側は，ひとつ前のゲームでそ
のサーバーのサーブを受けていた選手ではなく，もう1人の選手がレ
シーバーになるということである。　　問6　力を加減して低く短いボ
ールを入れることや，ラケットの面をフラットにすることや下向きに
傾けるといった助言も考えられる。

【10】 オ

○**解説**○ ①③については，オフサイドとなり，相手チームに間接フリー
キックが与えられる。

【11】 問1　⑥　　問2　②　　問3　①　　問4　②　　問5　①
問6　③　　問7　②　　問8　①

○**解説**○ 問1　正しくは(ア)110m(120ヤード)，(エ)5cm，(オ)30cmである。
問2　正しくは(ア)男の子にも女の子，(ウ)情緒である。　問3　パッシ
ブプレイとは，競技遅延になる消極的なプレイのことである。勝利を
目前にしたチームが，攻めないでタイムアップに持ち込もうとしたり，
競技の途中でも，ディフェンスから離れて無意味なパスをしたりして
いる状態のことである。　問4　正しくは(エ)そのセット，(カ)反則し
ていないチームに1点と次のサーブである。　問5　センターライン，
サンターサークル，スリーポイントラインなども確認しておきたい。
問6　バドミントンの競技ルールとコートサイズなども確認しておき
たい。　問7　最初にサービスかレシーブあるいはエンドを選択する
権利は，くじ(拳)によって決める。くじ(拳)の勝者は，最初にサービス
を行うか，レシーブするか，またはどちらのエンドで開始するかを選
択する。一方の競技者又は組がサービスか，レシーブか，どちらかの
エンドを選択した場合，相手競技者または組はそれ以外を選択できる。
問8　タイブレークに入る前のゲームでサーブをしていたプレイヤー
がタイブレークでのレシーバーになる。

【12】 1　⑤　　2　②　　3　⑧

○**解説**○ 球技の技能の指導内容は，ボール操作とボールを持たないとき
の動きに分けて示されている。球技は，「ア　ゴール型」，「イ　ネッ
ト型」及び「ウ　ベースボール型」で構成され，その取り扱う運動種
目は，ゴール型についてはバスケットボール，ハンドボール，サッカ
ー，ラグビーの中から，ネット型についてはバレーボール，卓球，テ
ニス，バドミントンの中から，ベースボール型についてはソフトボー
ルを適宜取り上げることとしている。そのため，入学年次においては
三つの型の中から二つの型を，その次の年次以降においては三つの型

の中から一つの型を選択して履修できるようにすることとしている。

【13】1 ① 5 ② 3 ③ 8 2 (1) スクリーン (2) ハンドボール，サッカー

○**解説**○ 1 ① ボールを保持した選手が，パスもドリブルもシュートもしないで，5秒以上ボールを持ち続けた場合はバイオレーションとなる。ただし，このボール保持に関わる5秒ルールは，ディフェンスが積極的にマークしてボール保持者の1m以内にいるときに発生し，近くにディフェンスがいない場合は適用外である。 ② ゴール付近にある長方形に囲まれて色が塗られているエリアを制限区域(ペイントエリア)といい，オフェンス側のプレイヤーはこの制限区域内に3秒を超えてとどまることはできない。3秒以上とどまった場合はバイオレーションとなる。 ③ 8秒ルールは，ボールを取りオフェンスとなった瞬間から8秒以内にバックコート(自チームのゴールがあるコート)からフロントコート(相手チームのゴールがあるコート)へボールを運ばなければならないルールで，バックコートのみでパスを回して8秒経過したらバイオレーションとなる。 2 (1) 「スクリーン」とは「ついたて」の意味があり，スクリーンプレイは，スクリーナーが相手ディフェンスの進む方向に「ついたて」となって立ち，ディフェンスの邪魔をするプレイを意味する。図は，ボール保持者がドリブルをして味方に近づき，手渡しパスをした後にスクリーンになるプレイである。(2) 相手コートに侵入して攻防を楽しむ「ゴール型」は，中学校ではバスケットボール，ハンドボール，サッカーを適宜取り上げることとしている。なお，高等学校ではこれらにラグビーが加わる。

【14】(1) ① 場所(エリア，スペース，位置，コート，コート内) ② 得点(点数，スコア，ポイント) (2) ① サイドバイサイド ② 二人の間に打たれた打球をどちらが返球するのか役割を事前に決めておくこと

○**解説**○ (1) ①・② ネット型とは，ネットで区切られたコートの中で攻防を組み立て，空いているスペースへ返球し合い，一定の得点に早く達することを競い合うことを課題とするゲームである。

● 体育分野

(2)　①　サイドバイサイドとは，左右に位置して，コートの右と左を分担する陣形のことである。一方，前後に位置してコートの前と後ろを分担する陣形はトップアンドバックである。　②　サイドバイサイドの短所は，二人の間に打たれることやコートの前後に打たれることで，その対策が解答例に示されていることである。また，味方の動きに合わせてコート上の空いている場所をカバーし合うことも大切である。

【15】②

○**解説**○　フォルトの条件は第1項～第5項まで示されている。第2項は3項目，第3項は9項目，第4項は5項目ある。すべて理解しておくこと。レットやサービス，エンドの交代などについても確認しておくこと。

【16】1　①　　2　③

○**解説**○　サービスは2本交替で試合が進み，10－10以降は1本交替となる。相手が構えていない時に出すとレット(やり直し)，ボールをトスしたが空振りするとサーブミスで1失点となる。

【17】(1)　②　　(2)　②

○**解説**○　(1)　問題文は，学習指導要領解説，中学校第1学年及び第2学年の運動に関するA体つくり運動からGダンスの各領域の「(1)知識及び技能」に，共通に示されている内容である。知識及び技能の知識の指導内容は，具体的な知識と汎用的な知識を関連させて理解できるように，技の名称や行い方，体の動かし方や用具の操作方法などの具体的な知識と，関連して高まる体力や運動観察の方法，運動の実践や生涯スポーツにつながる概念や法則などの汎用的な知識で示されている。
(2)　問題文は，中学校第3学年及び高等学校入学年次の運動に関するB器械運動からGダンスの各領域の「(1)知識及び技能」に，共通に示されている内容である。ただし，F武道は「見取り稽古の仕方」と表記されている。運動観察の方法には，自己観察や他者観察の方法があること，観察により学習課題が明確になり，学習成果を高められることを理解できるようにする。

148

【18】(1)　エ　　(2)　イ　　(3)　ウ

○**解説**○ (1)　ゲーム形式で行う全体練習に対して，パス練習やシュート練習などの技術を個別に練習する方法が「部分練習」である。

(2)「状況に応じて仲間と連動する」とは，ゲーム中に生じる味方の状況の変化に応じて，次のプレイが行いやすい仲間にボールをつないだり，空いた場所に移動してボール操作や安定した用具の操作をしたりすること。　(3)　入学年次では「安定したバット操作」，その次の年次以降では「状況に応じたバット操作」と示されている。「状況に応じたバット操作」とは，安定したバット操作に加えて投球の高さやコースの変化，走者の位置などに対応して，ヒットの出やすい空いた場所などにボールを打ち返したりバントをしたりするバット操作のこと。

【19】(2)

○**解説**○ キーパーは，ゴールエリアの外側の床に止まっている，あるいは転がっているボールに触れることはできない。また，ゴールエリアからボールを持った状態でプレーイングエリアに出ることはできない。プレーイングエリアにあるボールを持ってゴールエリアに再び入ることも禁止である。

【20】問1　ア　　問2　エ　　問3　ドリブルを禁止する。

○**解説**○ 問1　3秒ルールとは，攻撃側の選手が相手チームのバスケット下の制限区域内に3秒以上とどまってはいけないというルールである。片足が入っているだけでもバイオレーション(ファウル以外の禁止されている行為)になる。　問2　体を使って相手選手の進路に横から入る，または，ぶつかっていった場合に取られるファウルがチャージングである。ディフェンスが立っているところにオフェンスが無理に突っ込んだ場合もチャージングとなる。　問3　パスを出した後に次のパスを受ける動きを学ぶ本時においては，ドリブルの上手な生徒がボールを保持し続けること，つまりドリブルを禁止することが有効な工夫といえる。加えて，この生徒には，チームプレーの大切さ，みんなでプレーすることの楽しさを理解させたい。

【1】次の文章は「学校体育実技指導資料　第4集」「水泳指導の手引(三訂版)文部科学省　平成26年3月」の「第3章　技能指導の要点」「第3節　泳法指導の要点」「2　平泳ぎ」「【要　点】(1)　脚の動作」から抜粋したものです。文中の(　①　)～(　⑤　)に適する語句を，以下の語群のア～コの中から選び，記号で答えなさい。

> ○　両足先をそろえて伸ばした状態から，両(　①　)を引き寄せながら肩の幅に開き(この時，足首はまだリラックス)，同時に足の(　②　)を上向きにして(　③　)を尻の方へ引き寄せる。
>
> ○　けり始めは，親指を(　④　)向きにし，土踏まずを中心とした足の(　②　)で水を左右後方に押し出し(この時，足先をしっかり(　④　)向きに保つ)，膝が伸びきらないうちに両脚で水を押し挟み，最後は両脚を揃えてける。(この時，足首もしっかり伸ばして揃える。足(　②　)が上向き。)
>
> ○　けり終わったら，(　⑤　)を利用してしばらく伸びをとる。)

〔語群〕

ア	内	イ	惰力	ウ	膝	エ	足首	オ	甲	カ	重力
キ	踵	ク	小指	ケ	裏	コ	外				

| 2024年度 | 名古屋市 | 難易度 ■■□□□ |

【2】次の文章は，「中学校学習指導要領(平成29年告示)解説　保健体育編(平成29年7月　文部科学省)　第2章　保健体育科の目標及び内容　第2節　各分野の目標及び内容　〔体育分野〕　2　内容　D　水泳[第1学年及び第2学年]　(1)　知識及び技能」の一部である。(　ア　)～(　オ　)に当てはまる語句の組合せとして正しいものを，以下の①～⑥の中から一つ選べ。

> (1)　次の運動について，(　ア　)の向上や(　イ　)の楽しさや喜びを味わい，水泳の(　ウ　)や成り立ち，技術の(　エ　)や行い方，その運動に関連して高まる(　オ　)などを理解するとと

もに，泳法を身に付けること。

①	ア	記録	イ	競争	ウ	特性	エ	名称	オ 技能
②	ア	記録	イ	競争	ウ	特性	エ	名称	オ 体力
③	ア	体力	イ	競技	ウ	特性	エ	名称	オ 技能
④	ア	体力	イ	競技	ウ	技能	エ	呼称	オ 体力
⑤	ア	記録	イ	運動	ウ	技能	エ	呼称	オ 技術
⑥	ア	体力	イ	運動	ウ	技能	エ	呼称	オ 技術

‖ 2024年度 ‖ 岐阜県 ‖ 難易度 ■■■□□□

【3】次の文章は，「中学校学習指導要領解説　保健体育編」(平成29年7月)及び「高等学校学習指導要領解説　保健体育編　体育編」(平成30年7月)の第2章　保健体育科の目標及び内容　第2節　各分野*の目標及び内容　から，「水泳」について，中学校第3学年と高等学校入学年次で共通する部分を抜粋したものである。以下の各問いに答えなさい。
＊　高等学校は「各科目」

(1)　知識及び技能
　水泳について，次の事項を身に付けることができるよう指導する。

(1)　次の運動について，記録の向上や競争の楽しさや喜びを味わい，技術の名称や行い方，体力の高め方，A運動観察の方法などを理解するとともに，効率的に泳ぐこと。
ア　クロールでは，手と足の動き，呼吸のバランスを保ち，安定したペースで長く泳いだり速く泳いだりすること。
イ　平泳ぎでは，手と足の動き，呼吸のバランスを保ち，安定したペースで長く泳いだり速く泳いだりすること。
ウ　背泳ぎでは，手と足の動き，呼吸のバランスを保ち，安定したペースで泳ぐこと。
エ　バタフライでは，手と足の動き，呼吸のバランスを

● 体育分野

　　　　　保ち，安定したペースで泳ぐこと。
　　　オ　複数の泳法で泳ぐこと，又は_Bリレーをすること。

(1)　下線部Aには，自己観察と他者観察の方法があるが，それぞれの方法について具体例を1つずつ答えなさい。

(2)　次の①〜④の文は，下線部Bの指導について説明したものである。正しいものには○，誤っているものには×としてそれぞれ答えなさい。

①　スタートについては，必ず水中から行わなければならない。

②　リレーにおける引継ぎの際，安全面に留意していれば，背泳ぎ以外は壁のタッチと同時に飛び込んでもよい。

③　複数の泳法で泳ぐ場合の距離は100m程度を目安とし，リレーの距離はチームで400m程度を目安とする。

④　ターンの際は，すべての泳法においてクイックターンをしなければいけない。

▌2024年度 ▌京都府 ▌難易度■■■■□□

【4】次の表は，「学校体育実技指導資料　第4集　水泳指導の手引(三訂版)」(平成26年3月　文部科学省)における「第3章　技能指導の要点」「第3節　泳法指導の要点」の各段階に応じた動きのポイント(例)の一部である。表中の(①)〜(⑤)にあてはまる最も適切な語句を，以下のア〜コの中からそれぞれ一つずつ選び，記号で答えなさい。

表

		中学校1、2年	中学校3年以降
		動きの質を高める段階1	動きの質を高める段階2
クロール	基本姿勢	ローリング動作	(③)ローリング
	キック	強いキック（強弱）	足首をしなやかに
	プル	S字プル（ハイエルボー）	リラックスした(④)動作 加速しながらのプル動作
	呼吸	キックとプルとの(①)	呼吸方向，動きを小さく
平泳ぎ	基本姿勢	より長く伸びる姿勢	さらに伸びる姿勢
	キック	より多くの推進力を得る	膝の開きを抑え，抵抗を減らす
	プル	(②)	強弱をつけてかく 素早いかき込みと(④)
	呼吸	プルとの(①)	(⑤)低い呼吸

ア　上下動を抑えた　　　イ　小さな　　　ウ　ハート型

152

エ　逆ハート型　　　オ　セパレート　　カ　リカバリー
キ　ストリームライン　ク　調和　　　　ケ　回転
コ　より大きな

2024年度 ┃ 山形県 ┃ 難易度

【5】水泳について，次の問に答えよ。
　問1　クロールにおいて，キックとストロークのコンビネーションを高める必要がある生徒に対する有効な指導方法を一つ説明せよ。
　問2　クロールにおいて，呼吸法が身についていない生徒に対する有効な指導方法を一つ説明せよ。

2024年度 ┃ 島根県 ┃ 難易度

【6】「水泳」について，問1，問2に答えなさい。
　問1　高等学校学習指導要領解説(保健体育編)(平成30年7月)における入学年次の「水泳」の学びに向かう力，人間性等の例示として，誤っているものを選びなさい。
　ア　水泳の学習に自主的に取り組もうとすること。
　イ　勝敗などを冷静に受け止め，ルールやマナーを大切にしようとすること。
　ウ　仲間と互いに合意した役割について自己の責任を果たそうとすること。
　エ　一人一人の違いに応じた課題や挑戦を大切にしようとすること。
　オ　課題解決の過程を踏まえて，自己や仲間の新たな課題を発見すること。
　問2　次の文は，「水泳指導の手引(三訂版)」における「クロールの腕の動作」について述べたものである。正しいものの組合せを選びなさい。
　①　左右の腕は，一方の手先が水中に入る掛合，他方の腕は肩の下までかき進める。
　②　手先を水中に入れる場合，手の甲を斜め外向き(45°程度)にし，頭の前方，肩の線上に入れる。

● 体育分野

③ 入水後，腕を伸ばし，手のひらを平らにして水を押さえ，水面下30cm程度まで押さえたら腕を曲げ，手のひらを後方に向けかき始める。
④ 手先が太ももに触れる程度まで，手のひらと前腕で体の下をかき進める。
⑤ 腕は，肘から水面上に抜き上げて肩の力を抜き，手先は水面上を一直線に前方へ運ぶように戻す。

ア ①②③　イ ①②⑤　ウ ①③④　エ ②④⑤
オ ③④⑤

┃ 2024年度 ┃ 北海道・札幌市 ┃ 難易度 ■■■□□

【7】次の文は，学校体育実技指導資料　第4集「水泳指導の手引(三訂版)」(平成26年3月　文部科学省)「第3章　技能指導の要点」「第3節　泳法指導の要点」「1　クロール」に示されている内容である。文中の[　ア　]～[　ウ　]に当てはまることばをa～fから選び，その記号を書きなさい。

---

(2) 腕の動作(「プル」という。以下同じ。)
① 左右の腕は，一方の手先が水中に入る場合，他方の腕は肩の下までかき進める。
② 手先を水中に入れる場合，手のひらを[　ア　](45°程度)にし，頭の前方，肩の線上に入れる。
③ 入水後，腕を伸ばし，手のひらを平らにして水を押さえ，水面下30cm程度まで押さえたら腕を曲げ，手のひらを[　イ　]に向けかき始める。
④ 手先が[　ウ　]に触れる程度まで，手のひらと前腕で体の下をかき進める。
⑤ 腕は，肘から水面上に抜き上げて手首の力を抜き，手先は水面上を一直線に前方へ運ぶように戻す。

---

a 腰　　b 斜め外向き　　c 太もも　　d 斜め内向き　　e 前方
f 後方

┃ 2024年度 ┃ 福島県 ┃ 難易度 ■■■□□

【8】水泳について，次のそれぞれの問いに答えなさい。

問1　次の記述は，「中学校学習指導要領(平成29年告示)」の中で，第7節保健体育〔体育分野〕[第1学年及び第2学年]の内容について示されているものの一部である。空欄[　ア　]，[　イ　]に当てはまるものの組合せとして最も適切なものを，以下の①～④のうちから選びなさい。

2　内　容
　　～中略～
D　水　泳
　　水泳について，次の事項を身に付けることができるよう指導する。
(1)　次の運動について，記録の向上や競争の楽しさや喜びを味わい，水泳の特性や成り立ち，技術の名称や行い方，その運動に関連して高まる体力などを理解するとともに，泳法を身に付けること。
　　ア　クロールでは，手と足の動き，呼吸のバランスをとり[　ア　]泳ぐこと。
　　イ　平泳ぎでは，手と足の動き，呼吸のバランスをとり[　イ　]泳ぐこと。

---

①　ア　速く　　イ　長く
②　ア　速く　　イ　速く
③　ア　長く　　イ　速く
④　ア　長く　　イ　長く

問2　次の記述は，「中学校学習指導要領(平成29年告示)解説　保健体育編」の中で，水泳[第1学年及び第2学年]の知識及び技能について示されているものの一部である。[　1　]，[　2　]に当てはまるものとして最も適切なものを，それぞれの語群の①～④のうちから選びなさい。

○　技能
　　～中略～

● 体育分野

> [泳法]
> ～中略～
>   エ　バタフライ
>   バランスをとり泳ぐとは，リラックスした[　1　]の姿勢で，手と足の動作と，呼吸動作のタイミングを合わせて泳ぐことである。
> ～中略～
>   [スタート及びターン]
>   各泳法において，スタート及びターンは，続けて長く泳いだり，速く泳いだりする上で，重要な技能の一部であることから，内容の取扱いにおいて，「泳法との関連において水中からのスタート及びターンを取り上げる」こととしている。これは，スタートについては，[　2　]が重要となることから，「水中からのスタート」を取り上げることとしたものである。

[　1　]の語群
①　ストリームライン　　②　だるま浮き　　③　背浮き
④　伏し浮き
[　2　]の語群
①　瞬発力　　②　安全の確保　　③　確実な飛び出し
④　不正スタートの予防

問3　次の記述は，「中学校学習指導要領(平成29年告示)解説　保健体育編」の中で，水泳[第3学年]の知識及び技能について示されているものの一部である。[　1　]，[　2　]に当てはまるものとして最も適切なものを，それぞれの語群の①～④のうちから選びなさい。

> ○　技能
> ～中略～
>   [泳法]
> ～中略～
>   イ　平泳ぎ

手と足の動き，呼吸のバランスを保ちとは，プルとキックのタイミングに合わせて呼吸1回ごとに[　1　]のある泳ぎをすることである。

〜中略〜

　オ　複数の泳法で泳ぐこと，又はリレーをすること

〜中略〜

リレーをするとは，[　2　]的なリレー種目として，単一の泳法や複数の泳法を使ってチームで競い合うことである。

[　1　]の語群
①　大きな伸び　　②　メリハリ　　③　連続性　　④　力強さ
[　2　]の語群
①　協同　　②　集団　　③　競泳　　④　実践

2024年度　神奈川県・横浜市・川崎市・相模原市　難易度

【9】次の文章は，背泳ぎのストロークにおける各局面の動きについて説明したものである。文中の[　a　]から[　c　]にあてはまる語句の組み合わせとして最も適当なものを，以下の①から⑥までの中から一つ選び，記号で答えよ。(「ワンダフルスポーツ2021-2023」(新学社)より)

エントリー：　肩の延長線上，進行方向にまっすぐ[　a　]入水する。
グライド　：　手の平に体重を乗せるように前方に伸ばす。
キャッチ　：　ひじを曲げて[　b　]水をとらえる。
プル　　　：　ひじを高い位置に保ち，曲げながら肩のあたりまでかく。
プッシュ　：　ひじを[　c　]，水を後方に押す。

①　a　親指から　　b　手の平で　　c　曲げたまま
②　a　親指から　　b　腕全体で　　c　曲げながら
③　a　中指から　　b　なでるように　c　曲げながら
④　a　中指から　　b　手の平で　　c　曲げたまま

⑤　a　小指から　　　b　なでるように　　　c　伸ばしながら
⑥　a　小指から　　　b　腕全体で　　　　　c　伸ばしながら

‖ 2024年度 ‖ 沖縄県 ‖ 難易度 ■■■□□

【10】水泳について，次の各問いに答えよ。

1　次の文は，平成29年告示の中学校学習指導要領「保健体育〔体育
　分野　第3学年〕」の「2内容」の一部である。（　①　）～（　③　）に
　当てはまる語句を書け。なお，同じ番号には同じ語句が入るものと
　する。

> ア　クロールでは，（　①　）の動き，（　②　）を保ち，安定し
> 　たペースで長く泳いだり速く泳いだりすること。
> イ　平泳ぎでは，（　①　）の動き，（　②　）を保ち，安定した
> 　ペースで長く泳いだり速く泳いだりすること。
> オ　複数の泳法で泳ぐこと，又は(　③　)をすること。

2　次の図のような背浮きの状態での泳ぎ方をカタカナで書け。

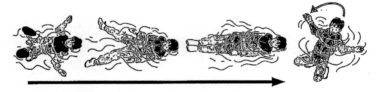

3　水泳の事故防止について，次の文の内容が正しければ○を，誤っ
　ていれば×をそれぞれ書け。
　(1)　プール利用期間前に，排(環)水口の蓋の設置の有無を確認し，
　　蓋がない場合及び固定されていない場合は，早急に固定するなど
　　の改善を図る必要がある。
　(2)　学習指導要領及び同解説において，中学校第1学年及び第2学年
　　までは，飛び込みによるスタート指導は行わず，水中からのスタ
　　ートを指導することとされている。
　(3)　バディシステムは，二人一組をつくり，互いに相手の安全を確
　　かめさせる方法で，事故防止のみならず，学習効果を高めるため
　　の手段としても効果的な方法である。

‖ 2024年度 ‖ 岡山市 ‖ 難易度 ■■■■■

【11】「水泳」について，次の問1，問2に答えなさい。

問1　平泳ぎに関する説明として正しいものを，次の1～4のうちから1つ選びなさい。

1　ストロークにおいて，体の外側へのスカーリングは素早く，その後の内側へのスカーリングはゆっくり行う。

2　グライドの際には，手先を少し下げることにより，重力と浮力のバランスがとれて浮きやすい姿勢となる。

3　公式のレースに出場するためには，あおり足の技術を身に付けることが必要である。

4　キックで膝を曲げる際，腹部と大腿部の角度が60度になるように膝を引き寄せる。

問2　クロールに関する説明として誤りを含むものを，次の1～4のうちから1つ選びなさい。

1　ストロークにおいて，手を入水したらすぐに水をかくのではなく，グライドの局面を作る。

2　腕で水をかき終えた際に息を吸う。

3　体のローリング動作が行われることにより，ストロークでS字が描かれる。

4　スタートやターンのあと10mまでは水没してよいが，それ以外は体の一部が水面上に出ていなければならない。

| 2024年度 | 宮城県・仙台市 | 難易度

【12】水泳について，次の(1)，(2)の各問いに答よ。

(1)　次の文は，中学校学習指導要領解説保健体育編(平成29年7月)に示されている内容の取扱いについての抜粋である。

文中の(①)～(⑤)に入る適切な語句を以下の語群から選び，それぞれ記号で答えよ。

水泳では，(①)などの適切なグループのつくり方を工夫したり，見学の場合も，状況によっては，(②)の確保や練習に対する(③)として参加させたりするなどの配慮をするようにする。また，水泳の学習は気候条件に影響を受けやすいため，教室での学習としてICTを活用して泳法を確かめたり，

課題を検討したりする学習や，保健分野の(④)と関連させた学習などを取り入れるなどの(⑤)を工夫することが大切である。

語群

1　自然災害　　2　ティーム・ティーチング　　3　安全

4　補助者　　　5　バディシステム　　　　　　6　単元目標

7　指導計画　　8　協力者　　　　　　　　　　9　心身の健康

10　応急手当

(2)　クロールにおいて，ローリングが不十分で呼吸ができない生徒への効果的な指導方法について具体的に述べよ。

▐ 2024年度 ▐ 山口県 ▐ 難易度 ▐■■■■■□

【13】水泳について，次の(1)，(2)の各問いに答えよ。

(1)　次の文は，高等学校学習指導要領解説保健体育編・体育編(平成30年7月)に示されている内容の取扱いについての抜粋である。文中の(①)～(④)に入る適切な語句を以下の語群から選び，それぞれ記号で答えよ。

　　水泳では，(①)などを適切に活用し，安全かつ効率的に学習を進めることが大切であり見学の場合も，状況によっては，(②)の確保や練習に対する協力者として参加させたりするなどの配慮をすること。また，水泳の学習は気候条件に影響を受けやすいため，教室での学習として視聴覚教材で動きを確かめたり，課題を検討したりする学習や，「保健」の(③)と関連させた学習などを取り入れるなどの(④)を工夫することが大切である。

語群

1　自然災害　　　　2　ティーム・ティーチング

3　安全　　　　　　4　バディシステム

5　単元目標　　　　6　指導計画

7　心身の健康　　　8　応急手当

160

(2) クロールにおいて，ローリングが不十分で呼吸ができない生徒への効果的な指導方法について具体的に述べよ。

| 2024年度 | 山口県 | 難易度 ■■■■■ |

【14】次の文章は，「学校体育実技指導資料　第4集　水泳指導の手引(三訂版)　平成26年3月(文部科学省)　第4章　水泳指導と安全　第1節　水泳指導の安全管理」の一部抜粋である。文章中の(ア)〜(エ)にあてはまる最も適当な語句を，以下の①〜④のうちからそれぞれ一つずつ選びなさい。

1　児童生徒の健康管理

ー　(中略)　ー

(1)　定期健康診断の結果の活用

　毎学年，6月30日までに実施される定期健康診断の結果を，水泳の可・不可の決定に当たって，学校医との連携のもとに十分活用することが重要です。定期健康診断で発見された病気のうち，水泳を行うことによって悪化すると思われるもの及び他の児童生徒に感染させる恐れのあるものについては，事前に治療等を受けさせたり，不可の際の指導内容を検討しておくことが大切です。

　なお，定期健康診断を実施してから，水泳実施の時期までに期間がある場合は，その間に(ア)健康診断を実施することも考えられます。

(2)　健康情報の活用

　指導者は，健康管理上注意を必要とする者に対して，医師による検査，診断によって水泳が可であることを確かめておく必要があります。このため，児童生徒の健康状態について(イ)に観察することが大切です。

ー　(略)　ー

2　注意を要する児童生徒への対応

　水泳を実施するのに注意が必要な児童生徒，あるいは，禁止させる児童生徒については，医師等の診断結果を(ウ)，関係者の総合的な判断によって決定するとともに，その取扱い方を

明確にしておくことが大切です。

　健康診断の結果，ある条件のもとに水泳の実施が可能と判定された児童生徒の取扱いには，その病状に応じた運動の質と量等を十分に配慮しなければなりません。

　また，指導に当たっては，学校医等との連携を図るとともに，保護者や本人と十分話し合う必要があります。下記の疾病等に該当した児童生徒のうち，治療によって水泳指導までに完治する者や条件を付ければ参加できる者については，健康相談を通して，治療の勧告や水泳に参加するときの注意事項などをそれぞれに応じて指導しておくことが大切です。

　　　　　　　　　　　―　（略）　―

---

(1)　（　エ　），腎臓病の者(特に専門医の判断を要する。)

　　　　　　　　　　―　（中略）　―

(2)　呼吸器疾患の者(気管支炎，肋膜炎，肺結核性疾患など。ただし，喘息は除く。)

(3)　その他急性中耳炎，急性外耳炎の者

(4)　病気直後，手術直後の者

(5)　過去に意識障害を起こしたことのある者

(6)　アトピー性皮膚炎の者

(7)　その他，プールを介して他人に感染させる恐れのある疾病にり患している者

【解答群】

ア　①　緊急の　　　②　臨時の　　　③　学校医による
　　④　継続的な

イ　①　客観的　　　②　多面的　　　③　積極的
　　④　具体的

ウ　①　最優先とし　②　参考とし　　③　勘案し
　　④　尊重し

エ　①　高血圧　　　②　肝臓病　　　③　心臓病
　　④　低血圧

【15】次の文は，『水泳指導の手引(三訂版)』(平成26年3月文部科学省)「第4章　水泳指導と安全　第3節　施設・設備の安全管理　3　プールの水温及び水質管理　(2)水質の管理　③　水の消毒」について説明している。文中の(　1　)～(　5　)に入る数字を答えなさい。

　　遊離残留塩素濃度は，プールの対角線上におけるほぼ等間隔の位置3か所以上の水面下20cm及び循環ろ過装置の取水口付近の水について測定し，すべての点で(　1　)mg/L以上であること。また，(　2　)mg/L以下であることが望ましい。

　　Ph値(水素イオン濃度)は，(　3　)以上(　4　)以下，濁度は(　5　)度以下であることと定められている。

2024年度 ▍ 長野県 ▍ 難易度 ■■■■□

解答・解説

【1】①　ウ　　②　ケ　　③　キ　　④　コ　　⑤　イ
○**解説**○　水泳の泳法については，詳細に問われることが多い。平泳ぎだけでなく他の泳法についても確認しておくこと。学校体育実技指導資料は，どの領域，種目にも必ず目を通しておくこと。

【2】②
○**解説**○　水泳は，記録や競争という用語が陸上競技と似ているのが特徴である。また，技術の名称に，プル，キック，ストローク，ローリングなどがあることを把握しておきたい。

【3】(1)　自己観察…ICTを活用して自己のフォームの観察。　　他者観察…バディシステムなどで仲間の動きを観察。　　(2)　①　○　②　×　③　×　④　×
○**解説**○　(1)　ICTの活用では，プールサイドから撮影する方法と，防水カバーを装着して水中で撮影する方法が考えられる。また，バディシステムは安全を確かめ合うことだけが目的ではなく，互いに進歩の様

子を確かめ合ったり，欠点を矯正する手助けとしたりすることもねらいとしている。さらに，互いに助け合ったり，人間関係を深め合ったりすることもねらいとしているので，その組合せには十分な配慮が必要である。指導のねらいに応じて，泳力が同じくらいの者，熟練者と初心者などの組合せを工夫することが大切である。　(2)　②　リレーの引き継ぎの際に，前の競技者が壁にタッチする前に次の競技者の足がスタート台を離れた場合は失格となる。　③　複数の泳法で泳ぐ場合の距離は25〜50m程度を目安とし，リレーの距離はチームで100〜200m程度を目安とする。　④　クイックターンをしなければならないという規定はない。クロールと背泳ぎに関しては，体の一部が壁につけばよいのでクイックターンができるが，平泳ぎとバタフライでは，両手でのタッチが求められるのでクイックターンはできない。

【4】①　ク　　②　エ　　③　コ　　④　カ　　⑤　ア
○解説○　水泳の泳法指導では，児童生徒の発達の段階に応じて，小学校高学年を「動きを獲得する段階」，中学校第1学年及び第2学年を「動きの質を高める段階1」，中学校第3学年以降を「動きの質を高める段階2」と捉えている。各泳法とも「動きを獲得する段階」においては，基本姿勢をできるだけ崩さず「脚の動作」「腕の動作」「呼吸法(動作)」を身につけ，その泳法の「一連の動作(コンビネーション)」を学習する。ある程度「一連の動作」が身に付いたら「動きの質を高める段階」として，より効率的な動作(抵抗を軽減し推進力を増すことや無駄な動きを減らし疲労を抑えること等)を目指し指導を行う。

【5】問1　片手にビート板を持って，同じ腕で連続してストロークを行う。それから，ビート板を途中で持ち替えて，反対の腕でもストロークを行う。　問2　二人組になり，片手を支えてもらって練習する。顔を上げるときに顎が上がらないようにする。また，足が下がらないように注意する。
○解説○　問1　一定のリズムでキックとプルを行うようにする。
問2　ばた足をしながら，片手ずつかくように行う。慣れてきたら，両手を揃えている時間を短くし，次の手と入れ替えてかき始める。

【6】問1　オ　　　問2　ウ

○**解説**○　問1　オについては，その次の年次以降の「思考力，判断力，表現力等」の内容である。　　問2　②は「手の甲」が間違いで，正しくは「手のひら」である。また，⑤は「肩の力を抜き」が間違いで，正しくは「手首の力を抜き」である。

【7】ア　b　　　イ　f　　　ウ　c

○**解説**○　ア　プル(ストローク)における入水のことをエントリーという。エントリーする位置は肩の延長線上で，手のひらを斜め外向きにし，親指から入水する。手のひらの角度は水面から45度程度で，手首は曲げずに，指の間は少しだけ間隔を開ける。　　イ　エントリーをしたら，グライドでまっすぐに腕を伸ばし，キャッチで水をしっかり手でつかむイメージで下に30cm程度押さえて後方へかくための準備をしたら，プルで手のひらを後方に向けて水をかく。　　ウ　プルで水をかいたら，最後はプッシュで手を太ももにかけて水を後ろに押し出すようにかく。プッシュを終えたら，リカバリーで上方向に肘をあげるようにして水から抜いて，腕をエントリー位置までもっていく。

【8】問1　①　　　問2　1　④　　　2　②　　　問3　1　①　　　2　③

○**解説**○　問1　クロールで速く泳ぐためには，大きな推進力を得るための力強い手の動きと，安定した推進力を得るための力強い足の動き，ローリングを利用した呼吸動作で泳ぐ。平泳ぎで長く泳ぐためには，余分な力を抜き，大きな推進力を得るための手の動きと安定した推進力を得るための足の動き，その動きに合わせた呼吸動作で，バランスを保ち泳ぐ。背泳ぎとバタフライについても確認しておくこと。
問2　1　バタフライの距離を，25〜50m程度を目安とするが，生徒の体力や技能の程度などに応じて弾力的に扱う。　　2　水中からのスタートとは，水中でプールの壁を蹴り，抵抗の少ない流線型の姿勢で，浮き上がりのためのキックを用いて，速い速度で泳ぎ始めることができるようにすることである。　　問3　1　プルのかき終わりに合わせて顔を水面上に出して呼吸を行い，キックの蹴り終わりに合わせて伸び(グライド)をとり，1回のストロークで大きく進むことができるよう指

導する。第3学年の，クロール，背泳ぎ，バタフライについても確認し覚えること。　2　「リレーを行う場合は，水中からのスタートとの関連から，引継ぎは水中で行わせるようにする。また，複数の泳法で泳ぐ場合の距離は25〜50m程度を目安とし，リレーの距離はチームで100〜200m程度を目安とするが，生徒の体力や技能の程度などに応じて弾力的に扱うようにする。」としている。チームで行うメドレーリレーの泳法の順番は，背泳ぎ→平泳ぎ→バタフライ→自由形である。

【9】⑥
○**解説**○　背泳ぎの泳法では，エントリーは小指から入水し，キャッチは腕全体で水をとらえ，プルは肘を曲げながらS字を描くようにかき，プッシュは肘を伸ばして水を後方から下方に押す。

【10】1　①　手と足　　②　呼吸のバランス　　③　リレー　　2　エレメンタリー・バックストローク　　3　(1)　○　　(2)　×　　(3)　○
○**解説**○　1　①・②　中学校第3学年において，クロールの「手と足の動き，呼吸のバランスを保ち」とは，プルとキックのタイミングに合わせて呼吸を行い，ローリングをしながら伸びのある泳ぎをすること。また，平泳ぎの「手と足の動き，呼吸のバランスを保ち」とは，プルとキックのタイミングに合わせて呼吸1回ごとに大きな伸びのある泳ぎをすること。　③　「リレーをする」とは，競泳的なリレー種目として，単一の泳法や複数の泳法を使ってチームで競い合うこと。
2　「エレメンタリー・バックストローク」とは，上向きに寝た姿勢で，呼吸を確保しながら浮き，ゆっくりと泳ぐ，着衣泳で最も楽に長く浮いていられる泳ぎ方である。背浮きの状態で行う背面での平泳ぎのような左右対称の動きで，手は肩の高さから腿までかき，足は平泳ぎのけりを行う。　3　(1)，(3)は正しい。　(2)　スタートは，「中学校第1学年及び第2学年までは，水中からのスタートを指導する」は誤りで，中学校第3学年においても水中からのスタートを継続して指導することとされている。

【11】問1　2　　問2　4
○**解説**○　問1　1　「素早く」と「ゆっくり」が反対である。スカーリン

グとは，手のかき(プル)のことである。　3　あおり足になってはいけない。あおり足とは，足首の力が抜けてしまい，足の甲で水を蹴ってしまう状態のことで，これを直すことが平泳ぎの上達のポイントである。　4　90度になるように膝を引き寄せる。足裏の向きが水面を蹴る方向になることがポイントである。　問2　15mまでは水没してよい。なお，これは背泳ぎ及びバタフライでも共通のルールである。

【12】(1)　①　5　　②　3　　③　8　　④　10　　⑤　7　　(2) ビート板を使って横向きでキックを行い，伸ばした腕に耳をつけるようにして呼吸することを意識させる。

○**解説**○ (1)　「バディ(buddy)」は「二人組」，「相棒」という意味の名詞である。バディで互いの行動を確認し合うことで，水泳における安全確保の質が上がる。近年では，プールの老朽化に伴い，水泳の実技授業を行わず，ICT学習で済ます学校が増えているという。　(2)　「ローリング」とは，クロールを泳ぐ際に体を左右に回転させることである。利点として，息継ぎしやすい，腕の動作がスムーズになる，リカバリーが素早くできる，などが挙げられる。

【13】(1)　①　4　　②　3　　③　8　　④　6　　(2)　ビート板を使って横向きでキックを行い，伸ばした腕に耳をつけるようにして呼吸することを意識させる。

○**解説**○ (1)　「バディ(buddy)」は「二人組」，「相棒」という意味の名詞である。バディで互いの行動を確認し合うことで，水泳における安全確保の質が上がる。近年では，プールの老朽化に伴い，水泳の実技授業を行わず，ICT学習で済ます学校が増えているという。　(2)　「ローリング」とは，クロールを泳ぐ際に体を左右に回転させることである。利点として，息継ぎしやすい，腕の動作がスムーズになる，リカバリーが素早くできる，などが挙げられる。

【14】ア　②　　イ　②　　ウ　①　　エ　③

○**解説**○　「学校体育実技指導資料」の第4集水泳から出題された。この資料に関する問題は頻出であるため，他の分野についても目を通して理解しておきたい。アトピー性皮膚炎の記述にも注目しておきたい。

● 体育分野

同資料に「水泳は，水の中で全身を使い，水温，気温の影響を受けな
がら展開される運動のため，児童生徒の健康状態によっては事故につ
ながりやすいことを留意しなければならず，水泳に適する健康状態で
あるかどうかを事前に確認しておくことが重要です。」とある。多面
的にとは，保護者，学級担任や教科担任，養護教諭，児童生徒相互に
よる健康観察情報の活用である。

【15】1　0.4　　2　1.0　　3　5.8　　4　8.6　　5　2

○**解説**○　1・2　「残留塩素」とは，塩素消毒の結果，水中に残留した殺
菌力を示す塩素のことをいう。細菌やウイルス等のプールで感染する
可能性のある病原体を不活性化したり殺菌したりする消毒効果を得る
ためには，0.4mg/L以上が必要である。なお，あまりに高濃度であると
眼が痛くなるなどの問題が発生したり，0.4mg/Lと1.0mg/Lの消毒効果
はあまり変わらなかったりすることから，1.0mg/L以下であることが望
ましい。　3・4　pH値(水素イオン濃度)は，5.8以上8.6以下であること
とされている。pH値が適正範囲にないと，目に痛みを感じる。また，
この範囲を超えて水が酸性(pH5.7以下)に傾くと消毒効果は強くなる
が，コンクリートの劣化や配管の腐食，浄化能力の低下をもたらし，
逆にアルカリ性(pH8.7以上)に傾くと消毒効果が低下する。中性(pH7.0)
付近を維持することによって，効率的な浄化，消毒を行うことができ
る。　5　濁度2とは，水中でプール壁面から3m離れた位置から壁面が
明確に見える程度に相当する。濁度が基準値を超えていた場合は，循
環ろ過装置の使用時間を長くするなどして，濁度が回復するまで浄化
する。

実施問題

【1】次の文は,「柔道審判ライセンスガイド2023 （公益財団法人　全日本柔道連盟）　Ⅳ　現行国際柔道連盟試合審判規程(2022年4月1日より完全施行)　立技におけるスコアの評価」の一部抜粋である。文中の（　ア　)にあてはまる最も適当な語句を，以下の①～④のうちから一つ選びなさい。

立ち技におけるスコアの評価

　　　　　　－　(中略)　－

・一本の評価基準

1. スピード

2. 力強さ

3. （　ア　)が着く

4. 着地の終わりまでしっかりとコントロールしている

　　　　　　－　(略)　－

【解答群】

　ア　①　腰　　②　臀部　　③　肩　　④　背中

‖ 2024年度 ‖ 千葉県・千葉市 ‖ 難易度 ■■□□□

【2】次の図は，剣道の技を示したものである。この技の名称として最も適当なものを，以下の①から⑥までの中から一つ選び，記号で答えよ。(「ステップアップ高校スポーツ2022」(大修館書店)より)

①　小手抜き面　　②　出ばな面　　③　小手すり上げ面

④　払い面　　　　⑤　小手－面　　⑥　面すり上げ面

‖ 2024年度 ‖ 沖縄県 ‖ 難易度 ■■□□□

● 体育分野

【3】 中学校学習指導要領(平成29年3月)「第2章　各教科」「第7節　保健
体育」について，問1～問3に答えなさい。

問1　次は，「第2　各学年の目標及び内容」〔体育分野　第3学年〕「2
内容」「F　武道」の一部である。空欄①，②に当てはまる語句の組
合せとして，正しいものを選びなさい。

F　武　道

　　武道について，次の事項を身に付けることができるよう
指導する。

(1)　次の運動について，技を高め勝敗を競う楽しさや喜び
を味わい，[　①　]考え方，技の名称や見取り稽古の仕
方，体力の高め方などを理解するとともに，基本動作や
基本となる技を用いて攻防を展開すること。

　　ア　柔道では，相手の動きの変化に応じた基本動作や基
　　　本となる技，連絡技を用いて，相手を崩して投げたり，
　　　抑えたりするなどの攻防をすること。

　　イ　剣道では，相手の動きの変化に応じた基本動作や基
　　　本となる技を用いて，相手の構えを崩し，しかけたり
　　　応じたりするなどの攻防をすること。

　　ウ　相撲では，相手の動きの変化に応じた基本動作や基
　　　本となる技を用いて，相手を崩し，投げたりいなした
　　　りするなどの攻防をすること。

(略)

(3)　武道に自主的に取り組むとともに，[　②　]，[　①　]
行動の仕方を大切にしようとすること，自己の責任を果
たそうとすること，一人一人の違いに応じた課題や挑戦
を大切にしようとすることなどや，健康・安全を確保す
ること。

ア　①　伝統的な　　　②　相手を尊重し

イ　①　伝統的な　　　②　勝敗などを冷静に受け止め

ウ　①　基本的な　　　②　相手を尊重し

エ　①　基本的な　　　②　勝敗などを冷静に受け止め

問2　次は,「第2　各学年の目標及び内容」〔体育分野　第3学年〕「2　内容」「H　体育理論」の一部である。空欄①, ②に当てはまる語句の組合せとして, 正しいものを選びなさい。

H　体育理論

(1)　文化としてのスポーツの意義について, 課題を発見し, その解決を目指した活動を通して, 次の事項を身に付けることができるよう指導する。

ア　文化としてのスポーツの意義について理解すること。

(ア)　スポーツは, 文化的な生活を営み[　①　]重要であること。

(イ)　オリンピックやパラリンピック及び国際的なスポーツ大会などは, 国際親善や[　②　]に大きな役割を果たしていること。

(ウ)　スポーツは, 民族や国, 人種や性, 障害の違いなどを超えて人々を結び付けていること。

(略)

ア　①　健康的な生活習慣を形成するために　　②　世界平和

イ　①　健康的な生活習慣を形成するために　　②　スポーツの普及

ウ　①　よりよく生きていくために　　②　世界平和

エ　①　よりよく生きていくために　　②　スポーツの普及

問3　次は,「第2　各学年の目標及び内容」〔内容の取扱い〕の一部である。空欄に当てはまる語句として, 正しいものを選びなさい。

(略)

(3)　内容の「A体つくり運動」から「Gダンス」までの領域及び運動の選択並びにその指導に当たっては, 学校や地域の実態及び生徒の特性等を考慮するものとする。また, 第3学年の領域の選択に当たっては, 安全を十分に確保した上で, 生徒が自由に選択して履修することができるよう配慮すること。その際, 指導に当たっては, 内容の「B器械運動」から「Gダンス」までの領域については, [　　　]必要な体力を

● 体育分野

```
    生徒自ら高めるように留意するものとする。
  (略)
```

ア　自己の適性等に応じて
イ　ねらいに応じて
ウ　それぞれの運動の特性に触れるために
エ　豊かなスポーツライフを実現するために

┃ 2024年度 ┃ 北海道・札幌市 ┃ 難易度 ┃

【4】武道について，次の各問いに答えなさい。

(1) 次の文は，中学校学習指導要領解説　保健体育編(平成29年7月)
「第2章　保健体育科の目標及び内容」「第2節　各分野の目標及び内
容」「F　武道」「[第1学年及び第2学年]」「イ　剣道」についての一
部である。[　ア　]～[　エ　]に当てはまることばをa～hから選び，
その記号を書きなさい。

```
    基本となる技とは，[　ア　]の基本となる技と応じ技の基本
  となる技のことで，打突の機会を理解しやすく，相手の構え
  を崩したり，相手の技をかわしたりする動きが比較的容易な
  技のことである。[　ア　]の基本となる技は，小手—面，面—
  胴などの[　イ　]や，[　ウ　]などの引き技のことである。ま
  た，応じ技の基本となる技は，[　エ　]などの抜き技のことで
  ある。
```

a　形　　　　　b　二段の技　　c　しかけ技　　d　体さばき
e　面抜き胴　　f　竹刀操作　　g　引き胴　　　h　自然体

(2) 学校体育実技指導資料第2集「柔道指導の手引(三訂版)」(平成25
年3月　文部科学省)「第3章　指導計画と学習評価」「第2節　柔道
の特性に基づく学習指導と評価」に示されている内容について，次
の各問いに答えなさい。

① 次の文は「(4)　中学校，高等学校で特に配慮すべき事項」「①
中学校」の一部である。文中の[　ア　]，[　イ　]に当てはまる
ことばをa～dから選び，その記号を書きなさい。

172

中学校期は，身体的にも精神的にも発育・発達の著しい時期です。運動能力についても，[　ア　]系の動きが中心となる運動能力は，青年期に劣らない程度の発達をしているが，[　イ　]とかかわる運動能力の発達などは十分ではありません。中学校第1学年及び第2学年の女子については男子に比べ体力や技能が低位の生徒が含まれることも想定する必要があります。

a　神経　　b　瞬発　　c　筋力　　d　柔軟性

②　次の文は「(5)　女子の指導上の留意点」「②　技能面」の一部である。文中の[　ア　]，[　イ　]に当てはまることばを書きなさい。

女子は，投げる，投げられるといった非日常の動作に不安感を抱くこともありますが，上手に投げたり，投げられたりすることによって，男子以上に感動し柔道の楽しさやよさを味わうことができる場合もあります。

～中略～

投げ技の指導については，初めは動作が小さく相手の体重を支えることの少ない[　ア　]技系を練習して，次に両足支持のまわし技系，それから片足支持の[　イ　]技系というように，体力に応じて系統的に技を習得させるなどの工夫が重要です。

║ 2024年度 ║ 福島県 ║ 難易度 ║▆▆▆░░║

【5】中学校学習指導要領解説(平成29年7月)「保健体育編」について，問1，問2に答えなさい。

問1　次は，「第2章　第2節　各分野の目標及び内容」〔体育分野〕「2 内容」「F　武道」[第1学年及び第2学年]「(1)知識及び技能」「○技能」「ア　柔道」の一部である。空欄①～③に当てはまる語句の組合せとして，正しいものを選びなさい。

> （略）
>
> 　指導に際しては，これらは相手の動きに応じた動作であるため，「[　①　]」から相手の不安定な体勢を捉えて技をかけやすい状態をつくる「[　②　]」と「[　③　]」をまとまった技能として捉え，対人的な技能として一体的に扱うようにする。
>
> （略）

ア　①　崩し　　　　②　体さばき　　③　技のかけ
イ　①　体さばき　②　崩し　　　　③　技のかけ
ウ　①　崩し　　　　②　体さばき　　③　受け身
エ　①　体さばき　②　崩し　　　　③　受け身

問2　次は，「第3章　指導計画の作成と内容の取扱い」「1　指導計画の作成」の一部である。空欄に当てはまる語句として，正しいものを選びなさい。

> 1　指導計画の作成に当たっては，次の事項に配慮するものとする。
>
> > (3)　障害のある生徒などについては，学習活動を行う場合に生じる困難さに応じた指導内容や指導方法の工夫を計画的，組織的に行うこと。
>
> 　障害者の権利に関する条約に掲げられたインクルーシブ教育システムの構築を目指し，生徒の自立と社会参加を一層推進していくためには，通常の学級，通級による指導，特別支援学級，特別支援学校において，生徒の十分な学びを確保し，一人一人の生徒の障害の状態や発達の段階に応じた指導や支援を一層充実させていく必要がある。
> （略）
> 　なお，指導に当たっては，生徒の障害の種類と程度を家庭，専門医等と連絡を密にしながら的確に把握し，生徒の健康・安全の確保に十分留意するとともに，個別の課題設

定をして ［　　］ために学習に配慮したり，教材，練習やゲーム及び試合や発表の仕方等を検討し，障害の有無にかかわらず，参加可能な学習の機会を設けたりするなどの生徒の実態に応じたきめ細かな指導に配慮することが大切である。

(略)

ア　生活上の困難を克服する
イ　日常生活で生かされるようにする
ウ　運動を豊かに実践することができるようにする
エ　基本的な技能を身に付けるようにする

| 2024年度 | 北海道・札幌市 | 難易度 |

【6】武道について，次の各問いに答えなさい。

(1)　剣道の竹刀における「物打」とはどの部分か，次の図のア〜オから1つ選び，記号で答えなさい。

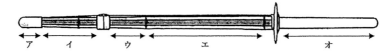

(2)　剣道の試合において，「中止」の際の審判員の旗の示し方として適当なものを，次のア〜オから1つ選び，記号で答えなさい。また，中止の宣告をする際，試合者に対して発する言葉を答えなさい。

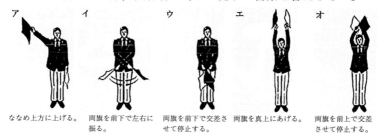

ア　ななめ上方に上げる。　イ　両旗を前下で左右に振る。　ウ　両旗を前下で交差させて停止する。　エ　両旗を真上にあげる。　オ　両旗を前上で交差させて停止する。

(3)　次の表は，柔道の学習の成果を振り返る評価カードを示したものである。表中のⅠ〜Ⅲに，当てはまる「学習の内容」を，以下のア〜カからそれぞれ2つずつ選び，記号で答えなさい。

学習を振り返ろう （ ◎よくできた ・ ○できた ・ △もう少し ）			
学習の観点	学習の内容	学習を振り返りチェックしよう	
		自分でチェック	仲間からチェック
① 知識・技能	Ⅰ	◎ ・ ○ ・ △	◎ ・ ○ ・ △
② 思考・判断・表現	Ⅱ	◎ ・ ○ ・ △	◎ ・ ○ ・ △
③ 主体的に学習に取り組む態度	Ⅲ	◎ ・ ○ ・ △	◎ ・ ○ ・ △

ア　相手を尊重し，礼法などの伝統的な行動の仕方を大切にし，安全に練習や試合をすることができた。

イ　提供された練習方法から自己の課題を見つけ，その課題に応じた練習方法を選択することができた。

ウ　柔道場の整備や審判などの役割を積極的に引き受け，自分の責任を果たした。

エ　学習した安全上の留意点を，他の学習場面にあてはめ，仲間に伝えることができた。

オ　相手の投げ技に応じて横受け身，後ろ受け身，前回り受け身をとることができた。

カ　武道を学習することは，自国の文化に誇りをもつことや，国際社会で生きていく上で有意義であることが理解できた。

‖ 2024年度 ‖ 京都府 ‖ 難易度 ■■■■□

【7】柔道について，次の各問いに答えよ。

1　次の図は，連絡技の組合せの一例である。(1)(2)の技の名称を書け。

2　技の習得に向けた段階的な練習法の一つであるかかり練習(打ち込み)について，「技に入る前の動作」という言葉を使って，30字以内で説明せよ。

なお，句読点も1字に含めるものとする。

‖ 2024年度 ‖ 岡山市 ‖ 難易度 ■■■□□

【8】体育分野の領域「武道」の「剣道」について，次の1〜3に答えなさい。

1　次の図は，「剣道」のある技の一連の様子を示したものです。この技を何といいますか。技の名称を書きなさい。なお，図中のA・Bは，Aが打つ人，Bが受ける人を示しています。

2　全日本剣道連盟剣道試合・審判規則及び剣道試合・審判細則に，禁止行為事項が示されています。剣道における禁止行為を，簡潔に3つ書きなさい。

3　次の図1〜図4は，全日本剣道連盟剣道試合・審判運営要領にある，審判員の旗の表示要領の一部を示したものです。これらの旗の表示は，どのような事項を示していますか。それぞれ書きなさい。

図1　　　　　　　　　　　　図2

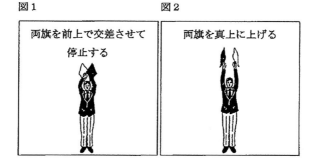

図3　　　　　　　　　図4

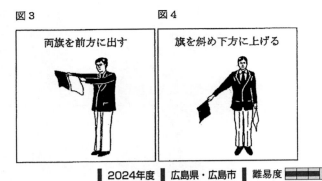

両旗を前方に出す　　　旗を斜め下方に上げる

‖ 2024年度 ‖ 広島県・広島市 ‖ 難易度 ▬▬▬▭▭

【9】第1学年の武道「柔道」の学習について，次のような単元計画を作成した。以下の(1)〜(4)の問いに答えなさい。

※：指導上の留意点

つかむ	追究する									まとめる
1時間目	2時間目	3時間目	4時間目	5時間目	6時間目	7時間目	8時間目	9時間目		10時間目
1 オリエンテーション ・特性や成り立ち ・伝統的な考え方 ・高まる体力 等 2 用具の使い方，ICT機器の活用の仕方。 (A)安全上の留意点について確認する。 3 単元の見通しをもち，課題をつかむ。 4 準備運動・補助運動の方法と基本動作 等	用具・柔道着等の確認、あいさつ、健康観察，本時のめあて（ねらい）の確認、準備運動、補助運動									1 技の発表 等
	1 基本動作 ・礼法 ・姿勢と組み方 ・崩しと体さばき 等 2 受け身 ・後ろ受け身、横受け身 等 ・段階的な練習の実施 3 固め技 ・2人組 4 (B)ごく簡単な攻防 ※安全の確保 ※2人組、グループ 等		基本動作と受け身 ※継続的な受け身の練習、学習状況に応じた練習方法、回数の工夫		固め技の自由練習とごく簡単な試合		技の習得	1 技の習得 ・崩し・体さばきと関連付けた受け身 ・技の行い方、受け技 ・(C)かかり練習と初歩的な約束練習 ※生徒同士で安全の確保をする。 ※段階的な指導ができるようにする。		受け技の発展的な約束練習 ※段階的な指導等、安全確保	2 ごく簡単な試合 ・基本動作の判定試合 ・一定のルールの中で相手との攻防を取り入れたごく簡単な試合 等 3 単元のまとめ 振り返り 片付け
			崩し込みの条件と崩え方・応じ方							
			1 崩え込みの条件 2 崩え技の発見 あおむけの相手を自由に崩え込む。 3 ごく簡単な攻防 ※安全の確保 ※2人組、グループ 等	1 けさ固め、横四方固めを習得する。 ・崩え方、応じ方 ・約束練習 ・崩え技の攻防 2 ごく簡単な攻防 ※安全の確保 ※2人組、グループ 等	1 固め技の自由練習とごく簡単な試合 ・条件を設定した自由練習 ・自由練習の延長上のごく簡単な試合 ※役割分担 　例：対象者と補助者の3人1組で、補助者が安全の確保と判定を行う。 ※安全の確保					
	学習のまとめ　振り返り　片付け									

(1)　単元の中で生徒が進んで課題を発見できるようにICT機器を活用したい。どのような場面と方法でICT機器を活用するとよいか，具体的に書きなさい。

(2)　下線部(A)において，授業前に武道場等の施設の安全確認をする際，どのような点に留意することが大切か，具体的に2つ書きなさい。

(3)　下線部(B)において，学習した内容を踏まえ，2人組またはグルー

プで安全に「ごく簡単な攻防」ができるようにしたい。どのような攻防が考えられるか，具体的に書きなさい。

(4)　下線部(C)において，6時間目にどのような内容で，かかり練習をするとよいか。段階的な指導を踏まえて，具体的に2つ書きなさい。

2024年度 群馬県 難易度

【10】武道について，次の問に答えよ。

問1　柔道において，「体の向きを変える方法」を何というか，答えよ。

問2　剣道や柔道において，他の人の稽古や試合などを見て学ぶ練習方法を何というか，答えよ。

2024年度 島根県 難易度

【11】武道について，次の各問いに答えなさい。

(1)　「中学校学習指導要領解説　保健体育編」(平成29年7月　文部科学省)第2章　第2節　各分野の目標及び内容〔体育分野〕 2　内容 F　武道　[第3学年]　(3)学びに向かう力，人間性等　に即して，次の文の(　a　)，(　b　)に当てはまる語句をそれぞれ書きなさい。

> 武道について，次の事項を身に付けることができるよう指導する。
>
> > (3)　武道に自主的に取り組むとともに，相手を尊重し，伝統的な行動の仕方を大切にしようとすること，自己の責任を果たそうとすること，一人一人の違いに応じた課題や挑戦を大切にしようとすることなどや，健康・安全を確保すること。
>
> 武道に自主的に取り組むとは，自己や仲間の課題に応じた練習方法を選択する学習などに自主的に取り組むことなどを示している。そのため，上達していくためには繰り返し(　a　)取り組むことが大切であることなどを理解し，取り組めるようにする。
>
> 相手を尊重し，伝統的な行動の仕方を大切にしようとする

とは，単に伝統的な行動の仕方を所作として守るだけではなく，「礼に始まり礼に終わる」などの伝統的な行動の仕方を自らの意思で大切にしようとすることを示している。そのため，伝統的な行動の仕方を大切にすることは，自分で自分を律する克己の心に触れるとともに，（　b　）につながることを理解し，取り組めるようにする。

略

(2)　「学校体育実技指導資料第2集　柔道指導の手引（三訂版）」(平成25年3月　文部科学省)において示されている，「技の系統性を生かした指導のあり方」の一部である。次の写真の(　c　)，(　d　)に当てはまる技の名称を書きなさい。

【支え技系の技のまとまり例】

（　c　）（膝）　　支え釣り込み足（足首）

取の支える左足の位置の違いでまとめる

【まわし技系の技のまとまり例】

（　d　）（帯）　　釣り込み腰（襟）　　背負い投げ（腋下）

取のつり手の使い方と位置の違いでまとめる

(3)　「新中学校学習指導要領に準拠した安全で効果的な剣道授業の展開　ダイジェスト版第4版」(令和2年9月　公益財団法　全日本剣道

連盟)に示されているけが等の予防の一部である。体当たり後の転倒による脳震盪について，次の枠内の文の(e)，(f)に当てはまる語句をそれぞれ書きなさい。

> 　体当たりは，手元を腰の位置に下げた状態で行いますが，手元が胸や首の位置に上がった状態で体当たりすると，受けた側は後方に(e)から転倒する可能性があります。(e)部を打撲した場合は必ず(f)を止め経過を観察し，場合によっては，医師の診察を受けましょう。

‖ 2024年度 ‖ 長野県 ‖ 難易度 ■■■■

【12】武道について，次のそれぞれの問いに答えなさい。

問1　次の記述は，「中学校学習指導要領(平成29年告示)解説　保健体育編」の中で，武道[第1学年及び第2学年]の知識及び技能について示されているものの一部である。[　]に当てはまるものとして最も適切なものを，以下の語群の①〜④のうちから選びなさい。

> ○　知識
> 　〜中略〜
> 　　伝統的な考え方では，武道は，単に試合の勝敗を目指すだけではなく，技能の習得などを通して，人間形成を図るという考え方があることを理解できるようにする。例えば，武道は，相手を尊重する礼の考え方から受け身を取りやすいように相手を投げたり，勝敗が決まった後でも，相手に配慮して[　]を控えたりするなどの考え方があることを理解できるようにする。

語群

① 競技を楽しむこと　　② 勝者への称賛　　③ 積極的な交流
④ 感情の表出

問2　次の記述は，「中学校学習指導要領(平成29年告示)解説　保健体育編」の中で，武道[第3学年]の知識及び技能について示されているものの一部である。[　]に当てはまるものとして最も適切なもの

を，以下の語群の①〜④のうちから選びなさい。

○　知識

〜中略〜

　技の名称や見取り稽古の仕方では，武道の各種目で用いられる技の名称があることを理解できるようにする。また，見取り稽古とは，武道特有の練習方法であり，他人の稽古を見て，[　　]や相手の隙をついて勢いよく技をしかける機会，技のかけ方や武道特有の「気合」などを学ぶことも有効な方法であることを理解できるようにする。

語群

①　相手との間合の取り方　　②　伝統的な考え方
③　審判及び運営の仕方　　　④　体力の高め方

問3　次の記述は，「中学校学習指導要領(平成29年告示)解説　保健体育編」の中で，武道[第1学年及び第2学年]の知識及び技能について示されているものの一部である。[　　]に当てはまるものとして最も適切なものを，以下の語群の①〜④のうちから選びなさい。

○　技能

ア　柔道

〜中略〜

〈例示〉

〜中略〜

　　○　固め技

　　　・取は，「抑え込みの条件」を満たして相手を抑えること。

　　　・取はけさ固めや横四方固めで相手を抑えること。

　　　・受はけさ固めや横四方固めで抑えられた状態から，相手を[　　]に返すこと。

語群

①　体側や頭方向　　②　体側や足方向　　③　持ち上げて上方
④　持ち上げて上方や頭方向

問4　次の記述は，「中学校学習指導要領(平成29年告示)解説　保健体育編」の中で，武道[第1学年及び第2学年]の知識及び技能について示されているものの一部である。[　　]当てはまるものとして最も適切なものを，以下の語群の①〜④のうちから選びなさい。

　○　技能
　　〜中略〜
　　イ　剣道
　　〜中略〜

　　　基本となる技とは，しかけ技の基本となる技と応じ技の基本となる技のことで，打突の機会を理解しやすく，相手の構えを崩したり，相手の技をかわしたりする動きが比較的容易な技のことである。しかけ技の基本となる技は，小手－面，面－胴などの二段の技や，引き胴などの引き技のことである。また，応じ技の基本となる技は，[　　]のことである。

語群

①　出ばな面などの出ばな技　　②　払い面などの払い技
③　面抜き胴などの抜き技　　④　引き面などの引き技

問5　次の記述は，「中学校学習指導要領(平成29年告示)解説　保健体育編」の中で，武道[第3学年]の知識及び技能について示されているものの一部である。[　　]に当てはまるものとして最も適切なものを，以下の語群の①〜④のうちから選びなさい。

　○　技能
　　〜中略〜
　　ウ　相撲
　　〜中略〜

　　　相手の動きの変化に応じた基本動作とは，蹲踞姿勢，塵浄水，四股，腰割り，中腰の構え，運び足及び相手の動きの変化に応じて行う仕切りからの立ち合い，受け身のことである。

～中略～

　また，相手の動きの変化に応じて行う仕切りからの立ち合いは，対人的な技能として[　　]と一体として指導することが大切である。

語群
① 基本となる技　　② 簡易な試合での攻防　　③ 中段の構え
④ 安定した受け身

‖ 2024年度 ‖ 神奈川県・横浜市・川崎市・相模原市 ‖ 難易度 ■■■□□

【13】武道について，次の問いに答えなさい。

(1) 「中学校保健体育『武道』指導資料」「新中学校学習指導要領に準拠した安全で効果的な剣道授業の展開　令和2年度スポーツ庁委託事業　公益財団法人全日本剣道連盟」「理論編」「中学校保健体育科における武道必修化の経緯とその内容の取扱いについて」「(6)　剣道の新しい学習内容」では，有効打突について次のように示されています。文中の(①)～(⑤)に適する語句を，以下の語群のア～コの中から選び，記号で答えなさい。

全日本剣道連盟の剣道試合・審判規則では，有効打突を以下のように定めています。

第12条
有効打突は，充実した(①)，適正な(②)をもって，竹刀の打突部で打突部位を(③)正しく打突し，(④)あるものとする。

　この有効打突(一本)は，一般的に「(⑤)の一致」した打突といわれます。

〔語群〕
ア　強く　　イ　態勢　　ウ　気剣体　　エ　気合　　オ　気勢
カ　残身　　キ　残心　　ク　心技体　　ケ　刃筋　　コ　姿勢

(2) 「柔道の授業の安全な実施に向けて　平成24年3月　文部科学省ス

ポーツ・青少年局」「2　柔道の授業における安全管理のための6つのポイント」「実際の授業の中で」「(5)　安全な柔道指導を行う上での具体的な留意点」には，多くの生徒が「初心者」であることを踏まえた段階的な指導について示されています。

　<u>初心者に対する安全管理上の観点からは，受け身が安全にとりやすい技から指導することが考えられます。受け身はもとより，投げ技のかかり練習や練習時間の段階においても，安全に十分配慮した段階的な指導が必要です。</u>

　下線部の内容において考えられる初心者であることを踏まえた安全に十分配慮した段階的な指導について，受け身に着目して具体的に段階が分かるように書きなさい。

┃ 2024年度 ┃ 名古屋市 ┃ 難易度 ■■■□□

【14】武道について，次の(1)～(6)に答えなさい。

(1)　柔道の形は，柔道の伝統文化を学ぶ大切な練習法であるが，形を行うときに気を付けさせる指導のポイントを2つ書きなさい。

(2)　柔道の固め技において，安全上の配慮から取り扱わない技は何か，2つ書きなさい。ただし，高等学校学習指導要領解説保健体育編の入学年次の次の年次以降の内容について答えることとする。

(3)　剣道において，自己の体力や技能の程度に応じて最も打突しやすく，相手から効率的に有効打突を取ることができる技のことを何というか，書きなさい。ただし，高等学校学習指導要領解説保健体育編の入学年次の次の年次以降の内容について答えることとする。

(4)　剣道における小手すり上げ面について説明しなさい。ただし，高等学校学習指導要領解説保健体育編の入学年次の次の年次以降の内容について答えることとする。

(5)　次のア～カは相撲における運動の特性を示した文である。構造的特性に関する内容をすべて選び，その記号を書きなさい。

　ア　伝統的所作や礼法を通して，相手を尊重する心，公正な態度及び伝統的な考え方を身に付けることができる。

　イ　身に付けた技を使っていろいろな相手と練習や試合をすることで，楽しさや喜びを味わうことができる。

ウ　身体接触を伴う対人競技であり，互いに熱感や力感を皮膚感覚を通して直接感じ合うことができる。

エ　勝敗が明確である上に，競技中における動きの自由度が高いことから，楽しさや喜びを感じ取ることができる。

オ　狭い空間，簡便な用具をもって実施することができる。

カ　全身を使った様々な運動が含まれ，敏捷性，平衡性及び協応性などの神経・感覚機能や柔軟性の発達にも効果が期待できる。

(6)　次の文は，高等学校学習指導要領解説保健体育編「保健体育科の目標及び内容」の「各科目の目標及び内容」の「内容」の「Ｆ　武道」の「内容の取扱い」の一部である。（　①　），（　②　）に適する語句を書きなさい。

> (ウ)　学校や地域の実態に応じて，相撲，空手道，なぎなた，弓道，合気道，少林寺拳法，銃剣道などについても履修させることができることとしているが，原則として，柔道又は剣道に（　①　）履修させることとし，学校や地域の特別の事情がある場合には，（　②　）履修させることができることとする。

┃ 2024年度 ┃ 青森県 ┃ 難易度 ■■■■□□

【15】空欄にあてはまるものを【解答群】から一つ選び，記号で答えよ。

　剣道の起源は遠く古代にさかのぼるが，[　1　]時代中期に日本刀が発達し，武士の出現により[　2　]時代以降盛んにおこなわれるようになった。江戸時代には，各流派が工夫をこらして，竹刀や剣道具の原型を考案し，竹刀で打突し合う[　3　]が確立された。これが今日の剣道の直接的な原型である。

【解答群】
①　打込み稽古　　②　かかり稽古　　③　引き立て稽古
④　平安　　　　　⑤　飛鳥　　　　　⑥　大正
⑦　鎌倉　　　　　⑧　室町

┃ 2024年度 ┃ 愛知県 ┃ 難易度 ■■■■□□

【16】次の文章は，「「指導と評価の一体化」のための学習評価に関する参考資料　高等学校　保健体育　令和3年8月(文部科学省国立教育政策研究所)　第3編　単元ごとの学習評価について(事例)　第2章　学習評価に関する事例について　2　各事例概要一覧と事例　事例2　キーワード　科目体育　「知識・技能の評価　「武道(剣道)」(入学年次)」の一部抜粋である。文章中の(ア)～(エ)にあてはまる最も適当な語句を，以下の①～④のうちからそれぞれ一つずつ選びなさい。

> 保健体育科(科目体育)　　事例2
> キーワード　「知識・技能」の評価
> 　　　　　～知識と技能の関連を図る指導と評価の工夫～

> 単元名
> 　武道(剣道)
> 　入学年次

> 内容のまとまり
> 入学年次
> 「F　武道」

　　　　　　　　　－　(中略)　－

Ⅰ　「知識及び技能」の指導と「知識・技能」の観点別学習状況の評価

1　解説における「知識」と「技能」の考え方

　「知識」については，生涯にわたる豊かなスポーツライフの(ア)に向けて，学習指導の更なる充実が求められている。また，運動の行い方などの科学的知識を基に運動の技能を身に付けたり，運動の技能を身に付けることでその理解を一層深めたりするなど知識と技能を関連させて学習できるようにすること，と示された。(解説p.33参照)

【知識】

> 　「知識」については，「体の動かし方や用具の操作方法

などの具体的な知識と，運動の実践や生涯スポーツにつながる概念や法則などの（　イ　）な知識で示している。」

　○各領域の特性や魅力，運動やスポーツの価値等の理解に重要な内容となる
　○特定の種目等の具体的な知識を理解することが学習の最終的な目標ではない
　○具体的な知識と（　イ　）な知識を関連させて理解を促すことが大切である

【技能】

　「技能」については，「運動を通して，各領域の特性や魅力に応じた楽しさや喜びを深く味わうことを示すとともに，各領域における技能や攻防の様相，動きの様相などを示している。」

　○運動種目等の固有の技能や動き等を身に付けさせることが具体的なねらいとなる
　○各領域等の技能や，攻防の様相及び動きの様相との関連に留意し，特性や魅力に応じた楽しさや喜びを深く味わわせることが大切である

2　武道(剣道)における具体的な指導事項及び「知識・技能」の評価

　　　　　　　　　－　(中略)　－

　入学年次における武道(剣道)の「知識」では，「伝統的な考え方」，「技の名称や見取り稽古の仕方」，「体力の高め方」，「（　ウ　）」が指導事項として示されている。

　なお，義務教育段階での学習内容の確実な定着を図ることが重要であるため，本事例では，技能の指導との関連の中で，高等学校解説では示されていない「技の行い方」の知識について中学校解説を参考に取り上げ指導している。

　また，「技能」は，「相手の動きの変化に応じた基本動作，既習技や新たな基本となる技の技能の上達を踏まえて，しかけ技

や応じ技を用いた(エ)や簡易な試合で攻防を展開することができるようにする。」ことを指導し評価する。

なお，生徒の体力や技能の程度の違いを踏まえ，個に応じた段階的な指導に十分配慮している。

－　(略)　－

【解答群】

ア　①　確立　　　　　②　継続
　　③　実現　　　　　④　実行
イ　①　俯瞰的　　　　②　一般的
　　③　専門的　　　　④　汎用的
ウ　①　試合の行い方　②　試合の審判の仕方
　　③　試合の見方　　④　試合の心構え
エ　①　正式な試合　　②　対人技能
　　③　専門技能　　　④　自由練習

‖ 2024年度 ‖ 千葉県・千葉市 ‖ 難易度 ‖

【17】次の(1)～(5)の各問いに答えなさい。

(1)　次は，中学校学習指導要領(平成29年告示)「第2章　各教科　第7節　保健体育　第2　各学年の目標及び内容　〔体育分野　第1学年及び第2学年〕　2　内容　F　武道」の一部です。①に入る語句を，以下の1～4の中から1つ選びなさい。

(1)　次の運動について，技ができる楽しさや喜びを味わい，武道の特性や成り立ち，伝統的な考え方，技の名称や行い方，その運動に関連して高まる体力などを理解するとともに，基本動作や基本となる技を用いて簡易な攻防を展開すること。
　ウ　相撲では，相手の動きに応じた基本動作や基本となる技を用いて，(①)などの簡易な攻防をすること。

1　投げたりいなしたりする　　2　打ったり受けたりする
3　投げたり抑えたりする　　　4　押したり寄ったりする

(2)　次は，中学校学習指導要領(平成29年告示)「第2章　各教科　第7

節　保健体育　第2　各学年の目標及び内容　〔体育分野　第3学年〕2　内容　F　武道」の一部です。①，②に入る語句の組み合わせとして正しいものを，以下の1〜4の中から1つ選びなさい。

> (2)　攻防などの自己や仲間の課題を(　①　)，合理的な解決
> に向けて運動の取り組み方を工夫するとともに，自己の考
> えたことを(　②　)こと。

1　①　見付け　　　②　実行する
2　①　発見し　　　②　他者に伝える
3　①　見付け　　　②　他者に伝える
4　①　発見し　　　②　実行する

(3)　次は，中学校学習指導要領(平成29年告示)解説　保健体育編「第2章　保健体育科の目標及び内容　第2節　各分野の目標及び内容〔体育分野〕2　内容　F　武道　[第1学年及び第2学年]　(1)　知識及び技能　○　技能　イ　剣道」に示されている〈例示〉にある応じ技の1つを一連の動きとして図で示したものです。Ａが行っている技の名称を，以下の1〜4の中から1つ選びなさい。

1　面−胴　　2　面抜き胴　　3　引き胴　　4　小手−胴

(4)　次は，中学校学習指導要領(平成29年告示)解説　保健体育編「第2章　保健体育科の目標及び内容　第2節　各分野の目標及び内容〔体育分野〕2　内容　F　武道　[第3学年]　(1)　知識及び技能　○技能　ア　柔道」に示されている〈例示〉にある固め技の連絡を図で示したものです。Ａが行っている固め技の連絡の名称を，以下の1〜4の中から1つ選びなさい。

1　横四方固めから上四方固め　　2　けさ固めから横四方固め

3　けさ固めから上四方固め　　4　横四方固めから縦四方固め

(5)　学校体育実技指導資料　第2集「柔道指導の手引(三訂版)」(平成25年　文部科学省)「第4章　技能　指導の要点　第1節　基本動作」に示されている「抑え込みの3つの条件」として誤っているものを, 次の1～4の中から1つ選びなさい。

1　取の膝が畳についている。

2　受が仰向けの姿勢である。

3　取が受とほぼ向き合っている。

4　取が脚を絡まれるなど受から拘束を受けていない。

▌2024年度 ▌埼玉県・さいたま市 ▌難易度 ■■■■■

【18】次の文は,「高等学校学習指導要領解説保健体育編　体育編」(平成30年7月文部科学省)第1部保健体育編第2章第2節における科目「体育」「3　内容」の「F　武道[入学年次]」に関する記載の一部である。文中の(①)～(⑩)に当てはまる言葉を以下の語群A～Tの中からそれぞれ一つずつ選び, その記号を書け。ただし, 同じ番号には同じ言葉が入る。

○　技能

(中略)

イ　剣道

　相手の動きの変化に応じた(①),(②)技や新たな基本となる技の技能の上達を踏まえて,(③)技や応じ技を用いた自由練習や簡易な試合で攻防を展開することができるようにする。

　相手の動きの変化に応じた(①)とは, 相手の動きの変化に応じて行う構えと(④)及び基本の(⑤)の仕方と受け方のことである。

〈例示〉

○(①)

・構えでは, 相手の動きの変化に応じた(⑥)で(⑦)に構えること。

・(④)では，相手の動きの変化に応じて体の移動を行うこと。

・基本の(⑤)の仕方と受け方では，(④)や竹刀操作を用いて打ったり，応じ技へ発展するよう受けたりすること。

　基本となる技とは，(⑤)の機会を理解しやすく，相手の構えを崩したり，相手の技をかわしたりする動きが比較的容易な技のことである。(③)技の基本となる技は，(②)技に加えて，面－面打ちなどの(⑧)の技，引き面などの引き技，出ばな面などの出ばな技と，(⑨)面などの(⑨)技がある。また，応じ技の基本となる技は，(②)技に加えて，小手(⑩)面などの(⑩)技がある。

A　打突　　B　得意　　C　足さばき　　D　自然体
E　一連　　F　抜き　　G　姿勢　　　　H　進退動作
I　しかけ　J　払い　　K　基本動作　　L　二段
M　上段　　N　連絡　　O　攻撃　　　　P　すり上げ
Q　既習　　R　返し　　S　体さばき　　T　中段

┃ 2024年度 ┃ 愛媛県 ┃ 難易度 ■■■■□

【19】柔道について，次の[問1]，[問2]に答えよ。
　[問1]　次の図と文は，「令和4年度　安全で楽しい柔道授業ガイド第四訂版」(公益財団法人　全日本柔道連盟)の一部である。以下の(1)，(2)に答えよ。

○初歩のかけ方

> 取は前回りさばきで受を前に崩し，右手を受の後ろ腰に当てて(ア)に振るように投げる。

(1) 図が示す技の名称を，書け。

(2) 文中の(ア)にあてはまる語句を，書け。

[問2] 次の文は，学校体育実技指導資料第2集「柔道指導の手引(三訂版)」(平成25年3月 文部科学省)の「第2章 柔道の指導内容 第1節 柔道の特性等 2柔道が心身の発育・発達や体力の向上に及ぼす効果面の特性」の一部である。文中の(ア)，(イ)にあてはまる語句を，それぞれ書け。

> 柔道は，稽古の積み重ねを通して，(ア)，持久力，調整力などを養うことができ，さらに相手と格闘し合う対応の中で旺盛な(イ)，礼儀，克己，公正，遵法などの態度を養うことが期待できます。

┃ 2024年度 ┃ 和歌山県 ┃ 難易度 ▰▰▰▱▱

【20】武道について，次の(1)～(3)の各問いに答えよ。

(1) 「見取り稽古」とはどのような練習方法か，簡潔に説明せよ。

(2) 相撲における「かばい手」について，勝敗への影響も含めて簡潔に説明せよ。

(3) 剣道において，図のように，体を左右にかわす時に有効な体さばき(足さばき)を何というか，答えよ。

図

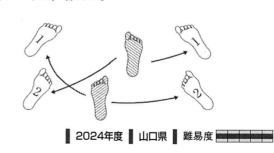

┃ 2024年度 ┃ 山口県 ┃ 難易度 ▰▰▰▰▱

解答・解説

【1】④

○**解説**○ 柔道の一本の評価基準が4つあげられており，その説明がされているので確認しておくこと。「一本は，技を掛けるか相手が攻撃してくる技を返して，最適な理合いを伴う相応な技術で，仰向けに相手を投げた場合に与えられる。ikioi＝力強さとスピードを伴った勢いを意味する。hazumi＝技術，キレ，リズムを伴った巧みさをはずみという。」他のルール，反則等も確認しておくこと。

【2】①

○**解説**○ 小手抜き面は相手が小手をねらって打ち込んできたときに，両腕を上げながら体を後方にさばいてかわしてすばやく振りかぶり，相手に空を打たせてできた正面をすかさず打つ技である。

【3】問1　ア　　問2　ウ　　問3　ウ

○**解説**○ 問1 「伝統的な考え方」とは，我が国固有の文化である武道を学習することは，自国の文化に誇りをもつ上で有効であり，これからの国際社会で生きていく上で有意義であるということである。「相手を尊重し，伝統的な行動の仕方を大切にしようとする」とは，単に伝統的な行動の仕方を所作として守るだけではなく，「礼に始まり礼に終わる」などの伝統的な行動の仕方を自らの意思で大切にしようとするということを示している。　問2 (ア)では，「現代生活におけるスポーツの文化的意義」について取り扱う。現代生活におけるスポーツは，生きがいのある豊かな人生を送るために必要な健やかな心身，豊かな交流や伸びやかな自己開発の機会を提供する重要な文化的意義をもっている，ということである。また，国内外には，スポーツの文化的意義を具体的に示した憲章やスポーツの振興に関する計画などがあることを理解しておきたい。(イ)では，「国際的なスポーツ大会などが果たす文化的な意義や役割」について取り扱う。オリンピック・パラリンピック競技大会や国際的なスポーツ大会などは，世界中の人々に

スポーツのもつ教育的な意義や倫理的な価値を伝えたり，人々の相互
理解を深めたりすることで，国際親善や世界平和に大きな役割を果た
していることを理解しておきたい。　問3　「それぞれの運動の特性
に触れるために必要な体力を生徒自ら高めるように留意する」とは，
体力の向上については，「A　体つくり運動」以外の領域においても，
直接的に体の動きを高めることなどをねらいとしている「A　体つく
り運動」との関連を図って，学習した結果としてより一層の体力の向
上が図られるよう，生徒一人一人がその実態に応じて自ら高めていく
ことに留意する必要があることを示している。また，メディアの発達
によって，スポーツの魅力が世界中に広がり，オリンピック・パラリ
ンピック競技大会や国際的なスポーツ大会の国際親善や世界平和など
に果たす役割が一層大きくなっている。

【4】(1)　ア　c　　イ　b　　ウ　g　　エ　e　　(2)　①　ア　a
　　イ　c　　②　ア　支え　　イ　刈り
○**解説**○ (1)　第1学年及び第2学年に対して，第3学年では，しかけ技に
出ばな技と払い技を加えて例示している。　　(2)　①　一般的に10歳〜
12歳頃は，体をうまく動かす能力などの神経系が著しく高まる時期で，
青年期程度にまで発達する。10歳〜14歳頃は，運動を持続する能力の
全身持久力が高まる時期であり，15歳頃になると大きな力を出す能力
の筋力が高まる時期となる。　　②　支え技系は，取が前さばき(後ろさ
ばき)で受を前に崩し，受が右足を支点に横受け身をとる技のまとまり
である。技の事例としては，膝車，支え釣り込み足などがある。刈り
技系は，取が前さばき(後ろさばき)で受を後ろに崩し，受は左足また
は右足を支点に後ろ受け身をとり，進んだ段階では宙を舞うように後
ろ受け身をとる技のまとまりである。技の事例としては，大外刈り，
小内刈り，大内刈りなどがある。なお，まわし技系は，取が前回り(後
ろ回り)さばきを使って受を前に崩し，受が右足を支点に横受け身，ま
たは宙を舞うように前回り受け身をとる技のまとまりである。技の事
例としては，体落とし，大腰，つり込み腰，背負い投げ，払い腰，跳
ね腰，内股などがある。

● 体育分野

【5】問1　ア　　問2　ア

○**解説**○　問1　「崩し」は，相手を引いたり押したりして，体を不安定な状態にすることを言う。この不安定な状態にしたところへ技をかけるので，小さな力でも投げることができる。崩しの基本は，①前に崩す，②右前隅に崩す，③右に崩す，④右後ろ隅に崩す，⑤後ろに崩す，⑥左後ろ隅に崩す，⑦左に崩す，⑧左前隅に崩す，の8種類があり，これは八方崩しと言われている。「体さばき」は，技をかけたり相手の技を防いだりするために，自分の体の位置，向きを変える動作のことを言う。片足を前方に出して相手の足のすぐ前で相手に対して直角になる「前さばき」，片足を後ろに引いて相手の足から少し離れ相手に対して直角になる「後ろさばき」，片足を前方に出して相手の体の前に回りこみ相手に対し後ろ向きになる「前回りさばき」，相手を引き込むように片足を後ろに引いて相手の体の前に回りこみ相手に対し後ろ向きになる「後ろ回りさばき」の4つが基本の体さばきとなる。「技のかけ」については，柔道の試合において技を仕掛けるタイミングを探るために，いわゆる「引かば押せ」「押さば引け」のように相手の体を不安定な形に崩し，相手との間隔や姿勢を投げるのに都合の良いように仕向けることを「作り」と呼ぶ。この「作り」によって作られた形に最もふさわしい技をかけるのが「掛け」である。「作り」と「掛け」は言わば車の両輪であり，表裏一体である。誰が見ても胸のすくような見事な技は，「作り」「掛け」そして「体さばき」が一致したものである。　問2　障害のある生徒への配慮の例として，学習指導要領解説には，「見えにくさのため活動に制限がある場合には，不安を軽減したり安全に実施したりすることができるよう，活動場所や動きを事前に確認したり，仲間同士で声を掛け合う方法を事前に決めたり，音が出る用具を使用したりするなどの配慮をする」「身体の動きに制約があり，活動に制限がある場合には，生徒の実情に応じて仲間と積極的に活動できるよう，用具やルールの変更を行ったり，それらの変更について仲間と話し合う活動を行ったり，必要に応じて補助用具の活用を図ったりするなどの配慮をする」「リズムやタイミングに合わせて動くことや複雑な動きをすること，ボールや用具の操作等が難しい場合には，動きを理解したり，自ら積極的に動いたりするこ

196

とができるよう，動きを視覚的又は言語情報に変更したり簡素化したりして提示する，動かす体の部位を意識させる，操作が易しい用具の使用や用具の大きさを工夫したりするなどの配慮をする」などが示されている。

【6】(1)　イ　　(2)　旗…エ　　言葉…やめ　　(3)　Ⅰ　オ，カ
Ⅱ　イ，エ　　Ⅲ　ア，ウ
○解説○ (1)　物打とは，先革と中結の間の部分のことを指す。この部分を有効打点に当てることで一本となる。　(2)　ア　有効打突と認める。イ　有効打突と認めない。　ウ　判定を棄権する。　オ　引き分け。(3)　オは技能，カは知識の例示である。イ・エは思考力，判断力，表現力等の例示である。ア・ウは，学びに向かう力，人間性の例示である。評価項目又は評価規準を設定する際は，学習指導要領解説の例示を参照するとよい。

【7】1　(1)　大内刈り　　(2)　大外刈り　　2　技に入る前の動作を，くり返し行う練習法。(20字)
○解説○ 1　(1)・(2)　「取」は「大内刈り」をかけ，「受」が下がって防御したところに，「大外刈り」をかける連絡技である。(1)は，右脚の膝を曲げて「受」の左膝の裏部分に内側から右膝裏部分を当てて刈っているので「大内刈り」である。(2)は，左足を軸に右脚を前方に振り上げ，相手の右脚を外側から刈り，「受」を後方に投げているので「大外刈り」である。　2　「かかり練習」とは，同じ技をくり返し練習し，崩し，体さばき，かけ方，力の用い方などの技に入る前の動作を身に付ける練習方法で，技の習得や欠点の矯正などに欠かせない練習である。

【8】1　払い面(すり上げ面)　　2　・禁止薬物を使用または保持する。・審判員または相手に対し，非礼な言動をする。　・定められた以外の用具(不正用具)を使用する。　・相手に足を掛けまたは払う。・相手を不当に場外に出す。　・試合中に場外に出る。　・自分の竹刀を落とす。　・不当な中止要請をする。　・相手に手をか

けまたは抱え込む。　　　・相手の竹刀を握るまたは自分の竹刀の刃部を握る。　　　・相手の竹刀を抱える。　　　・相手の肩に故意に竹刀をかける。　　　・倒れたとき，相手の攻撃に対応することなく，うつ伏せなどになる。　　　・故意に時間の空費をする。　　　・不当なつば(鍔)競り合いおよび打突をする。　から3つ　　3　図1…引き分けのとき　図2…中止のとき　図3…分かれのとき　図4…反則のとき

○解説○　1　払い面では，右足から攻め込むと同時に，相手の竹刀を斜め左上(右上)に払い上げ，または斜め左下に払い落として直ちに正面を打つ。払った後は，打ちに結び付けるため，竹刀を素早く振り上げ，手元を頭上にもっていくようにする。　　2　「禁止薬物を使用または保持すること。」「審判員または相手に対し，非礼な言動をすること。」に反した場合は負けとし，相手に2本を与え，退場を命ずる。退場させられた者の既得本数，既得権は認めない。「試合中に場外に出る。」に関しては，両者が相前後して，場外に出たときは，先に出た者のみ反則とする。　　3　審判員は，主審1名，副審2名を原則とし，有効打突およびその他の判定については，同等の権限を有する。審判の宣告と旗の表示方法は確認しておくこと。

【9】(1)　場面…授業の導入でめあてを確認する場面　　方法…前時に撮影した自分の動画をICT機器で視聴し，めあてに沿った課題を確認する　　(2)　・畳やマット等がやぶれていたり，穴が空いていたり，ずれていたりしていないか　　・釘やささくれ，鋲などの危険物が落ちてないか，壁にささっていないかどうか　　(3)　ぶつからないよう，隣のグループや場所，範囲を設定し，2人1組で帯を引いて相手をくずす等の帯引きゲームを行う　　(4)　・投げ技に入るまでの動き(崩し，体さばき，かけ)を繰り返し反復したり，ゆっくりした動きから速い動きに変えたりしながら，正しい技の形を身に付ける　　・技によっては受が片膝や両膝をついた姿勢や中腰の姿勢などからはじめ，徐々に立位の姿勢で行ったりするなど，受が協力して取が技をかけやすい姿勢をつくるように指導する

○解説○　(1)　他にも，固め技の自由練習の際に，ICT機器で撮影する役をグループで役割分担し，自分の姿を撮影してもらうことで動きを観

ることが考えられる。投げ技の習得の活動も同様である。　(2)　剣道場や体育館に畳を敷き詰める場合は，特に畳がずれていないかの確認も重要である。　(3)　襟と袖を互いに持って，相手の足をどちらかでも動かした方の勝ちといった攻防も考えられる。また，受け身の練習の流れで，蹲踞の姿勢から手を合わせ，タイミングを合わせることで後ろに倒すといった攻防も考えられる。　(4)　第1学年であることを考慮し，技によっては受が片膝や両膝を着く姿勢から徐々に立位にしていったり，受が取にとって技がかけられやすい姿勢を取ったりすることが必要である。

【10】問1　体さばき　　問2　見取り稽古
○解説○　問1　体さばきとは，技を掛けたり，相手の技を防いだりするために自分の体の位置や向きを変える動作のこと。前さばき，後ろさばき，前回りさばき，後ろ回りさばきの4つが基本の体さばきとなる。問2　見取り稽古においては，ただ漠然と見るのではなく，何をそこから学ぶのか明確な目的をもって臨むことが重要である。

【11】(1)　a　粘り強く　　b　人間形成　　(2)　c　膝車　　d　大腰
(3)　e　頭　　f　活動
○解説○　(1)　a　「自主的に取り組む」ことについては，「B　器械運動」から「G　ダンス」の各領域に共通して，「自己や仲間の課題に応じた練習方法を選択する学習などに自主的に取り組むこと」，「上達していくためには繰り返し粘り強く取り組むこと」の2つのポイントが示されている。　b　武道には，単に試合の勝敗を目指すだけではなく，技能の習得などを通して，人間形成を図るという考え方がある。
(2)　柔道の投げ技について学習指導要領解説では，崩しや体さばき，受け身のとり方が同系統の技ごとに，「支え技系」(膝車，支え釣り込み足など)，「まわし技系」(体落とし，大腰，釣り込み腰，背負い投げなど)，「刈り技系」(大外刈り，小内刈り，大内刈りなど)に分類して示している。　c　支え技系は，「取」が前さばき(後ろさばき)で「受」を前に崩し，「受」が右足を支点に横受け身をとる技のまとまりである。写真は「取」の足を「受」の膝に当てているので膝車である。

d　まわし技系は，「取」が前回り(後ろ回り)さばきを使って「受」を前に崩し，「受」が右足を支点に横受け身，または前回り受け身をとる技のまとまりである。写真は「受」を「取」の腰に乗せているので大腰である。　(3)　e　剣道は，顔や頭頂部は剣道具の面で覆われているが，後頭部は剣道具で保護されていないため，後方転倒による後頭打撲が多い。後頭部を打撲することにより，頸椎損傷や頸髄損傷などが懸念される。　f　後頭部を打撲した場合は，必ず活動を止めて経過を観察し，目がまわる，吐き気がする，嘔吐する，バランスがうまく取れずに歩けない，頭が痛い，ボーッとする，会話の辻褄が合わないなどの症状が見られたら，直ちに119番通報をして救急要請を行う。

【12】問1　④　　問2　①　　問3　①　　問4　③　　問5　①
〇解説〇　問1　武道特有の考え方，他のスポーツとは違う点について指導できるようにすること。　問2　第1学年及び第2学年の知識の部分に，技の説明がされているので覚えておくこと。一歩踏み込めば相手を打突でき，一歩さがれば相手の打突をはずすことのできる間合いを一足一刀の間合いという。　問3　固め技には，抑え技，絞め技及び関節技があるが，生徒の心身の発達の段階から抑え技のみを扱う。問4　二段の技，引き技についても確認しておくこと。第3学年では，抜き技として，相手が小手を打つとき，体をかわしたり，竹刀を頭上に振りかぶったりして面を打つ，小手抜き面が例示されている。問5　基本となる技について，押し，寄り，前さばき，投げ技を確認しておくこと。

【13】(1)　①　オ　　②　コ　　③　ケ　　④　キ　　⑤　ウ
(2)　・受け身が低い位置で衝撃の少ない技から，徐々に高い位置で衝撃の大きな受け身を必要とする技を扱うようにする。　　・技をかけられ受け身をとる「受」が蹲踞や片膝，両膝をついた姿勢や中腰の姿勢などからはじめ，徐々に立位の姿勢で行うようにする。
〇解説〇　(1)　有効打突の定義は必ず覚えること。剣道では，精神性も技を行ううえで重要とされる。　(2)　柔道の受け身は安全管理上，1番最初に指導するべき技である。技の種類と，指導する順番，安全管理

上行ってはならない技，禁じ手を理解しておくこと。柔道の固め技では，抑え技のみで，絞め技，関節技は扱わない。

【14】(1)　・互いに協力し合い「間合い」を正しく取らせること
・「気」を合わせて「すり足」でおこなわせること　　(2)　・絞め技
・関節技　(3)　得意技　(4)　相手が小手を打ってきたとき，竹刀
ですり上げて面を打つこと　　　(5)　ウ，オ　(6)　①　加えて
②　替えて

○**解説**○ (1)　形とは，柔道の代表的な技を体系づけてまとめたものであり，具体的には，取と受にわかれ，技の合理的な動きに従って，決められた手順で技をかけたり受けたりして，合理的な技のかけ方や技の攻防を習得する伝統的な練習方法の一つである。間合いとは，相手との距離のことであり，柔道の場合はお互いに組んだ腕の長さの距離である。それを埋めて接近し，相手を引き付けたり崩したりして有効な技をかけるための間合いの取り方が大事になる。すり足とは，試合や乱取で移動するときの歩き方で，足裏を畳にするようにして歩くことである。一方の足に体重がかかると，相手にバランスを崩されやすくなるため，畳から大きく足を上げないようにしながら，相手の動きに応じて歩く進退動作である。　(2)　学習指導要領において，固め技には，抑え技，絞め技，関節技があるが，安全上の配慮から，入学年次に引き続き抑え技のみを扱うこととし，絞め技(自らの腕や脚，襟を用いて，相手の頸を攻める技)と関節技(相手の関節を逆にまげたり，ねじったりして相手を攻める技)は取り扱わないこととしている。

(3)　高等学校の入学年次の次の年次以降の剣道における得意技とは，自己の体力や技能の程度に応じて最も打突しやすく，相手から効率的に有効打突を取ることができる技のことである。　(4)　剣道の応じ技の一つであるすり上げ技とは，打ってくる相手の竹刀をすり上げて，相手の竹刀を左右どちらかに流し，空いた部位をねらって，すかさず打っていく技のことである。　(5)　運動の特性を，運動を行う者の欲求や必要を充足する機能に着目した機能的特性，運動の技術的な構造に着目した構造的特性，運動の身体的な効果に着目した効果的特性の3つに分けると，選択肢のア・イ・エは機能的特性，ウ・オは構造的

● 体育分野

特性，カは効果的特性に分類できる。　(6)　加えて履修するとは，本
来の柔道又は剣道を履修した上で，さらにその他の武道種目を履修す
ることを示し，替えて履修するとは，本来の柔道又は剣道を履修せず
に，他の武道種目を履修することを示している。武道の授業時数は，
加えて履修する場合は増加し，替えて履修する場合は増加しないこと
になるが，授業時数については，生徒の負担が過重とならないよう配
慮することが必要である。

【15】1　④　　2　⑦　　3　①
〇**解説**〇 応仁の乱より始まる戦乱の時代に，剣術流派が相次いで成立し
たが，鉄砲の伝来により，戦闘方式は軽装備の白兵戦へと移っていっ
た。この変化に合わせ洗練された刀法が確立され，新陰流や一刀流な
どの諸流派に統合されていった。江戸幕府の開府以後，平和な時代が
訪れると，剣術は人を殺す技術から武士としての人間形成を目指す活
人剣へと昇華し，技術論のみでなく生き方に関する心法まで拡がった。

【16】ア　②　　イ　④　　ウ　①　　エ　④
〇**解説**〇 「「指導と評価の一体化」のための学習評価に関する参考資料」
からの出題である。この資料に関する問題は頻出で，授業の実施と評
価には欠かせない知識なので深く理解しておくこと。ここでは，体の
動かし方や用具の操作方法などの具体的な知識に対して，「「伝統的な
考え方」において，我が国固有の文化である武道を学習することは，
自国の文化に誇りをもつ上で有効であり，これからの国際社会で生き
ていく上で有意義であることを，汎用的な知識として指導し評価する
こととした」と説明されている。具体的な知識と汎用的な知識を分け
ることで，評価の仕方が明確になる。

【17】(1)　4　　(2)　2　　(3)　2　　(4)　1　　(5)　1
〇**解説**〇 (1)　相撲の基本的な技能は，押し，寄りである。「寄る」とは，
相手のまわしをつかんで，相手を押し込むことである。「打ったり受
けたりする」は剣道，「投げたり抑えたりする」は柔道である。柔道，

剣道，相撲それぞれの特有の表現を理解しておく必要がある。
(2)　①　第1学年及び第2学年では「自己の課題を発見し」とあり，第3学年では「自己や仲間の課題を発見し」として，学年の進行に応じた表現となっている。　②　小・中学校における保健体育科(体育科)の目標(2)においては，一貫して「他者に伝える力を養う」ことが示されていることを，押さえておく必要がある。　(3)　図の技は，相手が面を打とうとする瞬間，送り足で斜め右前に大きく踏み出し，相手からなるべく離れないようにすれ違いながら，相手に空を打たせて右胴を打つ「面抜き胴」で，応じ技の1つである。応じ技は，相手の打突を竹刀操作と体さばきによって無効にし，すかさず打ち込む技の総称である。　(4)　固め技の連絡は，相手の応じ方に対応して，自分の押さえ技を連絡させることである。図の場合は，横四方固めで抑え込んでいたとき，「受」が逃れようとするのに対して，上四方固めに連絡している。　(5)　固め技の基本姿勢は，片膝をついた姿勢と，仰向けの姿勢がある。抑え技の習得のためには，まず第一に抑え込みの3つの条件を体得することが必要である。

【18】①　K　　②　Q　　③　I　　④　S　　⑤　A　　⑥　D
⑦　T　　⑧　L　　⑨　J　　⑩　F
○解説○　しかけ技，応じ技，出ばな技，抜き技等，剣道における技の名称は，学習指導要領解説で振り返ってそれぞれの特徴を覚えておこう。

【19】問1　(1)　大腰　　(2)　横　　問2　ア　瞬発力　　イ　気力
○解説○　問1　大腰は，中学校学習指導要領解説保健体育編の第1学年及び第2学年のまわし技系に示されている技の1つである。第1学年及び第2学年では他に，支え技系の膝車や支え釣り込み足，刈り技系の大外刈り，まわし技系の体落としが示されている。公益財団法人全日本柔道連盟が出している本ガイドを参考にしながら，理解を深めておきたい。　問2　ここで示されている「礼儀」「克己」「遵法」などは，武道のアイデンティティともいえる言葉である。なお，文科省が作成している「学校体育実技指導資料」は，柔道以外にも「水泳」や「体つくり運動」など数種類あるので，目を通しておきたい。

【20】(1) 他人の稽古を見て，相手との距離の取り方や相手の隙をつい
　て勢いよく技をしかける機会，技のかけ方や武道特有の気合いなどを
　学ぶ練習方法のこと。　　(2) 重なり合って倒れる時に，上になった
　人が相手をかばうために先に手をつくことであり，先に手をついても
　負けとはならない。　　(3) 開き足

○**解説**○ 難易度はかなり高めである。武道は柔道，剣道，相撲のどれを
　とっても技などの名称が覚えにくい。繰り返し参考書に目を通すこと
　を続けよう。

【1】「ダンス」について，次の問1，問2に答えなさい。

　問1　中学校におけるダンスの学習に関する次のa～dについて，誤り
　　を含むものはいくつあるか，以下の1～4のうちから1つ選びなさい。

　　a　「その他のダンス」を「創作ダンス」「フォークダンス」及び
　　　「現代的なリズムのダンス」に替えて履修することはできない。

　　b　オクラホマ・ミクサーは，列の先頭のカップルに動きを合わせ
　　　て踊るダンスである。

　　c　ダンスの領域は，第1学年及び第2学年においては，すべての生
　　　徒に履修させ，第3学年では，器械運動，水泳，陸上競技，武道
　　　及びダンスのまとまりの中から1領域以上を選択して履修できる
　　　ようにする。

　　d　ダンスの特性として，現在，様々なダンスが世代や人種及び障
　　　害の有無等を超えて世界の人々に親しまれていることを理解でき
　　　るようにする。

　　1　1つ　　　2　2つ　　　3　3つ　　　4　4つ

　問2　ダンスに関する次のa～dについて，正誤の組合せとして正しい
　　ものを，以下の1～4のうちから1つ選びなさい。

　　a　1拍目を膝の屈曲でとるとアップのリズムとなり，膝の伸展でと
　　　るとダウンのリズムとなる。

　　b　軽くジャンプするときに踏み切った足と同じ足で着地すること
　　　を「ホップ」という。

　　c　フォークダンスでは，日本や外国の風土や風習，歴史などの文
　　　化的背景や情景を思い浮かべて，みんなで踊って楽しむことが大
　　　切である。

　　d　創作ダンスの群での動きでは，一斉の動きを「ユニゾン」とい
　　　い，少しずつずらした動きを「カノン」という。

● 体育分野

	a	b	c	d
1	誤	正	正	正
2	正	誤	正	誤
3	正	正	誤	誤
4	誤	誤	誤	正

┃ 2024年度 ┃ 宮城県・仙台市 ┃ 難易度 ┃

【2】次の文章は，平成29年告示の中学校学習指導要領解説「保健体育編」の「Gダンス」[第1学年及び第2学年]「(3)　学びに向かう力，人間性等」及び平成30年告示の高等学校学習指導要領解説「保健体育編　体育編」の「Gダンス」[入学年次の次の年次以降]「(3)　学びに向かう力，人間性等」の抜粋である。次の(①)~(⑥)に当てはまる語句を答えよ。

【中学校選択問題】

> ダンスに(①)に取り組むとともに，仲間の(②)を援助しようとすること，(③)などの話合いに(④)しようとすること，一人一人の違いに応じた(⑤)や(⑥)を認めようとすることなどや，健康・安全に気を配ること。

【高等学校選択問題】

> ダンスに(①)に取り組むとともに，互いに(②)し高め合おうとすること，(③)に(④)しようとすること，一人一人の違いに応じた(⑤)や(⑥)を大切にしようとすることなどや，健康・安全を確保すること。

┃ 2024年度 ┃ 岡山県 ┃ 難易度 ┃

【3】次の文章は，「中学校学習指導要領解説　保健体育編」(平成29年7月)及び「高等学校学習指導要領解説　保健体育編　体育編」(平成30年7月)の第2章　保健体育科の目標及び内容　第2節　各分野*の目標及び内容　から，「ダンス」について，中学校第3学年と高等学校入学年

次で共通する部分を抜粋したものである。以下の各問いに答えなさい。

＊　高等学校は，「各科目」

---

(1)　知識及び技能

　ダンスについて，次の事項を身に付けることができるよう指導する。

> (1)　次の運動について，感じを込めて踊ったり，みんなで自由に踊ったりする楽しさや喜びを味わい，ダンスの名称や用語，踊りの特徴と表現の仕方，交流や発表の仕方，運動観察の方法，体力の高め方などを理解するとともに，イメージを深めた表現や踊りを通した交流や発表をすること。
>
> ア　創作ダンスでは，表したいテーマにふさわしいイメージを捉え，個や群で，緩急強弱のある動きや空間の使い方で変化を付けて即興的に表現したり，簡単な作品にまとめたりして踊ること。
>
> イ　フォークダンスでは，日本の民踊や A 外国の踊りから，それらの B 踊り方の特徴を捉え，音楽に合わせて特徴的なステップや動きと組み方で踊ること。
>
> ウ　現代的なリズムのダンスでは，リズムの特徴を捉え，変化とまとまりを付けて，リズムに乗って全身で踊ること。

---

(1)　下線部Aについて，フォークダンスの曲名を1つ答えなさい。

(2)　下線部Bの具体的な例として，グランド・チェーンの行い方を覚えて踊ることがあげられる。「グランド・チェーン」とは，どのような動きか説明しなさい。

‖ 2024年度 ‖ 京都府 ‖ 難易度 ▬▬▬□□

【4】次の文章は「高等学校学習指導要領(平成30年告示)解説　保健体育編　体育　平成30年7月」の「第1部　保健体育編」「第2章　保健体育科の目標及び内容」「第2節　各科目の目標及び内容」「体育　3　内

容」「G　ダンス[入学年次](1)　知識及び技能」から一部を抜粋したものです。文中の(　①　)〜(　④　)に適する語句を答えなさい。

> ア　創作ダンスでは，表したいテーマにふさわしい(　①　)を捉え，個や群で，緩急強弱のある動きや(　②　)の使い方で(　③　)を付けて即興的に表現したり，簡単な作品にまとめたりして踊ること。
> イ　フォークダンスでは，日本の民踊や外国の踊りから，それらの踊り方の(　④　)を捉え，音楽に合わせて(　④　)的なステップや動きと組み方で踊ること。
> ウ　現代的なリズムのダンスでは，リズムの(　④　)を捉え，(　③　)とまとまりを付けて，リズムに乗って全身で踊ること。

┃2024年度┃名古屋市┃難易度

【5】ダンスについて，次の問に答えよ。
問1　次の文章は，学校体育において取り扱うダンスについて述べたものである。　ア　〜　ウ　にあてはまる語句を答えよ。

> 学校では，若者の流行を反映して新たに加わった　ア　とともに，すでに半世紀も前から取り組まれてきた，自己の思想や感情を自由に身体で表現する　イ　と，民族固有の伝承の形式を持ち，仲間と踊り楽しむ　ウ　(日本の民謡を含む)を学習する。

問2　次の文章は，フォークダンスにおけるスタンプとブラッシュについて述べたものである。正しいものをA〜Eから一つ選び，記号で答えよ。
A　自然に歩くステップをスタンプといい，足のボール部分やヒール部分でターンすることをブラッシュという。
B　リズムに合わせてかけ足をすることをスタンプといい，示された方向に足を振ることをブラッシュという。
C　体重をかけずつま先やかかとを床に軽くタッチすることをスタンプといい，片足で軽くジャンプして，踏み切った足と反対の足

で着地することをブラッシュという。

D 片足にもう一方の足を寄せることをスタンプといい，軽くジャンプするときに，踏み切った足と同じ足で着地することをブラッシュという。

E 足裏全体で床を打つことをスタンプといい，足のボールの部分で床をこすり上げることをブラッシュという。

2024年度 ▌ 島根県 ▌ 難易度 ■■■□□□

【6】「ダンス」について，問1，問2に答えなさい。

問1 高等学校学習指導要領解説(保健体育編)(平成30年7月)における入学年次の「ア 創作ダンス」の技能の表したいテーマと題材や動きの例示の組合せとして，正しいものを選びなさい。

① 身近な生活や日常動作
・「出会いと別れ」では，すれ違ったりくっついたり離れたりなどの動きを，緩急強弱を付けて繰り返して表現すること。

② 対極の動きの連続
・「ねじる―回る―見る」では，ゆっくりギリギリまでねじって力をためておき，素早く振りほどくように回って止まり，視線を決めるなどの変化や連続のあるひと流れの動きで表現すること。

③ 群(集団)の動き
・2～3群に分かれてタイミングをずらした動き(カノン)，全体で統一した動き(ユニゾン)，密集―分散，縦・横・斜めの列や円に並ぶなど，群の動きや隊形を工夫して空間が変化するように表現すること。

④ もの(小道具)を使った動き
・大きな布では，布の中に隠れる・出る，布をまるめる・広げる・揺らすなど，「もの」を使って，形状に変化を付けた動きで表現すること。

ア ①② イ ①③ ウ ②③ エ ②④ オ ③④

問2 次の文は，高等学校学習指導要領解説(保健体育編)(平成30年7月)における入学年次の次の年次以降の「ダンス」について述べたもの

である。空欄に当てはまる語句の組合せとして，正しいものを選び
なさい。

　入学年次の次の年次(その次の年次)以降のダンスでは，多様な楽
しさや喜びを味わい，ダンスの[　①　]などを理解するとともに，
交流や発表をすること，生涯にわたって運動を豊かに継続するため
の課題に取り組み，考えたことを他者に伝えること及びダンスに主
体的に取り組むとともに，[　②　]などの意欲を育み，健康・安全
を確保することができるようにする。

　なお，ダンスの多様な楽しさや喜びを味わうこととは，感じを込
めて踊ったり仲間と自由に踊ったりすることを通して得られる楽し
さや喜びに加えて，体力や技能の程度等にかかわらず，「[　③　]」
などのスポーツの多様な楽しさや喜びを味わうことである。

	①	②	③
ア	特徴と表現の仕方	協力、公正、参画	違いに応じた表現や役割を大切にする
イ	特徴と表現の仕方	協力、参画、共生	する、みる、支える、知る
ウ	名称や用語	協力、公正、参画	違いに応じた表現や役割を大切にする
エ	名称や用語	協力、参画、共生	する、みる、支える、知る
オ	名称や用語	協力、公正、参画	する、みる、支える、知る

▌2024年度 ▌北海道・札幌市 ▌難易度 ■■■■□□

【7】ダンスについて，次の問いに答えなさい。

　次の図は，フォークダンスの基本動作におけるポジションである。
空欄 ア ～ エ に当てはまるものの組合せとして最も適切なもの
を，以下の①～⑤のうちから選びなさい。

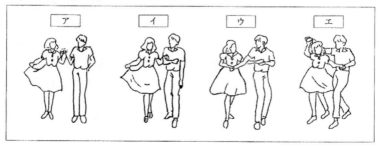

① ア　オープン・ポジション　　　　イ　プロムナード・ポジション
　　ウ　エスコート・ポジション　　　　エ　バルソビアナ・ポジション
② ア　バルソビアナ・ポジション　　　イ　プロムナード・ポジション
　　ウ　エスコート・ポジション　　　　エ　オープン・ポジション
③ ア　エスコート・ポジション　　　　イ　オープン・ポジション
　　ウ　バルソビアナ・ポジション　　　エ　プロムナード・ポジション
④ ア　バルソビアナ・ポジション　　　イ　オープン・ポジション
　　ウ　プロムナード・ポジション　　　エ　エスコート・ポジション
⑤ ア　オープン・ポジション　　　　　イ　エスコート・ポジション
　　ウ　プロムナード・ポジション　　　エ　バルソビアナ・ポジション

┃**2024年度**┃ 神奈川県・横浜市・川崎市・相模原市 ┃**難易度**┃■■■□□

【8】 現代的なリズムのダンスは，「リズムに乗って全身で自由に踊る」
　　ことが大切である。中学校学習指導要領解説保健体育編の第1学年及
　　び第2学年の内容を踏まえ，次の文の(①)，(②)に最も適する
　　語句を以下のア～クから1つずつ選び，その記号を書きなさい。

> ・ リズムの特徴を捉え，変化のある動きを組み合わせて，リ
> 　ズムに乗って(①)を中心に全身で自由に弾んで踊る。
> ・ ヒップホップは(②)ごとにアクセントのある細分化され
> 　たビートを強調して踊る。

ア　上半身　　イ　下半身　　ウ　体幹部　　エ　円　　オ　1拍
カ　2拍　　　キ　4拍　　　ク　8拍

┃**2024年度**┃ 青森県 ┃**難易度**┃■■■■□

【9】 ダンスについて，次のそれぞれの問いに答えなさい。
　　問1　次の記述は，「中学校学習指導要領(平成29年告示)解説　保健体
　　　　育編」の中で，ダンス[第1学年及び第2学年]の知識及び技能につい
　　　　て示されているものの一部である。[1]，[2]に当てはまる
　　　　ものとして最も適切なものを，それぞれの語群の①～④のうちから
　　　　選びなさい。

○ 技能

ア 創作ダンス

～中略～

　　指導に際しては，テーマに適した動きで表現できるようにすることが重要となるため，①多様なテーマの例を具体的に示し，取り組みやすいテーマを選んで，動きに変化を付けて素早く[　1　]に表現することができるようにする。

～中略～

〈多様なテーマと題材や動きの例示〉

　　下記のAからEまでは多様なテーマの例示であり，括弧の中はそのテーマから浮かび上がる題材や関連する動き，並びに展開例である。

～中略～

D　群(集団)の動き(集まる―とび散る，磁石，エネルギー，対決　など)

　　・仲間と関わり合いながら密集や分散を繰り返し，ダイナミックに[　2　]動きで表現すること。

[　1　]の語群

① 自由　　② リズミカル　　③ シンプル　　④ 即興的

[　2　]の語群

① ひとまとまりの　　② ひと流れの　　③ 空間が変化する

④ 感情を表現する

問2　次の記述は，「中学校学習指導要領(平成29年告示)解説　保健体育編」の中で，ダンス[第3学年]の学びに向かう力，人間性等について示されているものの一部である。[　　]に当てはまるものとして最も適切なものを，以下の語群の①～④のうちから選びなさい。

(3)　学びに向かう力，人間性等

　　～中略～

　　　一人一人の違いに応じた表現や役割を大切にしようとするとは，体力や技能の程度，性別や障害の有無等に応

じて，自己の状況に合った実現可能な課題の設定や
[　　]しようとしたり，練習や交流及び発表の仕方の修正
に合意しようとしたりすることを示している。そのため，
様々な違いを超えて踊りを楽しむことができる配慮をす
ることで，ダンスのよりよい環境づくりに貢献すること，
違いに応じた配慮の仕方があることなどを理解し，取り
組めるようにする。

語群

① 挑戦を大切に　　　　② 自主的な学習への取り組みを大切に
③ 仲間の助言を大切に　④ 自己の責任を果たすことを大切に

問3　次の記述は，「中学校学習指導要領(平成29年告示)解説　保健体育編」の中で，ダンス[第3学年]の知識及び技能について示されているものの一部である。[　1　]，[　2　]に当てはまるものとして最も適切なものを，それぞれの語群の①～④のうちから選びなさい。

○　技能
　～中略～
　イ　フォークダンス
　～中略～
　〈曲目と動きの例示〉
　　　○　日本の民踊
　～中略～
　　・越中おわら節などの[　1　]に由来をもつ踊りでは，種
　　　まきや稲刈りなどの手振りの動きを強調して踊ること。
　～中略～
　ウ　現代的なリズムのダンス
　～中略～
　〈リズムと動きの例示〉
　　　簡単なリズムの取り方や動きで，音楽のリズムに同調
　　　したり，体幹部を中心とした[　2　]をしたりして自由
　　　に踊ること。

● 体育分野

　　　[　1　]の語群
　　① 　力強い踊り
　　② 　労働の作業動作
　　③ 　小道具を操作する動作
　　④ 　手拭いでコマを回したりする動作
　　　[　2　]の語群
　　① 　相手と対応する動き　　② 　シンプルに弾む動き
　　③ 　スイングなどの動き　　④ 　縦のりの動き

┃2024年度┃神奈川県・横浜市・川崎市・相模原市┃難易度■■■□□

【10】次の文章は，「学校体育実技指導資料　第9集　表現運動系及びダンス指導の手引(平成25年3月　文部科学省)　第1章　理論編　第1節『表現運動系及びダンス』のねらいと内容　2　『表現運動系及びダンス』のねらいと内容　(3)　『ダンス系』領域の内容とねらい」の一部である。(a)～(e)に当てはまる語句の組合せとして正しいものを，以下の①～⑤の中から一つ選べ。

> 　そもそもダンスは，人類の最古の文化の一つであり，踊りを持たない民族はないといわれるように，今日に至るまで，時代とともに変容しながら常に人間の生活と深く関わって存在してきた文化です。ダンスの語源の一つに「(a)の欲求」という意味があるように，人々は様々な思いや欲求を(b)で語りかけ，生きる証として踊り，踊りを通して他者と共感・交流してきました。そして，現在，老若男女を問わず，多種多様なダンスがさまざまな地域で踊られています。踊って楽しむ(c)的なダンスや，観て楽しむ(d)的なダンス，(e)的発生の特徴を持つ歌舞伎舞踊やフラダンス，舞台芸術としてのバレエなどは，その一例と言えます。

① 　a 　生命　　　b 　身体　　　c 　娯楽　　　d 　芸術　　　e 　民俗
② 　a 　肉体　　　b 　身体　　　c 　快楽　　　d 　芸術　　　e 　民族
③ 　a 　生命　　　b 　表現　　　c 　娯楽　　　d 　芸術　　　e 　民族
④ 　a 　肉体　　　b 　身体　　　c 　快楽　　　d 　鑑賞　　　e 　民俗

⑤　a　生命　　　b　表現　　　c　娯楽　　　d　鑑賞　　　e　民俗

2024年度　岐阜県　難易度 ▮▮▮□□

【11】ダンスについて，次の問いに答えよ。

(1)　次の文章は，高等学校学習指導要領(平成30年告示)　解説　保健体育編　体育編(平成30年7月)「第1部　保健体育編　第2章　保健体育科の目標及び内容　第2節　各科目の目標及び内容　「体育」　3　内容」の「G　ダンス　[入学年次の次の年次以降]　(1)　知識及び技能　○　技能　ア　創作ダンス」の＜表したいテーマと題材や動きの例示＞で示されたものである。文中の[　a　]，[　b　]にあてはまる語句の組み合わせとして最も適当なものを，以下の①から⑥までの中から一つ選び，記号で答えよ。

> ＜表したいテーマと題材や動きの例示＞
> A　身近な生活や日常動作
> B　対極の動きの連続
> C　[　a　]
> D　[　b　]
> E　もの(小道具)を使った動き
> F　はこびとストーリー

①　a－激動な感じ　　　b－個の動き
②　a－多様な感じ　　　b－個の動き
③　a－激動な感じ　　　b－群(集団)の動き
④　a－多様な感じ　　　b－群(集団)の動き
⑤　a－個の動き　　　　b－隊形を使った動き
⑥　a－群(集団)の動き　b－激動な感じ

(2)　次の文章は，「現代的なリズムのダンス」についての説明である。文中の[　a　]から[　d　]にあてはまる語句の組み合わせとして最も適当なものを，以下の①から⑥までの中から一つ選び，記号で答えよ。(「ビジュアル新しい体育実技」(東京書籍)より)

> ロックの弾みやヒップホップの[　a　]ノリの動きの特徴をとらえ，からだの各部位でリズムを取ったりして，[　b　]で

弾みながら簡単な繰り返しのリズムで踊る。

　リズムには，1・3・5・7カウント目にリズムを下で取る[　c　]のリズムと，1・3・5・7カウント目にリズムを上で取る[　d　]のリズムがある。おへそを意識して動くと，大きく動ける。

①	a	前	b	縦	c	アップ	d	全身
②	a	前	b	全身	c	横	d	縦
③	a	後	b	アップ	c	ダウン	d	縦
④	a	縦	b	全身	c	ダウン	d	アップ
⑤	a	後	b	ダウン	c	縦	d	全身
⑥	a	横	b	足	c	アップ	d	ダウン

(3)　「世界と日本のフォークダンス」について，次のア～ソの踊りとその国や地域の関係が誤っているものの組み合わせとして最も適当なものを，以下の①から⑥までの中から一つ選び，記号で答えよ。
(「図説　新中学校体育実技」(大日本図書)より)

	踊り	国、地域
ア	花笠音頭	山形
イ	ドードレブスカ・ポルカ	チェコ
ウ	オクラホマ・ミクサー	アメリカ
エ	エイサー	沖縄
オ	よさこい節	北海道
カ	春駒	京都
キ	マイム・マイム	イスラエル
ク	ソーラン節	北海道
ケ	コロブチカ	ロシア
コ	炭坑節	福岡
サ	グスタフス・スコール	スウェーデン
シ	ハーモニカ	アメリカ
ス	タタロチカ	ロシア
セ	バージニア・リール	アメリカ
ソ	オスロー・ワルツ	イギリス

① ア・イ・エ　　② ウ・キ・ソ　　③ オ・カ・シ

④ ク・ス・セ　　⑤ ケ・コ・サ　　⑥ イ・サ・セ

【12】 次の文は，中学校学習指導要領解説保健体育編(平成29年7月)に示されているダンスの第3学年の知識及び技能についての抜粋である。文中の(①)～(④)に入る適切な語句をそれぞれ答えよ。

> 　運動観察の方法では，自己の動きや仲間の動き方を分析するには，自己観察や(①)などの方法があることを理解できるようにする。例えば，ダンスを見せ合うことでお互いの動きを観察したり，ICTなどで自己やグループの表現や踊りを観察したりすることで，自己の取り組むべき技術的な(②)が明確になり，学習の成果を高められることを理解できるようにする。
>
> 　体力の高め方では，ダンスのパフォーマンスは，体力要素の中でも，主として(③)性，平衡性，(④)持久力などに影響を与える。そのため，いろいろな動きと関連させた(③)運動やリズミカルな(④)運動をすることで，結果として体力を高めることができることを理解できるようにする。

┃ 2024年度 ┃ 山口県 ┃ 難易度 ▮▮▮▮▮▯▯

【13】 次の(1)～(4)の各問いに答えなさい。

(1)　次は，中学校学習指導要領(平成29年告示)解説　保健体育編「第2章　保健体育科の目標及び内容　第2節　各分野の目標及び内容〔体育分野〕2　内容　G　ダンス [第1学年及び第2学年] (1)　知識及び技能　○　技能　イ　フォークダンス」の一部です。①，②に入る語句を，以下の1～4の中から1つずつ選びなさい。

> 　踊り方の特徴を捉えるとは，日本の民踊では，地域に伝承されてきた民踊や代表的な日本の民踊を取り上げ，その特徴を捉えることである。例えば，日本の民踊には，着物の袖口から出ている手の動きと裾さばきなどの足の動き，(①)足どりと腰の動き，ナンバ(左右同側の手足を同時に前に振り出す動作)の動き，小道具を操作する動き，(②)，男踊りや女踊り，歌や掛け声を伴った踊りなどの特徴がある。

①　1　穏やかでゆったりとした　　2　小刻みで軽快な

　　　　3　逃げるような　　　　　　4　低く踏みしめるような

②　1　列踊り　　2　立ち踊り　　3　輪踊り　　4　組踊り

(2)　次は，中学校学習指導要領(平成29年告示)解説　保健体育編「第2章　保健体育科の目標及び内容　第2節　各分野の目標及び内容〔体育分野〕2　内容　G　ダンス　[第3学年]　(1)　知識及び技能　○　技能　ア　創作ダンス」の一部です。①，②に入る語句の組み合わせとして正しいものを，以下の1～4の中から1つ選びなさい。

> 　個や群での動きとは，即興的に表現したり作品にまとめたりする際のグループにおける個人や集団の動きを示している。個人や集団の動きには，主役と脇役の動き，一斉の同じ動き(①)やばらばらの異なる動き，集団の動きを少しずつずらした動き(②)，密集や分散の動きなどがある。

1　①　(シンメトリー)　　②　(カノン)
2　①　(シンメトリー)　　②　(コントラスト)
3　①　(ユニゾン)　　②　(カノン)
4　①　(ユニゾン)　　②　(コントラスト)

(3)　次は，中学校学習指導要領(平成29年告示)解説　保健体育編「第2章　保健体育科の目標及び内容　第2節　各分野の目標及び内容〔体育分野〕2　内容　G　ダンス　[第3学年]　(1)　知識及び技能　○　技能　ウ　現代的なリズムのダンス」に示されている〈リズムと動きの例示〉の一部です。①，②に入る語句の組み合わせとして正しいものを，以下の1～4の中から1つ選びなさい。

> ・簡単なリズムの取り方や動きで，音楽のリズムに同調したり，(①)を中心としたシンプルに弾む動きをしたりして自由に踊ること。
> ・軽快なロックでは，全身でビートに合わせて弾んだり，ビートのきいたヒップホップでは(②)の上下に合わせて腕を動かしたりストップするようにしたりして踊ること。

1　①　下半身　　②　肩　　2　①　体幹部　　②　肩
3　①　下半身　　②　膝　　4　①　体幹部　　②　膝

(4) 次は，中学校学習指導要領(平成29年告示)解説　保健体育編「第2章　保健体育科の目標及び内容　第2節　各分野の目標及び内容〔体育分野〕2　内容　G　ダンス　内容の取扱い」に示されている表現・創作ダンスの題材・テーマと動きの例の一部です。中学校3年の題材・テーマと動きの例として示されていないものを，1〜4の中から1つ選びなさい。

1　身近な生活や日常動作　　　2　対極の動きの連続
3　群(集団)が生きる題材　　　4　はこびとストーリー

2024年度 ▌ 埼玉県・さいたま市 ▌ 難易度 ■■■□□

解答・解説

【1】問1　3　　問2　1

○**解説**○　問1　a，b，cが誤りである。aについて，「原則として，その他のダンスは，創作ダンス，フォークダンス，現代的なリズムのダンスに加えて履修させること」とあるが，学校や地域の特別の事情がある場合には，「替えて履修させることもできる」とある。bについて，オクラホマ・ミクサーの隊形は，内側と外側でカップルを作り，男女がともに円心を見た姿勢の右側を向いたダブルサークルである。cについて，第3学年では器械運動，陸上競技，水泳およびダンスのまとまりの中から1領域以上を選択して履修できるようにすること。
問2　aについて，「屈曲」と「伸展」が反対である。屈曲が関節を曲げる動作に対し，伸展は関節を伸ばす動作のこと。

【2】【中学校選択問題】　①　積極的　　②　学習　　③　交流
④　参加　　⑤　表現　　⑥　役割　【高等学校選択問題】　①　主体的　　②　共感　　③　合意形成　　④　貢献　　⑤　表現
⑥　役割

○**解説**○　【中学校選択問題】　①　「ダンスに積極的に取り組む」とは，発達の段階や学習の段階に適した課題を設定したり，練習の進め方や

場づくりの方法を選んだりする学習などに積極的に取り組むこと。
② 「仲間の学習を援助しようとする」とは，練習の際に，仲間の動き
の手助けをしたり，学習課題の解決に向けて仲間に助言したりしよう
とすること。　③・④ 「交流などの話合いに参加しようとする」と
は，イメージを捉えた表現，簡単な作品創作の場面や踊りを通した交
流の見せ合う場面で，自らの考えを述べるなど積極的に話合いに参加
しようとすること。　⑤・⑥ 「一人一人の違いに応じた表現や役割
を認めようとする」とは，体力や技能の程度，性別や障害の有無等に
応じて，自己の状況に合った実現可能な課題の設定や挑戦及び交流の
仕方を認めようとすること。　【高等学校選択問題】 ① 「ダンスに
主体的に取り組む」とは，「する，みる，支える，知る」などの学習
に主体的に取り組もうとすること。　② 「互いに共感し高め合おうと
する」とは，練習や交流及び発表を行う際に，互いの表現や踊りを認
め合い，仲間のよい動きやアイデアを生かして踊りを工夫したり，課
題を伝え合ったりするなどの活動に自ら取り組もうとすること。
③・④ 「合意形成に貢献しようとする」とは，作品づくりや練習及
び交流や発表などの話合いの場面で，対立意見が出た場合でも，仲間
を尊重し相手の感情に配慮しながら発言したり，提案者の発言に同意
を示したりして建設的な話合いを進めようとすること。
⑤・⑥ 「一人一人の違いに応じた表現や役割を大切にしようとする」
とは，体力や技能の程度，性別や障害の有無等に応じて，自己や仲間
の状況に合った実現可能な課題の設定や挑戦を大切にしようとした
り，練習や交流及び発表の仕方を工夫しようとしたりすること。

【3】(1)　マイムマイム，ハーモニカ，オクラホマミキサー，ラクカラ
　　チャ　から1つ　　(2)　次々と替わる相手と合わせて踊ること。
○**解説**○ (1)　中学校第3学年及び高等学校入学年次では，フォークダン
　　スとして，ヒンキー・ディンキー・パーリ・ブー(アメリカ)，ハーモ
　　ニカ(イスラエル)，オスローワルツ(イギリス)，ラ・クカラーチャ(ラ
　　クカラチャ)(メキシコ)が例示されている。　(2)　ヒンキー・ディンキ
　　ー・パーリ・ブーは，グランドチェーンを用いて踊る。

【4】① イメージ　② 空間　③ 変化　④ 特徴

○**解説**○ ダンスについて，高等学校学習指導要領解説より出題された。ダンスは，創作ダンス，フォークダンス，現代的なリズムのダンスについて，技能に関する内容を同資料で確認し覚えておくこと。創作ダンスでは多様なテーマと題材や動きの例示，フォークダンスでは踊りと動きの例示，現代的なリズムのダンスではリズムと動きの例示が示されているので，理解しておくこと。

【5】問1　ア　現代的なリズムのダンス　イ　創作ダンス　ウ　フォークダンス　問2　E

○**解説**○ 問1　様々なダンスが存在するが，価値としては等価である。なかでも，表現系ダンスは文化の創造，リズム系ダンスは人間に内在する根源的な律動(リズム)の生成，フォークダンスは文化の伝承という，異なる価値を持った典型として設定されている。さらに，小学生から高校生までの男女を問わず，誰もが学習する内容を明確にもち，保健体育科の年間授業時数の中で習得可能なダンスの内容を考慮した時に，学校における学習内容として取り上げられたのが「三つのダンス」である。　問2　スタンプとは，遊脚で床を強く打つこと。「タン！」という音をたてる，通常は足裏全体で行うステップのことである。スタンプの後，通常は体重をかけないが，踊りによっては，スタンプしながらステップする場合もある。カウントは，打った時点でとる。ブラッシュとは，遊脚のボールで床をこすりながらキックすることである。こする前後は足裏を床からはっきりと離す。方向は指定がなければ前方である。

【6】問1　ア　問2　エ

○**解説**○ 問1　③と④については，その次の年次以降の例示である。問2　「協力」は，仲間の表現や踊りを認め合うなど，互いに共感し高め合おうとすること，「参画」は，作品づくりなどの話し合う場面で合意形成に貢献しようとすること，「共生」は，一人一人の違いに応じた表現や役割を大切にしようとすることである。

● **体育分野**

【7】⑤
○**解説**○ アは，ダブルサークルでLOD向きなど，男女同じ方向を向いて横並びになり，内側の手を連手する。イは，パートナー同士は同方向を向き，女子は男子の右側に立って並ぶ，男子が右ひじを曲げて手首を自分の腰につけて輪をつくり，女性がそこに左手をかける。通常，男性の腕に女性がかける。空いた手は通常下げる。ウは，ダンスしながら歩くのに適したポジションで，同じ向きに並び，右手同士，左手同士をつなぐ。エは，女性は右手で自分の右肩を触る位置までもっていく。男性は右手を女性の後ろから伸ばして女性の右手とつなぎ，左手は自然な位置でつなぐ。

【8】① ウ　② オ
○**解説**○ ①　体幹部について，小学校学習指導要領解説体育編では「へそ(体幹部)」，中学校学習指導要領解説保健体育編では「体幹部(重心部)」と記されている。人の体の重心部とはへその少し下のあたりであり，体幹部(重心部，へそ)を意識して踊ることにより動きも大きくなる。　②　ヒップホップは，体の上下運動を行う縦ノリの動きで，1拍ごとの強いアクセントに合わせて，体を下に落とすダウンや体を上に引き上げるアップの動きでリズムをとりながら踊る。

【9】問1　1　④　　2　③　　問2　①　　問3　1　②　　2　②
○**解説**○　問1　創作ダンスは，多様なテーマから表したいイメージを捉え，動きに変化を付けて即興的に表現することや，変化のあるひとまとまりの表現ができるようにすることをねらいとしている。フォークダンスと現代的なリズムのダンスについても確認しておくこと。2　A～Eまでテーマと題材や動きの例示が示されているので確認し覚えておきたい。　問2　一人一人の違いに応じた表現や交流，発表の仕方などを大切にしようとすることを指導したい。　問3　日本の民踊では他に，よさこい鳴子踊り，こまづくり唄，大漁唄い込み，外国のフォークダンスでは，ヒンキー・ディンキー・パーリ・ブー，ハーモニカ，オスローワルツ，ラ・クカラーチャが示されているので確認しておくこと。　2　第3学年では，リズムの特徴を捉え，変化とまと

まりを付けて，リズムに乗って体幹部を中心に全身で自由に弾んで踊ることができるようにする。それぞれのジャンルの違いを理解し，リズムの特徴をとらえられるようにしたい。

【10】①
○**解説**○ 民族的発生の特徴をもつダンスの代表格はフォークダンスであり，日本の民謡もこれに含まれる。中学校，高等学校ともに学習指導要領解説に登場しているフォークダンスや民謡の名称・国名(県名)をなるべく多く覚えておきたい(岐阜県にも郡上おどりという全国的に有名な民謡がある)。また，ダンスの語源に「生命の欲求」という意味があるというのは興味深い。

【11】(1) ④ (2) ④ (3) ③
○**解説**○ (1) 学習指導要領解説における創作ダンスの「多様なテーマと題材や動きの例示」は，中学校第1学年から高等学校入学年次の次の年次以降の全ての段階で，AからFまでの表したいテーマの例示が次のように共通して示されている。A身近な生活や日常動作，B対極の動きの連続，C多様な感じ，D群(集団)の動き，Eものを使った動き，Fはこびとストーリー(Fは中学校第1学年及び第2学年にはない)。なお，そのテーマから浮かび上がる題材や動きの例示は学年の発達段階に応じて異なっている。 (2) 体全体を左右に動かしてリズムをとる動きを横ノリの動き，体全体を上下に動かしてリズムをとる動きを縦ノリの動きという。縦ノリの動きは，体の各部位でリズムをとったり，体幹部(おへそ)を中心にリズムに乗ったりして全身で自由に弾みながら踊る。また，カウントに合わせて膝を曲げ，体を下に落としてリズムを取る方法がダウン，カウントに合わせて膝を伸ばし，体を上に引き上げてリズムを取る方法がアップである。ダウンは1・3・5・7のカウントに合わせて膝を曲げ，2・4・6・8のカウントは膝を伸ばす。アップは1・3・5・7のカウントに合わせて膝を伸ばし，2・4・6・8のカウントは膝を曲げる。 (3) オ 「よさこい節」は高知県の民謡である。 カ 「春駒」は岐阜県郡上市八幡町(郡上八幡)の「郡上おどり」における踊り，郡上節の一つである。 シ 「ハーモニカ」はイスラエルの民謡で

ある。

【12】 ① 他者観察　② 課題　③ 柔軟　④ 全身
○**解説**○ 選択肢がないので難易度は高い。第3学年の「運動観察の方法」はダンス以外の領域でも頻出の問題であるから，その内容をしっかり押さえておきたい。ダンスでは「柔軟性」，「平衡性」，「全身持久力」が体力要素として向上しやすいことを把握しよう。

【13】 (1) ① 4　② 3　(2) 3　(3) 4　(4) 3
○**解説**○ (1) 日本の民謡の踊り方の特徴として，低く踏みしめるような足どりやナンバの動きなどがあることを覚えておきたい。ナンバは，左手と右手が同時に出るような動きで，日本の踊りのほか武道においてもよくある基本的な動きである。日本の民謡の踊りの隊形には，輪踊り，正面踊り，流し踊りがある。　(2) シンメトリーは，左右線対称の動きや構成のことで，コントラストは高低，曲直を配置する構成のことである。他に，左右非対称の動きや構成のアシンメトリーや，個と群，群と群で対峙する構成の対立などがある。　(3) 現代的なリズムのダンスは，リズムの特徴を捉え，リズムに乗って体幹部を中心に全身で自由に弾んで踊る。ロックは全身でビートに合わせて弾んで踊り，ヒップホップは膝の上下に合わせて腕を動かしたりして踊る。(4) 「身近な生活や日常動作」と「対極の動きの連続」は中学校全学年で例示され，「はこびとストーリー」は第3学年で例示されている。「はこびとストーリー」は，いちばん表現したい中心の場面を「ひと流れの動き」で表現し，はじめとおわりを付けて簡単な作品にまとめて踊ることである。「群(集団)が生きる題材」は，小学校高学年の「表現運動」の指導事項である。

実施問題

【1】次の各問いに答えなさい。なお，競技規則等は，令和4年度全国高等学校総合体育大会実施要項にて示されたものに準拠する。

(1) バドミントン競技のシングルスにおいて，プレーヤーは，サーバーのスコアが，0か偶数のとき，左右どちら側のサービスコートでサーブをするか答えなさい。

(2) サッカー競技において，試合は，11人以下の競技者からなる2つのチームによって行われる。そのうち1人は，ゴールキーパーである。試合が開始も続行もされないのは，いずれかのチームの競技者数が何人未満の場合か答えなさい。

(3) 剣道競技において，剣道具は，面，小手，胴，あと1つ何を用いるか答えなさい。

(4) 柔道競技において，試合時間は，団体試合，個人試合ともに何分間であるか答えなさい。ただし延長戦(ゴールデンスコア)は，含めない。

(5) 陸上競技のハードル競走男子110mにおいて，各レーンに何台のハードルを配置することになっているか答えなさい。

(6) 卓球競技において，サーバーは，ボールがフリーハンドの手のひらから離れた後，何cm以上ボールをほぼ垂直に投げ上げなければならないか答えなさい。

┃2024年度┃長野県┃難易度■■■□□

【2】競技に関するルールについて，次の1～5の問いに答えなさい。(各競技種目の競技規則・ルールは令和5年5月1日現在のものとする。)

1 次の文は，体操競技「鉄棒」において，演技中に選手が落下した際のルールについて述べたものである。正しくないものを，次のa～eから一つ選びなさい。

a 器械からの落下についてはいかなる場合も0.50の減点を受ける。

b 時間の計測は，基本的に選手が立った時点からであるが，立ち上がるのが遅い場合は選手自身の安全が確認できた時点で計測を

開始する。

c 落下の場合，演技再開までには30秒の時間が与えられる。

d 落下の場合，演技の再開までに 30秒を超えた場合，追加で0.30の減点となるが演技を続行できる。

e 落下の場合，60秒を超えても演技を再開しなかった場合，演技終了とみなされる。

2 次の文は，サッカーにおいて反則したとき，フリーキックとなる場合について述べたものである。①・②とも間接フリーキックとなる組み合わせを，次のa〜eから一つ選びなさい。

a ① 相手を蹴る，または蹴ろうとする。
　② オフサイドが宣告されたとき。

b ① ボールを手や腕で扱う。
　② ボールをプレーせずに故意に相手の進路を妨害したとき。

c ① 相手を押す。
　② ボールを手や腕で扱う。

d ① オフサイドが宣告されたとき。
　② ボールをプレーせずに故意に相手の進路を妨害したとき。

e ① 相手を蹴る，または蹴ろうとする。
　② 相手を押す。

3 ラグビーにおける得点方法とその得点の正しい組み合わせを，次のa〜eから一つ選びなさい。

a トライ……………………………7点

b ペナルティキックのゴール……3点

c コンバージョンゴール…………3点

d ペナルティトライ………………5点

e ドロップキックのゴール………2点

4 次の文は，バドミントンのダブルスのルールについて述べたものである。正しくないものを，次のa〜eから一つ選びなさい。

a 特に定めがなければ21点3ゲームで行い，2ゲーム先取で勝者となる。

b ダブルスのサービスコートはシングルスのサービスコートと同じである。

c サーバーに対して，斜めに向かい合ったレシービングサイドのプレーヤーがレシーバーとなる。

d サービングサイドのスコアが，0か偶数のとき，右サービスコートからサービスを行う。

e サービングサイドが得点した時は，そのサーバーが再びもう一方のサービスコートからサービスを行う。

5 次の文は，剣道において有効打突になる場合とならない場合について述べたものである。正しくないものを，次のa～eから一つ選びなさい。

a 場外に出ると同時に加えた打突は，有効打突になる。

b 倒れた者にただちに加えた打突は，有効打突になる。

c 竹刀を落とした者にただちに加えた打突は，有効打突にならない。

d 有効打突が両者同時にあった場合(相打ちの場合)，有効打突にならない。

e 被打突者の剣先が相手の上体前面についてその気勢，姿勢が充実していると判断した場合は有効打突にならない。

┃ 2024年度 ┃ 高知県 ┃ 難易度 ▨▨▨□□

【3】各競技ルールに関する(1)～(5)の問いに答えよ。

(1) 次の各文は，「日本陸上競技連盟競技規則」(2023年4月1日修改正)に示されているハードル競走の内容をまとめたものである。空欄(A)～(D)に入る語句の正しい組合せはどれか。1～5から一つ選べ。

○ 男子110mハードル及び女子100mハードルにおいて，各レーンには，(A)台のハードルが配置される。

○ 男子110mハードルにおけるハードル間の距離は，(B)mである。

○ 女子100mハードルにおけるスタートラインから第1ハードルまでの距離は，(C)mである。

○ ハードルを越える瞬間に，足または(D)がハードルをはみ出てバーの高さより低い位置を通った時は失格となる。

	A	B	C	D
1	8	9.14	12	脚
2	10	9.14	12	腕
3	8	8.76	13	腕
4	10	9.14	13	脚
5	10	8.76	12	脚

(2) 次の表は，「(公財)日本水泳連盟　競泳競技規則」(2023年4月1日)
に示されているメドレー競技の泳法の順序をまとめたものである。
空欄（　A　）〜（　F　）に入る泳法ア〜ウの正しい組合せはどれか。1
〜5から一つ選べ。

個人メドレー

順序	泳法
①	（　A　）
②	（　B　）
③	（　C　）
④	自由形

メドレーリレー

順序	泳法
①	（　D　）
②	（　E　）
③	（　F　）
④	自由形

ア　背泳ぎ　　イ　平泳ぎ　　ウ　バタフライ

	A	B	C	D	E	F
1	ア	イ	ウ	ア	ウ	イ
2	ア	ウ	イ	ウ	イ	ア
3	イ	ア	ウ	ウ	ア	イ
4	ウ	ア	イ	ア	イ	ウ
5	ウ	イ	ア	イ	ア	ウ

(3) 「(公財)日本バレーボール協会　2023年度版　バレーボール6人制
競技規則　第6章　リベロ」に示されている内容について，次のA〜
Dのうち，正しいものを○，誤っているものを×とした場合，正し
い組合せはどれか。1〜5から一つ選べ。

A　各チームは，記録用紙の選手リストの中から守備専門の選手で
あるリベロを3人まで指名することができる。

B　リベロは，バックのポジションのどの選手とも入れ替わること

ができる。

C　リベロは，サービスはできないが，ブロックはしてもよい。

D　リベロリプレイスメント(入れ替え)は，通常の選手交代には数えない。

	A	B	C	D
1	×	×	○	○
2	○	○	×	×
3	×	○	×	○
4	○	×	○	×
5	○	○	×	○

(4)　「(公財)日本バスケットボール協会　2023バスケットボール競技規則」に示されている内容について，次のA～Eのうち，正しいものを○，誤っているものを×とした場合，正しい組合せはどれか。1～5から一つ選べ。

A　第1クォーターは，ボールがセンターサークルでジャンプボールのトスのためにクルーチーフの手から離れたときに始まる。それ以外のクォーターあるいは各オーバータイムは，ボールがスローインするプレーヤーに与えられたときに始まる。

B　ピボットとは，コート上でライブのボールを持ったプレーヤーが，片方の足(ピボットフット)はコートとの接点を変えずに，もう片方の足で任意の方向に何度でもステップを踏む正当な動きである。

C　フロントコート内でライブのボールをコントロールしているチームのプレーヤーは，ゲームクロックが動いている間は，相手チームのバスケットに近い制限区域内に5秒以上とどまることはできない。

D　ボールが相手チームのバスケットのリングに触れたとき，ボールがリングに触れる前にボールをコントロールしていたチームと同じチームがボールをコントロールした場合は，ショットクロックは14秒にリセットされる。

E　バックコート内でライブのボールをコントロールしているチームは，12秒以内にボールをフロントコートに進めなければならない。

● 体育分野

	A	B	C	D	E
1	○	○	×	○	×
2	×	×	×	○	○
3	×	○	○	×	○
4	○	×	○	○	×
5	○	×	×	×	○

(5) 次のA〜Eの図は，バドミントンのコートを表す模式図である。ダブルスにおいて，それぞれの図の①の範囲からサービスを行う場合，コート内の塗りつぶされた範囲にシャトルが直接落ち，サービス側に得点が認められる正しいものはどれか。1〜5から一つ選べ。

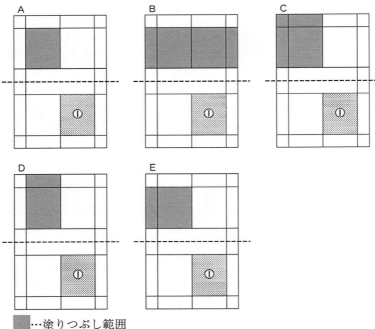

▨…塗りつぶし範囲

　　(ライン上を含む)

▧…サービスを行う範囲

※　点線部はネットを示す

1 A　　2 B　　3 C　　4 D　　5 E

| 2024年度 | 大阪府・大阪市・堺市・豊能地区 | 難易度 ■■■□□

【4】 運動種目における現行ルールや用語について，次の問いに答えなさい。

1 器械運動の鉄棒運動の技は懸垂系と何系に分類されるか書きなさい。

2 柔道の試合における主審の宣告として，片腕を体の側方で肩の高さに手のひらを下に向けて挙げる動作は何を示しているか書きなさい。

3 2021年に開催された東京オリンピックから正式採用となった，「リード」「スピード」「ボルダリング」の3種目で実施される種目名を，カタカナ10文字で書きなさい。

4 卓球の試合において，1ゲームは先に何点を奪った方が獲得するか書きなさい。(デュースの場合は除く。)

5 剣道において相手が攻める，あるいは打ち込もうとする，その起こりばなをとらえてしかける技の名称を書きなさい。

6 バレーボールの試合において，「いかなる場所からでもボール全体がネット上端より高い位置にあるときは，アタックヒットを完了することは許されない」と規則に定められるポジションの名称を書きなさい。

| 2024年度 | 兵庫県 | 難易度

【5】 競技規則及びルールについて，次の各問いに答えなさい。

1 次の文は，「IFAB Laws of the Game 22/23」(公益財団法人 日本サッカー協会)からの一部抜粋である。文章中の[1]～[4]に入る語句として最も適切なものを①～⑧の中からそれぞれ一つ選びなさい。

ア 試合は，前半，後半共に[1]分間行われる。プレーの開始前に主審と両チームが合意した場合に限りプレー時間の長さを短縮することができ，それは，競技規則に従ったものでなければならない。

イ 試合の前半，後半，延長戦の前半，後半の開始，および得点があった後のプレーは，[2]によって行われる。([3]または間接)フリーキック，ペナルティーキック，[4]，ゴールキッ

クおよびコーナーキックは，その他の再開方法である。

① スローイン　　② 直接　　③ トス　　④ チャージ

⑤ キックオフ　　⑥ 攻撃　　⑦ 35　　⑧ 45

2 「2018年〜2020年　国際柔道連盟試合審判規定」(公益財団法人　全日本柔道連盟)について，内容が正しい場合は○，正しくない場合は×とするとき，○×の組み合わせとして正しいものを①〜⑧の中から一つ選びなさい。

(例：アー○，イー×，ウー×の場合，アイウの順に○××となり，答えは④を選ぶ。)

ア　どちらかの試合者の体の一部が試合場内に入っており，試合場内で開始された全ての技は有効であり，継続される(「待て」は宣告しない)

両試合者が，ともに場外にいる状況で新たに施された，いかなる技も有効とする。

イ　規定試合時間(4分)において，試合は「技あり」，もしくは「一本」のスコアでのみ決着がつくこととする。(直接もしくは累計による)「反則負け」を除き，「指導」(1回目，2回目)の違いだけでは勝者を決定しない。「指導」は，相手のスコアとはならない。

ウ　立技の「一本」を与える4つの基準は，スピード，力強さ，腰が着く，着地の終わりまでしっかりとコントロールしていること，である。

① ○○○　　② ○○×　　③ ○×○　　④ ○××

⑤ ×○○　　⑥ ×○×　　⑦ ××○　　⑧ ×××

3　次の文は，「ハンドボール競技規則　2023　年版」(公益財団法人日本ハンドボール協会)からの一部抜粋である。文章中の[　1　]〜[　5　]に入る語句として最も適切なものを①〜⓪の中からそれぞれ一つ選びなさい。

ア　成年・高校生の競技時間はすべて，前後半各[　1　]分を標準とする。休憩時間は10分を標準とする。中学生の標準の競技時間は，前後半各[　2　]分とする。休憩時間は10分を標準とする。

イ　チームは[　3　]名までのプレーヤーで構成される。同時に[　4　]名までのプレーヤーがコートに出場できる。残りのプレー

　　ヤーは交代プレーヤーである。

　ウ　ゴールキーパーには，次の行為は許される。

　　ゴールエリア内での防御動作において，身体のあらゆる部位でボールに[　5　]こと。

① 触れる　　② 離れる　　③ 関わる　　④ 7　　⑤ 14

⑥ 20　　　⑦ 25　　　⑧ 30　　　⑨ 6　　⓪ 11

4　「2023　バスケットボール競技規則」(公益財団法人　日本バスケットボール協会)について，内容が正しい場合は○，正しくない場合は×とするとき，○×の組み合わせとして正しいものを①～⑧の中から一つ選びなさい。

　　(例：ア－○，イ－×，ウ－×の場合，アイウの順に○××となり，答えは④を選ぶ。)

　ア　パーソナルファウルとは，ボールのライブ，デッドにかかわらず，相手チームのプレーヤーとの不当な体の触れ合いによるプレーヤーファウルのことをいう。

　イ　ディスクォリファイングファウルとは，相手チームのプレーヤーがボールを持っていなくても，手や体で相手を無理に押しのけたり押して動かそうとしたりする不当な体の触れ合いのことをいう。

　ウ　ホールディングとは，相手プレーヤーの自由な動き(フリーダムオブムーブメント)を妨げる不当な体の触れ合いのことをいう。この体の触れ合い(押さえること)はどの部分を使っていてもホールディングになる。

① ○○○　　② ○○×　　③ ○×○　　④ ○××

⑤ ×○○　　⑥ ×○×　　⑦ ××○　　⑧ ×××

5　「陸上競技ルールブック　2023」(公益財団法人　日本陸上競技連盟)について，内容が正しい場合は○，正しくない場合は×とするとき，○×の組み合わせとして正しいものを①～⑧の中から一つ選びなさい。

　　(例：ア－○，イ－×，ウ－×の場合，アイウの順に○××となり，答えは④を選ぶ。)

　ア　競歩とは，両足が同時にグラウンドから離れることなく歩くこ

とをいう(ロス・オブ・コンタクトにならない)。前脚は，接地の瞬間から垂直の位置になるまで，まっすぐに伸びていなければならない(ベント・ニーにならない)。いずれも目視で判定する。

イ　棒高跳において，競技者は競技が始まる前に審判員に自分が希望する最初の試技のバーの位置を申し出なければならない。

ウ　少なくとも一つの曲走路を含むレースでは，走ったり歩いたりする方向は左手が内側になるようにする。またレーンナンバーは，右手側から順にレーン1とつける。

① ○○○　② ○○×　③ ○×○　④ ○××
⑤ ×○○　⑥ ×○×　⑦ ××○　⑧ ×××

6　「バレーボール6人制競技規則　2023年度版」(公益財団法人　日本バレーボール協会)について，次の記述ア〜オのうち反則であるものの組み合わせとして最も適切なものを①〜⓪の中から一つ選びなさい。

ア　サービスヒット時に，コート上の選手の足が相手コートに触れていた。

イ　スターティングラインアップの選手が，1セットにつき2回，交代によりコートを離れた。

ウ　2人または3人の選手が，同時にボールに触れた。

エ　ボールがネット上端より完全に高い位置にあるときに，リベロがアタックヒットを完了した。

オ　ボールが，頭部に触れた。

① ア・イ　② ア・ウ　③ ア・エ　④ ア・オ
⑤ イ・ウ　⑥ イ・エ　⑦ イ・オ　⑧ ウ・エ
⑨ ウ・オ　⓪ エ・オ

7　「競技規則　Rugby Union 2023」について，次のア〜ウの説明により定義される語句として，最も適切なものを①〜⑧の中からそれぞれ一つ選びなさい。

ア　プレーヤーがボールを落としボールが前方へ進む，または，プレーヤーが手，または，腕でボールを前方へたたく，または，ボールがプレーヤーの手，または，腕に当たってボールが前方へ進み，そのプレーヤーがそのボールを捕りなおす前にボールが地面

　　　　または他のプレーヤーに触れること。

　　イ　ボールを故意に片手，または，両手から地面へと落とした後，

　　　　最初にはね返ったときに蹴ること。

　　ウ　通常，各チーム8名のプレーヤーがフォーメーションを組んで

　　　　互いにバインドして形成するセットピース。

　　①　キックティー　　　②　スクラム

　　③　ノックオン　　　　④　スティフアームタックル

　　⑤　ハンドオフ　　　　⑥　ハーフタイム

　　⑦　ドロップキック　　⑧　プレースキック

8　「バドミントン競技規則」(公益財団法人　日本バドミントン協会採

　　択　令和4年4月1日一部改訂)について，内容が正しい場合は○，正

　　しくない場合は×とするとき，○×の組み合わせとして正しいもの

　　を①〜⑧の中から一つ選びなさい。

　　　(例：ア−○，イ−×，ウ−×の場合，アイウの順に○××とな

　　り，答えは④を選ぶ。)

　　ア　プレーヤーは，第3ゲームで，どちらかのサイドが最初に15点

　　　　に達したときにエンドを替える。ただし，ハンディキャップマッ

　　　　チの場合は除く。

　　イ　「フォルト」となった場合は，その前のサービス以後のプレー

　　　　は無効とし，フォルトになる直前のサーバーが再びサービスをす

　　　　る。

　　ウ　ダブルスでは，サービスが始まり終了するまで，それぞれのパ

　　　　ートナーは，相手側のサーバーまたはレシーバーの視界をさえぎ

　　　　らない限り，それぞれのコート内ならどこの位置にいてもよい。

　　①　○○○　　②　○○×　　③　○×○　　④　○××

　　⑤　×○○　　⑥　×○×　　⑦　××○　　⑧　×××

9　「競泳競技規則　平成30年4月1日以降開催される競技会に適用」(公

　　益財団法人　日本水泳連盟)について，文章中の[　1　]〜[　3　]に

　　入る数字として最も適切なものを①〜⓪からそれぞれ一つずつ選び

　　なさい。

　　ア　個人メドレーでは，それぞれの種目を，定められた距離の[　1　]

　　　　分の1ずつ泳がなければならない。

イ　背泳ぎでは，折り返しの間，スタート後，折り返し後の壁から
　　[　2　]m以内の距離では体が完全に水没していてもよいが，壁から
　　[　2　]m地点までに，頭は水面上に出ていなければならない。
ウ　平泳ぎでは，競技開始から，競技を通して泳ぎのサイクルは，
　　[　3　]回の腕のかきと[　3　]回の足の蹴りをこの順序で行う組み
　　合わせでなければならない。

①　1　　　②　2　　　③　3　　　④　4　　　⑤　5
⑥　10　　⑦　15　　⑧　20　　⑨　25　　⑩　30

‖ 2024年度 ‖ 三重県 ‖ 難易度■■■■□

【6】次の(1)，(2)に答えなさい。

(1)　次の①〜⑩について，（　ア　）〜（　コ　）に当てはまる語句また
　　は数字を書きなさい。なお，①〜⑩の各競技種目の競技ルールは，
　　令和5年5月1日現在とする。

①　柔道では，相手が危険な技や動作など，重大な違反を犯したと
　　き，または（　ア　）回目の指導を受けたとき，反則勝ちとなる。
②　水泳競技の平泳ぎでは，スタート後，折り返し後に，最初の平
　　泳ぎの蹴りの前に（　イ　）の蹴りが1回許される。
③　3×3のバスケットボールでは，試合時間が10分間，（　ウ　）点
　　先取のノックアウト制でゲームが行われる。
④　バレーボールの国際バレーボール連盟世界・公式大会では，サ
　　ービスゾーンの奥行きはエンドラインから（　エ　）mなければな
　　らない。
⑤　卓球では，サービスのボールがネットやサポートに触れて相手
　　コートに入った場合は（　オ　）となり，サービスのやり直しとな
　　る。
⑥　陸上競技のリレーでは，腕を伸ばしてバトンを渡すことで，実
　　際に走る距離が短くなる走者間の距離を（　カ　）という。
⑦　ダンスでは，2人以上で表現する場合，同じ動きを間隔を置い
　　てあとから追いかけて動いていくことを（　キ　）という。
⑧　ハンドボールでは，コートのセンターライン中央に配置する直
　　径4mの円を（　ク　）という。

⑨　2021年7月20日に開催された国際オリンピック委員会の総会において，(ケ)が2026年ミラノ・コルティナダンペッツォ冬季オリンピックの追加種目に正式承認された。

⑩　車いすテニスでは，(コ)バウンドまでの返球が可能である。

(2)　次の①〜⑤に答えなさい。

①　球技や武道などのように，絶えず変化する状況の中で用いられる技能を何というか。

②　これまでの経験などにもとづいて，たとえ危険が身に迫っていても自分に都合よく状況をとらえることを何というか。

③　自らの健康とその決定要因をコントロールし，改善できるようにするプロセスを何というか。

④　がん治療において，患者やその家族の体や心のつらさをやわらげ，より豊かな人生を送ることができるように支えていくことを何というか。

⑤　患者が納得のいく治療法を選択することができるように，診断や治療の選択などについて，現在治療を受けている担当医とは別に，違う医療機関の医師に求める意見を何というか。

┃ 2024年度 ┃ 新潟県・新潟市 ┃ 難易度 ■■■■■

【7】次の各種目について，[ア]〜[ソ]に当てはまることば，数字を書きなさい。

●ラグビーにおいて，コンバージョンゴール(トライ後のゴール)は[ア]点である。

●バレーボールにおいて，足がセンターラインを完全に踏み越して相手コート内へ侵入することを[イ]ザセンターラインという。

●バスケットボールにおいて，相手が防御陣形をととのえる前に速く攻める攻撃法を[ウ]ブレイクという。

●陸上競技の走り高跳びにおいて，バーに近いほうの足で踏み切り，振り上げた脚を高く引き上げ，体を回転させながら腹でバーを越す跳び方を[エ]という。

●ソフトテニスにおいて，2度目のサービスの失敗のとき，正審のコールの仕方は「[オ]・フォールト」である。

●サッカーにおいて，ピッチ(フィールド)の長い方の2本の境界線を[　カ　]ラインという。

●バドミントンにおいて，バックハンドグリップで握るときにラケット面と同じ向きに親指を立てて，シャトルが当たる際，その親指でラケットを押すように握ることを[　キ　]という。

●ソフトボールにおいて，中学以上男女のベース間の距離は[　ク　].29mである。

●器械運動の鉄棒運動において，片方が順手で他方の手が逆手の握り方を[　ケ　]という。

●ダンスにおいて，特徴を捉えて，思いついた動きを次々に動くことを[　コ　]という。

●柔道において，相手の上体を側方からおさえる技を[　サ　]固めという。

●ハンドボールにおいて，跳び込んで体を横にし，角度を大きくして打つシュートを[　シ　]シュートという。

●剣道において，相手が何かしかけようとして動く，その動作の起こる瞬間をすかさずこちらから打ち込む技を[　ス　]技という。

●卓球において，無回転ボールを[　セ　]という。

●新体力テストの握力の測定は，左右交互に2回ずつ行う。記録はkg単位とし，kg未満(小数第1位)は切り捨て，左右おのおののよいほうの記録を平均し，kg未満は[　ソ　]する。

┃ 2024年度 ┃ 福島県 ┃ 難易度 ■■■■■□

【8】 次の1～4の問いに答えなさい。

1　次の図における鉄棒運動の技の組み合わせとして適切なものを，以下のa～eの中から一つ選びなさい。

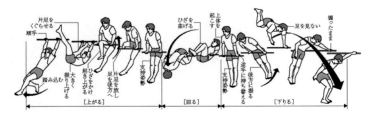

a 膝掛け上がり—前方かかえ込み回り—転向前下り

b 膝掛け上がり—前方支持回転—転向前下り

c 膝掛け上がり—前方支持回転—支持跳び越し下り

d 前方膝かけ回転—前方支持回転—支持跳び越し下り

e 前方膝かけ回転—前方かかえ込み回り—転向前下り

2 次の図における柔道の投げ技の連絡として適切なものを，下のa〜e の中から一つ選びなさい。

a 小内刈り⇒大内刈り

b 小内刈り⇒大外刈り

c 大内刈り⇒小内刈り

d 大外刈り⇒大内刈り

e 大内刈り⇒大外刈り

3 「中学校学習指導要領(平成29年告示)解説 保健体育編」(平成29年 7月 文部科学省)の「第2章 保健体育科の目標及び内容 第2節 各分野の目標及び内容 〔体育分野〕 2 内容 E 球技 [第3学 年]」及び「高等学校学習指導要領(平成30年告示)解説 保健体育編 体育編」(平成30年7月 文部科学省)の「第2章 保健体育科の目標 及び内容 第2節 各科目の目標及び内容 「体育」 3 内容 E 球技 [入学年次]」における「ウ ベースボール型」「技能」の「連 携した守備」の例示として，適切なものを，次のa〜eの中から一つ 選びなさい。

a 打者の特徴や走者の位置に応じた守備位置に立つこと。

b 各ポジションの役割に応じて，ベースカバーやバックアップの 基本的な動きをすること。

c ポジションに応じて，ダブルプレイに備える動きをすること。

d 打球や走者の位置に応じて，中継プレイに備える動きをするこ

と。
e　決められた守備位置に繰り返し立ち，準備姿勢をとること。

4　次の図における外国のフォークダンスのパートナーとの組み方(ポジション)の名称として適切なものを，以下のa〜eの中から一つ選びなさい。

a　オープン・ポジション
b　バルソビアナ・ポジション
c　セミ・オープン・ポジション
d　ショルダー・ウエスト・ポジション
e　プロムナード・ポジション

‖ 2024年度 ‖ 茨城県 ‖ 難易度■■■■□

【9】次の(1)〜(20)の各問いに答えなさい。
(1)　陸上競技において，4×400mリレーの第3，第4走者が，第2曲走路入り口(200m スタート地点)を通過した前走者の順序で，内側より並び待機する方法を何というか答えよ。
(2)　バスケットボール競技において，両チームのプレーヤーが互いにほとんど同時にしたファウルを何というか答えよ。
(3)　ハンドボール競技において，ボールを持って4歩以上動く反則を何というか答えよ。
(4)　サッカー競技において，コーナーキックの際，守備側のプレーヤーはコーナーエリアより何m以上離れなければいけないか答えよ。
(5)　サッカー競技において，試合時間中に空費された時間のことを何というか答えよ。
(6)　テニス競技において，当てて返すだけのグラウンドストロークやスライス，ボレー，サービス，スマッシュに適したラケットの握り方を何というか答えよ。

(7) 卓球競技において，プレーイングサーフェス(台の表面)の決まりとして，ボールを30cmの高さから落とした場合，約何cmの均一なバウンドが必要か，次のア～エの中から1つ選び，記号で答えよ。

ア．30cm　　イ．27cm　　ウ．25cm　　エ．23cm

(8) 卓球競技において，促進ルールでは，サーバーがサービスも含めて(①)回打球するまでの間に得点しないと，(②)の得点になる。(①)，(②)に適する語句の正しい組み合わせを，次のア～エの中から1つ選び，記号で答えよ。

ア．① 15 ② サーバー　　イ．① 13 ② レシーバー
ウ．① 11 ② レシーバー　　エ．① 13 ② サーバー

(9) 新体力テストのハンドボール投げにおいて，助走できるサークルの直径は何mか答えよ。

(10) ウェイトリフティング競技において，水平におかれたバーベルを，手のひらを下向きにして握り，頭上へ両腕が完全に伸び切るまで単一動作で引き上げ，両腕を伸ばして立ち上がる競技種目を何というか答えよ。

(11) ソフトボール競技において，腕を風車のように1回転させて投球する方法を何というか答えよ。

(12) 柔道競技において，指導を何回受けたら反則負けとなるか答えよ。

(13) バレーボール競技において，サービス許可の吹笛後，8秒以内にサービスをしなかったときの反則を何というか答えよ。

(14) バレーボール競技において，選手交代は同一セット中に最大何回できるか答えよ。

(15) ラグビー競技のタックルの技術で，体を密着させたまま，ボールごと相手を引き倒すタックルを何というか答えよ。

(16) 水泳競技において，親指を下向きにして肘を高く構え，前方の入水点まで戻すストロークを何というか答えよ。

(17) バドミントン競技において，ネットを越えてすぐ落下するように飛んでいくフライトで，相手を前方に引きつけるときに使うフロントコートからのショットを何というか答えよ。

(18) 剣道競技において，打突した後にも油断しないで，次に起こる

● 体育分野

うか答えよ。

(19) 器械運動において，鉄棒運動の技の体系のうち，支持系ともう
一つは何系か答えよ。

(20) ダンス競技において，モダンダンスやポスト・モダンダンス以
降の現代舞踊の総称を何というか答えよ。

‖ 2024年度 ‖ 佐賀県 ‖ 難易度 ■■■■■

【10】次の(1)～(12)の競技種目などについての各問いに答えよ。

(1) 新体力テストの反復横とびの測定時間は何秒か。その秒数を書け。

(2) 陸上競技において，頭，首，肩，腕，脚を除いた胴体のことを何
というか。その名称を書け。

(3) 水泳競技のバタフライにおいて，スタート及びターン後，壁から
何m地点までに頭を水面上に出していなければならないか。その距
離を書け。

(4) 跳び箱運動において，技の体系は大きく二つに分類される。回転
系ともう一つは何というか。その名称を書け。

(5) バスケットボールにおいて，コート内でボールをコントロールし
たチームは何秒以内にシュートしなければならないか。その秒数を
書け。

(6) ハンドボールにおいて，失点後すばやくスローオフを行い，相手
がディフェンス位置につく前に攻撃することを何というか。その名
称を書け。

(7) サッカーにおいて，ボールの後方から，ボール保持者の背後を通
過し，前方のスペースに飛び出す動きのことを何というか。その名
称を書け。

(8) 1895年にバレーボールを考案したアメリカのYMCA体育指導者は
誰か。その人物名を書け。

(9) バドミントンにおいて，サービスの際，サーバーのラケットで打
たれる瞬間に，シャトル全体は，コート面から何m以下でなければ
ならないか。その距離を書け。

(10) ソフトボールにおいて，ピッチャーが肩を軸にして腕を後方に

242

振り，その反動を利用して，腕を全力で前方に振りながら投球する投法を何というか。その名称を書け。

(11)　柔道において，技に入るまでの動作を繰り返し練習することを何というか。その名称を書け。

(12)　剣道の構えにおいて，剣先の延長が相手の両眼の間の方向を向くように構え，攻撃にも防御にも適した代表的な構えを何というか。その名称を書け。

▌ 2024年度 ▌ 香川県 ▌ 難易度 ■■■■■

【11】次の文中の[　①　]から[　⑮　]にあてはまる最も適切な語句を，以下のアからホのうちからそれぞれ一つずつ選び，記号で答えよ。

A　柔道の「技」とは投げ技と固め技である。固め技である寝技の「一本」とは，審判により抑え込みが宣告されてから[　①　]以上相手を抑え込むことであり，10秒以上[　①　]未満の場合は，[　②　]となる。

B　日本陸上競技連盟競技規則では，トラック競技の順位は，競技者の[　③　]のいずれかの部分がフィニッシュラインの[　④　]端の垂直面に到達したことで決めるとされている。

C　バスケットボールには，時間に関するルールがある。その中の[　⑤　]ルールとは，ボールを保持するオフェンス側が，[　⑤　]以内にボールをバックコートからフロントコートまで運ばなければならないというルールであり，その時間を超えてしまうと相手チームの[　⑥　]になる。

D　水泳における水中からのスタートでは，壁を蹴った後，水中で抵抗の少ない[　⑦　]の姿勢をとり，失速する前に力強い[　⑧　]のためのキックを打ち，より速い速度で泳ぎ始めることができるようにする。

E　中学校第3学年及び高等学校入学年次における水泳の学習では，記録の向上や競争の楽しさや喜びを味わい，技術の名称や行い方，体力の高め方，運動観察の方法などを理解するとともに，[　⑨　]に泳ぐことができるようにすることなどをねらいとしている。

　　例えば，運動観察の方法では，[　⑩　]などで仲間の動きを観察

● **体育分野**

したり，ICTを活用して自己のフォームを観察したりすることで，自己の取り組むべき技術的な課題が明確になり，学習の成果を高められることを理解できるようにする。

F 中学校第3学年及び高等学校入学年次における器械運動の学習では，技ができる楽しさや喜びを味わい，技の名称や行い方，運動観察の方法，体力の高め方を理解するとともに，[⑪]で演技できるようにすることなどをねらいとしている。

その中でも，マット運動の接転技において，前転グループの技を実施する際には，腰を[⑫]回転することによって，足を前方へ投げ出して勢いをつけることがポイントである。

G 障害のある生徒などへの指導については，保健体育科の目標や内容を踏まえ，指導内容の変更や学習活動の代替を安易に行うことがないように留意するとともに，生徒の学習負担や心理面にも配慮する必要がある。

特に，保健体育科においては，実技を伴うことから，全ての生徒に対する健康・安全の確保に細心の配慮が必要である。そのため，生徒の障害に起因する困難さに応じて，複数教員による指導や[⑬]を行うなどの配慮をすることが大切である。

H 豊かなスポーツライフを実現していくためには，体力や技能の程度，性別や障害の有無等にかかわらず，運動やスポーツの多様な楽しみ方を実践することが求められる。そのため，中学校では平成29年，高等学校では平成30年に告示された学習指導要領解説保健体育編において，[⑭]を踏まえて指導内容が示されており，[⑮]を原則とするとされている。

ア 男女共習　　　　　　　イ 折って
ウ メンターシステム　　　エ 5秒
オ スタートラインから遠い　カ 技あり
キ 総合的　　　　　　　　ク 自己に適した技
ケ 流線型　　　　　　　　コ 30秒
サ 紡錘型　　　　　　　　シ 共生の視点
ス スローイン　　　　　　セ 男女別習
ソ 大きく開いて　　　　　タ 沈み込み

チ	一斉指導	ツ	個性の視点
テ	8秒	ト	難易度の高い技
ナ	効率的	ニ	有効
ヌ	フリースロー	ネ	個別指導
ノ	バディシステム	ハ	胴体
ヒ	浮き上がり	フ	スタートラインに近い
ヘ	頭	ホ	20秒

┃ 2024年度 ┃ 栃木県 ┃ 難易度 ▪▪▪□□

【12】 次の問いに答えなさい。

1 次の(1)〜(5)の文中の空欄(①)〜(⑨)にあてはまる最も適切な語句をそれぞれ書きなさい。

 (1) 柔道において，一方の手で相手の襟を握り，他方の手で相手の(①)を握って組み合うのが基本的な組み方である。組み合う時の持ち手として，相手の襟を握っている手を(②)，相手の(①)を握っている手を(③)という。

 (2) 先攻チームによって投げられた「ジャックボール」と呼ばれる白いボール(目標球)に，先攻チーム及び後攻チームがそれぞれ赤もしくは青のボールを6球ずつ投球し，目標球にいかに近づけるかを競うスポーツを(④)という。

 (3) 女子実業団バレーボールチームであるプレステージ・インターナショナルアランマーレは，本拠地を(⑤)市に置く。

 (4) 1956年夏季オリンピック競技会において，故笹原正三氏が本県出身者で唯一となる金メダルを獲得した競技は(⑥)である。また，2024年夏季オリンピック競技会の開会式が行われる都市は(⑦)である。

 (5) 2024年2月に本県で開催される第78回国民スポーツ大会冬季大会スキー競技会のテーマ(愛称)は，「やまがた雪(⑧)国スポ」である。また，令和5年度全国高等学校総合体育大会の競技のうち，山形県で開催される競技は(⑨)である。

2 次の表は，「山形県における部活動改革のガイドライン」(令和5年3月　山形県教育委員会)の概要をまとめたものである。表中の空欄

(①)～(③)に入る適切な語句を，ア～キからそれぞれ一つずつ選び，記号で答えなさい。

表	部活動改革の目的	
	(①) の構築	(②) の推進

部活動改革に向けた学校の体制整備の取組み			
部活動の (③)	部活動数の精選	複数顧問の配置	合同部活動の取組み

ア 全員加入

イ 教員の働き方改革

ウ 発展的解消

エ 地域経済の活性化

オ 競技力向上のための指導者育成体制

カ 任意加入

キ 生徒にとって望ましいスポーツ・文化芸術環境

3 次の表は，「小学校学習指導要領」(平成29年3月告示)「第2章 各教科 第9節 体育」，「中学校学習指導要領」(平成29年3月告示)「第2章 各教科 第7節 保健体育」及び「高等学校学習指導要領」(平成30年3月告示)「第2章 各学科に共通する各教科 第6節 保健体育」で示されている体つくり運動について，小学校高学年から高等学校までの内容をまとめたものである。表中の空欄(①)，(②)に入る適切な言葉を，それぞれ書きなさい。

表	体つくり運動の領域の内容	
小学校第5学年及び第6学年	(①)	体の動きを高める運動
中学校第1学年及び第2学年		
中学校第3学年		(②)
高等学校入学年次		
高等学校入学年次の次の年次以降		

4 次の文章は，「中学校学習指導要領」(平成29年3月告示)「第1章 総則 第5 学校運営上の留意事項 1 ウ」並びに「高等学校学習指導要領」(平成30年3月告示)「第1章 総則 第6款 学校運営上の留意事項 1 ウ」の一部抜粋である。文章中の空欄(①)～(④)にあてはまる語句をそれぞれ書きなさい。

> ウ 教育課程外の学校教育活動と教育課程の関連が図られる
>   ように留意するものとする。特に，生徒の自主的，（ ① ）
>   な参加により行われる部活動については，スポーツや文化，
>   科学等に親しませ，（ ② ）の向上や責任感，（ ③ ）の涵
>   養等，学校教育が目指す資質・能力の育成に資するもので
>   あり，学校教育の一環として，教育課程との関連が図られ
>   るよう留意すること。その際，学校や地域の実態に応じ，
>   地域の人々の協力，社会教育施設や社会教育関係団体等の
>   各種団体との連携などの運営上の工夫を行い，（ ④ ）な運
>   営体制が整えられるようにするものとする。

5 次のア〜オは，「感染症の予防及び感染症の患者に対する医療に関
する法律」(感染症法)の一類から五類に分類される感染症をまとめ
たものである。令和5年5月8日現在，ア〜オの感染症は一類感染症
から五類感染症のうち，何類に分類されているか，それぞれにあて
はまるものを記号で答えなさい。
  ア 腸管出血性大腸菌感染症，コレラ，細菌性赤痢，腸チフス
  イ エボラ出血熱，ラッサ熱，ペスト，南米出血熱，痘そう
  ウ 麻しん，後天性免疫不全症候群，新型コロナウイルス感染症
    (COVID−19)
  エ E型肝炎，A型肝炎，黄熱，マラリア，狂犬病
  オ 重症急性呼吸器症候群(SARS)，結核，ジフテリア

┃ 2024年度 ┃ 山形県 ┃ 難易度 ▰▰▰▱▱

【13】次の(1)〜(3)に答えよ。
  (1) マット運動において，倒立前転は何系の技か，記せ。
  (2) 相撲において，安全上の配慮から中学生以下で禁止されている技
    を一つ，記せ。
  (3) サッカーにおいて，自陣のペナルティエリア内で，直接フリーキ
    ックに相当する反則を行ったときに，相手チームに与えられるプレ
    ースキックを何というか，記せ。

┃ 2024年度 ┃ 山梨県 ┃ 難易度 ▰▰▰▱▱

【14】 次の(1)，(2)に答えなさい。

(1) 水泳について，次の①～④に答えなさい。

① 水中を進む場合，進行方向に対して抵抗の小さい，流線形の姿勢を保つことが重要であるが，この姿勢を何というか，カタカナで書きなさい。

② 潜水時の事故の原因の1つで，血中酸素濃度が減少しているにもかかわらず，息苦しさを感じることなく意識を失ってしまう症状を何というか，書きなさい。

③ 救助法などに用いられ，互いに手首と手首とを握り合って，鎖のように手をつなぐことを何というか，書きなさい。

④ 視覚障害がある選手は，プールの壁の位置を視覚で確認することはできず，壁にぶつかってケガをしてしまうおそれがある。そのため，コーチがゴールやターンの直前に棒で選手の身体をタッチすることで壁が近づいているのを選手に伝える。この選手の身体をタッチする棒を何というか。カタカナで書きなさい。

(2) 陸上競技について，次の①～③に答えなさい。

① 短距離走のクラウチングスタートの方法の1つであり，足幅が狭く，手から前足までのブロックスペースが長く，早くブロックから離れることができるスタートを何というか，次のア～エから1つ選び，その記号を書きなさい。

ア スタンディングスタート　　イ バンチスタート
ウ エロンゲーテッドスタート　　エ ミディアムスタート

② やり投を除く投てき種目の着地場所の範囲は，幅50mmの白線の内側の縁で，サークルの中心で交わる何度の角度で示すとされているか，次のア～エから1つ選び，その記号を書きなさい。

ア 28.96度　　イ 33.50度　　ウ 34.92度　　エ 45.00度

③ 男子110mハードル競走で，スタートラインから第1ハードルまでの距離は何mと設定されているか，次のア～エから1つ選び，その記号を書きなさい。

ア 9.14m　　イ 13.00m　　ウ 13.72m　　エ 14.02m

┃2024年度┃青森県┃難易度┃

248

【15】 次の問いに答えなさい。

1　次の図1〜4は，球技(ゴール型)のバスケットボール，サッカー，ラグビーフットボール，ハンドボールのそれぞれの審判のシグナル(ジェスチャー)を示したものである。図が表す内容として最も適切なものを，以下のア〜シの中からそれぞれ一つずつ選び，記号で答えなさい。

図1 （バスケットボール）　　　図2 （サッカー）

図3 （ラグビーフットボール）　図4 （ハンドボール）

(大修館書店「ステップアップ高校スポーツ 2022」による)

ア　6番のプレーヤー		イ　ホールディング	
ウ　ハイタックル		エ　スリーポイントシュートのゴール	
オ　直接フリーキック		カ　退場	
キ　ノットリリースザボール		ク　6秒	
ケ　ノックオン		コ　レビュー	
サ　タイムアウト		シ　間接フリーキック	

2　器械運動の指導に関する次の問いに答えなさい。

(1)　「学校体育実技指導資料　第10集　器械運動指導の手引」(平成27年3月　文部科学省)では，跳び箱運動の授業において，同じ授業内で指導する際，取り上げる技の順番に配慮する必要があると示している。取り上げる技の順番として適切なものを，次のア〜エの中から一つ選び，記号で答えなさい。

　　ア　回転系　→　切り返し系　　イ　回転系　→　巧技系

ウ　体操系　→　巧技系　　　　エ　切り返し系　→　回転系

(2)　上記(1)において，同じ授業内で指導する際に取り上げる技の順番を選んだ理由を，簡潔に書きなさい。

(3)　次の図5の技の名称を，以下のア～オの中から選び，記号で答えなさい。

図5

(文部科学省「学校体育実技指導資料
第10集　器械運動指導の手引」による)

ア　頭はね跳び　　イ　前方倒立回転跳び　　　ウ　台上前転
エ　首はね跳び　　オ　前方屈腕倒立回転跳び

▌2024年度 ▌山形県 ▌難易度 ■■■■□□

【16】中学校学習指導要領解説(平成29年7月)「保健体育編」の「第2章第2節　各分野の目標及び内容」〔体育分野〕「2　内容」について，問1～問3に答えなさい。

問1　次は，「C　陸上競技」[第3学年]「(1)知識及び技能」「○　技能」「イ　長距離走」の一部である。下線の＜例示＞として，正しくないものを選びなさい。

> イ　長距離走
> 　　長距離走では，自己に適したペースを維持して，一定の距離を走り通し，タイムを短縮したり，競走したりできるようにする。
> 　　自己に適したペースを維持して走るとは，目標タイムを達成するペース配分を自己の技能・体力の程度に合わせて設定し，そのペースに応じたスピードを維持して走ることである。
> (略)

ア　自己の体力や技能の程度に合ったペースを維持して走ること。
イ　リズミカルに腕を振り，力みのないフォームで軽快に走ること。
ウ　呼吸を楽にしたり，走りのリズムを作ったりする呼吸法を取り

入れて走ること。

エ　後半でスピードが著しく低下しないよう，力みのないリズミカルな動きで走ること。

問2　次は，「C　陸上競技」[第3学年]「(1)知識及び技能」「○　技能」「エ　走り幅跳び」の一部である。空欄①～③に当てはまる語句の組合せとして，正しいものを選びなさい。

> エ　走り幅跳び
>
> 　　走り幅跳びでは，助走のスピードと[　①　]な動きを生かして力強く踏み切り，より遠くへ跳んだり，競争したりできるようにする。
>
> 　　力強く踏み切ってとは，[　②　]助走から適切な[　③　]で跳び出すために地面を強くキックすることである。
>
> （略）

ア　①　リズミカル　　②　速い　　　　　　③　角度
イ　①　リズミカル　　②　一定のリズムの　③　姿勢
ウ　①　スムーズ　　　②　速い　　　　　　③　角度
エ　①　スムーズ　　　②　一定のリズムの　③　姿勢

問3　次は，「E　球技」[第1学年及び第2学年]「(1)知識及び技能」「○技能」「イ　ネット型」の一部である。(1)，(2)に答えなさい。

> イ　ネット型
> （略）
>
> 　　指導に際しては，空いた場所への攻撃を中心としたラリーの継続についての学習課題を追究しやすいように，プレイヤーの人数，コートの広さ，用具，[　①　]ゲームを取り入れ，ボールや用具の操作と[　②　]に着目させ，学習に取り組ませることが大切である。
>
> （略）

(1)　空欄①，②に当てはまる語句の組合せとして，正しいものを選びなさい。

ア　①　簡易化された

　　　　② 相手の動き
　イ　① 簡易化された
　　　　② ボールを持たないときの動き
　ウ　① プレイ上の制限を工夫した
　　　　② 相手の動き
　エ　① プレイ上の制限を工夫した
　　　　② ボールを持たないときの動き
(2) 下線の＜例示＞として，正しくないものを選びなさい。
　ア　サービスでは，ボールやラケットの先端付近で捉えること。
　イ　テイクバックをとって肩より高い位置からボールを打ち込むこと。
　ウ　ボールを返す方向にラケット面を向けて打つこと。
　エ　相手側のコートの空いた場所にボールを返すこと。

┃ 2024年度 ┃ 北海道・札幌市 ┃ 難易度 ┃■■■□□

【17】次の1・2の問いに答えなさい。
1　運動の技能のポイントについて，次の(1)～(4)の問いに答えなさい。なお，a～eの順に一連の動きを行うものとする。
(1) 次の文は，鉄棒運動における「け上がり」の技能ポイントについて述べたものである。正しくないものを，次のa～eから一つ選びなさい。
　a　両腕を伸ばして，リラックスして前振りを行う。
　b　振れ戻りに合わせて足を鉄棒に引き寄せる。
　c　両足を勢いよく蹴り上げ，鉄棒に沿いながら腰を伸ばしていく。
　d　腰を伸ばしながら，腰を鉄棒から遠ざける。
　e　腰の伸ばしにブレーキをかけるため，手首を返して鉄棒を引き寄せる。
(2) 次の文は，水泳の「背泳ぎ」の技能ポイントについて述べたものである。正しくないものを，次のa～eから一つ選びなさい。
　a　手先から足先までのストリームライン姿勢をしっかり意識する。

  b　エントリーからキャッチでは，親指側から入水した後，手首
  を返して水をつかむ。
  c　キャッチからプッシュオフまでは，手のひらを足の方に向け，
  水をしっかり押す。
  d　プッシュオフはももの所までかき，リカバリー動作に入る。
  e　リカバリーでは，腕を空中に高く伸ばす。
(3)　次の文は，ハンドボールの「ステップシュート」(右利き)の技
 能ポイントについて述べたものである。正しくないものを，次の
 a〜eから一つ選びなさい。
 a　体を横に向けバックスイングしながらクロスステップする。
 b　右足に体重を乗せ，肘を上げボールを後方に引く。
 c　バックスイングを大きくとり，身体を弓なりに反らせる。
 d　全身をひねり戻しながら腕を振り下ろす。
 e　右足に体重を乗せ，指先でボールに勢いを伝える。
(4)　次の文は，卓球の「バックハンドドライブ」の技能ポイントに
 ついて述べたものである。正しくないものを，次のa〜eから一つ
 選びなさい。
 a　肘を前に突き出し，ボールを引き付ける。
 b　両肩の線は床とほぼ平行にする。
 c　手首のスナップと腕全体でスイングする。
 d　ラケット面をかぶせてボールをたたきつけるように打つ。
 e　ボールに強い上回転を与えて返球する。
2　体育理論について，次の(1)〜(4)の問いに答えなさい。
(1)　次の文は，運動やスポーツへの多様な関わり方について，述べ
 たものである。①・②に該当する語句の正しい組み合わせを，以
 下のa〜eから一つ選びなさい。
 「運動やスポーツを(　①　)」…競技場やテレビ，インターネット
        や新聞などで運動やスポーツを応
        援・観戦すること。
 「運動やスポーツを(　②　)」…保健体育の授業で仲間にアドバイ
        スをしたり，大会や競技会の企画
        をしたりすること。

a ① 知る　② する　b ① みる　② する

c ① する　② 知る　d ① 知る　② 支える

e ① みる　② 支える

(2)　次の文は，スポーツにおける技術と戦術などについて述べたものである。正しくないものを，次のa〜eから一つ選びなさい。

a　課題を解決するための合理的な体の動かし方を技能という。

b　集団にかかわる部分的な連携的行動の仕方をグループ戦術という。

c　個人にかかわる行動の仕方を個人戦術という。

d　実際のゲームに先立って，どのような戦術を適用するのかあらかじめ立てておく計画を作戦という。

e　長期的な見通しのもとで，練習内容，スケジュール，選手の起用の仕方などを決定するための方針を戦略という。

(3)　次の文は，スポーツライフスタイルのタイプを説明した文である。①〜③に該当する語句の正しい組み合わせを，以下のa〜eから一つ選びなさい。

(　①)型：数日間の休暇を利用して，スポーツのイベントに参加するタイプ。

(　②)型：個人で自由に時間やプログラムを設定し，自分のペースで活動するタイプ。

(　③)型：クラブに所属して，定期的にスポーツ活動を行うタイプ。

a ① イベントツーリズム　② リゾートツーリズム

③ スポーツクラブ中心

b ① スポーツ教室　② 近隣施設利用

③ レジャースポーツ

c ① イベントツーリズム　② 近隣施設利用

③ スポーツクラブ中心

d ① スポーツ教室　② リゾートツーリズム

③ スポーツクラブ中心

e ① イベントツーリズム　② 近隣施設利用

③ レジャースポーツ

(4) 次の文は，スポーツの歴史的発展と多様な変化について述べたものである。内容として正しくないものを，次のa〜eから一つ選びなさい。

  a　スポーツは，民族や国，人種や性別，障害の有無，年齢，地域，風土などの違いをこえて人々を結びつける文化的なはたらきを持っている。

  b　スポーツは，歴史的，科学的，社会的価値などの価値を持ち，世界共通の文化として発展し続けている。

  c　年齢や性別，障害の有無などの違いをこえて，誰もが参加できるようにルールを変更したり，新たにつくられたりした運動やスポーツ，レクリエーション全般のことをアダプテッド・スポーツという。

  d　障害者スポーツでは，障害の軽度の選手も重度の選手も平等に競技を実施できるように，「クラス分け」がおこなわれる。

  e　障害者スポーツの国際総合競技大会は，パラリンピックに加えて，聴覚障害者のみを対象としたスペシャルオリンピックスがある。

▌2024年度 ▌高知県 ▌難易度▰▰▰▱▱

【18】次の(1)〜(9)の問いに答えよ。

  (1)　次のA・Bの図は，学校体育実技指導資料第10集「器械運動指導の手引」(文部科学省)に示されている跳び箱運動の技である。それぞれの技の名称を答えよ。

  A

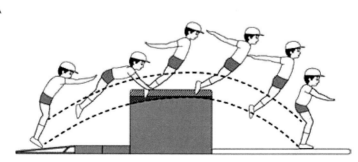

B

(2) 次のA・Bの図は，ソフトボールの投手の投法を示したものである。それぞれの名称をカタカナで答えよ。

　また，以下の文は，「中学校学習指導要領(平成29年告示)解説　保健体育編　第2章　保健体育科の目標及び内容　第2節　各分野の目標及び内容　体育分野　E　球技　第1学年及び第2学年　(1)知識及び技能　ウ　ベースボール型」の記述である。空欄（　C　）～（　D　）に入る語句を答えよ。

A

B

　○　ベースボール型とは，身体やバットの操作と走塁での攻撃，ボール操作と定位置での守備などによって攻守を（　C　）的に交代し，一定の（　D　）内で相手チームより多くの得点を競い合うゲームである。ベースボール型の学習においては，ベースボール型の種目に共通する動きを身に付けることが大切である。

(3) 次のA～Dの図は，学校体育実技指導資料第2集「柔道指導の手引(三訂版)」(文部科学省)に示されている技である。それぞれの技の名称を答えよ。

(4)　次の各文は，「大阪の交通白書(令和4年版)」((一財)大阪府交通安全協会)における大阪府の交通事故に関する説明である。空欄（　A　）〜（　C　）に入る適切な語句を答えよ。

○　交通事故発生件数の最も多い月は（　A　）月，最も少ない月は2月であり，月平均は約2,100件であった。

○　曜日別の交通事故発生件数，死者数は（　B　）曜日が最も多く，曜日・昼夜別でも（　B　）曜日の昼間が最も多い。

○　自転車乗用中の交通事故による死者数29人のうち28人が，（　C　）非着用であった。

(5)　大阪府において，自転車事故への備えと，被害者の救済を図るた

め，自転車利用者(未成年者の場合は保護者)の自転車保険への加入を義務化した条例の名称を答えよ。

(6) 次の文は，特定小型原動機付自転車に関する説明である。空欄
(A)・(B)に入る適切な語句を答えよ。

○ 「道路交通法の一部を改正する法律(令和4年法律第32号)」(令和
4年4月27日公布)において，特定小型原動機付自転車の運転には
(A)を要しないこととしたが，(B)歳未満の運転は禁止した。

(7) 次の図は，「救急蘇生法の指針2020(市民用)」(日本救急医療財団
心肺蘇生法委員会)に示されている一次救命処置の手順をまとめた
ものである。空欄(A)・(B)に入る適切な語句を語群ア〜カ
から選び，記号で答えよ。また，空欄(C)〜(E)に入る適切
な語句を答えよ。

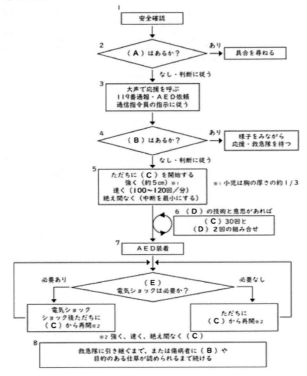

<語群>

ア：意識 　　　　　　　イ：反応 　　　　ウ：脈拍
エ：普段どおりの呼吸 　　オ：目立った外傷 　カ：出血

(8) 次の図は，持続可能な開発目標(SDGs)として，2030年までに持続
可能でよりよい世界をめざす国際目標である17のゴールのうち，6
つのゴールのアイコンである。空欄A～Fに示されている語句を語群
ア～シから選び，記号で答えよ。

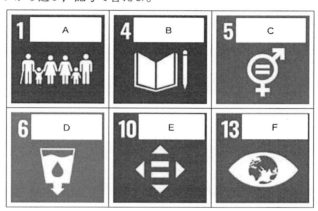

<語群>

ア：海の豊かさを守ろう

イ：安全な水とトイレを世界中に

ウ：質の高い教育をみんなに

エ：平和と公正をすべての人に

オ：貧困をなくそう

カ：パートナーシップで目標を達成しよう

キ：ジェンダー平等を実現しよう

ク：産業と技術革新の基盤をつくろう

ケ：つくる責任つかう責任

コ：人や国の不平等をなくそう

サ：気候変動に具体的な対策を

シ：陸の豊かさも守ろう

(9) 日本政府が令和2年10月に宣言した，2050年までの目標である

「カーボンニュートラル」を次の語句を用いて説明せよ。

> 排出量・吸収量

| 2024年度 | 大阪府・大阪市・堺市・豊能地区 | 難易度 ■■■□□ |

【19】次の(1)〜(4)に答えなさい。

(1) 走り高跳びでは，スピードのあるリズミカルな助走から力強く踏み切り，滑らかな空間動作で跳ぶことをねらいとしているが，踏み切りを指導する場合，どのように指導するか，説明しなさい。ただし，高等学校学習指導要領解説保健体育編の入学年次の次の年次以降の例示を踏まえて答えることとする。

(2) 走り高跳びの無効試技について，「両足で踏み切った」「バーを落とした」のほか，あと1つは何か，書きなさい。

(3) ソフトボールにおいて，ランナーが一塁に出塁しているとき，バッターがバントをしたボールが一塁側に転がった場合，バントシフトをとっていたセカンドの適切な動き方について，説明しなさい。

(4) ソフトボール特有の用具であり，安全面での配慮から，一塁での衝突を防ぐために考案されたベースのことを何というか，書きなさい。

| 2024年度 | 青森県 | 難易度 ■■■□□ |

【20】次の(1)，(2)に答えなさい。

(1) 器械運動の指導について，次の①，②に答えなさい。

① マット運動の接転技群の基本的な動き方を，次のア，イの語句を用いて，それぞれ書きなさい。

ア 順々　イ 高める

② 倒立前転で，倒立から頭を腹屈して後頭部から前転になる動きができない生徒に対する練習方法を書きなさい。

(2) やり投げの指導について，次の①〜③に答えなさい。

① やり投げの導入として開発された，ターボジャブを投げた距離を競う競技は何か。

②「公益財団法人日本陸上競技連盟　安全対策ガイドライン」において示されている，投てき者が投てき動作に入る前に行う安全対

策を書きなさい。

③　高等学校の体育授業でのやり投げにおいて，短い助走からやり
を前方にまっすぐ投げるための指導のポイントを，「助走」及び
「投げ出しの角度」の観点から，それぞれ書きなさい。

■ 2024年度 ▍ 新潟県・新潟市 ▍ 難易度 ■■■■■■

解答・解説

【1】(1) 右側　　(2)　7人未満　　(3)　垂　　(4)　3分間　　(5)　10台
(6)　16cm

○**解説**○ (1) 『バドミントン競技規則』の「第10条　シングルス　第1
項　サービングコートとレシービングコート」では，「(1)プレーヤー
は，サーバーのスコアが，0か偶数のとき，それぞれ右サービスコー
トでサーブし，レシーブする」としている。　(2) 『サッカー競技規
則2022/23』の「第3条　競技者　1　競技者の数」では，「試合は，11
人以下の競技者からなる2つのチームによって行われる。そのうち1人
は，ゴールキーパーである。いずれかのチームが7人未満の場合，試
合は，開始も続行もされない」としている。　(3) 『剣道試合審判規
則』(2019年)の「第1編　試合　第1章　総則　第4条　剣道具」では，
「剣道具は，面，小手，胴，垂を用いる」としている。　(4) 『令和4
年度全国高等学校総合体育大会柔道競技大会，第71回全国高等学校柔
道大会実施要項』では「5　競技規則」として「(1)国際柔道連盟試合
審判規定による」，「(3)試合時間は，団体試合，個人試合とも3分間と
する」と記載されている。ただし，『2018年〜2020年国際柔道連盟試
合審判規定』の「第6条　試合時間」では，「試合時間と試合形式は，
その大会のルールによって決められる」，「IJF(＝国際柔道連盟)の責任
の下で開催する全ての選手権大会における試合時間と試合間の休息時
間については，以下の通りとする」とあり，「正味試合時間4分」とし
ている。　(5) 『日本陸上競技連盟競技規則2023』の「第2部　トラッ
ク競技　TR22.ハードル競走」では，「22.1　各レーンには，次のよう

競技のルール・競技総合問題 ●

261

に10台のハードルを配置する」としている。　(6)　『日本卓球ルール2023』の「1.6サービス」では，「1.6.2　サーバーは，ボールに回転を与えることなく，ボールがフリーハンドの手のひらから離れた後，打球される前になにものにも触れずに落下するように，16cm以上ボールをほぼ垂直に投げ上げなければならない」としている。

【2】1　a　　2　d　　3　b　　4　b　　5　c

○解説○　1　体操競技における器具・器械からの落下は，0.50ではなく1.0の減点を受ける。　2　選択肢中の「相手を蹴る，または蹴ろうとする」，「ボールを手や腕で扱う」という反則に対しては，間接フリーキックではなく，直接フリーキックが与えられる。間接フリーキックとなる反則には，ほかに，プレーヤーがキーパーの邪魔をしたとき，足を頭より高く上げるなどの危険なプレーをしたとき，同じ選手が連続してボールに触れてはいけないときにボールに触れたとき，などがある。　3　トライの得点は5点，コンバージョンゴールは2点，ペナルティトライは7点，ドロップキックのゴールは3点である。　4　シングルスでは，サーブ範囲が少し狭くなる。サイドラインは内側を使用し，エンドは外側のラインまで有効である。ダブルスのサーブ時は，サイドラインは外側を使用し，エンドは内側のラインまで有効である。5　「有効打突」とは，「充実した気勢，適正な姿勢をもって，竹刀の打突部で打突部位を刃筋正しく打突し，残心あるもの」と定められている。また，竹刀の打突部は「物打を中心とした刃部(弦の反対側)」と定められている。有効と判定される状況には，「① 竹刀を落とし，また倒れた者に，直ちに加えた打突，② 場外に出ると同時に行われた打突，③ 試合時間終了の合図と同時に行われた打突」の3つがある。

【3】(1)　4　　(2)　4　　(3)　3　　(4)　1　　(5)　5

○解説○　(1)　B　女子100mハードルにおけるハードル間の距離は8.50mである。　C　男子110mハードルにおけるスタートラインから第1ハードルまでの距離は13.72mである。　(2)　個人メドレーでは，それぞれの種目を，定められた距離の4分の1ずつ泳がなければならない。自由形の際に壁から足が離れたときはあおむけの状態であってもよい

が，うつぶせの状態になるまでは，バタフライの蹴りも含めていかなる足の蹴りも行ってはならない。自由形では，折り返しの際を除いて，うつぶせでなければならない。足の蹴りや手のかきを始める前に，体はうつぶせにならなければならない。メドレーリレーでは，それぞれの種目を定められた距離の4分の1ずつ泳がなければならない。それぞれの種目はその泳法規則に従って泳ぎ，かつゴールしなければならない。　(3)　A　リベロの指名は2人までである。　C　リベロは守備専門のポジションのためレシーブのみに限定されており，サービス，スパイク，ブロックは不可である。　(4)　C　5秒ではなく3秒以上とどまることはできない。　E　12秒ではなく8秒以内にフロントコートに進めなければならない。　(5)　サーブを打つ人の点数が偶数の場合は，右側のコートから，サーブを打つ人の点数が奇数の場合は，左側のコートから打つ。

【4】1　支持(系)　　2　技あり　　3　スポーツクライミング
　　　4　11(点)　　5　出ばな技　　6　リベロ

○**解説**○　1　支持系は，前方支持回転技群と後方支持回転技群に分類される。鉄棒運動の系と技群，グループと技の種類と内容，発展技を整理して覚えておくこと。鉄棒以外の運動についても同様である。
2　選手のどちらかが相手を制しつつ投げた際に，「一本」に必要な4要素「スピード」「力強さ」「背中が着く」「着地の終わりまでしっかりコントロール」のうち1つについて，一部が条件を満たさなかった場合「技あり」の評価がなされる。抑え込みの場合は，相手を10秒以上抑え込んで20秒未満まで技が続行すると「技あり」となる。「技あり」が2つ評価されると「合わせて一本」の評価にあたり，そこで勝敗が決まる。　3　同じ条件で設置された高さ15mの壁を2人の選手が同時に登り速さを競う「スピード」，高さ4mの壁を制限時間内にいくつ登れるかを競う「ボルダリング」，制限時間内に高さ12m以上の壁に設けられたルートのどの地点まで登れるかを競う「リード」の3つで競技する。　4　以前は21点制3ゲーム(または5ゲーム)マッチで行われてきたが，2001年に11点先取のゲームが導入された。1マッチにおけるゲーム数を増やし，1ゲームあたりの得点数を短くすることによっ

てより白熱した試合展開になる。　5　出ばな面，出ばな小手がある。出ばな技は中学校第3学年で指導する技である。　6　リベロプレーヤーは守備専門の選手で，同じチームの他のプレーヤーとはっきりと異なる色のユニフォームを着用しなければならない。また，サービスやスパイク，ブロックをすることはできない。リベロプレーヤーがフロントゾーンで，オーバーハンドでパスしたボールを，他のプレーヤーがネットの上端より高い位置でアタックヒットすることはできないが，バックゾーンでパスしたボールならばアタックヒットすることができる。

【5】1　1　⑧　　2　⑤　　3　②　　4　①　　2　⑥　　3　1　⑧
　　2　⑦　　3　⑤　　4　④　　5　①　　4　③　　5　②　　6　⑥
　　7　ア　③　　イ　⑦　　ウ　②　　8　⑦　　9　1　④　　2　⑦
　　3　①

○解説○　1　IFABは，International Football Association Board(国際サッカー評議会)の略。45分ハーフでゲームは行われる(日本では，高校は40分ハーフ，中学は30分ハーフが一般的)ことを把握しておきたい。また，フリーキックには直接フリーキックと間接フリーキックがある。キッキングやハンドリングなどの反則は直接フリーキック，主審が危険と判断したときやゴールキーパーが自分側のペナルティエリア内においてボールを手から離すまでに6秒を超えたときなどの反則は間接フリーキックになる。その他にもどのような場合に直接フリーキック，間接フリーキックとなるか整理しておきたい。　2　ア　正しくは，主審が「待て」を宣告する状況に，試合場内から継続性のある技が施されることなく両試合者が完全に試合場外に出たときである。
ウ　「一本」を与える4つの基準は，スピード，力強さ，背中が着く，着地の終わりまでしっかりとコントロールしていることである。
3　ハンドボールは，30分ハーフ(中学は25分ハーフ)，7対7で行う。交代要員は7名である。ベンチには交代要員の他に，監督と3名のチーム役員が入ることができる。　4　イ　ディスクォリファイングファウル(disqualifying foul)は，試合から即座に退場させられる特に悪質な反則(暴力行為など)で，プレーヤー，交代要員，コーチ，5個のファウル

を宣告されたチームメンバー，チーム関係者によって行われるスポーツ精神に反する行為に対するファウルである。　5　ウ　レーンナンバーは，左手側から順にレーン1とつける。　6　イ　スターティングプレーヤーとして試合に出ていた選手は，交代によりベンチに下がった後，同一セットの間に1回だけコートに戻ることができる。この場合，自分と交代して入った選手としか交代できない。　エ　バックアタックは，後衛のプレーヤーがアタックラインの後方から行う攻撃のことである。リベロは，後衛からジャンプして相手コートにボールを打ち返すことは許されているが，ネット上端より完全に高い位置にあるボールを打ち返すことは禁止されている。　7　ラグビーの基本的なルールは，①1チームの選手は15名，②試合時間は前後半それぞれ40分の計80分，③ボールを前方にパスすることは反則，ボールキックは自由，④反則後はスクラムやペナルティーキックなどで再開，⑤タッチ外にボールが出た時はラインアウトで再開する，である。設問にあるその他の用語の意味は次のとおりである。キックティーとは，プレースキックの際に利用されるボールを安定させる台のこと。スティフアームタックルとは，プレーヤーが腕を伸ばしてボールキャリアーに打ち付けるような違反に類するタックルのこと。ハンドオフとは，ボールを持って走って行った時にタックルに向かってきた相手を，ボールを持っていない方の手で押さえるようにして抜いていくプレーのこと。ハーフタイムとは，前半と後半の間にとられる休憩時間のこと。プレースキックとは，地面に置いたボールを，助走をつけて蹴ること。　8　ア　15点ではなく「11点」が正しい。　イ　正しくは，相手プレーヤーに1点が入り，サービス権が移動する。　9　個人メドレーは，バタフライでスタートし，次に背泳ぎ，平泳ぎ，自由形の順で泳ぐ。チームでのメドレーリレーは，背泳ぎ，平泳ぎ，バタフライ，自由形の順で行う。

【6】(1)　ア　3　　イ　バタフライ　　ウ　21　　エ　6.5　　オ　レット　カ　利得距離　　キ　カノン　　ク　スローオフエリア　ケ　山岳スキー競技　　コ　2　　(2)　①　オープンスキル　②　正常性バイアス　　③　ヘルスプロモーション　　④　緩和ケア

⑤　セカンド・オピニオン

○**解説**○ (1)　①　柔道の指導について，種類を確認しておくこと。
②　水泳の個人メドレーの泳法の順番はバタフライ→背泳ぎ→平泳ぎ
→自由形，メドレーリレーの泳法の順番は背泳ぎ→平泳ぎ→バタフラ
イ→自由形である。　③　3×3(スリー・エックス・スリー)のバスケ
ットボールのゲームは10分間1回のみである。21点先取で勝ちとなる
KO(ノックアウト)方式が採用されているため，10分以内に試合が終了
するケースも多い。　④　バレーボールのローテーションについて理
解しておくこと。　⑤　テニスも同様である。　⑥　バトンの受け渡
しはテイクオーバーゾーンで行う。　⑦　ユニゾン，シンメトリーな
どについても理解しておきたい。　⑧　スローオフエリアは2022年の
ルールの変更で新設された。　⑨　スキーと登山を融合した，欧州発
祥の山岳競技で，急峻な斜面を登ったり，雪面をスキーで滑ったりし
て，着順を競う競技である。　⑩　一般のテニスは1バウンドである。
(2)　①　オープンスキルに対して，クローズドスキルは，対戦相手や
ボールに左右されない状況下で発揮される技能のことである。競技例
としては，陸上競技，体操競技，水泳，ゴルフがある。　②　多少の
異常事態が起きても，それを正常の範囲内としてとらえ，心を平静に
保とうとする働きのことである。これは，人間が日々の生活を送るな
かで生じる種々の変化に，心が過剰に反応して疲弊しないために必要
な働きであるが，度を超してしまうと，真に危険なときに対応が遅れ
てしまうことになる。　③　健康は生きる目的ではなくて毎日の生活
のための資源であること，単なる肉体的な能力以上の積極的な概念で
あるとされている。　④　「がん対策推進基本計画」において，緩和ケ
アについて「がんと診断された時からの緩和ケアの推進」が重点的に
取り組むべき課題として位置付けられている。がん患者とその家族が，
可能な限り質の高い治療・療養生活を送れるように，身体的症状の緩
和や精神心理的な問題などへの援助が，終末期だけでなく，がんと診
断された時からがん治療と同時に行われることが求められている。
⑤　担当医以外に診断や治療方針についての意見を求めることであ
る。

【7】ア　2　　イ　パッシング　　ウ　ファースト(ファスト)
　エ　ベリーロール　　オ　ダブル　　カ　タッチ　　キ　サムアップ
(サムアップグリップ)　　ク　18　　ケ　片逆手　　コ　デッサン
　サ　横四方　　シ　プロンジョン　　ス　出ばな　　セ　ナックル
　ソ　四捨五入

○**解説**○　ア　コンバージョンゴールとは，トライした後に権利を得られるゴールキックで決めた得点。なお，ペナルティゴールやドロップゴールは3点である。　イ　つま先からかかとまでが，完全にネット下のセンターラインを越えてしまう反則である。　ウ　いわゆる速攻のことで，チームがボールを保持してから展開する速い攻撃のこと。
エ　ベリー(Belly)は腹，ロール(Role)は回転の意味で，バーの上で腹ばいになるように回転しながら跳び越える。　オ　ソフトテニスで，サーブが有効と認められなかった場合はフォールトとなる。1打目がフォールトになった場合，もう1度サーブを打てるが，2打目もフォールトするとダブルフォールトとなる。　カ　サッカーの長方形のフィールドで，長い辺をタッチライン，短い辺をゴールラインという。19世紀半ばのサッカーの原型となったフットボールでは，コート外に出たボールに最初にタッチした人がスローインの権利を得たため，タッチラインと呼ぶようになった。　キ　この握り方は，主にバックハンド時に使用する。立てた親指で押し出すようにして打つことで，パワーが伝わりやすくなる。　ク　ソフトボールの塁間距離は，60フィート(18.29m)で野球の3分の2である。　ケ　順手は，手のひらを下に向けて，上から棒を握る。逆手は，手のひらを手前に向けて，下から握る。片逆手は，片方の手が順手，もう片方の手が逆手の握り方である。
コ　即座にイメージをとらえて，体を動かして表現することが，体でのデッサンである。　サ　他の固め技には，縦四方固め，上四方固めなどがある。　シ　プロンジョンシュートは，ジャンプして滞空している間に，体の角度を変化させて打つ。　ス　出ばな技には，出ばな面や出ばな小手がある。　セ　ナックルボールとは，無回転系の打球で，無回転もしくは限りなく回転の少ない打球のこと。　ソ　新体力テストのテスト運動で，2回実施する運動は，握力，長座体前屈，反復横跳び，立ち幅跳び，ハンドボール投げの5種目がある。

【8】1 c 2 e 3 d 4 b

○**解説**○ 1 膝掛け上がりは「上がり技」,前方支持回転は「支持回転技」,支持跳び越し下りは「下り技」に分類される。技の組み合わせや指導のポイント等は「器械運動指導の手引」(学校体育実技指導資料第10集)などを参照するとよいだろう。 2 柔道の連絡技については学習指導要領だけではなく,「柔道指導の手引(三訂版)」(学校体育実技指導資料第2集)でも示されている。用語だけでなく,本問のように図や写真で確認し,どの技を連絡させているか確認しておくこと。3 肢a,cは高等学校入学年次の次の年次以降における「状況に応じた守備」,肢b,eは中学校第1,2学年における「定位置での守備」の例示である。 4 オープン・ポジションは男女が同じ方向を向いて横並びになり,内側の手を連手する。バルソビアナ・ポジションはオクラホマ・ミクサーのポジションとして有名である。

【9】(1) コーナートップ (2) ダブルファウル (3) オーバーステップ (4) 9.15m (5) アディショナルタイム (6) コンチネンタルグリップ (7) エ (8) イ (9) 2m (10) スナッチ (11) ウィンドミルモーション (12) 3回 (13) ディレイインサービス (14) 6回 (15) スマザータックル (16) リカバリー (17) ヘアピン (18) 残心 (19) 懸垂系 (20) コンテンポラリーダンス

○**解説**○ (1) 「コーナートップ」は,リレー競技でオープンコースの場合に,次走者がバトンを受けるテイクオーバーゾーンに前走者が第3コーナーを通過した順にインコースから並ぶルールのこと。(2) 「ダブルファウル」は,バスケットボールのオフェンスとディフェンスの双方のプレーヤーが2人同時にパーソナルファウルを犯した状態のこと。 (3) ハンドボールにおいて,コートプレーヤーはプレーイングエリアでボールを持って3歩まで進むことができるが,4歩以上歩いたときは「オーバーステップ」の反則となる。 (4) サッカーのフリーキックでは,相手側はボールを置いた位置から9.15m離れなければならない。9.15mはヤード法で表すと10ヤードになり,サッカ

ー発祥のイングランドがメートル法ではなくヤード法だったことに由来している。なお，キックオフやフリーキックの際も相手側はボールの位置から同様の距離(9.15m)離れなければならない。　(5)「アディショナルタイム」とは，サッカーの試合において，試合が中断された分を延長する時間のことである。「Additional＝加えられた」という意味であり，前後半とも規程の試合時間が経過した後に加えられる時間ということになる。　(6)「コンチネンタルグリップ」とは，「包丁を握るような握り方」または「握手をするような握り方」と表現され，地面に対して垂直に立てたラケットを持つ握り方である。テニスの基本的な握り方でもあり，サービス，スマッシュ，ボレーなどに多用される。　(7)『日本卓球ルール2023』(日本卓球協会)，「第1章基本ルール」，「1.1テーブル」に，「プレーイングサーフェスは，どのような素材でもよく，その硬度は，標準ボールを上方30cmの高さから落した場合に，約23cmの均一なバウンドがあるものとする」と規定されている。(8)　卓球の促進ルールは，ゲーム開始後10分経ってもそのゲームが終了しない場合に適用される(両者のスコアの合計が18以上の時は適用されない)。促進ルールでは，レシーバーが13回返球するとレシーバーのポイントとなる。　(9)『新体力テスト実施要項(12歳〜19歳対象)』(文部科学省)には，ハンドボール投げの準備として「平坦な地面上に直径2mの円を描き，円の中心から投球方向に向かって，中心角30度になるように直線を図のように2本引き，その間に同心円弧を1m間隔に描く」と示されている。　(10)　ウエイトリフティング競技は，「スナッチ」と「クリーン＆ジャーク」の2種目の合計重量で競い合う。「スナッチ」は，床に置いたバーベルをつかみ，一つの動作で一気に頭上まで持ち上げて立ち上がり静止する種目である。「クリーン＆ジャーク」は，床に置いたバーベルを一度肩に担いで立ち上がり(クリーン)，その状態からバーベルを頭上へ持ち上げて(ジャーク)静止する種目である。　(11)　ソフトボールの「ウィンドミルモーション」は，風車のように腕を大きく1回転させ，その遠心力を利用して投げる投法のこと。一方，「スリングショットモーション」は，時計の振り子のように腕を下から振り上げ，その反動を利用して前方に振り戻して投げる投法のこと。　(12)　柔道の違反には，軽微な違反に対する「指導」

と重大な違反に対する「反則負け」がある。軽微な違反の指導には，消極的な姿勢や組み手などが該当し，指導を3回受けた場合は累積による反則負けとなる。重大な違反には，相手に危害を及ぼす行為や柔道精神に反する行為などが該当し，その場で一発退場になる。

(13) 「ディレイインサービス」は，バレーボールのサーブを打つときの遅延行為であり，試合進行に影響がでるために設けられた。「Delay in Service」の「Delay＝遅らせる」の意味がある。 (14) バレーボールの選手交代は，1セットにつき6回まででき，1対1の交代を1回と数えるので，2人ずつ替えると2回，3人ずつなら3回と数える。ただし，リベロの交代は回数には数えない。 (15) 「スマザータックル」は，ラグビーで相手の上半身にボールごと抱きつくようにして倒すタックルのこと。相手からボールを奪うこととパスを出させないことを目的としているため，倒すことよりも腕の動きを封じるようにタックルをする。 (16) 「リカバリー」とは，水泳でストロークが終わって次のストロークを行うために，手を前方のストローク開始の位置に戻す動きをいう。リカバリーの方法として「ハイエルボー」は肘を指先より高く上げて戻す方法，「ストレートアーム」は肘を真っすぐにして指先を大きく振る方法がある。 (17) 「ヘアピン」は，バドミントンでネット際に落とされた相手の打球を，ネットの上部すれすれを越えて相手コートに落とす打球のこと。髪を止めるヘアピンの形のような軌道で相手コートのネットに近いところに落とすことから「ヘアピン」といわれる。 (18) 剣道の「残心」は，打突をした後に油断せず，相手のどんな反撃にも対応できるような気構えと身構えとされており，自分が技を出した後に相手に対して心を残すことである。

(19) 鉄棒運動は，「支持系」と「懸垂系」の2つに大別される。支持系は腕で支える支持体勢から回転したりする技，懸垂系は鉄棒にぶら下がる懸垂体制から体を振動させたりする技である。 (20) クラシックバレエなど既存の分類に当てはまらない新しいスタイルのダンスを「コンテンポラリーダンス」という。「Contemporary＝現代的な」という意味で，振り付けや表現方法に決まりがなく，自由な身体表現で時代の先端を体現している。

【10】(1)　20秒　　(2)　トルソー　　(3)　15m　　(4)　切り返し(反転)系　　(5)　24秒　　(6)　クイックスタート　　(7)　オーバーラップ　(8)　ウィリアム・G・モーガン　　(9)　1.15m　　(10)　スリングショットモーション　　(11)　かかり練習(打ち込み)　　(12)　中段の構え

○**解説**○　(1)　20秒間繰り返し，それぞれのラインを通過するごとに1点を与える(右，中央，左，中央で4点になる)。2回実施してよい方の記録をとる。　(2)　100m走などの走種目は，選手のトルソーと呼ばれる部分がフィニッシュライン(フィニッシュラインのスタートラインに近い側のふち)を越すことでゴールと認定される。トルソーとは胴体部分のことで，頭・手・脚がフィニッシュラインを越えてもゴールにはならない。　(3)　スタート及び折り返し後15mまでは水没してよいが，それ以外は体の一部が水面上に出ていなければならない。なお，これは自由形と同じルールである。　(4)　切り返しとは，踏み切りから上体を前方に振り込みながら着手する動き方，突き放しによって直立姿勢に戻して着地するための動き方のことである。　(5)　チームはボールをコントロールしてから24秒以内にシュートを打たなければならない。24秒以内にシュートできなかったり，シュートのボールがリングに触れなかったりした場合は，バイオレーション(記録されない反則)となり，相手チームのボールとなる。　(6)　スローオフとは，競技場の中央でプレーを始めることである。　(7)　オーバーラップによって攻撃を厚くすることができるが，相手チームにボールを奪われると，薄くなったディフェンスを突破されてカウンターを受ける危険がある。　(8)　バレーボールは1895年にウィリアム・G・モーガンが，バスケットボールは1891年にアメリカ・マサチューセッツ州にあるYMCAトレーニングスクールの体育教師ネイスミスが，冬季に体育館でプレーできるゲームとして考案した。　(9)　サービスにはフォアハンドとバックハンドで行うやり方があるが，どちらの場合でもシャトル全体がコート面から1.15m以下になければならない。　(10)　ゴムのパチンコ(スリングショット)の動きに似ているのでこう呼ばれる。変化球を投げるには不向きで，ボールの握りが常に打者に晒されてしまうため，現在ではほとんど使われなくなった。　(11)　かかり練習は

● 体育分野

打込みとも呼ばれ，相手を投げずに技を反復してかけて練習する方法
である。一方，約束練習は，技をかけ，相手を投げて練習する方法で
ある。　(12)　右足を一歩前へ出し，左足を左の方へ足一つ分開け，
右足の踵より前へ出ないように立つ。

【11】　①　ホ　　②　カ　　③　ハ　　④　フ　　⑤　テ　　⑥　ス
　　　⑦　ケ　　⑧　ヒ　　⑨　ナ　　⑩　ノ　　⑪　ク　　⑫　ソ
　　　⑬　ネ　　⑭　シ　　⑮　ア

○解説○　A　投げ技に関して，「一本」は，仰向けに相手を投げるなど
適切に技をかけて，スピード，力強さ，背中が着く，着地の終わりま
でしっかりとコントロールしている，という4つの評価基準を満たし
た場合に与えられる。全てを満たしていない場合は，「技あり」とな
る。　B　スタートについては，スターターが上方に向けて構えた信
号器の発射音で，スタートしなければならない。　C　オフェンス側
がボールをコントロールしてから24秒以内にシュートを打たなければ
いけない，という24秒ルールもある。　D　スタートの「準備の姿勢
をとる」，「力強く蹴りだす」，「泳ぎ始める」といった各局面を，各泳
法に適した一連の動きで安全にできるようにすることが大切である。
E　中学校第1学年及び第2学年では，「泳法を身に付ける」ことなどを
学習するとしている。また，バディシステムなどを適切に活用し，見
学の場合も状況によっては，安全の確保や練習に対する協力者として
参加させたりするとしている。　F　中学校第1学年及び第2学年では，
「技がよりよくできる」ことなどを学習する。接転技群とは，体をマ
ットに順々に接触させて回転する技である。前転グループの場合は，
後頭部から首，背中，腰という順序で接触させる。　G　障害のある
生徒に関して，個別の課題設定をして生活上の困難を克服するために
学習に配慮したり，教材や練習の仕方などを検討して参加可能な学習
の機会を設けたりすることなどが求められている。　H　共生の視点
で練習や運営等の方法を見直すなどの互いに話し合う活動などを通し
て，協働的な関係を育むことも重要な体育のねらいである。

【12】 1 ① 袖　② 釣り手　③ 引き手　④ ボッチャ
⑤ 酒田　⑥ レスリング　⑦ パリ　⑧ 未来　⑨ カヌ
ー　2 ① キ　② イ　③ カ　3 ① 体ほぐしの運動
② 実生活に生かす運動の計画　4 ① 自発的　② 学習意欲
③ 連帯感　④ 持続可能　5 一類…イ　二類…オ　三類
…ア　四類…エ　五類…ウ

○**解説**○ 1 （1）　柔道の基本姿勢である組み手(組み方)の説明である。
組み手とは，一方の手で相手の袖をとり，他方の手で相手の襟をとっ
て組み合うことである。このとき襟を持つ手を釣り手といい，もう一
方の相手の袖(肘の外側)を持つ手を引き手という。　（2）　ボッチャは，
重度脳性まひ者や四肢に障がいがある人のために考案されたスポーツ
であり，パラリンピックの正式種目でもある。　（3）　プレステージ・
インターナショナルアランマーレは，「地域を元気にしたい」「女性の
活躍を応援したい」という思いから，2015年4月に山形県酒田市に設
立された。　（4）　故笹原正三氏は，1956年のメルボルン・オリンピッ
クにおいて，レスリング・フリースタイル・フェザー級で金メダルを
獲得したレスリング選手である。同氏は日本レスリング協会の会長も
務めた。2024年7月26日から8月11日まで，第33回オリンピック競技大
会がフランス・パリを中心に開催される。パリでオリンピックが開催
されるのは1900年，1924年に続き3回目となる。　（5）　「やまがた雪未
来国スポ」は国民体育大会として，2024年2月21日から24日の期間で
開催される。令和5年度全国高等学校総合体育大会カヌー競技大会は，
月山湖カヌースプリント競技場で開催された。　2　山形県が部活動
の改革を推進する背景として，「近年，深刻な少子化が進行し中学校
生徒数の減少が加速化するなど，部活動の持続可能な運営が困難であ
ること」「競技経験のない教員が指導せざるを得なかったり，休日も
含めた部活動の指導が求められたりするなど，教員にとって大きな業
務負担となること」の2点が示されている。この背景を受け，生徒が
望ましい環境で部活動が行えるように体制を整備し，教員の働き方改
革を推進するために，部活動における学校体制の整備が同ガイドライ
ンでは示されている。　3 体つくり運動の領域では小学校高学年〜高
等学校全学年まで共通で体ほぐしの運動が設定されている。体ほぐし

の運動では，気付き，関わり合いがねらいとなる。また，中学校第3学年以降では，実生活に生かす運動の計画が設定されている。ここでは，自己の日常生活を振り返り，体の動きを高める運動の計画を立てて取り組むことで，健康の保持増進や調和のとれた体力の向上を図る。 4 部活動については，その教育効果が十分に発揮されるために，①スポーツや文化及び科学等に親しませ，学習意欲の向上や責任感，連帯感の涵養，好ましい人間関係の形成等に資するものであるとの意義があること，②各教科等の目標及び内容との関係にも配慮しつつ，学校教育の一環として，教育課程との関連が図られるよう留意すること，③部活動指導員等のスポーツや文化及び科学等にわたる指導者や地域の人々の協力，社会教育関係団体等の各種団体との連携などの運営上の工夫を行うこと。の3点が規定されている。 5 感染症法における一類〜三類までの感染症は，感染力や罹患した場合の重篤性等に基づく総合的な観点から見た危険性で分類されている。四類感染症は，一類〜三類感染症以外のもので，主に動物等を介してヒトに感染するものを分類している。五類感染症は，国民や医療関係者への情報提供が必要なものとして分類されている。

【13】(1) 回転系 (2) 反り技，河津掛け，さば折り，かんぬき(極め出し，極め倒し) (3) ペナルティキック(ペナルティーキック，PK)

○**解説**○ (1) マット運動の技は，回転系と巧技系に大別される。回転系はマットの上で回転する技で，巧技系はバランスをとりながら静止する技である。 (2) 柔道では絞め技や関節技，剣道では突き技，相撲では反り技，河津掛け，さば折り，かんぬきなどが，安全上の配慮から禁じられている禁じ技である。 (3) ペナルティキックは，ペナルティエリア内で守備側の選手が直接フリーキックに該当する危険な反則行為やハンドをしたときに，攻撃側の選手に与えられるフリーキックである。

【14】(1) ① ストリームライン ② ノーパニック(症候群) ③ ヒューマンチェーン ④ タッピングバー (2) ① イ

② ウ　　③ ウ

○**解説**○ (1)　①　ストリームラインとは，水の抵抗が最も少なくなるよう，体全体を水平かつ一直線に伸ばした姿勢のことである。　②　ノーパニック症候群とは，パニックにならないまま，眠るように水底に落ちていく状態である。潜水や水中で息をこらえる練習を繰り返し，二酸化炭素を蓄積した状態に体が慣れると，苦しさを感じなくなり，酸素不足に気づかないまま静かに眠るように溺れてしまう。　③　ヒューマンチェーンとは，複数名の救助者同士が互いに手首をつかみ合い，溺者を救助する方法である。手首をつかみ合うために，一方の人が手を離しても，もう一方が離さなければほどけないので，単に手を繋ぎ合うよりも安定性が高い。　④　視覚障害のある水泳選手に対して，ターンやゴールの直前にコーチなどがプールの上から選手の頭や背中を棒でタッチして，壁が迫っているという合図を送ることをタッピングといい，合図を送る棒はタッピングバー，合図を送る人をタッパーという。　(2)　①　バンチスタートは，足幅が狭いスタートで，1歩目を早く出しやすい。スタンディングスタートは，中長距離走で用いられ，どちらかの足を前に出して立った状態でスタートする方法である。エロンゲーテッドスタートは，足幅が広いスタートで，キック力が大きくバランスもよい。ミディアムスタートは，足幅は中間的で，一般的なスタートである。　②　日本陸上競技連盟競技規則，第3部フィールド競技，C投てき競技，TR32「投てき種目」，「着地場所」では，「やり投を除いて着地場所の範囲は，サークルの中心で交わる34.92度の角度をなす幅50㎜の白線の内側の縁で示す」と示されている。なお，やり投については，「着地場所の範囲の角度は，28.96度とする」としている。　③　同競技規則，第2部トラック競技，TR22「ハードル競走」では，ハードルの配置について男子110mHはスタートラインから第1ハードルまでの距離は13.72m，ハードル間の距離は9.14m，最終ハードルからフィニッシュラインまでの距離は14.02mと示されている。一方女子は，「女子100mHはスタートラインから第1ハードルまでの距離は13.00m，ハードル間の距離は8m50，最終ハードルからフィニッシュラインまでの距離は10.50mと示されている。

【15】 1 図1…エ 図2…シ 図3…ウ 図4…サ 2 (1) エ
(2) 回転系を先に取り上げると，切り返し系の学習の際に回転感覚が
残っていて事故につながることがあるから。 (3) エ
○**解説**○ 1 図1…スリーポイントが入った際に行うシグナルである。
図2…間接フリーキックは，試合中に何かしらのファウルが発生した
際に，2人以上の選手が一度はボールに触れなければゴールにならな
いプレースキックのことである。審判はプレーを再開した後，アウト
オブプレーになるか，間接フリーキックによって直接点数を獲得でき
ないと判断するまで，ジェスチャーを続ける必要がある。 図3…ハ
イタックルは相手の肩よりも上(頭や首など)にタックルを行う反則の
ことである。 図4…ハンドボールにおけるタイムアウト(競技時間の
停止)は，チームが任意で取れるチームタイムアウトと，失格や退場等
もしくは審判が必要と判断したときに取るタイムアウトとがある。ど
ちらの場合においても，審判はタイムアウトを示すジェスチャーを用
いて時計を止める。 2 (1), (2) 回転系の技を先に指導し，後で切
り返し系を取り扱うと，回転感覚が身体に残り，腰を必要以上に高く
して跳んだり，切り返しができなかったりすることで顔や体からマッ
トに追突する事故が考えられるため。 (3) 後頭部から首を支点には
ねているので，首はね跳びである。頭頂部を支点とした場合は頭はね
跳びとなる。

【16】 問1 エ 問2 ア 問3 (1) エ (2) ア
○**解説**○ 問1 エは，第3学年の短距離走・リレーの例示である。
問2 走り幅跳びでは，踏み切り前3〜4歩からリズムアップして踏み
切りに移ることが大切である。また，踏み切りでは上体を起こして，
地面を踏みつけるようにキックし，振り上げ脚を素早く引き上げるよ
うにすることが大切である。 問3 (1) 「プレイ上の制限を工夫する」
とは，「キャッチをしてトスを上げても良い」，「ワンバウンドも許可
する」といった，つないで返すまでを簡易化したルール等が考えられ
る。「ボールを持たない動き」とは，「相手の打球に備えた準備姿勢を
とること」「プレイを開始するときは，各ポジションの定位置に戻る
こと」「ボールを打ったり受けたりした後，ボールや相手に正対する

こと」といった動きのことである。　(2)　サービスについての例示は，「サービスでは，ボールやラケットの中心付近で捉えること」と示されている。

【17】 1 (1)　d　　(2)　b　　(3)　e　　(4)　d　　2 (1)　e　　(2)　a　(3)　c　　(4)　e

○**解説**○ 1　(1)　腰は鉄棒から遠ざけるのではなく，鉄棒に近づけるのが正しい。　(2)　入水は親指側からではなく小指側から行うのが正しい。　(3)　右利きでは，前に来る足が左足である。よって，右足に体重を乗せるのではなく，左足にしっかりと体重を乗せるのが正しい。(4)　ラケットをやや下方向に引き，ボールを引きつけてから，一気にラケットをななめ上方向にスイングする。　2 (1)　誤肢の「する」は，運動やスポーツに自ら取り組むことである。同じく「知る」は，書籍やインターネット等を用いて運動の仕方やスポーツの歴史等について調べることである。　(2)　技能は練習することによって身に付いた能力のことである。　(3)　学習指導要領では，生涯にわたる豊かなスポーツライフの実現が提言されている。ライフステージやライフスタイルに応じてスポーツとの関わり方は異なってくるため，「する・みる・支える」のうち，自分に合った方法でスポーツを楽しめるとよい。出題の「スポーツライフスタイル」とは，多様なライフスタイルの中での，スポーツとの関わり方のこと。ほかに，一定の場所に滞在して各種スポーツをじっくり行う長期滞在型や，一定期間継続的に参加するスポーツ教室・レッスン利用型もある。　(4)　身体障害者のオリンピック「パラリンピック」に対し「デフリンピック(Deaflympics)」は，聴覚障害者のオリンピックとして，夏季大会は1924年，冬季大会は1949年に初めて開催された。聴覚障害者自身が運営する，聴覚障害者のための国際的なスポーツ大会であり，また参加者が国際手話によるコミュニケーションで友好を深められるところに大きな特徴がある。2025年11月には，東京都において，日本で初めての第25回デフリンピックが開催されることが決定している。

【18】(1)　A　開脚伸身跳び　　B　前方屈腕倒立回転跳び

(2)　A　ウインドミル投法　　B　スリングショット投法　　C　規則
D　回数　　(3)　A　支え釣り込み足　　B　小内刈り　　C　体落と
し　　D　大腰　　(4)　A　12　　B　金　　C　ヘルメット

(5)　大阪府自転車条例　　(6)　A　運転免許　　B　16

(7)　A　イ　　B　エ　　C　胸骨圧迫　　D　人工呼吸　　E　心電
図解析　　(8)　A　オ　　B　ウ　　C　キ　　D　イ　　E　コ
F　サ　　(9)　温室効果ガスの排出量と呼吸量を均衡させること

○**解説**○　(1)　A　開脚伸身跳びでは，踏み切り後にやや低めに入り，体
を伸ばして早めに着手する。上体を起こしながら，上方向に手でしっ
かりと突き放し，第二空中局面で開脚伸身姿勢になって着地する。
B　前方屈腕倒立回転跳びでは，頭は跳び箱の前に出して屈腕支持に
なり，腰は軽く曲げ伸ばすようにして行う。次の段階として，踏み切
りの際の脚の振り上げを強く行い，腰の曲げ伸ばしをしないで，伸身
での前方屈腕倒立回転跳びを行う。腕でしっかり支え伸ばして，安全
に着地する。　　(2)　A　ウインドミル投法では，ボールを持つ手を大
きく1回転させてボールを投げる。その様子が風車に似ていることか
らウインドミルと呼ばれている。腕の回転は1回に制限されており，
打者を幻惑させるために何回転も腕を回すことは禁止されている。
B　スリングショットは，ソフトボールの"原点"ともいえる投げ方
で，時計の振り子のように腕を下から振り上げ，その反動を利用して
前方に振り戻して投げる投法である。ゴムのパチンコ(スリングショッ
ト)の動きに似ているのでこう呼ばれている。変化球を投げるには不向
きであり，ボールの握りが常に打者に晒されてしまうため，現在では
ほとんど見られなくなった。　　C・D　第1学年及び第2学年では攻撃を
重視し，易しい投球を打ち返したり，定位置で守ったりする攻防を展
開できるようにする。指導に際しては，易しい投球を打ち返したり，
定位置で守ったりする攻防を中心とした学習課題を追究しやすいよう
にプレイヤーの人数，グラウンドの広さ，用具，プレイ上の制限を工
夫したゲームを取り入れ，バット操作やボール操作とボールを持たな
いときの動きに着目させ，学習に取り組ませることが大切である。
(3)　A　支え釣り込み足では，「取」は，「受」を右前すみに崩し，「受」

の右足首を左足裏で支え，引き手，釣り手で釣り上げるようにして，腰の回転を効かせて受の前方に投げる。　B　小内刈りでは，「取」は，「受」を右後ろすみに崩し，左足を軸に右足の土踏まずの部分で，「受」の右足踵部分を内側から刈り，「受」の後方に投げる。　C　体落としでは，「取」は，「受」を右前すみに崩し，「受」に重なる様に回りこみ，さらに右足を一歩「受」の右足の外側に踏み出し，両腕と両膝の伸展を利用して「受」を前方に投げ落とす。　D　大腰では，「取」は，「受」を前に崩し，「受」の後ろ腰に右腕を回し，「受」と重なり，両膝の伸展，引き手，後ろに回した右腕を使い，「受」を腰に乗せ前方に投げる。　(4)　令和4年中における大阪府下の交通事故発生状況は，事故件数，死者数，負傷者数の全てで増加となった。　(5)　条例の主な規定は，「①交通安全教育の充実，②自転車の安全適正利用，③自転車保険の加入義務化」の3点である。　(6)　特定小型原動機付自転車とは，電動キックボード等である。　(7)　Bの呼吸の確認については，「死戦期呼吸」に注意が必要である。死戦期呼吸とは心停止直後に見られる呼吸のことで，あえぐように呼吸していたり下顎を動かして呼吸したりしているように見えるのが特徴である。急性心筋梗塞など心原性の心停止直後には，血液中に残存する酸素による作用等によって，死戦期呼吸が高頻度でみられる。本人に意識はなく，生命維持に必要な有効な呼吸ではないため，死戦期呼吸が認められた場合，または判断に迷う場合は「呼吸なし」とみなして，直ちに心肺蘇生を開始する必要がある。　(8)　持続可能な開発目標(SDGs：Sustainable Development Goals)とは，2015年9月の国連サミットで加盟国の全会一致で採択された「持続可能な開発のための2030アジェンダ」に記載された国際目標である。17のゴール・169のターゲットから構成され，地球上の「誰一人取り残さない(leave no one behind)」ことを誓っている。SDGsは発展途上国のみならず，先進国自身が取り組むユニバーサル(普遍的)なものであり，日本としても積極的に取り組んでいる。(9)　日本政府は2020年10月の臨時国会で，成長戦略の柱に経済と環境の好循環を掲げ，2050年までに温室効果ガスの排出を全体としてゼロにする「2050年カーボンニュートラル」に挑戦し，脱炭素社会の実現を目指すことを宣言した。

● **体育分野**

【19】(1)　振り上げ脚の引き上げと両腕の引き上げをタイミングよく行うよう指導する　　(2)　バーをこえる前に体の一部が支柱間の面から先の地面や着地場所に触れた　　(3)　一塁を守る動きをする
(4)　ダブルベース

○**解説**○　(1)　解答例は学習指導要領解説に例示されている内容である。助走スピードを効率よく上昇する力に変えるために，足裏全体で強く地面を押すようにキックし，振り上げ脚と両腕を引きあげることが大切である。　　(2)　走り高跳びで無効試技になるのは「両足で踏み切った」，「バーを落とした」，「バーを越える前に，バーの助走路側の垂直面，またはそれを延長した面から先の地面あるいは着地場所に触れた」，「助走して跳躍せずにバーまたは支柱の垂直部分に接触した」，「試技開始合図から，1分以内に試技を行わなかった」などがある。
(3)　バントシフトをとると内野守備者はバントに備えて一斉に前進する。ボールが一塁側に転がった場合，捕球するのはファースト守備者となり，一塁ベースが誰もいない状態になるため，一塁を補うのはセカンド守備者となる。　　(4)　ダブルベースとは，ソフトボールで接触プレイによる事故防止のために一塁に二つのベースを置くことである。フェア側に白色，ファウル側にオレンジ色のベースが置かれ，打者走者は原則としてオレンジベースを走り抜け，守備者は白色ベースを使用することによって，一塁での打者走者と守備者の接触する危険を回避する役割がある。

【20】(1)　①　ア　体をマットに順々に接触させて回転するための動き方。　　イ　回転力を高めるための動き方。　　②　まず，壁倒立等で頭を腹屈したまま倒立位を保持する練習を行う。次に，壁登り逆立ちや補助倒立から倒立前転の練習を行う。　　(2)　①　ジャベリックスロー　　②　確実に周囲の安全を確認し，大声で「行きます」または「投げます」と周知し，必ず自ら前方と周囲の者の反応を確認する。
③　助走…クロスステップを用いて助走させる。　　投げ出しの角度…25〜35度程度の角度でやりを投げさせる。

○**解説**○　(1)　マット運動(接転技群・ほん転技群)や跳び箱運動(切り返し系・回転系)のいろいろな技に，技群ごとにどのような指導上のポイン

トがあるか，アドバイスの方法について，日頃から意識し，記述できるようにまとめておきたい。　(2)　①　ジャベリックスローは，力まないことが重要である。ボール投げとは異なり，長さのある物体を投げるため，穂先にまっすぐ力を加えないと遠くに飛ばない。また，ターボジャブの重さは約300gで，野球やソフトボールのボールより重い。②　安全に競技を行う上での注意点は必ず徹底させるよう指導する必要がある。　③　高等学校学習指導要領解説では，「やりの投げ出しの角度は，一般的には，35〜40度程度が適切であるが，投げ出しの速度を高めることに着目して，通常より低い角度で指導するようにする。また，やりによるけがや事故の防止について事前に十分な指導を行うとともに，個人の体力や技能の差に応じた十分な練習空間を確保したり，投げる際に仲間に声をかけるようにしたりするなど十分な安全対策を講じて実施するようにする」と示されている。

【1】次の文章は,「中学校学習指導要領解説　保健体育編　第2章　保健体育科の目標及び内容　第2節　各分野の目標及び内容〔体育分野〕2　内容　H　体育理論　[第1学年及び第2学年]」の一部抜粋である。文章中の(ア)～(エ)にあてはまる最も適当な語句を,以下の①～④のうちからそれぞれ一つずつ選びなさい。

[第1学年及び第2学年]

体育理論の内容は,体育分野における運動の実践や(ア)との関連を図りつつ,豊かなスポーツライフを実現するための資質・能力を育成するため,第1学年では,運動やスポーツの多様性を,第2学年では,運動やスポーツの効果と学び方を,第3学年では(イ)としてのスポーツの意義を中心に構成されている。

また,これらの内容は,主に,中学校期における運動やスポーツの合理的な実践や生涯にわたる豊かなスポーツライフを送る上で必要となる運動やスポーツに関する(ウ)等を中心に示している。

これらの内容について学習したことを基に,思考し,判断し,表現する活動を通して,体育の見方・考え方を育み,現在及び将来における自己の適性等に応じた運動やスポーツとの多様な関わり方を見付けることができるようにすることが大切である。

なお,運動に関する領域との関連で指導することが効果的な内容については,各運動に関する領域の「(エ)」で扱うこととしている。

― (略) ―

【解答群】

ア　①　部活動　　②　特別活動　　③　保健分野
　　④　道徳

イ　①　団体　　②　競技　　③　個人

④　文化

ウ　①　考察力　　②　論理的思考　　③　科学的知識

　　④　創造力

エ　①　知識及び技能

　　②　個人内評価

　　③　思考力，判断力，表現力等

　　④　学びに向かう力，人間性等

▌ 2024年度 ▌千葉県・千葉市 ▌難易度 ■■□□□

【2】次の文章は，高等学校学習指導要領(平成30年告示)解説　保健体育編　体育編「第1部　第2章　第2節　体育　3　内容　H　体育理論　3　豊かなスポーツライフの設計の仕方　ア　知識」の一部である。(①)〜(⑥)に当てはまる語句を，以下のア〜シからそれぞれ一つ選び，記号で記せ。

> (イ)　ライフスタイルに応じたスポーツとの関わり方
>
> 　　生涯にわたって「する，みる，支える，知る」などのスポーツを多様に継続するためには，ライフステージに応じたスポーツの(①)を見付けることに加え，それぞれの生き方や暮らし方といったライフスタイルに応じた(②)スポーツへの関わり方が大切であることを理解できるようにする。
>
> 　　また，ライフステージやライフスタイルによっては，仕事の種類や暮らし方によって運動に関わる機会が減少することもあるため，仕事と生活の(③)を図ること，運動の機会を生み出す工夫をすること，多様な関わり方を実現するための具体的な設計の仕方があることを理解できるようにする。
>
> (ウ)　スポーツ推進のための施策と諸条件
>
> 　　国や地方自治体は，スポーツの推進のために様々な施策を行っており，人や財源，施設や用具，情報などを人々に提供するなどの(④)整備を行っていること，また，スポーツの推進を支援するために，企業や競技者の(⑤)貢献，スポーツ(⑥)や非営利組織(NPO等)などが見られるようになって

いることを理解できるようにする。
　その際，我が国のスポーツ基本法やスポーツ基本計画等のスポーツの推進に関わる法律等やその背景についても触れるようにする。

ア　観戦者	イ　調和	ウ　楽しみ方	エ　常識的な
オ　両立	カ　無理のない	キ　会社	ク　案件
ケ　社会	コ　関心	サ　条件	シ　ボランティア

┃2024年度 ┃ 山梨県 ┃ 難易度■■■□□

【3】　次の文章は，「中学校学習指導要領(平成29年告示)解説　保健体育編(平成29年7月　文部科学省)　第2章　保健体育科の目標及び内容　第2節　各分野の目標及び内容　〔体育分野〕　2　内容　H　体育理論　[第1学年及び第2学年]」の一部である。(a)～(e)に当てはまる語句の組合せとして正しいものを，以下の①～⑤の中から一つ選べ。

○　運動やスポーツの多様性
　ア　知識
　(1)　運動やスポーツが多様であることについて，課題を発見し，その解決を目指した活動を通して，次の事項を身に付けることができるよう指導する。

　　ア　運動やスポーツが多様であることについて理解すること。
　　(ア)　運動やスポーツは，体を動かしたり健康を維持したりするなどの必要性及び競い合うことや課題を達成することなどの楽しさから生みだされ発展してきたこと。
　　(イ)　運動やスポーツには，行うこと，見ること，支えること及び(a)などの多様な関わり方があること。
　　(ウ)　(b)や機会に応じて，生涯にわたって運動やスポーツを楽しむためには，自己に適した多様な楽しみ

方を見付けたり，工夫したりすることが大切であること。

(中略)

○　運動やスポーツの意義や効果と学び方や安全な行い方
　ア　知識
　　(2)　運動やスポーツの意義や効果と学び方や安全な行い方
　　　　について，課題を発見し，その解決を目指した活動を通
　　　　して，次の事項を身に付けることができるよう指導する。

> ア　運動やスポーツの意義や効果と学び方や安全な行い方
> 　について理解すること。
> 　(ア)　運動やスポーツは，身体の発達やその機能の維持，
> 　　　体力の向上などの効果や自信の獲得，ストレスの解消
> 　　　などの心理的効果及びルールやマナーについて合意し
> 　　　たり，適切な(　c　)を築いたりするなどの社会性を高
> 　　　める効果が期待できること。
> 　(イ)　運動やスポーツには，特有の(　d　)があり，その
> 　　　学び方には，運動の課題を合理的に解決するための一
> 　　　定の方法があること。
> 　(ウ)　運動やスポーツを行う際は，その特性や目的，発
> 　　　達の段階や(　e　)などを踏まえて運動を選ぶなど，健
> 　　　康・安全に留意する必要があること。

① a　知ること　　　b　世代　　c　人間関係　　d　技術　　e　体調
② a　考えること　　b　世代　　c　人間関係　　d　技能　　e　体調
③ a　知ること　　　b　年齢　　c　人間関係　　d　技術　　e　体調
④ a　考えること　　b　年齢　　c　信頼関係　　d　技術　　e　体力
⑤ a　知ること　　　b　世代　　c　信頼関係　　d　技能　　e　体力

▌2024年度 ▌岐阜県 ▌難易度 ▰▰▱▱▱

【4】次の体育・スポーツ，健康に関する次の問いに答えなさい。
　(1)　次に示すグラフ【体力合計点の状況(全国平均値)】は，スポーツ

● 体育分野

庁の「令和4年度の全国体力・運動能力，運動習慣等調査の結果」
の一部である。以下の問いに答えなさい。

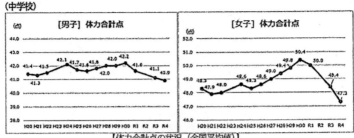

【体力合計点の状況（全国平均値）】

ア　スポーツ庁が示す，全国の体力合計点については，令和元年度
調査と比べ，連続して男女ともに低下した。体力低下の主な要因
を二つ選び，番号を書きなさい。

①　コロナ禍の運動制限によって，運動嫌いの生徒が増加したた
め。

②　朝食欠食，睡眠不足，スクリーンタイム増加など生活習慣が
変化したため。

③　肥満である生徒が増加したため。

④　新学習指導要領になって，保健体育科の授業そのものが変化
したため。

イ　体力合計点は低下しているが，一方で中学男子の長座体前屈の
記録は上昇した。上昇したと考えられる要因の一つとして最も適
切なものを選び，番号を書きなさい。

①　個人種目で何度もテストにおいて挑戦することができたた
め。

②　授業や家庭で取り組みやすい種目であったため。

③　タブレット等を活用し，自分の動きを振り返る機会が増えた
ため。

④　令和元年度と比較し，運動時間が増えたため。

(2)　次のスポーツの歴史や文化に関することについて，（　a　），（　b　）
に当てはまる言葉を選び，番号を書きなさい。

ア　「スポーツは，世界共通の人類の文化である。」の前文から始

286

まるスポーツ推進の基本理念を定めた法律は(a)である。
① スポーツ推進法　② スポーツ推進計画法
③ スポーツ基本法　④ スポーツ基本計画法
⑤ スポーツ振興法

イ　スポーツ庁は，(a)に掲げられた理念の下，誰もが身体を動かすことを心から楽しみ，健康で，豊かな日本を作るべく取り組みを進めている。スポーツ庁が提言する，「スポーツ」という言葉の語源は，(b)である。
① 気晴らし　② 向上　③ 競争　④ 交流
⑤ 表現

(3)　スポーツに関して，(a)～(e)に当てはまる言葉を選び，番号を書きなさい。

ア　国際パラリンピック委員会(IPC)は，パラリンピアンたちに秘められた力こそが，パラリンピックの象徴であるとし，四つの価値を重視している。それは，「(a)」「強い意志」「インスピレーション」「公平」である。

イ　「スポーツにおけるドーピングの防止活動の推進に関する法律」における基本理念には，「ドーピング防止活動は，スポーツにおける(b)及びスポーツを行う者の心身の健康の保持増進が確保されることを旨として，推進されなければならない。」と示されている。

ウ　スポーツ庁では，全ての人々が健全なスポーツ活動に取り組むことができる環境づくりや，スポーツを通じた健全な心身の成長に資する取組を推進している。そのため，それらを阻害する要因である暴力や(c)の根絶に向けて取り組んでいる。

エ　電子機器を用いて行う娯楽，競技，スポーツ全般を指す言葉で，コンピューターゲーム，ビデオゲームを使った対戦をスポーツ競技として捉えたものを(d)という。

オ　FIFAワールドカップカタール2022においても注目された，サッカーの試合中の判定の一つで，フィールドで行っている試合とは別の場所で，映像を見ながらフィールドの審判員をサポートする審判員のことを(e)という。

● 体育分野

① 勇気	② 公正性	③ 差別
④ 挑戦	⑤ 金	⑥ ハラスメント
⑦ 希望	⑧ 尊厳	⑨ 不正
⑩ 笑顔	⑪ 栄光	⑫ チャレンジ
⑬ eスポーツ	⑭ gスポーツ	⑮ VAR
⑯ リクエスト	⑰ VHS	⑱ 健全性
⑲ 多様性	⑳ アーバンスポーツ	

┃ 2024年度 ┃ 静岡県・静岡市・浜松市 ┃ 難易度 ■■■■□

【5】 体育分野の領域「体育理論」について，次の1～4に答えなさい。

1 平成29年3月告示の中学校学習指導要領〔体育分野　第1学年及び第2学年〕　内容　H　体育理論 (1)　ア　(イ)　には，「運動やスポーツには，行うこと，見ること，支えること及び知ることなどの多様な関わり方があること。」と示されています。見ること，支えること及び知ることとは，どのようなことですか。それぞれ簡潔に書きなさい。

2 生涯にわたる豊かなスポーツライフの実現に向けて，運動やスポーツを継続しやすくするためには，自己が意欲的に取り組むことに加えて，運動やスポーツの継続に有効な3つの「間」を確保することも大切であるとされています。運動やスポーツの継続に有効な3つの「間」とは何ですか。それぞれ簡潔に書きなさい。

3 令和4年3月25日に，文部科学大臣が定めるスポーツに関する施策の総合的かつ計画的な推進を図るための重要な指針が策定されました。これを何といいますか。書きなさい。

4 発達の段階を踏まえて，適切に運動やスポーツを行うことは，心身両面への効果が期待できます。体と心にどのような効果がありますか。それぞれ簡潔に書きなさい。

┃ 2024年度 ┃ 広島県・広島市 ┃ 難易度 ■■■□□

【6】 体育理論について，次の(1)，(2)の問いに答えよ。

(1) 次の文は，「中学校学習指導要領解説(平成29年7月　文部科学省)」第2章　第2節　2　内容　H　体育理論　[第3学年]　文化としての

スポーツの意義　ア　知識の内容の一部である。内容として，適切でないものを，次の1〜5のうちから一つ選べ。

1　運動やスポーツは，体を動かしたり，健康を維持したりする必要性や，競技に応じた力を試したり，記録等を達成したり，自然と親しんだり，仲間と交流したり，感情を表現したりするなどの多様な楽しさから生みだされてきたことを理解できるようにする。

2　現代生活におけるスポーツは，生きがいのある豊かな人生を送るために必要な健やかな心身，豊かな交流や伸びやかな自己開発の機会を提供する重要な文化的意義をもっていることを理解できるようにする。

3　オリンピック・パラリンピック競技大会や国際的なスポーツ大会などは，世界中の人々にスポーツのもつ教育的な意義や倫理的な価値を伝えたり，人々の相互理解を深めたりすることで，国際親善や世界平和に大きな役割を果たしていることを理解できるようにする。

4　メディアの発達によって，スポーツの魅力が世界中に広がり，オリンピック・パラリンピック競技大会や国際的なスポーツ大会の国際親善や世界平和などに果たす役割が一層大きくなっていることについても触れるようにする。

5　スポーツには民族や国，人種や性，障害の有無，年齢や地域，風土といった違いを超えて人々を結び付ける文化的な働きがあることを理解できるようにする。

(2)　次の文は，「高等学校学習指導要領解説(平成30年7月　文部科学省)」第1部　保健体育編　第2章　第2節　3　内容　H　体育理論　2　運動やスポーツの効果的な学習の仕方　ア　知識の内容の一部である。文中の(ア)〜(エ)に入る語句の組合せとして，最も適切なものを，以下の1〜6のうちから一つ選べ。

・　運動やスポーツの技能と体力は，相互に関連していること。また，期待する成果に応じた技能や体力の高め方があること。さらに，過度な負荷や長期的な(ア)は，けがや疾病の原因となる可能性があること。

● 体育分野

・ 運動やスポーツの技術は，学習を通して技能として発揮されるようになること。また，技術の種類に応じた学習の仕方があること。現代のスポーツの技術や（　イ　），ルールは，用具の改良やメディアの発達に伴い変わり続けていること。

・ 運動やスポーツの技能の上達過程にはいくつかの段階があり，その学習の段階に応じた練習方法や（　ウ　）の方法，課題の設定方法などがあること。また，これらの獲得には，一定の期間がかかること。

・ 運動やスポーツを行う際は，気象条件の変化など様々な危険を（　エ　）し，回避することが求められること。

1　ア　練習　　イ　戦略　　ウ　運動観察　　エ　予想
2　ア　練習　　イ　戦術　　ウ　動作観察　　エ　予想
3　ア　酷使　　イ　戦略　　ウ　動作観察　　エ　予想
4　ア　酷使　　イ　戦術　　ウ　運動観察　　エ　予見
5　ア　練習　　イ　戦略　　ウ　運動観察　　エ　予見
6　ア　酷使　　イ　戦術　　ウ　動作観察　　エ　予見

▌2024年度 ▌大分県 ▌難易度 ▆▆▆▆▢

【7】体育理論について，次の(1)～(4)の問いに答えなさい。

(1)　次の文は，スポーツの起源と変遷について述べたものである。[　ア　]～[　ウ　]に当てはまることばを書きなさい。

> 　特定の地域で生まれ，その地の気候や風土，[　ア　]の習慣などが深いスポーツのことを[　ア　]スポーツ(エスニックスポーツ)といいます。
> 　紀元前8世紀ごろには，祭典スポーツ大会が[　イ　]のオリンピアで始まりました。これを[　ウ　]といい，4年ごとの開催で，その後千年間ほど続きました。

(2)　次の文は，運動やスポーツの効果的な学習方法について述べたものである。[　ア　]・[　イ　]に当てはまることばを書きなさい。

290

> 　運動[　ア　]とは，それぞれのスポーツの場面で，要求される課題をおこなうための合理的で効率的な実施方法です。一方，この運動[　ア　]を各自の技量や学習水準に合わせて，練習によって個人の身につけた能力が運動[　イ　]です。

(3)　次の文は，持久力トレーニングについて述べたものである。[　ア　]・[　イ　]に当てはまることばを書きなさい。

> 　高い運動強度の持久力トレーニングには，心拍数が毎分180拍程度を超えるような高強度のランニングや運動を，短い休息時間(不完全休息)をはさんで繰り返す[　ア　]トレーニングや，全力の運動を十分な休息をとって数本繰り返す[　イ　]トレーニングがある。

(4)　次の文は，日本のスポーツ推進の歩みについて述べたものである。[　ア　]～[　ウ　]に当てはまることばを書きなさい。

> 　2011年には，スポーツ振興法を改正して新たにスポーツ[　ア　]法が制定され，スポーツは世界共通の人類の文化であること，スポーツを通じて幸福で豊かな生活を営むことはすべての人々の[　イ　]であること，などが強調されました。このスポーツ[　ア　]法に則して，2012年にスポーツ[　ア　]計画が策定され，2015年にはスポーツに関する施策を総合的に推進するために，[　ウ　]が設置されました。

▌2024年度▐ ▌福島県▐ ▌難易度▐

【8】体育理論に関する内容について次の問いに答えよ。

(1)　次の文は，「中学校学習指導要領解説　保健体育編」(平成29年7月　文部科学省)における第1学年及び第2学年の「体育理論」の「運動やスポーツの意義や効果と学び方や安全な行い方」の記述の一部である。文中の下線部a～cの正誤の適切な組合せを①～⑤から選び，番号で答えよ。

● 体育分野

> (ア)　運動やスポーツは，身体の発達やその機能の維持，体力
> の向上などの効果や自信の獲得，ストレスの解消などの_aリ
> ラックス効果及びルールやマナーについて合意したり，適
> 切な人間関係を築いたりするなどの社会性を高める効果が
> 期待できること。
> (イ)　運動やスポーツには，_b特有の成り立ちがあり，その学
> び方には，運動の課題を合理的に解決するための一定の方
> 法があること。
> (ウ)　運動やスポーツを行う際は，その特性や目的，発達の段
> 階や_c体格などを踏まえて運動を選ぶなど，健康・安全に留
> 意する必要があること。

① a ○　b ×　c ×
② a ×　b ○　c ○
③ a ×　b ×　c ×
④ a ○　b ○　c ○
⑤ a ×　b ○　c ×

(2)　次の文は，「高等学校学習指導要領解説　保健体育編　体育編」
(平成30年7月　文部科学省)における「体育理論」の「豊かなスポー
ツライフの設計の仕方」の記述の一部である。文中の下線部a～cの
正誤の適切な組合せを①～⑤から選び，番号で答えよ。

> (ア)　スポーツは，各ライフステージにおける身体的，心理的，
> _a総合的特徴に応じた多様な楽しみ方があること。また，そ
> の楽しみ方は，個人のスポーツに対する欲求などによって
> も変化すること。
> (イ)　生涯にわたってスポーツを継続するためには，ライフス
> タイルに応じたスポーツとの関わり方を見付けること，_b仕
> 事と余暇の調和を図ること，運動の機会を生み出す工夫を
> することなどが必要であること。
> (ウ)　スポーツの推進は，様々な施策や組織，人々の_c支援や
> 参画によって支えられていること。

①	a	○	b	×	c	×
②	a	×	b	×	c	○
③	a	×	b	×	c	×
④	a	○	b	○	c	○
⑤	a	×	b	○	c	×

(3) 次は，「中学校学習指導要領解説　保健体育編」(平成29年7月文部科学省)における「体育理論」の内容の取扱いに示されている，各学年で配当すべき授業時間数である。適切なものを①〜⑤から選び，番号で答えよ。

① 2単位時間以上　② 3単位時間以上　③ 4単位時間以上
④ 5単位時間以上　⑤ 6単位時間以上

(4) 次の文は，パラリンピックの価値について説明しているものである。適切でないものを①〜⑤から選び，番号で答えよ。

① 参画：合意形成に貢献しようとする力

② 勇気：マイナスの感情に向き合い，乗り越えようと思う精神力

③ 強い意志：困難があっても，諦めず限界を突破しようとする力

④ インスピレーション：人の心を揺さぶり，駆り立てる力

⑤ 公平：多様性を認め，創意工夫をすれば，誰もが同じスタートラインに立てることを気づかせる力

(5) 次の文は，オリンピックについて説明しているものである。文中の下線部a〜cの正誤の適切な組合せを①〜⑤から選び，番号で答えよ。

> オリンピックを始めたのは，フランスの教育家aピエール・ド・クーベルタンである。スポーツが人間の心と体と意志を育てることに注目し，古代ギリシャの競技会をモデルにした。1896年に第1回大会がアテネで開催された。古代ギリシャでは，4年間をb1オリンピアードという時間の単位でよんで，4年に1回競技会が開催されていた。それにならい，オリンピックも4年ごとに開催されている。現在では，夏と冬の大会が2年ごとに交互に行われており，2022年に冬季五輪北京大会が開催され，2024年には夏季五輪cロンドン大会が予定されている。

● 体育分野

① a ○　　b ×　　c ×
② a ×　　b ×　　c ○
③ a ○　　b ○　　c ×
④ a ○　　b ○　　c ○
⑤ a ×　　b ○　　c ×

(6)　次の文は，中学校第3学年の体育理論「文化としてのスポーツの意義」の授業後に生徒が書いた，振り返りシートの内容である。それに対して，保健体育教師としてアドバイスする内容として適切でないものを①～⑤から選び，番号で答えよ。

> 　体育理論の授業では，スポーツのよさや大切さについて学びました。また，オリンピックやパラリンピック，ワールドカップなど，世界的な大会が開催されることも分かりました。でも，私は，自分自身が運動は苦手で，スポーツにはあまり興味が持てず，その意義についてよく理解することができませんでした。

① スポーツをすると，健康な心や体をつくることができますよ。
② スポーツを通して，様々な人とつながることができます。そして，人生を豊かにしてくれますよ。
③ スポーツをすると，ストレスを軽減することにも役立ちますよ。
④ スポーツをすることだけでなく，見て感動したり，スポーツに関する知識を得たりすることで，それまでもっていなかった考え方ができたり，目標をもつことができるようになりますよ。
⑤ スポーツをすると「スクレロスチン」というホルモンが脳から出るので，運動する習慣をつけたほうがいいですよ。

┃2024年度┃神戸市┃難易度 ■■■■□□

【9】スポーツに関することについて，次の各問いに答えよ。
　問1　次の文について，文中の（　ア　）～（　カ　）に入る適切な語句を答えよ。
　　①　技能がある程度向上すると，一時的な停滞や低下の時期が訪れる。この停滞を（　ア　）といい，低下を（　イ　）という。
　　②　球技や武道などのように，たえず変化する状況のなかで用いら

294

れる技能を(ウ)という。

③ 国際パラリンピック委員会のことをアルファベット3文字で
(エ)という。

④ スポーツの世界からドーピングをなくすために活動している
「世界アンチ・ドーピング機構」のことをアルファベット4文字で
(オ)という。

⑤ 体力トレーニングを計画する際は，トレーニングの負荷の条件
として，運動強度，運動(カ)，頻度を設定する。

問2 次の文は，「日本のスポーツ推進の歩み」について説明したもの
である。文中の(①)〜(④)に入る適切な語句を以下の語群
の中から選び，それぞれ記号で答えよ。

日本のスポーツ推進施策としては，1961年に(①)が制定され，
スポーツ施設の整備・拡充や体育指導委員の養成などによって，い
わゆる「(②)」の振興がはがられることとなりました。2000年
には国として初めて(③)が策定され，国立スポーツ科学センタ
ーや(④)が開所しています。

＜語群＞

ア　スポーツ基本法　　イ　スポーツ振興基本計画

ウ　社会体育　　　　　エ　スポーツ振興法

オ　学校体育　　　　　カ　日本オリンピック委員会

キ　ナショナルトレーニングセンター

║ 2024年度 ║ 長崎県 ║ 難易度 ▨▨▨□□

【10】体育理論について，次の問いに答えなさい。

国際的なスポーツ大会などが果たす文化的な役割について，IPC(国
際パラリンピック委員会)が示すパラリンピックの4つの価値を書きな
さい。

║ 2024年度 ║ 長野県 ║ 難易度 ▨▨▨▨□

【11】保健体育，スポーツについて，次の問いに答えなさい。

1　学習指導要領解説にも示されている生涯にわたる運動やスポーツ
の多様な関わり方とは，運動やスポーツを「する」，「見る」，「知る」

　以外にあと1つ何があるか書きなさい。
2　スポーツによる青少年の健全育成と世界平和の実現というオリンピックの理念のことを何というか，カタカナ6文字で書きなさい。
3　車いすテニス男子シングルスで4大大会を合計28回制覇し，パラリンピックでも3回優勝した後，今年3月に国民栄誉賞を受賞した選手名をフルネームで書きなさい。
4　スポーツ産業の拡大に伴い，スポーツ施設や大会名に企業の名前をつけることを何というか書きなさい。
5　ジャンプ動作での膝屈伸時やダッシュやキック動作を繰り返すことによって筋の付着部である膝蓋腱に過度のストレスがかかり脛骨粗面に限局した疼痛を伴う症状のことで，小学校高学年から中学生くらいの成長期にある子どもに頻発するスポーツ障害を何というか書きなさい。
6　障害の有無や年齢，性別，国籍にかかわらず，あらかじめ多様な人々が利用しやすいよう，建物や製品を設計するという考え方を何というか書きなさい。
7　スポーツの価値や意義，スポーツの果たす役割の重要性等が示され，国民の心身の健全な発達やスポーツ文化の形成をめざして2011年に制定された法律名を書きなさい。
8　令和4年3月に兵庫県教育委員会が策定した「兵庫県第2期スポーツ推進計画」において掲げられている4つの政策目標とは，「子ども・ユーススポーツの推進」，「生涯スポーツの推進」，「競技スポーツの推進」以外にあと1つ何があるか書きなさい。

▌2024年度▐兵庫県▐難易度■■■□□

【12】「体育理論」について，問1，問2に答えなさい。
　問1　次の文は，「スポーツ宣言日本〜二十一世紀におけるスポーツの使命〜」(平成23年，日本体育協会・日本オリンピック委員会)の一部である。空欄に当てはまる語句の組合せとして，正しいものを選びなさい。
　　　スポーツは，[　①　]な運動の楽しみを基調とする人類共通の[　②　]である。

	①	②
ア	自発的	レジャー
イ	自発的	文化
ウ	健康的	レジャー
エ	健康的	文化
オ	多様	レジャー

問2　次の表は，トレーニングの原理・原則の一部について説明したものである。原理・原則と説明の組合せとして，誤っているものを選びなさい。

	原理・原則	説明
ア	過負荷の原理	効果を得るためには，ある一定以上の負荷が必要であること。
イ	可逆性の原理	やめれば元のレベルに戻ってしまうこと。
ウ	特異性の原理	得られる効果は，行った内容によって異なること。
エ	全面性の原則	質や量を次第に高めるようにすること。
オ	意識性の原則	目的や意味を理解し，意欲をもって行うこと。

┃ 2024年度 ┃ 北海道・札幌市 ┃ 難易度 ┃■■■□□

【13】体育理論について，次のそれぞれの問いに答えなさい。

問1　次の記述は，「中学校学習指導要領(平成29年告示)解説　保健体育編」の中で，体育理論[第1学年及び第2学年]の運動やスポーツの多様性の知識について示されているものの一部である。[　1　]，[　2　]に当てはまるものとして最も適切なものを，それぞれの語群の①～④のうちから選びなさい。

○　運動やスポーツの多様性
　ア　知識
　～中略～
(ウ)　運動やスポーツの多様な楽しみ方
　～中略～
　　　その際，生涯にわたる豊かなスポーツライフを実現するためには，目的や年齢，性の違いを超えて運動やスポーツを[　1　]能力を高めておくことが有用であること，

運動やスポーツを継続しやすくするためには，自己が意欲的に取り組むことに加えて，仲間，[　2　]を確保することが有効であることについても必要に応じて取り上げるようにする。

[　1　]の語群
① 理解することができる　　② 合理的に実践することができる
③ 楽しむことができる　　④ 科学的に結び付ける
[　2　]の語群
① 経験及び技能　　② 生活の質及び時間　　③ 体力及び空間
④ 空間及び時間

問2　次の記述は，「中学校学習指導要領(平成29年告示)解説　保健体育編」の中で，体育理論[第1学年及び第2学年]の運動やスポーツの意義や効果と学び方や安全な行い方の学びに向かう力，人間性等について示されているものの一部である。[　]に当てはまるものとして最も適切なものを，以下の語群の①〜④のうちから選びなさい。

○　運動やスポーツの意義や効果と学び方や安全な行い方
　〜中略〜
ウ　学びに向かう力，人間性等
　〜中略〜
　　運動やスポーツの意義や効果と学び方や安全な行い方を理解することや，意見交換や学習ノートの記述などの，思考し判断するとともにそれらを表現する活動及び学習を振り返る活動などに[　]取り組むことを示している。

語群
① 積極的に　　　　　　　　② 協働的に
③ 自己の考えを取り入れながら　　④ 探究心をもって

問3　次の記述は，「中学校学習指導要領(平成29年告示)解説　保健体育編」の中で，体育理論[第3学年]の文化としてのスポーツの意義の知識について示されているものの一部である。[　1　]，[　2　]に当てはまるものとして最も適切なものを，それぞれの語群の①〜④

のうちから選びなさい。

> ○　文化としてのスポーツの意義
> 　ア　知識
> 　～中略～
> （イ）　国際的なスポーツ大会などが果たす文化的な意義や役割
> 　　　　オリンピック・パラリンピック競技大会や国際的なスポーツ大会などは，世界中の人々にスポーツのもつ教育的な意義や[　1　]を伝えたり，人々の相互理解を深めたりすることで，[　2　]や世界平和に大きな役割を果たしていることを理解できるようにする。

[　1　]の語群
① 多様な価値　　② 経済的な効果　　③ 倫理的な価値
④ 関わり方や楽しみ方
[　2　]の語群
① 社会の発展　　② 国際親善　　③ 社会情勢
④ 文化交流

‖2024年度‖神奈川県・横浜市・川崎市・相模原市‖難易度███

【14】次の(1)～(5)の各問いに答えなさい。

(1)　次は，中学校学習指導要領(平成29年告示)「第2章　各教科　第7節　保健体育　第2　各学年の目標及び内容〔体育分野　第3学年〕2　内容　H　体育理論」の一部です。①に入る語句を，以下の1～4の中から1つ選びなさい。

> （ア）　スポーツは，（　①　）な生活を営みよりよく生きていくために重要であること。

1　文化的　　2　健康的　　3　基本的　　4　合理的

(2)　次は，中学校学習指導要領(平成29年告示)解説　保健体育編「第2章　保健体育科の目標及び内容　第2節　各分野の目標及び内容〔体育分野〕2　内容　H　体育理論　[第1学年及び第2学年]　○運動やスポーツの多様性　ア　知識」の一部です。①に入る語句を，以下の1～4の中から1つ選びなさい。

> (ウ)　運動やスポーツの多様な楽しみ方
>
> 　　世代や機会に応じて，生涯にわたって運動を楽しむためには，(　①　)運動やスポーツの多様な楽しみ方を見付けたり，工夫したりすることが大切であることを理解できるようにする。

1　仲間に合わせた　　2　必要に応じた　　3　自己に適した
4　体力に応じた

(3)　次は，中学校学習指導要領(平成29年告示)解説　保健体育編「第2章　保健体育科の目標及び内容　第2節　各分野の目標及び内容〔体育分野〕　2　内容　H　体育理論　[第3学年]　○　文化としてのスポーツの意義　ア　知識」の一部です。①に入る語句を，以下の1〜4の中から1つ選びなさい。

> (イ)　国際的なスポーツ大会などが果たす文化的な役割
>
> 　　オリンピック・パラリンピック競技大会や国際的なスポーツ大会などは，世界中の人々にスポーツのもつ(　①　)や倫理的な価値を伝えたり，人々の相互理解を深めたりすることで，国際親善や世界平和に大きな役割を果たしていることを理解できるようにする。

1　教育的な意義　　2　多様な意義　　3　潜在的な意義
4　社会的な意義

(4)　次は，スポーツ基本法(平成23年)第2条の一部です。①に入る語句を，以下の1〜4の中から1つ選びなさい。

> 8　スポーツは，スポーツを行う者に対し，不当に差別的な取扱いをせず，また，スポーツに関するあらゆる活動を公正かつ適切に実施することを旨として，(　①　)の防止の重要性に対する国民の認識を深めるなど，スポーツに対する国民の幅広い理解及び支援が得られるよう推進されなければならない。

1　怪我　　2　ドーピング　　3　ハラスメント　　4　事故

(5) 次は，スポーツ活動中の熱中症予防ガイドブック(令和元年　日本スポーツ協会)に示されている熱中症予防運動指針の一部です。①に入る数字を，以下の1～4の中から1つ選びなさい。

運動は原則中止	WBGT(　①　)℃以上では，特別の場合以外は運動を中止にする。特に子どもの場合には中止すべき。

1　29　　2　31　　3　33　　4　35

2024年度 ▌ 埼玉県・さいたま市 ▌ 難易度 ■■■□□

【15】次の文章を読み，以下の1から4の問いに答えよ。

　スポーツは，一定のルールのもとでより多く得点したり，記録を達成したりすることが課題となる。それらの課題を解決するための合理的な体の動かし方を技術という。技術を練習することで身に付けられた能力を_a_技能といい，技能にはクローズドスキル型とオープンスキル型がある。クローズドスキル型の技能は[　①　]な競技などで(　A　)で多く発揮され，オープンスキル型の技能は[　②　]な競技などで(　B　)で多く発揮される。それぞれの型の違いによって学習の仕方が異なることを理解する必要がある。

　運動をおこなったとき，運動した結果の情報が直接的，間接的に運動した人に戻されることを[　③　]という。[　③　]から得られる情報を効果的に利用するには，事前に設定する_b_目標に照らし，目標の達成度を評価することが必要である。

　球技や武道などのスポーツでは，相手やまわりの状況に応じて最適な技術を選択したりすることが不可欠であり，そのための合理的な方法を[　④　]という。球技の場合，[　④　]には，チーム全体に関わるもの，部分的な集団に関わるもの，個人に関わるものがある。

　また，スポーツの技術や[　④　]は，用具の改良，テレビやインターネットなどのメディアの発達によって変化してきた。それらは記録を向上させたり，スポーツをより身近なものにする。一方で，企業やメディアがスポーツを商品化することによる，行き過ぎた[　⑤　]の弊害もみられるようになっている。

301

1　文章中の[　①　]から[　⑤　]にあてはまる最も適切な語句を次の
アからクのうちからそれぞれ一つずつ選び，記号で答えよ。

　　ア　対人的　　　　　　　　イ　ルーティン　　　ウ　商業主義
　　エ　アファメーション　　オ　個人的　　　　　　カ　個人主義
　　キ　フィードバック　　　　ク　戦術

2　文章中の(　A　)，(　B　)にあてはまる最も適切な状況をそれぞれ
　答えよ。

3　下線部aに関連して，技能の上達過程における一時的な停滞の状態
　を何というか答えよ。

4　下線部bに関連して，効率よく技能を高めるための目標設定につい
　て，「難度」「長期的，中期的，短期的」という語句を使い説明せよ。

‖ 2024年度 ‖ 栃木県 ‖ 難易度 ■■■■■

【16】次の文章は，日本のスポーツ推進の歩みについて説明したものであ
る。次の(　A　)〜(　J　)に適する語句を答えなさい。

　　国のスポーツ推進施策としては，1961年に(　A　)が制定され，スポ
　ーツ施設の整備・拡充や(　B　)の養成などによって，いわゆる
　「(　C　)」の振興がはかられた。2000年には国として初めてスポーツ
　振興基本計画が策定され，(　D　)やナショナルトレーニングセンター
　が開所した。そして2011年には，先の法律を改正して新たに(　E　)が
　制定され，スポーツは世界共通の人類の文化であること，スポーツを
　通じて幸福で豊かな生活を営むことはすべての人々の権利であるこ
　と，などが強調された。2012年にスポーツ基本計画が策定され，2015
　年にはスポーツに関する施策を総合的に推進するために，(　F　)が設
　置された。

　　国や地方自治体以外では，2011年にスポーツ統括団体である日本ス
　ポーツ協会(当時は日本体育協会)と日本オリンピック委員会(JOC)が
　「(　G　)」を公表し，(　H　)の立場から21世紀のスポーツ推進に取り
　組んでいる。また，企業も様々な大会を財政的に後援したり，アスリ
　ートを積極的に雇用し，活用してスポーツ教室を開催したりするなど
　の社会貢献を行っている。このほかにも，市民が(　I　)として各種の
　大会等でその運営に携わったり，(　J　)としてスポーツクラブを立ち

上げたりして，スポーツ推進の一翼を担っている。

┃ 2024年度 ┃ 佐賀県 ┃ 難易度 ▨▨▨▨▨

【17】 次の1～4の問いに答えなさい。

1　東京2020オリンピック・パラリンピック競技大会(東京2020大会)について述べた文として誤っているものを，次のa～eの中から一つ選びなさい。

  a　東京2020大会は，「全員が自己ベスト」，「多様性と調和」，「未来への継承」を3つの基本コンセプトとして掲げ，史上最もイノベーティブで，世界にポジティブな改革をもたらす大会を目指した。

  b　東京2020大会のエンブレムには，エンブレム委員会の審査で絞られた最終候補作品4点の中から，形の異なる3種類の四角形を組み合わせた「組市松紋」という作品が選ばれた。

  c　東京2020大会のオリンピックでは，陸上競技，水泳，トライアスロン，卓球，柔道，アーチェリー，射撃の7競技で男女混合種目が新たに実施された。

  d　東京2020大会では，オリンピックに205の国・地域のオリンピック委員会と難民選手団から約1万1,400人の選手，そしてパラリンピックに161の国・地域のパラリンピック委員会と難民選手団から約4,400人の選手が参加した。

  e　東京2020大会は，新型コロナウイルスの感染状況と緊急事態宣言の発出等を受けて，人流の抑制や，感染拡大の防止等に向けた措置として，全ての競技会場で無観客開催となった。

2　オリンピックについて述べた文として誤っているものを，次のa～eの中から一つ選びなさい。

  a　オリンピックのモットーである「より速く，より高く，より強く」という言葉は，クーベルタンによって新しいオリンピック・ムーブメントのモットーとして用いられた。

  b　オリンピック・ムーブメントには，オリンピックを4年ごとに開催することだけでなく，スポーツ・フォア・オールの推進など様々な活動が含まれている。

  c　国際オリンピック委員会は，各国政府の代表者，国内オリンピック委員会や国際スポーツ統括団体の代表者，そしてアスリート

委員会によって選出された現役選手で構成されている。

d 2010年に始まったユース・オリンピックの競技内容はオリンピックと異なり、柔道や馬術のように、団体戦では大陸別にチームを組んで実施する競技もある。

e 2014年に採択された「オリンピック・アジェンダ2020」の提言に基づいて、「オリンピック憲章」のオリンピズムの根本原則第6項に、「性的指向」による差別の禁止が加えられた。

3 「体の動き」について、説明した文章として誤っているものを、次のa〜eの中から一つ選びなさい。

a 動きを開始するには、脳をはじめとする神経系からの運動指令が伝わることによって骨格筋が収縮する必要がある。

b 筋力のエネルギー源は、主に細胞呼吸によって合成されるATP(アデノシン三リン酸)という物質である。

c 乳酸は糖が分解される途中で一時的に生成される物質である。

d グリコーゲンは、グルコース(ブドウ糖)が集まったものであり、主として筋肉や胃に貯蔵される。

e 持久力は心臓の血液を送り出す能力や肺の酸素を取り込む能力などの呼吸循環系の性能と、骨格筋繊維の性質とによって決まる。

4 次の［　　　］の中の文は、「運動・スポーツと脳」について説明したものである。文中の(①)〜(④)に当てはまる語句の組み合わせとして適切なものを、以下のa〜eの中から一つ選びなさい。

> 人間の大脳皮質は大きく4つの部位に区分される。(①)には、運動の計画と実行に関わる部位がある。打球のコースを決めたり、ラケットを振る際にはこの部位が活動する。(②)は、体の内部感覚をもとにして姿勢や手足の位置を知覚する際に活動する。(③)は、審判のコールなど音を聞く聴覚に必要な部位である。また、過去の経験を記憶し、想起する際にも活動する。(④)は、相手選手の位置やボールの動きを視覚的に知覚する際に必要な部位である。

	①	②	③	④
a	前頭葉	頭頂葉	後頭葉	側頭葉
b	側頭葉	頭頂葉	後頭葉	前頭葉
c	前頭葉	頭頂葉	側頭葉	後頭葉
d	側頭葉	後頭葉	頭頂葉	前頭葉
e	前頭葉	後頭葉	頭頂葉	側頭葉

∥ 2024年度 ∥ 茨城県 ∥ 難易度 ▮▮▮▮▮

【18】「第32回オリンピック競技大会」,「東京2020パラリンピック競技大会」について述べた文として適切でないものを,次の①〜⑤の中から一つ選べ。

① オリンピック競技大会の開催期間は令和3年7月23日(金)から令和3年8月8日(日)までの17日間で,パラリンピック競技大会の開催期間は令和3年8月24日(火)から令和3年9月5日(日)までの13日間であった。

② オリンピック競技大会とパラリンピック競技大会の参加国・地域数は,いずれも過去最多となった。

③ オリンピック競技大会とパラリンピック競技大会の参加選手数は,いずれも過去最多となった。

④ 1964年(昭和39年)開催の東京大会と比較すると,開催期間,参加国・地域数,参加選手数のいずれも大きい数値となった。

⑤ 競技・種目数は1964年(昭和39年)開催の東京大会と比較すると,大きい数値となった。

∥ 2024年度 ∥ 岐阜県 ∥ 難易度 ▮▮▮▮▮

【19】体育理論について,次の(1)〜(4)の各問いに答えよ。

(1) 運動した結果の情報が,直接的・間接的に運動した人に戻されることを何というか,カタカナで答えよ。

(2) トレーニングの疲労によって体の機能が一時的に低下するが,その後適度な休息をとることで前よりも高いレベルまで回復することを何というか,答えよ。

(3) 知的障害のある人たちに様々なスポーツトレーニングとその成果の発表の場である競技会を,年間を通じ提供している国際的なスポ

ーツ組織を何というか，答えよ。

(4) プラトーとはどのような状態か，簡潔に説明せよ。

‖ 2024年度 ‖ 山口県 ‖ 難易度 ■■■■■

【20】 次の(1)～(4)は，パラリンピック及び国際パラリンピック委員会について述べたものです。その内容として誤っているものを，1つ選びなさい。

(1) パラリンピックとは，障がいのあるトップアスリートが出場できる世界最高峰の国際競技大会である。夏季大会と冬季大会があり，それぞれオリンピックの開催年に，原則としてオリンピックと同じ都市・同じ会場で行われる。

(2) 国際パラリンピック委員会では，パラリンピアンたちに秘められた力こそが，パラリンピックの象徴であるとし，勇気，強い意志，インスピレーション，公平の四つの価値を重視している。

(3) パラリンピックオーダーとは，多様性や創意工夫に満ちたパラリンピックスポーツの価値や，無限の可能性を体現するパラアスリートの魅力を通して世の中の人に気づきを与え，より良い社会を作るための社会変革を起こそうとするあらゆる活動を指す。

(4) 国際パラリンピック委員会のシンボルマークは，赤・青・緑の三色が用いられ「スリーアギトス」と呼ばれている。アギトとはラテン語で「私は動く」という意味で，困難があってもあきらめずに限界に挑戦し続けるパラリンピアンを表現している。

‖ 2024年度 ‖ 埼玉県・さいたま市 ‖ 難易度 ■■■■■

解答・解説

【1】ア ③　イ ④　ウ ③　エ ①

○解説○ H体育理論の内容は学年によって指導内容がわかれているので，第1学年，第2学年，第3学年の項目をしっかり把握しておくこと。今年は中学校学習指導要領解説の内容からはB器械運動とH体育理論が

出題された。A体つくり運動，C陸上競技，D水泳，E球技，F武道，G
ダンスについての内容も本年度の出題部分を確認して学習しておくこ
と。

【2】① ウ ② カ ③ イ ④ サ ⑤ ケ ⑥ シ

○**解説**○ ① ライフステージに応じたスポーツの楽しみ方とは，生涯の
各段階(ライフステージ)に，体格や体力の変化などに見られる身体的
特徴，精神的ストレスの変化などに見られる心理的特徴，人間関係や
所属集団の変化などに見られる社会的特徴に応じた多様な楽しみ方が
あること。 ② ライフスタイルに応じた無理のないスポーツへの関
わり方とは，運動機会や活動の場を条件とする自らの生き方や暮らし
方(ライフスタイル)に適したスポーツとの関わり方があること。
③ 仕事と生活の調和は，ワーク・ライフ・バランスといわれ，仕事
(ワーク)と仕事以外の生活(ライフ)のいずれか一方ではなく，調和をと
りながら両方を充実させる働き方や生き方のこと。仕事とのバランス
をとり時間を有効に活用することで，スポーツを生活の中に位置づけ
ることができる。 ④ 国や地方公共団体は，スポーツ基本法やスポ
ーツ推進基本計画に基づくスポーツ推進の施策において，施設・設備，
指導者や仲間，スポーツ大会・教室・イベントなど，スポーツ環境の
条件整備を行っている。 ⑤ 社会貢献とは，企業がスポーツ支援な
どで社会的責任を果たすこと。企業はスポーツ推進のために，様々な
スポーツ大会を財政的に後援したり，アスリートを活用してスポーツ
教室を開催したりして社会貢献を行っている。 ⑥ ボランティアと
は，個人の自由意思に基づいて，社会に貢献する活動を行うこと。ス
ポーツボランティアの対象は，大会やイベントの運営に携わる活動や，
スポーツクラブや団体における指導や運営などに対する活動が含まれ
る。

【3】①

○**解説**○ スポーツへの多様な関わり方には「する(行う)」「みる」「支え
る」「知る」があることを必ず覚えておきたい。技術とは「やり方」
のことで個々に名称があり，技能とは「能力」のことである。たとえ

ば，サッカーのインサイドキックは技術，それができると技能がある
ということになる。

【4】(1) ア ②，③ イ ② (2) ア a ③ イ b ①
(3) ア a ① イ b ② ウ c ⑥ エ d ⑬
オ e ⑮

○**解説**○ (1) ア スクリーンタイムとは，平日1日当たりのテレビ，ス
マートフォン，ゲーム機等による映像の視聴時間のことである。他に
も，新型コロナウイルス感染症の影響により，マスク着用中の激しい
運動の自粛が原因として挙げられている。 イ コロナ禍においては，
スポーツ庁，各自治体において，家庭で行える運動例を紹介するよう
な動画コンテンツ等が示され，ストレッチや柔軟運動など，長座体前
屈の向上に影響を及ぼす運動が行われた結果ではないかとの考察がさ
れている。 (2) ア スポーツ基本法は，昭和36年に制定されたスポ
ーツ振興法を50年ぶりに全部改正し，スポーツに関し，基本理念を定
め，並びに国及び地方公共団体の責務並びにスポーツ団体の努力等を
明らかにするとともに，スポーツに関する施策の基本となる事項を定
めたものである。 イ Sportは19～20世紀にかけて世界で一般化した
言葉であり，その由来はラテン語の「deportare」(デポルターレ)とい
う単語だとされている。デポルターレとは，「運び去る，運搬する」
の意味で，転じて精神的な次元の移動・転換，やがて「義務からの気
分転換，元気の回復」，仕事や家事といった「日々の生活から離れる」
気晴らしや遊び，楽しみ，休養といった要素を指すようになった。
(3) ア 四つの価値は，「勇気」：マイナスの感情に向き合い，乗り
越えようと思う精神力，「強い意志」：困難があっても，諦めず限界
を突破しようとする力。「インスピレーション」：人の心を揺さぶり，
駆り立てる力，「公平」：多様性を認め，創意工夫をすれば，誰もが
同じスタートラインに立てることを気づかせる力である。 イ この
法律は，スポーツ基本法及びスポーツにおけるドーピングの防止に関
する国際規約の趣旨を踏まえ，ドーピング防止活動の推進に関し，基
本理念を定め，国の責務等を明らかにするとともに，基本方針の策定
その他の必要な事項を定めることにより，ドーピング防止活動に関す

る施策を総合的に推進し，もってスポーツを行う者の心身の健全な発達及びスポーツの発展に寄与することを目的として制定された。

ウ　スポーツ庁では，スポーツに携わる各競技団体等と連携し，アスリートや指導者に対する教育・研修の強化，暴力やハラスメントに悩む人々に対する相談窓口等の整備，運動部活動の安全確保に向けた取り組み等，スポーツの価値を守るための取組を推進している。

エ　eスポーツとは，エレクトロニック・スポーツの略で，広義には電子機器を用いて行う娯楽，競技，スポーツ全般を指す言葉であり，コンピューターゲーム，ビデオゲームを使った対戦をスポーツ競技として捉える際の名称のことである。　オ　VARとは，ビデオアシスタントレフェリーの略称であり，別の場所で映像を見ながらフィールドの審判員をサポートする審判員のことである。どの試合でもできるわけではなく，国際サッカー評議会の承認を受けた組織，スタジアム，審判員でなければ使用できない。

【5】1　見ること…テレビなどのメディアや競技場等での観戦を通して一体感を味わったり，研ぎ澄まされた質の高い動きに感動したりすること。　支えること…運動の学習で仲間の学習を支援したり，大会や競技会の企画をしたりすること。　知ること…運動やスポーツの歴史や記録などを書物やインターネットなどを通して調べること。
2　仲間，空間，時間　3　第3期スポーツ基本計画　4　体への効果…身体の発達やその機能，体力や運動の技能を維持，向上させる。心への効果…・達成感を得たり，自己の能力に対する自信をもったりすることができる。　・ストレスを解消したりリラックスしたりすることができる。　から1つ
○**解説**○　1　体育理論では「第1学年においては，(1)運動やスポーツの多様性を，第2学年においては，(2)運動やスポーツの意義や効果と学び方や安全な行い方を，第3学年においては，(1)文化としてのスポーツの意義をそれぞれ取り上げることとする。」としている。ここではスポーツの多様性について問われたが他の項目についても理解しておくこと。　2　3つの間の消失は子どもの遊びの観点からの問題でも頻出である。　3　第3期スポーツ基本計画の概要を確認しておくこと。東

京オリンピック・パラリンピック競技大会のスポーツ・レガシーの継承，発展について重点施策を示すとともに，スポーツを「つくる／はぐくむ」，スポーツで「あつまり，ともに，つながる」，スポーツに「誰もがアクセス」できる，という新たな3つの視点を支える施策を示した。 4 第2学年で学ぶ「運動やスポーツの意義や効果と学び方や安全な行い方」のうち「(ア)運動やスポーツが心身及び社会性に及ぼす効果」で扱う内容である。中学校学習指導要領解説で詳細を理解すること。また，解答以外に「体力や技能の程度，年齢や性別，障害の有無等の様々な違いを超えて，運動やスポーツを行う際に，ルールやマナーに関して合意形成することや適切な人間関係を築くことなどの社会性が求められることから，例えば，違いに配慮したルールを受け入れたり，仲間と教え合ったり，相手のよいプレイに称賛を送ったりすることなどを通して社会性が高まることを理解できるようにする。」とも示されている。

【6】(1)　1　　(2)　4
○解説○ (1)　1　第1学年及び第2学年の「運動やスポーツの多様性」の(ア)「運動やスポーツの必要性と楽しさ」の文章である。 (2)　高等学校では，卒業後の将来においても運動やスポーツの楽しさや喜びを深く味わい，生涯にわたる豊かなスポーツライフを多様に実践できるようにするためには，単に運動やスポーツを受動的に楽しむだけでなく，体力と技術の関わりとそれらを適切に高める必要性や，技能の型に応じた高め方があること，運動やスポーツの安全で効果的な学習の仕方などについての理解を基に，選択した運動に関する領域の学習に生かすことができるようにする。

【7】(1)　ア　民族　　イ　ギリシャ　　ウ　古代オリンピック
(2)　ア　技術　　イ　技能　　(3)　ア　インターバル　　イ　レペティション　　(4)　ア　基本　　イ　権利　　ウ　スポーツ庁
○解説○ (1)　ア　民族スポーツは，それを行う特定の民族や地域の伝統的な生活文化から生まれ，その地域で古くから行われてきたスポーツで，そこに暮らす民族固有の文化が反映されている。 イ，ウ　古代

オリンピックは，ゼウスの神にささげるための祭典で，ギリシャで紀元前776年から393年まで約1200年も続いたといわれる。　(2)　それぞれの運動の目的にかない，課題を解決するための合理的な動き方を技術という。技術を身に付けるためには練習が必要であり，技術を練習することによって身に付けた能力を技能という。　(3)　インターバルトレーニングの例としては，早く走る運動とゆっくり走る運動を交互に繰り返すことなどがある。　(4)　ア，イ「スポーツ基本法」は，スポーツ振興法(1961年制定)を50年ぶりに全面改訂して，2011年に公布・施行された。その前文には，スポーツは世界共通の人類の文化であり，スポーツを通じて幸福で豊かな生活を営むことは全ての人々の権利である，と示されている。　ウ「スポーツ庁」は，2015年にスポーツに関する施策を総合的に推進するために，文部科学省の外局として設置された。スポーツ庁の任務は，「スポーツの振興とその他のスポーツに関する施策の総合的な推進を図ること」である。

【8】(1)　③　　(2)　②　　(3)　②　　(4)　①　　(5)　③　　(6)　⑤
○解説○ (1)　aは，リラックス効果ではなく「心理的効果」が，bは，特有の成り立ちではなく「特有の技術」が，cは，体格ではなく「体調」が，それぞれ正しい。　(2)　aは，総合的ではなく「社会的」が，bは，余暇ではなく「生活」が，それぞれ正しい。　(3)　中学校は各学年3単位時間以上，高校は各学年6単位時間以上である。　(4)　①は高等学校学習指導要領解説保健体育編・体育編の「学びに向かう力，人間性等」の「参画や共生に関する事項」に示されている内容である。(5)　cは「パリ大会」が正しい。　(6)　⑤はスクレロスチンではなく「ドーパミン」または「セロトニン」が正しい。

【9】問1　ア　プラトー　　イ　スランプ　　ウ　オープンスキルエ　IPC　　オ　WADA　　カ　時間　　問2　①　エ　　②　ウ③　イ　　④　キ
○解説○ 問1　①　プラトー，スランプに似た状態で「イップス」という事象(概念)もあるので留意したい。イップスとは，心理的な理由で思うように身体が動かず，動作に支障が出る運動障害のことである。

② 反対に，比較的安定した状況の中で対戦相手の動作などに影響されずに用いられる技能をクローズドスキルという。クローズドスキルには，器械運動や陸上競技，水泳(競泳)といった個人種目のものが該当する。 ③ 他の競技大会は，国際オリンピック委員会はIOC，国際視覚障害者スポーツ連盟はIBSAという。 ④ ドーピングとは，スポーツにおいて禁止されている物質や方法によって競技能力を高め，意図的に自分だけが優位に立ち，勝利を得ようとする行為のことである。日本にも同様の活動をしている日本アンチ・ドーピング機構(JADA)がある。 ⑤ トレーニングを行うときは，ある一定以上の負担をかけないと身体は強くならない。これを「過負荷の原則」という。
問2 「社会体育」と「生涯スポーツ」は類似概念である。近年では「体育」という用語が「スポーツ」に置き換わることが多い。例えば，従前の「日本体育協会」(日体協)は，現在では「日本スポーツ協会」(JSPO)と名称変更をしている。

【10】勇気，強い意志(決意)，公平(平等)，インスピレーション
○解説○ 「勇気」は，マイナスの感情に向き合い，乗り越えようと思う精神力。「強い意志」は，困難があっても，諦めず限界を突破しようとする力。「公平」は，多様性を認め，創意工夫をすれば，誰もが同じスタートラインに立てることを気づかせる力。「インスピレーション」は，人の心を揺さぶり，駆り立てる力。

【11】1 支える 2 オリンピズム 3 国枝 慎吾 4 ネーミングライツ 5 オスグッド病 6 ユニバーサルデザイン 7 スポーツ基本法 8 障害者スポーツ(の推進)
○解説○ 1 支える活動として，スポーツボランティアなどがある。スポーツ大会などは多くの関係者の支えがあって成り立っていることを理解させたい。 2 クーベルタンが提唱した「スポーツを通して心身を向上させ，さらには文化・国籍など様々な差異を超え，友情，連帯感，フェアプレーの精神をもって理解し合うことで，平和でよりよい世界の実現に貢献する」という理念である。 3 2021年に，東京パラリンピックで2大会ぶり3度目の金メダルを獲得した。2022年には

ウィンブルドンで悲願の初制覇をし，四大大会を制覇する生涯グラン
ドスラムを車いす男子で初めて達成した。また，四大大会とパラリン
ピックを制覇する生涯ゴールデンスラムの偉業も成し遂げた。

4　ネーミングライツとは，公共施設の名前を付与する命名権と，付
帯する諸権利のことをいう。具体的には，スポーツ施設などの名前に
企業名や社名ブランドをつけることであり，公共施設の命名権を企業
が買うビジネスである。　5　オスグッド・シュラッター病ともいう。
アメリカの整形外科医オスグッド氏と，スイスの外科医シュラッター
が，この症例を学会に報告したことから名づけられた。特にサッカー
やバスケットボール，バレーボールなど，膝への負担が大きいスポー
ツ種目で多くみられる。男女比では男子に多いのが特徴である。　6
具体例として，シャンプーとリンスのボトルで，シャンプーの容器に
きざみ状の突起をつけ，リンスの容器に突起をつけないデザインにす
ることにより，触っただけで区別することができる。視覚に障害のあ
る人だけでなく，健常者が洗髪中で目を閉じたままでも区別できるよ
うになっている。　7　スポーツに関し，基本理念を定め，並びに国
及び地方公共団体の責務並びにスポーツ団体の努力等を明らかにする
とともに，スポーツに関する施策の基本となる事項を定めるものであ
る。これに基づき，現在は第3期スポーツ基本計画が示されている。
概要を確認しておくこと。　8　兵庫県におけるスポーツ施策の成果
と課題及び国の動向も踏まえ，令和4年度から概ね10年間のスポーツ
施策の基本的な考え方や具体的な方向性を示している。

【12】問1　イ　　問2　エ
○**解説**○　問1　この宣言は，100年にわたり日本のスポーツが積み重ねて
きた歩みをもとに，次の100年をどのような考え方に立ちどこへ向か
って進んでいくべきかの指針を示すものである。　問2　「全面性の原
則」とは，身体の一部分ではなく，全身をまんべんなく鍛えることで
効果がアップするというものである。

【13】問1　1　③　　2　④　　問2　①　　問3　1　③　　2　②
○**解説**○　問1　運動やスポーツの多様性は「運動やスポーツの必要性と

楽しさ」「運動やスポーツへの多様な関わり方」「運動やスポーツの多様な楽しみ方」にわけて説明されている。世代や機会に応じて，生涯にわたって運動を楽しむためには，自己に適した運動やスポーツの多様な楽しみ方を見付けたり，工夫したりすることが大切であることを理解できるようにする。　問2　「運動やスポーツの意義や効果と学び方や安全な行い方」は，「運動やスポーツが心身及び社会性に及ぼす効果」「運動やスポーツの学び方」「安全な運動やスポーツの行い方」にわけて説明されている。　問3　第3学年では「文化としてのスポーツの意義」を学習する。「現代生活におけるスポーツの文化的意義」「国際的なスポーツ大会などが果たす文化的な意義や役割」「人々を結びつけるスポーツの文化的働き」にわけて説明されているので確認しておくこと。スポーツの社会に与える影響が大きくなっていることを理解させる。

【14】(1)　1　　(2)　3　　(3)　1　　(4)　2　　(5)　2

○**解説**○ (1)　体育理論の内容は，第1学年及び第2学年では「運動やスポーツの多様性」と「運動やスポーツの意義や効果と学び方や安全な行い方」で構成され，第3学年では「文化としてのスポーツの意義」で構成されている。　(2)　自己に適した運動やスポーツの多様な楽しみ方には，「行う(する)」「見る」「支える」「知る(調べる)」という関わり方がある。　(3)　スポーツには，障害の有無，年齢や男女の違いをこえた人々を結び付ける強い力があることから，教育的が意義や倫理的な価値をもっており，特に国際大会ではそのことをさらに強く伝え，相互理解を深めるものといえる。　(4)　スポーツ基本法第2条は基本理念を8項にわたって定めており，出題されたのは第8項の条文である。ドーピングの防止については第29条に詳しく規定されている。

(5)　スポーツ活動中の熱中症予防ガイドブック(令和元年　日本スポーツ協会)は，熱中症とその予防のために平成6(1994)年に発表され，同資料は令和元(2019)年に改訂されたものである。WBGTが31℃以上のときは，「特別の場合以外は運動を中止する。特に子どもの場合は中止すべき。」という指針が示されている。WBGTは，乾球温度，湿球温度，黒球温度を測定して算出したもので，湿球温度が全体の7割

を占め，最も大きく影響する要素となっている。

【15】1　①　オ　　②　ア　　③　キ　　④　ク　　⑤　ウ
2　A　変化が少ない状況　　B　絶えず変化する状況　　3　プラトー
4　自分にとって適切な難度の目標を，長期的，中期的，短期的なス
パンでそれぞれ具体的に設定することが重要である。

○**解説**○　1　スポーツのビジネス(商業化)は，スポーツによって生まれる
価値を，商品やサービスにして販売し，収益を生み出す活動のこと。
スポーツに関わる何らかのモノを商品にして，消費者に買ってもらう
ことを優先するあまり，スポーツそれ自体のおもしろさを，ときに減
じてしまうことがある。　2　クローズドスキル中心の競技は，器械
運動，体操競技，陸上競技，競泳競技などである。身体を制御して安
定した運動を行うことが重要である。正しいフォーム，正確性，スピ
ードなどを目標に，競技相手に影響されないように反復運動を行うこ
とで身につく。オープンスキル中心の競技は，球技，武道などである。
すばやく相手やボールの位置を読み取り，適切な状況判断をすること
が必要とされる。反復運動で身につけた技能を，状況によって正しく
選択して使用できるように練習を行うことが大切である。　3　プラ
トーは，練習曲線の横ばいとしてあらわれる。心的飽和や疲労などが
原因で起こるといわれる。いつまでも新しいことができるようになら
ないという状態を表す。例えば，投球のスピードがまったく上がらな
くなってしまったピッチャーが挙げられる。これに対して，スランプ
は，できるはずのこと，できていたはずのことが，上手くできなくな
ってしまう状態をいう。　4　「10年後にはプロになる」(長期)，「高校
ではどれくらいのレベルになっておかないといけないのか」(中期)，
「そのためには今の自分はどのくらいのことができなければいけない
のか」(短期)というように，目標を今の自分のところまで近づけると，
よりイメージしやすくなり，やる気も出やすくなる。

【16】A　スポーツ振興法　　B　体育指導員　　C　社会体育　　D　国
立スポーツ科学センター　　E　スポーツ基本法　　F　スポーツ庁
G　スポーツ宣言日本　　H　NGO(非政府組織)　　I　スポーツボラ

● 体育分野

ンティア　　J　NPO(特定非営利活動法人)

○**解説**○ A 「スポーツ振興法」は，わが国のスポーツ振興に関する施策の基本を初めて明らかにした法律で，オリンピック東京大会(1964年)の開催決定をきっかけに1961年に制定された。　B 「体育指導委員」は，現在のスポーツ推進委員のことであり，地域スポーツの発展や振興を図るために，スポーツの実技指導やその他のスポーツに関する指導及び助言を行ってきた。　C 「社会体育」は，「学校体育」に対して一般成人が行うスポーツ活動のことである。今日では「生涯スポーツ」や「地域スポーツ」ということが多い。　D 「国立スポーツ科学センター」は，我が国の国際競技力向上に向け，スポーツ医科学等の分野から支援を行う拠点として2001年に開所した。JOCや各競技団体と連携し，各専門領域の調査・研究を推進するとともに，その成果を踏まえて競技者・指導者等への支援を行っている。また，「ナショナルトレーニングセンター」(現「味の素ナショナルトレーニングセンター」)は，日本初のトップレベル競技者のトレーニング施設として2008年に開所した。　E 「スポーツ基本法」は2011年に制定され，スポーツの価値や意義，スポーツの果たす重要性が示され，障害者スポーツやプロスポーツを含んだスポーツの推進，スポーツ産業との連携，ドーピング防止などが条文化されている。　F 「スポーツ庁」は，スポーツ基本法が2011年に制定されたことや，2013年に東京オリンピック・パラリンピックの開催が決定されたことを受けて，スポーツに関する施策を総合的に推進するために2015年に設置された。　G 「スポーツ宣言日本」は，21世紀における新しいスポーツの使命をスポーツと関わりの深い3つのグローバルな課題に集約して宣言したもので，「公正で福祉豊かな地域生活の創造」，「環境と共生の時代を生きるライフスタイルの創造」，「平和と友好に満ちた世界を築くこと」の3つの課題に寄与するとしている。　H・J 「NGO」(非政府組織)もNPO(特定非営利活動法人)も，どちらも政府から独立した民間の立場で，市民が主体となり，営利を目的とせずに，社会の課題やよりよい社会をつくる活動に取り組んでいる点に共通点がある。日本では，海外の課題に取り組み国際的に活動している組織をNGO，国内の課題に対して国内で活動している組織をNPOと呼ぶ傾向にある。　I ボラン

ティアとは，個人の自由意思に基づいて社会に貢献する活動を行うこと。「スポーツボランティア」の対象は，大会などのイベントだけでなく，スポーツクラブや団体における指導，運営などに対する活動も含まれる。

【17】 1　e　　2　c　　3　d　　4　c
○**解説**○　1　宮城県で開催された男女サッカー競技は観客を入れて行われた(有観客試合)。　2　国際オリンピック委員会(IOC：本部はスイス)には現役選手以外の委員も複数在籍している。委員数の上限は115名とされている。IOC設立の立役者であるピエール・ド・クーベルタン(フランス)の名前はおさえておきたい。　3　グリコーゲンの貯蔵場所は主に筋肉と肝臓である。　4　頭葉は「行動」，頭頂葉は「姿勢の知覚」，側頭葉は「聴覚・記憶」，後頭葉は「視覚」と覚えておきたい。

【18】②
○**解説**○　②　オリンピックの参加国・地域は205で，前回のリオデジャネイロ大会と同数であった。当初は206を予定していたが，北朝鮮の不参加により205となった。一方，パラリンピックの参加国・地域は161で，2012年のロンドン大会の164に次ぐ数であった。新型コロナウイルスの影響や各国の政治情勢などが原因で，当初予定されていた168から減少した形となった。

【19】(1)　フィードバック　　(2)　超回復　　(3)　スペシャルオリンピックス　　(4)　練習を継続しているにもかかわらず，競技成績や記録が一時的に停滞している状態のこと。
○**解説**○　(1)　運動学習においてフィードバックは，運動を修正していくために用いられるものである。タイミングとしては，運動中あるいは運動後に用いられる。　(2)　筋力トレーニングなどで筋肉に負荷をかけると，一時的に筋線維は損傷する。その後，適切な休息と栄養(たんぱく質)が伴うと，もとの状態より強い筋肉が形成されていく。
(3)　特徴の一つとして，アスリートが自身の可能性を最大限に発揮でき，一人ひとりが自分らしく競技できるように独自のルールが導入さ

● 体育分野

れている点が挙げられる。　(4)　トレーニングによって起こる能力の向上が落ち着き，頭打ちになっている状態をいう。

【20】(3)
○**解説**○　パラリンピックオーダー(勲章)は，パラリンピックムーブメントに関わる人が得ることのできる最高の栄誉とされる。パラリンピックの理想を行動で示した人，パラリンピックスポーツで顕著な進歩を遂げた人，パラリンピックのために優れた貢献をした人を称えるために贈られる賞である。

保健分野

● 保健分野

要点整理

▼呼吸機能

　呼吸とは人間が生きていくために酸素をとり入れ，炭酸ガスを排出することである。肺は酸素と炭酸ガスとの交換を肺胞を通じて行う器官であり，その大きさは成人になるまで年齢とともに増大する。胸郭の発達は簡単に**胸囲**によって知ることができる。胸郭が大きくなるにしたがって肺の容積が増していく。肺の中のガス交換の行われる肺胞の表面積も新生児で2.8m²であるが成人では75m²と，約30倍になる。肺容積の増大は**換気能力**の増大を意味する。肺の大きさは一般に男子の方が女子よりも大きく，青年期の男子左肺の体積は約1200〜2500cm³，同じく女子では900〜2000cm³である。通常，右肺は左肺より10％ぐらい体積が大きい。肺の重量は年齢とともに増加し，出生時から15歳頃までに肺活量は10倍に増加する。そして，特に14〜15歳の頃に著しい発達を示す。また，肺容量は年齢とともに増加するが，**70歳を境に減少**していく。肺活量は，肺の機能的容積を示すものであり，身長発育のほぼ**3乗**に比例して増大していくことが知られている。身長1m当たりの肺活量は20歳頃までは年齢とともに増加していくが，その後減少する傾向がある。

▼循環機能

　肺の換気作用によって血液中の**ヘモグロビン**と結合した酸素は心臓に流れ込む。心臓は心筋の収縮と弛緩によるポンプ作用によって血流を循環させている。心臓の重量の発達は体重の発達曲線によく似ていて発達の盛んな時期は生後1〜2年と，男子では**12〜16歳**，女子は**11〜15歳**との2期であるが，20歳頃になって頂点に達する。心臓が発達するということは，心臓の拍出能力が増すことで，心臓の収縮力が強く，多量の血液を拍出するために，心筋が完全に収縮し，**残留血液**を残さない。また，十分に拡張するため心臓容量も増える。正常状態では脈拍数は心拍数に等しい。心拍数は神経性および体液性の影響を強く受ける。出生時は，心拍数は毎分130回くらいである。始めはすみやか

320

に，後はゆっくりと減少していき，10歳ぐらいまでに90回くらいとなり，成人では60〜90回になる。心拍数は同一人物でも時とともに大いに変動する。思春期になると，男女の差異が現われてくる。時として不整脈をおこすことがあり，**思春期不整脈**ということもある。

▼内分泌腺

　内分泌腺の発達はその重量の変化から知ることができる。下垂体・甲状腺・胸腺・副腎などの内分泌腺は，それぞれ異なった発育経過を示す。胸腺は，内分泌腺のうちで最も早い時期に発達して12〜16歳頃に最大値となり，内分泌活動も盛んになる。下垂体や甲状腺がこれにつぎ，年齢とともに発達し，15〜20歳頃に最大値となる。副腎は**胎生期**に発達が盛んであって，生後はかえって小さくなる時期がある。そして2歳頃に最も小さくなるが，再び大きくなり，さらに**思春期**になると急激に発達する。

▼発達曲線

　①神経型は「運動能力」・「手先」などの器用さやリズム感などの発育を表したもので脳の重量や頭囲によって発達を測定できる。出生直後から急激に発育し，4，5歳までに成人の80％，6歳で90％にまで発達する。②リンパ型とはリンパ節などのリンパ組織や免疫力を向上させる扁桃などの発育を表したもの。リンパ型は，出生直後から12，13歳まで急激に発達するが，思春期を過ぎると成人レベルへと戻る。③一般型は身長・体重や肝臓や腎臓など胸腹部

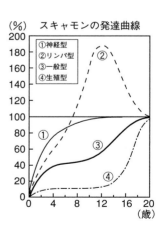

スキャモンの発達曲線
①神経型
②リンパ型
③一般型
④生殖型

臓器の成長を表したもの。乳幼児期まで急速に発達，その後は次第に緩やかになり，第二次性徴が出現し始める思春期に再び著しく発達する。一般型は思春期で成人とほぼ同等になり，それ以降はあまり成長しない。④生殖型は男子の陰茎・睾丸や女子の卵巣・子宮などの成長

を表したもの。生殖型は小学校低学年までは成長はあまり見られない
が，思春期あたりから急激に発達する。また，生殖型の発達によって
男性ホルモンや女性ホルモンの分泌が増える。

▼思春期と健康

① 思春期の体の発達

　人間の発達段階の中で，「思春期」の後半にあたる高校生の時期は，
体が大人に近い状態になっていく。ただし，性機能はまだ未熟で，十
分な発達をとげていない状態である。この思春期には，体の変化に驚
き，心理的に不安定になることがある。自分自身を受け入れるために
も自分の体の変化を知ることは大切である。

② 思春期の行動・心理面の特徴

　思春期である高校生の時期には，体の変化に戸惑いを感じ，同時に
心の変化を感じる。この時期は，自分らしさを確立する時期であり，
自立したいがために自分との**葛藤**に苦しんで，問題行動を起こしてし
まったり，思うようにいかないことから，落ち込んだりする時期でも
ある。そんな時期に，どのようなことを考え，行動を起こし，自分ら
しさを見つけていくのか試行錯誤すること，そして自分の**能力**や**適性**
を発見し，将来の生き方や人生設計を構築していくことが重要である。

▼妊娠と出産

① 胎児の環境としての母体

　妊娠・出産は，新しい命が女性の体内で生まれ育って，この世に誕
生してくるという過程である。この妊娠から出産に至るまでの約9カ
月間は，胎児にとっての母体，つまり母親のおなかの中が育つ環境の
すべてとなる。そのため，妊娠中の健康管理はとても重要である。

② 妊娠の始まりと胎児の各器官の形成

　受精卵は，約1週間で子宮に運ばれて子宮の内膜にくっつき，胎盤を
作り始める。これを「**着床**」という。月経が停止することで妊娠した
ことに気づく場合が多く，月経が止まり，産婦人科にかかるころには，
妊娠週数は満5週から6週ごろになっている。また，妊娠週数と胎児の
生育週数に，約2週間のずれが生じる。

③　妊娠週数について

　妊娠週数とは，最終月経，すなわち最後にあった月経の第1日を起点として数える。したがって，実際の胎児の成育週数とは，約2週間のずれが生じる。若い女性の場合には，性周期が不規則なことも多く，月経がくるかどうか様子をみているうちに，すでに妊娠8週，3カ月目に入っていることも少なくない。妊娠週数の数え始めである起点を知り，妊娠週数の数え方を具体的に理解することは必要なことである。

④　公的サービスの活用

　妊娠・出産に関する公的サービスには様々なものがある。医師によって妊娠が確認されたら，妊娠届を役所に提出して**母子健康手帳**を受け取る。この母子健康手帳は，妊娠，出産，育児に関する記録簿であり，本人や医師，保健師などが記入するようになっている。この手帳を受け取ることで，母子ともに健康な生活を送り，安全な妊娠・出産をサポートするための公的なサービスを受けることができる。

⑤　生活上の注意と周囲の支援

　妊娠中は，日常生活を送る中でさまざまな注意を払わなくてはいけない。妊娠がわかったら，胎児への悪影響となる行動や生活習慣を避けること，母体の健康を守るために心身の状態や生活行動に配慮することなどを学習する。また，胎児の発育が盛んな妊娠初期や，早産の危険がある妊娠後期は特に注意が必要である。

▼心身の相関とストレス

①　心と体のかかわり

　人前に出た時，緊張で脈が速くなったり，顔が赤くなったり，汗をかいたりすることがある。また，精神的に疲れた時に，スポーツをして汗をかくと，さわやかな気分になることがある。このように，心と体が互いに影響し合っていることを「**心身相関**」という。

②　ストレスと心身の健康

　現代社会には，実に多くの「**ストレス**」があり，私たちは毎日「ストレス」にさらされながら生活している。**ストレス**が強かったり，長く続いたりすると，「**心身相関**」のしくみが働き，体にさまざまな悪影響が出てくることもある。

③　ストレスへの耐性

　私たち人間は，ある程度のストレスに耐えられる力，「ストレス耐性」を持っている。しかし，耐性には個人差があり，同じストレスでも，さほど苦痛に感じない人もいれば，とても苦痛に感じる人もいる。

④　PTSD

　心的外傷後ストレス障害のこと。脅威にさらされた者は，だれでも心の傷を体験する。その中で人が通常経験する範囲をはるかにこえた強い心的外傷を受けたあとに発症する精神障害で，症状が1カ月以上続くものをいう。

▼ストレスへの対処

①　原因への対処

　ストレスに対処しようとするとき，まず考えるべきことは「原因への対処」である。これは，もっとも難しい対処方法かもしれないが，もっとも有効な対処方法である。

②　方法を変えることによる対処

　ストレスに対しては，「見方や考え方を変える」ことも方法の1つである。これはストレスの原因には直接触れないで対処する方法である。そのかわり，自分自身のストレスの状況を冷静に論理的・客観的に見直し，自分のストレスを調整する能力が必要になる。

③　リラクセーションなど

　何かに熱中している間は，他のことを完全に忘れてしまう。どうしてもストレス状態から逃れることができない時は，何かに熱中して気分転換やリラクセーションを図ったり，運動をするなどして，ストレスを発散させることが必要となる。ストレスを発散する方法は人それぞれであり，様々な方法の中から，自分に合った方法を探しておくことが重要である。リラクセーションの方法の1つとしては「筋弛緩法」がある。

④　信頼できる人や専門家への相談

　自分だけではストレスを解消できない時や，ストレスの原因となっている問題を解決する糸口すら見つからない場合，友人や専門家など誰かに相談することも重要なことである。

⑤　自分に合った対処法

　今まで「原因への対処」，「方法を変える対処」，「リラクセーション
による対処」，「信頼できる人や専門家への相談」という，4つのスト
レスへの対処法について示してきた。これらの対処法を上手に使って
ストレスを解消することが大切である。そのためには，自分の状態を
把握することが必要である。

▼運動によるけが・病気の予防

①　運動によるけがの実態

　スポーツによるけがの代表として，捻挫，骨折，創傷，脱臼などがあ
る。そして，種目別にけがの原因が違ってくる。けがの原因を具体的に
示すとともに，けがを防ぐためにどのようにしたらよいかを考える。

②　病気の予防

　病気を予防するためには，適度な運動，食事，休養及び睡眠が重要
であること，さらに喫煙や飲酒と健康との関係を理解させる。また，
感染症への対策や保健・医療機関や医薬品等を効果的に活用すること
が病気の予防につながることを理解させる。

▼応急手当

①　止血，固定，RICE

　けがの応急手当では，まずけがをした部位と種類，程度を確認する。
そして，痛みや出血，腫れの様子，手や足であればその動き具合も確
かめる。さらに，本人や周囲の人に，けがをしたときの状況や今の痛
みなどについて尋ね，けがの判断や手当の方法に役立てることも必要
である。けがの応急手当の代表的な方法には「止血，固定，RICE」の
3つがある。RICEとは，「Rest(安静)」「Ice(冷却)」「Compression(圧迫)」
「Elevation(挙上)」の頭文字をとったものである。

②　熱中症の手当

　直射日光や高温多湿の環境下で激しい運動やスポーツを行うと，体
温調節機能や血液循環機能が十分にはたらくことができず，「熱中症」
になってしまう。「熱中症」には，「熱失神」「熱けいれん」「熱疲労」
「熱射病」など数種類の症状がある。

③ 止血法

　止血法は，体の出血部位や血管の種類によって，それぞれ次のように使いわけられている。

(1)　厚めにした消毒ガーゼなどを，直接傷口にあてて，強く圧迫する方法を**直接圧迫止血法**という。最も簡単な方法であり，ほとんどの出血は，この方法で止血できる。

(2)　出血部より心臓に近いところで，動脈を骨に向かって指で圧迫する方法を**間接圧迫止血法**という。この方法は効果的であるが，術者が疲れる。また，患者を運搬するときには適さない。

(3)　ゴム管・布などの止血帯で，出血部より心臓に近いところで強くしばり止血する方法を，**止血帯法**という。この方法は，上腕や大腿の動脈を圧迫するのに適している。しかし2時間以上続けていると，その部分より先の組織が死ぬことがあるので，止血帯をときどき緩めて，血液を通す必要がある。

④ 脳貧血

　長時間起立，乗り物，入浴，大出血，睡眠不足などの原因から，脳の血液が一時的に減少したものを脳貧血という。

⑤ 挫傷(打撲傷)

　打撃，衝突，投石などによって起こるもので，いわゆるうちみである。皮膚には損傷がなく皮下出血があって膨隆する。内臓が損傷したり，骨折や脱臼を起こしたりすることもある。

⑥ 骨折

　打撲，衝突，転落，跳躍，転倒などによって，直接または間接に起こる骨組織の離断を**骨折**という。骨折部の皮膚に損傷を伴わないものを，**単純骨折**といい，皮膚にも損傷の伴うものを，**複雑骨折**という。この場合は，創傷の処置，止血などを行ってから，骨折の処置をしなければならない。

⑦ ねんざ・脱臼

　外力によって，関節に無理な力がかかり，関節を包んでいる関節包や関節のまわりにあるじん帯が引き伸ばされる，あるいは一部が切れて，いったん脱臼を起こそうとして，再び旧位に復した状態のものを**ねんざ**といい，関節を構成する骨端部が，関節臼を脱出して転位して

いる状態を脱臼という。

▼応急手当の意義

　応急手当とは，けがや急病などで倒れた人に対して，「人命救助」「傷病の悪化防止・苦痛の軽減」「救急隊員や医師による処置や治療の効果の向上」を目的として行う手当のことをいう。フランスの救急専門医・カーラーが発表した「緊急事態における時間経過と死亡率の関係」によると，心臓停止ではおよそ3分間放置されると死亡率が50％に，呼吸停止では10分間放置されると死亡率が50％になる。

① 応急手当の場面における状況判断

　応急手当をする時は的確な状況判断が必要である。応急手当の時の状況判断には「周囲の状況の確認」と「全身の状態の確認」そして「救援の依頼」の3つがある。

② 応急手当の手順

　「応急手当の手順」は次の5つである。

> (1)　周囲の状況の確認
> (2)　必要があれば移動
> (3)　けが人や急病人の全身の確認
> (4)　救援の依頼
> (5)　必要な応急手当の実施

　(5)の「必要な応急手当」で大切なことは，「大出血はないか」「反応はあるか」「呼吸はあるか」の3つの状況を確認することである。

③ 救命の連鎖

　急変した傷病者を救命し，社会復帰させるために必要となる一連の行いを「救命の連鎖」という。「救命の連鎖」を構成する4つの輪がすばやくつながると救命効果が高まる。鎖の1つめの輪は心停止の予防，2つめの輪は心停止の早期認識と通報，3つめの輪は一次救命処置(心肺蘇生とAED)，4つめの輪は救急救命士や医師による高度な救命医療を意味する。

● 保健分野

心停止の予防　　　早期認識と通報　　　一次救命処置　　　二次救命処置と
　　　　　　　　　　　　　　　　　　（心肺蘇生と AED）　心拍再開後の集中治療

▼心肺蘇生法

① 心肺蘇生

　病気や怪我により，突然に心停止，もしくはこれに近い状態になっ
たときに，胸骨圧迫や人工呼吸を行うことを心肺蘇生(Cardiopulmonary
Resuscitation：CPR)という。傷病者を社会復帰に導くために大切な心肺
蘇生，AED(Automated External Defibrillator：自動体外式除細動器)を用い
た除細動，異物で窒息をきたした場合の気道異物除去の3つを合わせて
一次救命処置(Basic Life Support：BLS)という。一次救命処置はAEDや
感染防護具などの簡便な器具以外には特殊な医療資材を必要とせず，
特別な資格がなくても誰でも行うことができる。

② 胸骨圧迫

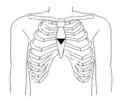

〈胸骨圧迫をする場所〉　　　〈手の置き方〉　　　〈胸骨圧迫をする姿勢〉

③ 人工呼吸

　頭部後屈あご先挙上法で傷病者の気道を確保したまま，口を大きく
開いて傷病者の口を覆って密着させ，息を吹き込む。この際，吹き込
んだ息が傷病者の鼻から漏れ出さないように，額を押さえているほう
の手の親指と人差し指で傷病者の鼻をつまむ。息は傷病者の胸が上が
るのが見てわかる程度の量を約1秒間かけて吹き込む。吹き込んだら，

328

いったん口を離し，傷病者の息が自然に出るのを待ち，もう一度，口で口を覆って息を吹き込む。このような人工呼吸の方法を「口対口人工呼吸」と呼ぶ。

④　AED

AEDとは，心臓がけいれんして，血液循環をさせる機能を失った状態の心臓に，電気ショックを与えて，正常な状態に戻すための機器である。このAEDは，傷病者に普段どおりの呼吸がないことを確認した後，できるだけ早い時期に使用することがのぞましい。

▼疾病の発生要因とその相互関係

レベルとクラークは疾病の発生要因を**主体**(発病する人側の要因)，**病因**(発病の直接作用要因)，**環境**(発病を促す周囲の環境要因)の3要因の相互関係から疫学的に説明している。主体とは，私たちの身体自身の条件で，遺伝・体質・抵抗力・免疫などの条件や個人の日常の生活習慣・性・年齢・性格などである。病因とは，栄養障害・物理的病因作用・化学的病因作用・生物学的病因作用・社会的病因作用などであり，この病因の量と強さと性質が疾病の発生に重大な影響力をもってくる。環境とは私たちをとりまく物理的・化学的・生物的な諸環境(空気・水・光・有毒ガス・蚊・のみ・植物など)である。この3つの条件の変化が不健康状態を引き起こすのである。すなわち，①**主体の悪化**(抵抗力・免疫がなかったり，不規則な生活で体力が衰えていたとき)，②**病因の悪化**(結核菌の毒力がましたり，侵入する量が多かったとき)，③**環境要因の悪化**(居住地が過密のため，空気の汚染がはなはだしく呼吸機能が弱められてしまったとき)，④主体・病因・環境要因のそれぞれが悪化した場合である。

▼生活習慣病と日常の生活

①　成人病から生活習慣病へ

がん，心臓病，脳卒中などは死亡率が高く，40〜60歳くらいに多い病気であったため，昭和30年代前半，当時の政府はこれらの病気を「**成人病**」と総称した。ところがその後，これらの病気の発生や進行には，若いときからの食生活や運動不足，また喫煙など，個人の生活

● 保健分野

習慣が深く関係していることが明らかになった。そこで“生活習慣を改善することで病気を予防していくのが最善の方法”という考えから，これらの病気を新たに「**生活習慣病**」と呼ぶことになった。

② 生活習慣病の恐ろしさ

「生活習慣病」とは，がん・心臓病・脳卒中などさまざまな病気の総称である。これらの病気は，生活習慣で誘発された後，数十年は自覚されない軽い症状で進行し，症状がはっきり表われた段階では完全な回復は不可能といわれている。

※代表的な生活習慣病の病名と症状

・がん　体の細胞が変化し，無秩序に増えて転移したりする。
・心臓病　冠状動脈の硬化で心臓の血流が悪くなる。
・脳卒中　脳内の血管が破れて出血を起こす脳出血と，脳内の血管がつまる脳梗塞がある。
・脂質異常症　血液中のコレステロールや中性脂肪などの脂質が基準以上に増加した状態。
・糖尿病　血液中の糖の濃度が高くなってしまう病気。

③ 生活習慣病の予防

生活習慣病は，一度なってしまうと治すことが困難であり，予防がとくに重要視されている。このことを「**一次予防**」といい，次の段階として発病を早期に発見して最先端の機器や薬物で治療することを「**二次予防**」という。生活習慣病を防ぐための「一次予防」では，食事や運動など基本的な生活習慣を整えることが大切になる。また，病気になったら医師に治療してもらうという受け身の考え方を，自分で自分の健康をコントロールするセルフケアの考え方に変えていくことが大切になる。

④ 生活習慣病の管理

生活習慣病の管理のためには，医師自身だけで病状を把握するのではなく，患者自身に疾病を理解させ，行動変容を起こすように指導する必要がある。自分の体は自分のものなので治療を受ける前に，医師から病態や治療方法について十分に説明を受け，メリットやデメリットなどをしっかりと理解しなくてはならない。そして最終的な治療方

330

針は患者自身が決定しなくてはならない。そのための考えとして「インフォームド・コンセント」という概念が生まれた。

⑤ 食事と健康

　近年，自分の好きなものばかりを食べたり，必要以上に食べ過ぎたりと，バランスの悪い食事が目立つ。バランスの悪い食事は，身体にとって良くないばかりか，将来的には生活習慣病になる恐れもある。

⑥ 運動と健康

　科学技術の進歩は，日常生活の多くを自動化や機械化により便利にした。それによって，生活の中で身体を動かすことが少なくなってしまい，体力の低下や生活習慣病の増加などが新しい社会問題になってきた。普通に日常の生活を送るだけでは，**運動不足**になりやすいことをよく理解し，積極的に日常生活において身体を動かし，定期的にスポーツを行うようにしなければならない。

⑦ 休養および睡眠と健康

　健康づくりのための休養には，「休む」ことと「養う」ことの2つの機能が含まれている。健康づくりのための休養とは，消極的な「休」の部分と積極的な「養」の部分から成る幅の広いものである。自分にあった休養が実現されてこそ，生活の質の向上につながり，健康で豊かな人生の基礎が築かれることとなる。

▼感染症の予防

① 感染症問題の変化

　感染症とは，人の体内にほかの生物やウイルスが侵入し，特有の症状を起こす病気のことである。かつては恐れられていた感染症が改善されてきたのは，抗生物質という医薬品の普及やワクチンの開発，衛生環境や生活水準の向上，栄養状態の改善などの結果である。しかし近年，克服されたと思っていた感染症が再び流行を始めたり，新しい感染症も発見されたりするようになった。

② 感染症を取り巻く状況の変化

　いったんは克服された感染症が再び問題となってきた。その背景として，a. 国際間，国と国との交流が盛んになったこと。b. 熱帯雨林などの開発により，新たな病原菌と出会う機会が増えたこと。c. **薬剤耐**

性菌が登場したこと。d. 感染症への警戒心が薄まってきていること，があげられる。

③ 【小・中・高等学校教師用】 保健教育指導資料(日常の保健の指導)

▼「新型コロナウイルス感染症の予防～子供たちが正しく理解し，実践できることを目指して～」(令和4年3月改訂　文部科学省)

指導例①　新型コロナウイルス感染症の感染防止対策

【ねらい】自分の生活や行動を振り返り，感染防止のために，一人一人が気を付けなくてはいけないことを理解し，実践できるようにする。

指導例②　感染症の予防1(手洗い)

【ねらい】正しい手洗いの方法を知り，実践できるようにする。

指導例③　感染症の予防2(正しいマスクのつけ方)

【ねらい】「正しいマスクのつけ方」と「咳エチケット」を知り，実践できるようにする。

指導例④　感染症の予防3(3つの密)

【ねらい】新型コロナウイルス感染症を予防するための3つの密を理解し，適切に行動できるようにする。

指導例⑤　感染症の予防4(予防接種)

【ねらい】予防接種の基本的な仕組みと，新型コロナワクチンの効果について理解し，自らの予防接種とその社会的意義について考えることができるようにする。

指導例⑥　正しい情報の収集

【ねらい】新型コロナウイルス感染症に関する情報を得るためにはどうしたらよいか考え，実践できるようにする。

指導例⑦　新型コロナウイルス感染症に関連する差別や偏見

【ねらい】新型コロナウイルス感染症に関連する差別や偏見について考え，適切な行動をとることができるようにする。

指導例⑧　新しい生活様式

【ねらい】新型コロナウイルス感染症の感染拡大を予防する生活について考え，基本的な感染対策を学校生活だけでなく家庭でも継続して実践できるようにする。

▼改訂「生きる力」を育む中学校保健教育の手引(追補版)「感染症の予防～新型コロナウイルス感染症～」(令和2年3月　文部科学省)

　本資料は,「改訂『生きる力』を育む保健教育の手引」追補版として作成したもので,中学校保健体育(保健分野)第3学年の「感染症の予防」において新型コロナウイルス感染症を取り上げた指導事例である。

　学習指導要領解説では,新型コロナウイルス感染症などの新興感染症について,高等学校の科目保健における「現代の感染症とその予防」の中で取り上げて学習することを想定しているが,今般の新型コロナウイルス感染症の感染拡大を踏まえ,指導の充実を図ることを考慮して作成したものである。

▼私たちの健康のすがた

① わが国の健康水準の現状

　健康状態をはかることのできる物差しのことを**健康指標**といい,**平均寿命**や乳児死亡率などがある。この物差しによって測られた健康の程度が健康水準となる。**平均寿命**とは,生まれたばかりの乳児がこれから生きていくことが期待できる年数のことを意味する。わが国における平均寿命は,終戦直後まで低い水準にとどまっていたが,その後,急速にのび続け,令和3(2021)年では,男性81.47年,女性87.57年(令和3年厚生労働省簡易生命表)と世界最高水準となっている。平均寿命ののびは,初期には**乳児死亡率の大幅な改善**により,また近年では**高齢者の死亡率の改善**によって達成された。

② 健康水準向上の背景

　わが国における健康水準の向上は,第二次世界大戦後の経済成長によって国が豊かになったことが大きな要因といえる。人々の生活水準は高まり,食料事情がよくなり,生活環境が衛生的になった結果,**感染症は減少**し,それによって亡くなる人や乳児の死亡率も大きく減少した。乳児の生存は,胎児期の母体の健康状態や生後の成育環境などの影響を強く受けるので,乳児死亡率はその社会の栄養状態や衛生状態の状況を反映するといえる。

③　わが国における健康問題の変化

　わが国では，1950年前後までは，結核や肺炎などの感染症で死亡する人が多くみられた。現在では，感染症で死亡する人は大きく減少し，がん・心臓病・脳卒中が分類される悪性新生物，心疾患，脳血管疾患で死亡する人が**全体の約50％**である。これらの病気は，多くの場合，食事や運動などの生活習慣と関連しているので，**生活習慣病**という。わが国は，豊かになったことによって栄養状態や衛生状態は改善され，感染症は減ってきたが，むしろその豊かさが食べすぎや運動不足という形で生活習慣病につながっている面もある。現代は，豊かな社会の中で個人がどのような生活習慣を実践していくかが健康を大きく左右する時代といえる。

▼至適範囲

　無理なく快適に行動できる環境条件の範囲のこと。気温の場合，運動，睡眠，勉強といった，それぞれの目的がうまく達成でき，その間主観的にも生理的にも最も快適で無理のない温度範囲を**至適温度範囲**という。至適温度範囲は，男女，年齢，季節，昼夜，民族，着衣条件によって異なる。音の場合，仕事を行うにしてもあまり静かなところでは適当でないとされている。身体を動かす活動では50〜60dB，睡眠時には30〜40dBくらいが至適環境騒音レベルといわれている。

▼飲酒と健康

　酒はエチルアルコールが含まれる飲み物で，含まれる量は種類によって異なる。長い間アルコールを飲み続けると起こる健康問題の代表的なものとして，アルコール依存症がある。アルコールに関連する問題は，個人の健康面だけではなく社会にも及ぶため，WHO(世界保健機関)では総合的な対策を講じるように提言している。

▼喫煙と健康

① タバコの煙の有害物質

　タバコの煙には，主流煙と副流煙の2種類があり，煙に含まれる代表的な有害物質には**ニコチン，タール，ニトロソアミン，一酸化炭素**の

4種類がある。WHO(世界保健機関)の推計では，年間700万人(2017年)以上の人が，タバコが原因で亡くなっている。さらに，問題となっているのが**受動喫煙**である。受動喫煙はタバコを吸わない子どもにも影響を与える。

② 日本のたばこ対策

日本では，未成年者の喫煙に対して対策がとられてきた。世界と日本における「たばこ対策」では，WHO(世界保健機関)が提案した保健医療に関する初めての国際条約「**たばこ規制枠組条約**」がある。

▼薬物乱用と健康

① 薬物乱用の現状

薬物犯罪の大きな部分を占めるのは**覚せい剤**だが，最近では大麻，合成麻薬，睡眠薬や精神安定剤などの向精神薬の乱用も増加してきている。また，女性や未成年の乱用者も増加し，学校にまで持ち込まれるなど，低年齢化の傾向にある。

② 薬物乱用の定義

薬物乱用とは，「医薬品を医療の目的からはずれて使用したり，医薬品でない薬物を不適切な目的で使用すること」である。乱用を繰り返すうちに依存状態になり，慢性の中毒や精神疾患へとつながる。乱用されて健康に害を与える薬物を「**乱用薬物**」といい，100種類以上あるといわれる。政府は，青少年に対する予防教育，薬物依存者の社会復帰支援，密売組織の徹底した取締り，密輸入防止に向けた水際対策などに取り組んでいる。内閣府は，企画・立案や総合調整を担う官庁として施策全体の基本方針として「**薬物乱用防止五か年戦略**」(現在，第5次)をとりまとめ，これに基づき関係省庁が対策を実施している。

③ 薬物乱用の健康影響

代表的な乱用薬物として，シンナーやトルエンなどの有機溶剤，覚せい剤，大麻等があるが，それを乱用した場合，当然健康への悪影響が生じる。薬物乱用は，乱用した人だけでなく，家族をはじめ，多くのところに影響を及ぼす。薬物乱用の問題は，世界的にも深刻な問題になっている。

④ 薬物乱用への対策

● 保健分野

　我が国は，薬物乱用への様々な対策に，社会全体で取り組んでいる。1つ目は**法律による規制**，2つ目は**社会や学校での教育**，3つ目は**地域社会での活動**である。さらに日本政府は，「**第5次薬物乱用防止五か年戦略**」などを策定し，総合的な対策に取り組んでいる。

　薬物乱用対策推進会議では，平成30年8月3日に策定した「**第5次薬物乱用防止五か年戦略**」及び令和元年9月6日取りまとめた「**薬物乱用防止五か年戦略フォローアップ**」を推進している。

⑤　薬物の誘いを断る

　薬物乱用への一番の対策は「薬物の誘いがあったときに，はっきり断ること」である。さまざまなシチュエーションを考え，薬物の誘いを断ることが重要である。

▼水質汚濁と健康

①　水質汚濁とかつての原因

　大気と違い，水の場合は，「濁り」が問題となることが多いので「汚濁」という言葉を使い，「水質汚濁」という。

　1960年前後に起こった水質汚濁と，現在起こる水質汚濁では原因が異なる。現在における水質汚濁の原因の7割近くは生活排水によると考えられている。

②　水質汚濁による健康影響

　水を汚染している有害物質は，さまざまなルートを経て私たちの体に入ってくる。例えば，汚濁した水で育った魚を食べることにより，有害物質が私たちの体内に蓄積されることが考えられる。

▼大気汚染と健康

①　公害

　わが国では環境基本法により，**大気汚染・水質汚濁・土壌汚染・騒音・振動・地盤沈下・悪臭**の7種に係る被害が生じることを，公害としている。近年，これらの公害による被害が全国の多くの地域で発生しており，その防止や患者の救済が大きな社会問題となっている。公害で被害を受けた人には，**公害健康被害補償法**の汚染者負担の原則に基づき，事業者が医療費や補償費を負担する健康被害補償制度がある。

　健康被害補償制度に基づいて認定された患者を**公害認定患者**という。認定された公害病は，大気汚染系には**慢性気管支炎・気管支ぜんそく・ぜんそく性気管支炎・肺気腫**，水質汚濁系には**水俣病・イタイイタイ病・慢性ひ素中毒**がある。

② **大気汚染の定義と影響**

　大気汚染は通常存在しない汚染物質が大気に含まれること，大気に存在する物質が何らかの影響によって，異常に大量に存在し人体等に影響するといった現象の総称である。大気汚染には火山の噴火など自然的なものもあるが，通常は人為的なものを指す。

　大気中の汚染物質は風に飛ばされたり，雨に含まれたりすることによって，高濃度になることは少ない(**自浄作用**)。しかし，自浄作用の限度を超えると汚染物質の濃度が高まり，人体等に影響を及ぼすようになる。大気汚染による公害病の代表例として，**四日市ぜんそく**があげられる。

③ **大気汚染の原因**

　大気汚染には，石炭等の燃焼によって，煤塵が大気中に放出されるといった**第1次汚染**と，工場等から排出された物質が大気中での化学反応により，有害物質に変化するといった**第2次汚染**がある。第2次汚染の具体例として，炭化水素と窒素酸化物が太陽の紫外線によって光化学反応を起こし，オキシダントが生成されるといったことがあげられる。

④ **現在の環境問題**

　現在，大気汚染物質は**200種類を超える**といわれており，その中には測定不可能のものがある。特に酸性雨の原因となる**硫黄酸化物**や**窒素酸化物**は世界的に問題となっており，排出防止について議論されている。なお，国内法では昭和43(1968)年に**大気汚染防止法**が制定されており，事業活動において排出される**煤煙，揮発生有機化合物及び粉じん，水銀等，自動車排出ガス**を規制している。

● 保健分野

▼保健活動と対策

① わが国の活動

人々の健康を保持増進するための活動として，わが国では，乳幼児期から老年期までのライフステージや，学校，職場，家庭といった主な生活場面に応じた保健活動が行われている。母子保健活動，学校保健活動，産業保健活動，老人保健活動などがあり，健康診断や健康相談，保健指導などが行われている。また民間では，日本赤十字社が中立の立場で災害救護活動，血液事業，国際救援，医療事業，看護師等の養成，救急法等の講習，ボランティア，社会福祉事業などの活動を，幅広く展開している。NGOは，市民主導の営利を目的としない**非政府組織**で，難民救援や医療協力，開発途上国での保健衛生活動など，現地の人々のニーズに応じた支援をしている。

② 国際機関の活動

WHO(世界保健機関)は1948年に設立され，2019年現在で194カ国が加盟している。「すべての人々に可能な限りの高い水準の健康をもたらす」ことを目標としている。感染症の撲滅，衛生統計・基準等の作成，薬物乱用対策，医薬品の供与，健康増進教育や環境保健の推進など，きわめて多岐にわたる活動を行っている。UNICEF(国連児童基金)は，おもに開発途上国の子どもたちに対して予防接種や栄養・水分の補給などを行っており，UNEP(国連環境計画)は，オゾン層保護や地球温暖化防止，有害廃棄物の越境移動問題など，地球環境問題を解決するために中心的な活動をしている。難民救済では，UNHCR(国連難民高等弁務官事務所)が中心となって，祖国への帰還や難民の自立を促進している。

実施問題

【1】 次の①～③の文章は，熱中症の病型について述べたものである。それぞれの文章が述べている病型として，最も適切なものを以下のア～エの中からそれぞれ一つずつ選び，記号で答えなさい。

① 塩分の含まれた大量の汗をかき，水だけ(あるいは塩分の少ない水)を補給して血液中の塩分濃度が低下した時に起こる。痛みをともなうこむら返りのような状態が，下肢の筋だけでなく上肢や腹筋などにもみられる。生理食塩水(0.9％食塩水)など濃い目の食塩水の補給や点滴により通常は回復する。

② 過度に体温が上昇(40℃以上)して脳機能に異常をきたした状態で，体温調節も働かなくなる。種々の程度の意識障害がみられ，応答が鈍い，言動がおかしいといった状態から進行すると昏睡状態になる。高体温が持続すると脳だけでなく，肝臓，腎臓，肺，心臓などの多臓器障害を併発し，死亡率が高くなる。救急車を要請し，速やかに冷却処置を開始する必要がある。

③ 発汗による脱水と皮膚血管の拡張による循環不全の状態で，脱力感，倦怠感，めまい，頭痛，吐き気などの症状がみられる。スポーツドリンクなどで水分と塩分を補給することにより通常は回復する。嘔吐などにより水が飲めない場合は，点滴などの医療処置が必要である。

ア 熱疲労　　イ 熱射病　　ウ 熱けいれん　　エ 熱失神

‖ 2024年度 ‖ 山形県 ‖ 難易度■■■□□

【2】 次の各問いに答えよ。

1 次の文は，スポーツ庁及び文化庁が策定した「学校部活動及び新たな地域クラブ活動の在り方に関する総合的なガイドライン(令和4年12月)」から一部抜粋したものである。(①)～(⑤)に当てはまる数字を書け。

> ・ 学期中は，週当たり(①)日以上の休養日を設ける。
> (平日は少なくとも(②)日，土曜日及び日曜日(以下「週

339

末」という。)は少なくとも(③)日以上を休養日とする。
週末に大会参加等で活動した場合は，休養日を他の日に振
り替える。)

・　1日の活動時間は，長くとも平日では，(④)時間程度，
学校の休業日(学期中の週末を含む)は(⑤)時間程度と
し，できるだけ短時間に，合理的でかつ効率的・効果的な
活動を行う。

2　次の文は，熱中症事故を防止するための指導及び環境の整備等に
ついて，説明したものである。内容が正しければ○を，誤っていれ
ば×をそれぞれ書け。

(1)　学校の管理下における熱中症事故は，ほとんどが体育・スポー
ツ活動によるものである。また，暑くなり始めるころやそれほど
高くない気温では，熱中症事故は発生していない。

(2)　熱中症を防止するためには，生徒等が自ら体調管理等を行うこ
とができるよう，発達段階等を踏まえながら適切に指導すること
が必要である。

3　熱中症の危険性を判断する基準として用いられる暑さ指数のこと
を何というか。アルファベット4文字で書け。

▌2024年度 ▌岡山市 ▌難易度 ■■□□□

【3】学校における安全管理について，頭頸部外傷の事故防止(独立行政
法人日本スポーツ振興センター)として示される「指導者のための頭頸
部外傷対応の10か条」に関して，文中の(①)～(⑥)に入る適切
な語句を書きなさい。

【体育活動における基本的注意事項】

(1)　児童生徒の(①)や技能・体力の程度に応じて，(②)や活
動計画を定める。

(2)　体調が悪いときには，無理をしない，させない。

(3)　児童生徒の(③)を把握し，健康観察を十分に行う。

(4)　施設・設備・用具等について継続的・計画的に安全点検を行い，
正しく使用する。

【頭頸部外傷を受けた(疑いのある)児童生徒に対する注意事項】

(5) （ ④ ）は脳損傷の程度を示す重要な症状であり，意識状態を見極めて，対応することが重要である。

(6) 頭部を打っていないからといって安心はできない。意識が回復したからといって安心はできない。

(7) 頸髄・頸椎損傷が疑われた場合は動かさないで速やかに救急車を要請する。

(8) 練習，試合への復帰は慎重に。

【その他，日頃からの心がけ】

(9) 重症時に救急隊に搬送をお願いする，また軽症の場合も受診する医療機関（（ ⑤ ）医が常駐する）を日頃から決めておく。

(10) 安全教育や組織活動を充実し（ ⑥ ）や児童生徒が事故の発生要因や発生メカニズム等を正確に把握し，適切に対応できるようにする。

┃ 2024年度 ┃ 兵庫県 ┃ 難易度 ■■■■□

【4】「安全教育」について，次の各問いに答えなさい。

　問1　図1は，眼の外傷が発生したときの対応フローチャートである。図1を見て以下の問いに答えなさい。

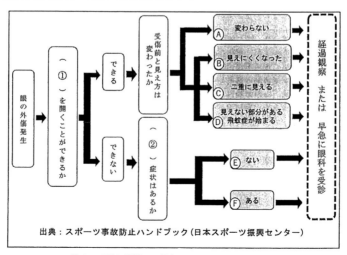

図1　＜眼の外傷への対応フローチャート＞

(1)　図1の空欄(　①　)，(　②　)に当てはまる適切な語句をそれぞれ答えなさい。

(2)　眼の外傷が発生した場合，図1のフローチャートのように観察を進めると，A～Fのように大きく6つに分類される。

その後，A～Fのそれぞれの場合において，「経過観察」または「早急に眼科を受診」のどちらの対応をするか，A～Fをそれぞれに振り分けなさい。

問2　次の文中の空欄(　)に当てはまる適切な語句を答えなさい。

眼の外傷に対する大切なポイントとして「傷害の程度は(　)の強さで判断できず，症状はすぐに現れるとは限らない」ということがある。

問3　ボール・バット等や他者との接触による衝撃から眼を保護するため，用いられる道具を1つ答えなさい。

2024年度 ▌静岡県・静岡市・浜松市 ▌難易度

【5】熱中症の予防について，熱中症環境保健マニュアル2022(環境省)及び熱中症対策行動計画(政府)で示される内容に関して，文中の(　①　)～(　⑬　)に入る適切な語句を，以下のア～ノから選んで，その符号を書きなさい。

熱中症を引き起こす条件として「気温」は重要ですが，わが国の夏のように蒸し暑い状況では，気温だけでは熱中症のリスクは評価できません。暑さ指数(WBGT)は，人体と外気との熱のやりとり(熱収支)に着目し，気温，(　①　)，日射・(　②　)，風の要素をもとに算出する指標として，特に労働や運動時の熱中症予防に用いられています。

暑さ指数の算出式は，【0.7×(　③　)温度＋0.2×(　④　)温度＋0.1×(　⑤　)温度】となります。

「暑熱環境にさらされた」という状況下での体調不良はすべて熱中症の可能性があります。軽症である(　⑥　)は「立ちくらみ」，同様に軽症に分類される熱けいれんは，全身けいれんではなく「筋肉のこむら返り」です。どちらも意識は清明です。中等症に分類される(　⑦　)では，全身の倦怠感や脱力，(　⑧　)，吐き気，嘔吐，下痢等が見られます。最重症は(　⑨　)と呼ばれ，高体温に加え意識障害と

（　⑩　）が主な症状です。けいれん，（　⑪　）や腎障害も合併し，最悪の場合には早期に死亡する場合もあります。

　また，令和4年4月政府発表の熱中症対策行動計画の改定内容における中期的な目標では，熱中症による死亡者数ゼロに向けて，（　⑫　）年までの間，令和3年に引き続き死亡者数が年間（　⑬　）人を超えないようにすることを目指し，顕著な減少傾向に転じさせることとしています。

ア	肝障害	イ	腹痛	ウ	呼吸困難	エ	熱失神
オ	湿度	カ	時間	キ	頭痛	ク	天候
ケ	発汗停止	コ	呼吸不全	サ	日射病	シ	放射
ス	熱射病	セ	熱疲労	ソ	黒球	タ	熱球
チ	乾球	ツ	湿球	テ	輻射	ト	2027
ナ	2030	ニ	2032	ヌ	300	ネ	500
ノ	1000						

▌2024年度 ▌ 兵庫県 ▌ 難易度 ■■■■□

【6】中学校第2学年の「傷害の防止」の学習について，次の(1)〜(3)の問いに答えなさい。

(1)　「交通事故による傷害の発生要因」の学習において，中学生の交通事故の特徴をもとに生徒が身近な生活から課題を発見し，解決について考える活動を行うこととした。中学生の自転車乗用中の事故の発生要因について，人的要因，環境要因，車両要因をそれぞれ書きなさい。

(2)　自然災害による傷害の防止について，地域のハザードマップを確認することで，生徒が自然災害への備えの必要性について考えられるようにしたい。ハザードマップにおいて，周囲の環境のどのようなことを確認することが大切か具体的に書きなさい。

(3)　「応急手当」について，次の①，②の問いに答えなさい。

　①　「応急手当の意義」について学習する際，＜図＞をもとに，生徒に考えさせたいことは，どのようなことか具体的に書きなさい。

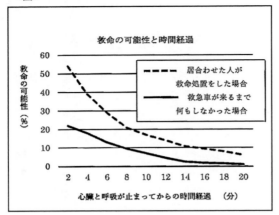

<図>

心肺蘇生法委員会　「救急蘇生法の指針2020」, 一部改変

② 傷病者の心臓や肺の働きが停止した場合, 居合わせた人が行う べき応急手当を書きなさい。

2024年度 ▌ **群馬県** ▌ **難易度** ■■■□□

【7】「平成30年度スポーツ庁委託事業　学校における体育活動での事故 防止対策推進事業　学校屋外プールにおける熱中症対策(平成31年3月) 3. 熱中症予防のための留意点」について, 次の各問いに答えなさい。

(1) 「(1)　水中での活動の留意点」として誤っているものを次の選択 肢から1つ選び, 記号で答えなさい。

ア　水温が中性水温(33℃〜34℃)より高い場合は, 水中でじっとし ていても体温が上がるため, 体温を下げる工夫をする。

イ　体温を下げるには, プール外の風通しのよい日陰で休憩する, シャワーを浴びる, 風に当たる等が有効である。

ウ　水着での活動であり, また, 運動強度が高いという水泳の特性 等を考慮する。

エ　口腔内が水で濡れるため, 水分補給は必要ない。

(2) 「(2)　プールサイドでの活動(見学・監視を含む)の留意点」とし て誤っているものを次の選択肢から1つ選び, 記号で答えなさい。

ア　プールサイドで活動する場合は, 気温のみを考慮する。

　イ　プールサイドで見学する場合は，帽子や日傘の使用や，見学場
　　所の工夫により直射日光に当たらないようにする。
　ウ　冷たいタオルや団扇の用意，衣服(短パン・Tシャツ)の工夫によ
　　り身体を冷やすようにする。
　エ　施設床面が高温になるので，サンダルを履く。

┃ **2024年度** ┃ 宮崎県 ┃ 難易度 ┃▬▬▬□□┃

【8】応急手当について，次の(1)～(3)の問いに答えよ。

(1)　「JRC蘇生ガイドライン2020」(2021年6月一般社団法人日本蘇生協
　　議会)に示されている心肺蘇生についての次の文を読み，文中の
　　(　①　)～(　③　)に当てはまる言葉を以下の語群A～Jの中からそ
　　れぞれ一つずつ選び，その記号を書け。

> 　　傷病者がふだん通りの呼吸をしていない場合，あるいは約
> (　①　)秒呼吸を観察しても呼吸の状態が分からない場合に
> は，ただちに胸骨圧迫を行う。胸骨圧迫は，傷病者の胸が約
> (　②　)cm沈み込むように圧迫する。これを1分間に(　③　)
> ～120回のテンポでおこなう。

A　3　　　B　5　　　C　8　　　D　10　　E　20　　F　30　　G　40
H　60　　I　80　　J　100

(2)　次の表は，「熱中症環境保健マニュアル2022」(令和4年3月改訂
　　環境省)に示されている暑さ指数(WBGT)に応じた注意事項等の一部
　　をまとめたものである。表中の(　①　)～(　⑤　)に当てはまる言
　　葉を以下の語群A～Lの中からそれぞれ一つずつ選び，その記号を
　　書け。ただし，同じ番号には同じ言葉が当てはまる。

基準域	暑さ指数（WBGT）	熱中症予防運動指針
注意	(　①　)未満	熱中症による死亡事故が発生する可能性がある。熱中症の兆候に注意するとともに，運動の合間に積極的に水分・(　②　)を補給する。
厳重警戒	(　③　)以上 (　④　)未満	熱中症の危険が高いので，激しい運動や持久走など(　⑤　)が上昇しやすい運動は避ける。10～20分おきに休憩をとり水分・(　②　)を補給する。暑さに弱い人は運動を軽減または中止する。

A　体温　　　B　糖分　　　C　塩分　　　D　呼吸　　　E　脈拍
F　25　　　G　26　　　H　27　　　I　28　　　J　29
K　30　　　L　31

(3)　「熱中症環境保健マニュアル2022」(令和4年3月改訂　環境省)に示

されている熱中症の症状と分類についての次の文を読み，文中の
(①)，(②)に当てはまる言葉を以下の語群A～Dの中からそ
れぞれ一つずつ選び，その記号を書け。

> 　軽症に分類される(①)には「立ちくらみ」の症状が，同
> 様に軽症の(②)には「筋肉のこむら返り」の症状が見られ
> る。どちらも意識は清明である。

A　熱失神　　B　熱疲労　　C　熱けいれん　　D　熱射病

‖ 2024年度 ‖ 愛媛県 ‖ 難易度 ■■■□□

【9】次の文章は，性ホルモンについて述べたものである。(ア)～
(オ)に当てはまる語句の組合せとして最も適切なものを，以下の
①～⑥の中から一つ選べ。

> 　性ホルモンの影響により(ア)性徴，すなわち，男性らしい
> 体つき，女性らしい体つきへの変化が起こる。また，(イ)に
> 作用して精子や(ウ)の成熟，(エ)の成立・維持に関与す
> る。性ホルモンは，男性ホルモンと女性ホルモンに分けられ，
> 女性ホルモンはさらに(ウ)ホルモンと黄体ホルモンに分けら
> れる。男女とも男性ホルモン，女性ホルモンの(オ)を体内で
> つくっている。

①　ア　一次　　イ　神経　　ウ　卵巣　　エ　受精　　オ　片方
②　ア　一次　　イ　性腺　　ウ　卵巣　　エ　妊娠　　オ　両方
③　ア　一次　　イ　神経　　ウ　卵胞　　エ　受精　　オ　両方
④　ア　二次　　イ　性腺　　ウ　卵胞　　エ　妊娠　　オ　両方
⑤　ア　二次　　イ　神経　　ウ　卵胞　　エ　妊娠　　オ　片方
⑥　ア　二次　　イ　性腺　　ウ　卵巣　　エ　受精　　オ　片方

‖ 2024年度 ‖ 岐阜県 ‖ 難易度 ■■■□□

【10】科目「保健」の「精神疾患の予防と回復」について，(1)，(2)の問
いに答えなさい。
(1)　次の文は，高等学校学習指導要領解説「保健体育・体育編」(平
成30年7月)で示されている科目「保健」の内容のうち，精神疾患の

予防と回復の知識についての記述である。以下の①〜④の問いに答えよ。

(オ) 精神疾患の予防と回復

　⑦　精神疾患の特徴

　　精神疾患は，精神機能の基盤となる心理的，a生物的，または社会的な機能の障害などが原因となり，認知，情動，行動などの不調により，精神活動が不全になった状態であることを理解できるようにする。

　　　また，うつ病，b統合失調症，（　ア　），（　イ　）などを適宜取り上げ，誰もが罹患（りかん）しうること，若年で発症する疾患が多いこと，適切な対処により回復し（　ウ　）の向上が可能であることなどを理解できるようにする。

　　　その際，アルコール，（　エ　）などの物質への依存症に加えて，ギャンブル等への過剰な参加は習慣化すると嗜癖（しへき）行動になる危険性があり，日常生活にも悪影響を及ぼすことに触れるようにする。

　⑦　精神疾患への対処

　　精神疾患の予防と回復には，身体の健康と同じく，適切な（　オ　），食事，（　カ　）及び睡眠など，調和のとれた生活を実践すること，早期に心身の不調に気付くこと，心身に起こった反応については体ほぐしの運動などのリラクセーションの方法でストレスを緩和することなどが重要であることを理解できるようにする。

　　　また，心身の不調時には，不安，抑うつ，焦燥，不眠などの精神活動の変化が，通常時より強く，持続的に生じること，心身の不調の早期発見と治療や支援の早期の開始によって回復可能性が高まることを理解できるようにする。その際，（　キ　）の背景にはうつ病をはじめとする精神疾患が存在することもあることを理解し，できるだけ早期に専門家に援助を求めることが有効であることにも触れるようにする。

　　　さらに，人々が精神疾患について正しく理解するとともに，

● 保健分野

> $_c$専門家への相談や早期の治療などを受けやすい社会環境を整えることが重要であること，（　ク　）や差別の対象ではないことなどを理解できるようにする。

① 文中の（　ア　）～（　ク　）に当てはまる語句を答えよ。
② 下線部aについて，精神疾患の要因のうち生物的要因を1つ答えよ。
③ 下線部bについて，統合失調症の症状の特徴を簡潔に答えよ。
④ 下線部cについて，学校外の相談先として考えられる公的な専門機関を2つ挙げよ。

(2) 精神疾患は早期発見や早期治療により回復の可能性が高まるが，受診が遅れる傾向があると言われている。他の疾患と比べて精神疾患の受診が遅れる傾向にある理由としてどのようなことが考えられるか，2つ答えよ。

┃ 2024年度 ┃ 群馬県 ┃ 難易度 ■■■□□

【11】 心身の機能の発達と心の健康について，次の(1)～(3)の問いに答えよ。

(1) 次の図は，循環器の仕組みについて示したものである。図中の（　）に当てはまる言葉を以下のA～Dから一つ選び，その記号を書け。

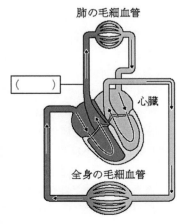

A　肺動脈　　B　肺静脈　　C　大動脈　　D　大静脈

(2)　次の文は，月経の仕組みについて説明したものである。文中の
（　ア　），（　イ　）に当てはまる言葉の組合せとして最も適切なも
のを下のA～Dから一つ選び，その記号を書け。

> 　一定の周期で繰り返す（　ア　）からの出血を月経といい，月
> 経開始の初日から次の月経が始まる前日までの期間を月経周
> 期という。成人女性では通常28日を1周期とするが，25日～38
> 日は正常範囲と考えられる。
> 　月経周期は（　イ　）から分泌される卵胞ホルモン(エストロ
> ゲン)と黄体ホルモン(プロゲステロン)の作用によって引き起
> こされる。

	ア	イ
A	子宮内膜	卵管
B	子宮内膜	卵巣
C	子宮広間膜	卵巣
D	子宮広間膜	卵管

(3)　次の文は，青少年の保護者向け普及啓発リーフレット「保護者が
おさえておきたい4つのポイント(生徒編)」(2022年1月内閣府・警察
庁・消費者庁・デジタル庁・総務省・法務省・文部科学省・厚生労
働省・経済産業省)に示されている内容の一部である。文中の
（　ア　），（　イ　）に当てはまる言葉の組合せとして最も適切なも
のを以下のA～Dから一つ選び，その記号を書け。

> ○　一度ネットに公開したら，消すことは限りなく不可能で
> あり，動画や写真，つぶやきでも，不適切投稿は未来の自
> 分に負の遺産として残ることを（　ア　）という。
> ○　価値観の似た者同士の交流の繰り返しによって，考えの
> かたよりが増幅・強化されてしまうことを（　イ　）という。
> 表示された情報をうのみにせず，ネット以外の情報や身近
> な人の意見にも耳を傾け，多様な情報に接することが大切
> である。

	ア	イ
A	デジタル・ディバイド	フィッシング
B	デジタルタトゥー	フィッシング
C	デジタル・ディバイド	エコーチェンバー
D	デジタルタトゥー	エコーチェンバー

┃ 2024年度 ┃ 愛媛県 ┃ 難易度 ┃■■■■□□

【12】次の文は，中学校学習指導要領「保健体育」の「保健分野」の「内容」の一部である。以下の(1)～(4)に答えなさい。

(2) 心身の機能の発達と心の健康について，課題を発見し，その解決を目指した活動を通して，次の事項を身に付けることができるよう指導する。

ア 心身の機能の発達と心の健康について理解を深めるとともに，ストレスへの対処をすること。

(ア) A身体には，多くの器官が発育し，それに伴い，様々な機能が発達する時期があること。また，発育・発達の時期やその程度には，（ ① ）があること。

(イ) 思春期には，B内分泌の働きによって生殖に関わる機能が成熟すること。また，成熟に伴う変化に対応した適切な行動が必要となること。

(ウ) （ ② ），（ ③ ），（ ④ ）などの精神機能は，生活経験などの影響を受けて発達すること。また，思春期においては，自己の認識が深まり，自己形成がなされること。

(エ) 精神と身体は，相互に影響を与え，関わっていること。欲求やストレスは，心身に影響を与えることがあること。また，心の健康を保つには，欲求やストレスに適切に対処する必要があること。

イ 心身の機能の発達と心の健康について，課題を発見し，その解決に向けて思考し判断するとともに，それらを表現すること。

(1) （ ① ）～（ ④ ）にあてはまる語句を書きなさい。

(2) 下線部Aについて，おおむね11歳～15歳にかけて，身長，体重，心臓や肺などの発育が急に進む時期を何というか，書きなさい。

(3) 下線部Bについて，生殖機能の成熟に関わる物質は脳のどの部分から分泌されるか，書きなさい。

(4) 性に関する内容の指導を行う上で必要な配慮について，中学校学習指導要領解説保健体育編で示されているものを2つ書きなさい。

┃ 2024年度 ┃ 青森県 ┃ 難易度 ▓▓▓▓□□

【13】次のア～オは，精神疾患に関する説明文である。正しいものをすべて選び，その記号を書きなさい。

ア 症状の多くが思春期などの若年に始まることが多い。

イ 日本では10人に1人が，一生のうち何らかの精神疾患に罹患している。

ウ 生物的，心理的，社会的な要因が相互に影響を及ぼし合うことで，精神機能に不調を来して起こるものである。

エ 早い時点で気づき，適切な対応が速やかにできるほど回復も早い。

オ 症状が軽いうちは，誰にも相談せず，また休養をとる必要もない。

┃ 2024年度 ┃ 青森県 ┃ 難易度 ▓▓▓▓□

【14】次の各問いに答えなさい。

1 次の手順は，「救急蘇生法」(日本医師会)における「心肺蘇生法の手順」についての記述である。文章中の[1]～[6]に入る語句または数字として最も適切なものを①～⓪の中からそれぞれ一つ選びなさい。

手順1 反応があるか確認

　　　何らかの「応答」や「しぐさ」がない。

　　　　↓

手順2 119番通報と[1]の手配

手順3 呼吸を確認する。

　　　正常な呼吸がない。

　　　　↓

手順4　胸骨圧迫(心臓マッサージ)を行う。

　　　　・強く：胸が，少なくとも5センチメートル沈むように。

　　　　　　　　　小児・乳児は，胸の厚さの約3分の1。

　　　　・速く：1分間あたり，100〜[　2　]回のテンポで。

　　　　・絶え間なく：中断は，最少に。

　　　　[　3　]ができる場合は，まずは[　4　]を確保する。その後，胸骨圧迫(心臓マッサージ)を[　5　]回，[　3　]を[　6　]回，これを交互に繰り返す。

　　　　　　　↓

手順5　[　1　]が到着したら，電源をいれて電極パッドを装着し，音声ガイドに従う。

① 意識　　② 30　　③ 人工呼吸　　④ 120　　⑤ 150

⑥ 4　　⑦ AED　　⑧ 6　　⑨ 2　　⓪ 気道

2　次の文は，体内で分泌されるホルモンを説明したものである。内容が正しい場合は○，正しくない場合は×とするとき，○×の組み合わせとして正しいものを①〜⑧の中から一つ選びなさい。

　(例：アー○，イー×，ウー×の場合，アイウの順に○××となり，答えは④を選ぶ。)

ア　黄体ホルモンは，卵巣から分泌され，子宮内膜を充血させ，妊娠を維持し，排卵を抑え，体温を低下させる。

イ　卵胞ホルモンは，甲状腺から分泌され，卵巣を肥厚させる。

ウ　アドレナリンは，副腎髄質から分泌され，心拍数を減らしたり，血糖値を下げたりする。

① ○○○　　② ○○×　　③ ○×○　　④ ○××

⑤ ×○○　　⑥ ×○×　　⑦ ××○　　⑧ ×××

3　次の文は，「新体力テスト実施要項(12歳〜19歳対象)」(スポーツ庁)に記載されている各テスト項目の説明から一部抜粋したものである。文章中の[　1　]〜[　4　]に入る語句または数字として最も適切なものを①〜⑧の中からそれぞれ一つ選びなさい。

20mシャトルラン(往復持久走)

記録
  (1) テスト終了時(電子音についていけなくなった[1])の折り返しの総回数を記録とする。ただし，[2]回続けてどちらかの足で線に触れることができなかったときは，最後に触れることができた折り返しの総回数を記録とする。

ハンドボール投げ

実施上の注意
  (1) ボールは規格に合っていれば，ゴム製のものでもよい。
  (2) 投球のフォームは自由であるが，できるだけ「下手投げ」を[3]方がよい。また，ステップして[4]ほうがよい。

① した   ② しない   ③ 直前   ④ 直後
⑤ 投げた   ⑥ 投げない   ⑦ 2   ⑧ 3

4 次の文章は，「スポーツ基本計画」(文部科学省　令和4年3月25日)「第1部　我が国における今後のスポーツ施策の方向性」「第1章　社会変化の中で改めて捉える『スポーツの価値』」の一部抜粋である。[1]～[5]に入る語句として最も適切なものを①～⑧の中からそれぞれ一つ選びなさい。

　スポーツの意義や[1]が広く国民に共有され，スポーツを「する」「みる」「[2]」という様々な参画を通じて，より多くの人々がスポーツの楽しさや[3]を分かち合い，互いに支え合う「スポーツ文化」の確立を目指して，様々なスポーツ施策が展開されてきたところである。

　国としては，今後，日本の「スポーツ文化」の[4]に向けて，スポーツに関する施策の総合的かつ[5]な推進を図るために定められる「スポーツ基本計画」(以下「基本計画」という。)において，必要な方針や具体的施策等を示すことが求められている。

① 感動   ② 計画的   ③ 文化的   ④ 成熟
⑤ 価値   ⑥ 生涯   ⑦ ささえる   ⑧ 中核的

■ 2024年度 ■ 三重県 ■ 難易度 ■■■■■■

● 保健分野

【15】 次の図は，人の骨格と筋を表している。以下の1から4の問いに答え
　　 よ。

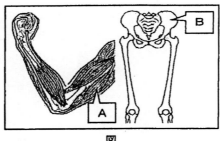

図

1　図中のA，Bにあてはまる骨や筋の名称を答えよ。

2　次の文を読んで，[　①　]から[　④　]にあてはまる最も適切な語
　　句を以下のアからクのうちからをれぞれ一つずつ選び，記号で答え
　　よ。
　　　手のひらの向きを変える際の，前腕のねじりの運動は，[　①　]
　　が[　②　]の周りを回転することで行われる。
　　　また，上腕二頭筋を収縮させると，肘関節は屈曲する。これは，
　　上腕二頭筋が[　③　]だからである。大腿直筋も[　③　]であり，
　　収縮することで膝が[　④　]する。
　　ア　尺骨　　　イ　伸展　　　ウ　頸骨　　　エ　腓骨　　　オ　屈曲
　　カ　橈骨　　　キ　起始　　　ク　多関節筋

3　筋力トレーニングのうち，ダンベルカールのように，一定の大き
　　さの負荷を動かして行うトレーニングを何というか答えよ。

4　猫背の状態について，「骨盤」という語句を使い説明せよ。

┃ 2024年度 ┃ 栃木県 ┃ 難易度 ▰▰▰▱

解答・解説

【1】 ① ウ ② イ ③ ア

○**解説**○ 熱中症はその重症度に従いⅠ～Ⅲ度に分類されており，Ⅰ度，Ⅱ度，Ⅲ度の順に症状が重くなる。各重症度において，Ⅰ度はめまい・失神・筋肉痛・筋肉の硬直，Ⅱ度は頭痛・気分の不快・吐き気・嘔吐・倦怠感・虚脱感，Ⅲ度は意識障害・痙攣・手足の運動障害，高体温の症状が現れる。なお，熱失神は，炎天下にじっとしていたり，立ち上がったりした時，運動後等に起こるめまいや失神などの症状である。涼しい場所で足を高くして寝かせたり，水分補給や身体の冷却をしたりすることで通常はすぐに回復する。

【2】 1 ① 2 ② 1 ③ 1 ④ 2 ⑤ 3 2 (1) × (2) ○ 3 WBGT

○**解説**○ 1 ①・②・③ 出題の「学校部活動及び新たな地域クラブ活動の在り方に関する総合的なガイドライン」には，スポーツ医・科学の見地からは，トレーニングの効果を得るには，適切な休養が必要であり，過度な練習はスポーツ障害等のリスクを高め，必ずしも体力・運動能力の向上にはつながらないと示されている。また，「休養日を少なくとも1週間に1～2日設けること，さらに，週当たりの活動時間における上限は16時間未満とすることが望ましい」とする「スポーツ医・科学の観点からのジュニア期におけるスポーツ活動時間について」(平成29年12月18日，公益財団法人日本体育協会)からの引用文が紹介されている。 ④・⑤ 1日の活動時間は，長時間にわたり練習を行うことよりも，2時間程度の短時間に集中して効率よく無駄のない練習が求められている。長時間の練習は，集中力が欠如して練習の質が低下したり，適切な休養を確保できずに身体に負担がかかったりして怪我を誘発しやすい。 2 (1) 学校の管理下における熱中症事故は，ほとんどが体育・スポーツ活動によるものだが，運動部活動以外の部活動や，屋内での授業中，登下校中においても発生しているので，誤り。暑くなり始めや急に暑くなる日等の体がまだ暑さに慣れて

いない時期，それほど高くない気温(25〜30℃)でも湿度等その他の条件により発生している。 (2)は正しい。 　3　暑さ指数(WBGT：Wet Bulb Globe Temperature)とは，熱中症予防を目的に1954年にアメリカで提案された指標のことで，「湿球黒球温度」と訳される。人体が外気と熱のやりとりをする熱バランスに影響を与える気温，湿度，輻射熱(地面や建物，身体から出る熱)の3つに着目し，乾球温度，湿球温度，黒球温度の値を使って計算される。

【3】① 　発達段階　　② 　指導計画　　③ 　既往症　　④ 　意識障害
⑤ 　脳神経外科　　⑥ 　教職員

○解説○ 安全管理については，実際の指導で大切なことなので十分な理解が必要である。発熱や脱水等は運動能力を低下させる原因となるため，身のこなしが悪くなると衝突等を回避できず，頭部打撃をうける危険が高まる。頭頸部外傷事故事例には，人との接触だけでなく，施設・設備・用具等との衝突もある。正しい設置はもとより，十分な活動スペースがあるか等環境面での配慮も予防につながる。熱中症予防に関する問題や応急処置についての問題も頻出である。必ず理解しておくこと。

【4】問1　(1)　① 　まぶた　　② 　全身(目以外)　　(2)　経過観察…A 早急に眼科を受診…B, C, D, E, F　　問2　痛み　　問3　スポーツ用保護眼鏡，ゴーグル，フェイスマスク　から1つ

○解説○ (1)　問1　最も注意しなければならない症状は，ア：まぶたを開くことができるか，イ：見え方は変わったか，ウ：全身症状はあるか，の3つである。　問2　痛みの強さで傷害の程度は判断できず，症状は受傷後すぐに現れるとは限らない。　問3　ボール・バット等や他者との接触による衝撃から眼を保護するには，スポーツ用保護眼鏡やフェイスマスクを使用し，適切な視力でプレーすることが大切である。野球の打撃練習では，ファールチップが顔面に衝突するまでの時間は打者がボールを認識できる時間よりも短いことから，打者は飛んでくるボールを避けることができない。したがって，至近距離からボールや他者の身体によって眼が傷害を受ける可能性の高い競技では，

スポーツ用保護眼鏡やフェイスマスクを使用して，眼を直接保護する
必要がある。また，視力が低下するとボールや周囲の状況をしっかり
と把握できないので，事故に巻き込まれる可能性があることから適切
な視力矯正が必要である。

【5】 ① オ　② テ　③ ツ　④ ソ　⑤ チ　⑥ エ
　　 ⑦ セ　⑧ キ　⑨ ス　⑩ ケ　⑪ ア　⑫ ナ
　　 ⑬ ノ

○**解説**○ 熱中症は，気温や湿度が高い環境下で体内の水分や塩分のバラ
ンスが崩れたり，体温や循環の調節機能が乱れたりすることによって
生じる障害の総称である。程度によって分類されている症状について，
熱失神は，炎天下でじっと立っていたり，立ち上がったりしたときや，
運動して汗をかいたときに，皮膚血管の拡張と下肢への血液貯留によ
り，一時的に脳への血流が減少することで起こる。主な症状は，めま
いや失神などである。熱けいれんは，大量の汗をかいて塩分が失われ
ている状態で，水(あるいは塩分の少ない水)を補給することにより，
血液中の塩分濃度がさらに低下して起こる。主な症状は，痛みをとも
なう四肢の筋肉や腹筋などのけいれんである。熱疲労は，発汗による
脱水と皮膚血管の拡張が原因で，循環不全に陥った状態を指す。熱疲
労のおもな症状は，脱力感・倦怠感・吐き気・頭痛である。症状が重
くない場合は，スポーツドリンクなどで速やかに水分と塩分を補給す
る。熱射病は，体温が40度以上になるほど過度に上昇し，脳の機能に
異常が出たり，体温調節機能が働かなくなったりする状態である。応
答が鈍く，普段と異なる言動，全身のけいれんやふらつきなどの症状
がでる。体温が高い状態が続くと，脳だけでなく，肝臓・腎臓・肺・
心臓などの多臓器障害を併発するおそれがあるため，注意しなければ
ならない。

【6】(1)　人的要因…・スピードの出し過ぎ　・睡眠不足　環境要
因…・道路が狭い　・ガードレールの未設置　・悪天候による視
界不良　車両要因…・ブレーキが効かない　・ライトがつかない
(2)　・大雨のときに氾濫しやすい河川　・土砂崩れの恐れのある場

所　　(3)　①　心臓と呼吸が止まってからできる限り早く救命処置を
すれば助かる可能性が高いため，どれだけ早く手当てを開始するかが
生死を大きく左右すること　　②　胸骨圧迫，AED(自動体外式除細動
器)の使用

○**解説**○ (1)　　中学生の自転車事故の原因は，「一時不停止」「安全不確
認」が5割以上を占める。　(2)　ハザードマップとは，一般的に「自
然災害による被害の軽減や防災対策に使用する目的で，被災想定区域
や避難場所・避難経路などの防災関係施設の位置などを表示した地
図」とされている。防災マップ，被害予測図，被害想定図，アボイド
(回避)マップ，リスクマップなどと呼ばれているものもある。

(3)　①　心肺停止から1分以内に救命処置が行われれば95％，3分以内
では75％が救命され，脳障害も避けられる可能性がある。しかし，5
分を経過すると救命率は25％になり，8分を経過すると救命の可能性
は極めて低くなる。　　②　胸骨圧迫は，肘を真っ直ぐに伸ばし，手の
付け根の部分に体重をかけて，傷病者の胸が約5cm沈むように強く圧
迫する。胸骨圧迫のテンポは，1分間に100〜120回で絶え間なく続け
る。AEDは，Automated External Defibrillatorの頭文字をとったもので，
自動体外式除細動器という。小型の器械で，体外に貼った電極のつい
たパッドから自動的に心臓の状態を判断する。もし心室細動という不
整脈を起こしていれば，強い電流を一瞬流して心臓にショックを与え
ることで，心臓の状態を正常に戻す機能を持っている。器械の電源を
入れれば音声が使い方を順に指示してくれるので，誰でもこの器械を
使って救命活動を行うことができる。

【7】(1)　エ　　(2)　ア

○**解説**○ (1)　エ　「口腔内が水で濡れるため，水分補給は必要ない」は
誤りである。水中運動時でも水温が高くなればかなりの汗をかくが，
口腔内が水で濡れるため，のどの渇きを感じにくくなるので，適切な
水分補給を行う必要がある。　(2)　ア　「プールサイドで活動する場合
は，気温のみを考慮する」は誤りである。プールサイドは直射日光を
遮る物体がないので輻射熱が大きく，高温になる。プールサイドで活
動する場合は，気温やWBGT値(暑さ指数)を考慮し，こまめに日陰で

休憩する，プールサイドでの活動時間を短くするなど，活動を工夫する必要がある。

【8】(1) ① D ② B ③ J (2) ① F ② C ③ I ④ L ⑤ A (3) ① A ② C

○**解説**○ (1) 問題文中の数値は蘇生法において重要なのでしっかり記憶しておきたい。 (2) WBGTは「暑さ指数」(湿球黒球温度：Wet Bulb Globe Temperature)のこと。熱中症を予防することを目的として1954年にアメリカで提案された指標である。単位は気温と同じ摂氏度(℃)で示されるが，その値は気温とは異なる。屋内での計算式は「WBGT値＝0.7×湿球温度＋0.3×黒球温度」。たとえば「屋内で気温27℃」「湿度85％(湿球温度28℃)」「無風」であれば「0.7×27℃＋0.3×28℃」でWBGT値は27.3℃になる。 (3) 熱中症とは，暑さによって生じる障害の総称で，熱失神，熱けいれん，熱疲労，熱射病などの病型がある。スポーツ場面で主に問題となるのは「熱疲労」と「熱射病」である。

【9】④

○**解説**○ 性ホルモンは，女性ホルモンのエストロゲンと，男性ホルモンのテストステロンがよく知られている。ともに男女の性分化や生殖機能に関係し，子孫を残すために欠かせない重要なものである。

【10】(1) ① ア 不安症 イ 摂食障害 ウ 生活の質 エ 薬物 オ 運動 カ 休養 キ 自殺 ク 偏見 ② 遺伝に基づく体質 ③ 「悪口が聞こえてくる」といった幻覚や「いつも見張られている」といった妄想などがある ④ ・精神保健福祉センター ・保健所 (2) ・自分では病気であるということに気づきにくいため ・精神疾患に対する偏見から，受診をためらってしまうため

○**解説**○ (1) ① ア 不安症とは，差し迫った出来事に対する恐怖や，将来に対する不安が過剰となり，行動や社会生活に影響を与える状態が，成人の場合は6ヶ月，子どもの場合は4週間続いている状態のことである。 イ 摂食障害とは，食行動の重篤な障害を特徴とする精神

疾患である。極端な食事制限と著しいやせを示す「神経性食欲不振症」と，むちゃ食いと体重増加を防ぐための代償行動を繰り返す「神経性過食症」とに分けられる。いずれもやせ願望や肥満恐怖をもち，自己評価に対する体重・体型の過剰な影響を及ぼすため，心身両面からの専門的治療が必要である。　ウ　生活の質(QOL＝Quality Of Life)とは，その人にとっての「人間らしい生活」「自分らしい生活」を送れるようにすることを目指した医療の考え方を意味する。　②　統合失調症，気分障害(うつ病や双極性障害)，摂食障害，自閉症スペクトラム障害等の精神疾患の発症には，遺伝要因と環境要因の両者が関わっている。精神疾患が発症する際には，その人が持っている生まれながらの体質(遺伝要因)と，生活習慣やストレスなどの影響(環境要因)との両者が複雑に組み合わさって生じていると考えられている。　③　統合失調症は，現実とのつながりの喪失(精神病)，幻覚(通常は幻聴)，妄想(誤った強い思い込み)，異常な思考や行動，感情表現の減少，意欲の低下，精神機能(認知機能)の低下，日常生活(仕事，対人関係，身の回りの管理など)の問題を特徴とする精神障害である。　④　精神保健福祉センターは，心の病気について幅広く相談することのできる支援機関である。医師などの専門家が在籍し，相談や情報提供，デイケアなど幅広い支援を通じて自立や社会復帰を支えている。　(2)　けがや風邪ならば，見た目や症状から一目瞭然であるが，精神疾患はそうではない。不安，落ち込み，意欲低下，疲労，イライラ，怒り，猜疑心などの症状は，病気でなくても誰でも経験するものである。メンタルの不調かなと疑うには，精神疾患についての知識が必要である。身体疾患と同様に，精神疾患があって，身体疾患同様に症状も様々ということを知らなければならない。さらに，精神疾患の可能性を疑うことができたとしても，それが極めて頻度の高い誰にでも起こり得るもので，対処方法・治療方法のあることを知らなければ，戸惑いや恥ずかしさから躊躇して対処が遅れがちとなる。

【11】(1)　A　　(2)　B　　(3)　D
○解説○ (1)　血液は，左心室→動脈→細動脈→毛細血管→細静脈→静脈→右心房→右心室→肺動脈→肺→肺静脈→左心房の順に循環してい

る。心房は心臓の上部，心室は下部にある。　(2)　問題文は月経の定義として重要な内容であるから必ず覚えておこう。　(3)　ネットに公開された情報は完全に削除することが難しく，半永久的にネット上に残ってしまう。これを，身体に入れてしまった入れ墨(タトゥー)を完全に消すことが難しいことにたとえて，「デジタルタトゥー」という。また，SNS上で価値観や環境の似た者同士がフォローし合うと，自分に馴染む情報だけに囲まれるようになる。そして，他と比較することなくその情報が真実だと思い込んでしまう状態が生まれる。これを「エコーチェンバー」と呼ぶ。エコーとは反響，共鳴，チェンバーとは小部屋，空間という意味である。同様の用語として「フィルターバブル」がある。

【12】(1)　①　個人差　②　知的機能　③　情意機能　④　社会性　(2)　第2発育急進期　(3)　下垂体(視床下部，下垂体前葉)　(4)　・発達段階を踏まえること　・学校全体で共通理解を図ること　・保護者の理解を得ること　から2つ

○**解説**○ (1)　①　身体の発育・発達には，骨や筋肉，肺や心臓などの器官が急速に発育し，呼吸器系，循環器系などの機能が発達する時期がある。また，その時期や程度には，人によって個人差がある。②　知的機能は，心の働きのうち，理解する，記憶する，言葉を使う，判断する，推理するなどの力のこと。　③　情意機能は，喜び，悲しみ，不安，怒りなどの感情と，ある目的のために行動しようとする意思を合わせた心の働きのこと。　④　社会性は，心の働きのうち，自主性，協調性，責任感などの，他社とのかかわりにおいて社会生活をしていくために必要な態度や行動の仕方のこと。　(2)　大人になるまでに，身長や体重が急に発育する時期が2度あり，この時期を発育急進期という。思春期は2度目の発育急進期で第2発育急進期という。なお，1度目の発育急進期は乳児の頃である。　(3)　思春期になると脳の視床下部から分泌されるホルモンが下垂体を刺激することによって，下垂体から性腺刺激ホルモンが分泌されるようになり，その働きにより生殖器(女子は卵巣，男子は精巣)が発達する。　(4)　中学校学習指導要領解説保健体育編では，「なお，指導に当たっては，発達の

● 保健分野

段階を踏まえること，学校全体で共通理解を図ること，保護者の理解を得ることなどに配慮することが大切である」と示されている。

【13】(1)　ア，ウ，エ
○解説○　イ　「10人に1人」が誤りで，正しくは「5人に1人」である。うつ病や躁うつ病などの気分障害と，不安症をあわせた精神疾患の生涯有病率は20％である。　オ　「誰にも相談をせず，休養を取る必要もない」は誤りである。精神疾患の初期で症状が軽いうちは，誰かに相談する，休養を十分にとる，環境の調整を図る，などの対応により，早期の回復が期待できる。

【14】1　1　⑦　　2　④　　3　③　　4　⓪　　5　②　　6　⑨
　　　2　⑧　　3　1　③　　2　⑦　　3　②　　4　⑤　　4　1　⑤
　　　2　⑦　　3　①　　4　④　　5　②
○解説○　1　手順4については試験に頻出のため，空欄以外の部分もしっかり把握しておきたい。また，AEDは躊躇なく使用することが推奨されている(たとえ救助できなくても行為者に法的責任は発生しない)。
2　ア　黄体ホルモンは黄体から分泌され，体温を上昇させる。
イ　卵胞ホルモンは卵胞から分泌され，子宮内膜を肥厚させる。
ウ　アドレナリンは副腎髄質から分泌され，心拍数，血糖値ともに上昇させる。　3　ハンドボール投げは，投球は地面に描かれた円内から行うこと。投げ方は自由であるが，下投げをしないように指導する(ただし，強制ではない)。　4　スポーツ基本計画は，スポーツ基本法の理念を具体化し，今後の我が国のスポーツ施策の具体的な方向性を示すものとして，国，地方公共団体及びスポーツ団体等の関係者が一体となって施策を推進していくための重要な指針として位置付けられるものである。2022年4月よりスタートした今回のものは第3期目で，令和8年まで運用される(計画は5年おきに改定される)。

【15】1　A　上腕三頭筋　　B　寛骨　　2　①　カ　　②　ア
　　　③　ク　　④　イ　　3　アイソトニックトレーニング　　4　骨盤が後傾し，腰椎が丸みを帯びた状態である。

○**解説**○　1　上腕三頭筋とは，上腕の後ろ側についている大きな筋肉である。腕を伸ばしたり，物を押したりするのに使う。寛骨とは，腰の部分で背骨と下肢とを連結する骨であり，腸骨・坐骨・恥骨の三つが癒合したものである。　　2　上腕二頭筋，大腿直筋，腓腹筋以外にも，多関節筋は多くある。腿裏にあるハムストリングスという筋肉も，その一つである。ハムストリングスは，半腱様筋，半膜様筋，大腿二頭筋を総称した名称で，股関節と膝関節をまたぐ多関節筋である。

3　アイソトニックトレーニングには，等張性短縮運動と等張性伸長運動の二種類がある。等張性短縮運動は，筋肉が収縮しながら力を発揮する運動で，ダンベルカールやベンチプレスが代表例である。等張性伸長運動は，筋肉が伸展しながら力を発揮する運動で，ダンベルフライやスクワットが代表例である。　　4　猫背は，背中が丸くなり，胸郭が下がった状態である。肺が膨らみにくくなって呼吸がしづらくなったり，消化器系が圧迫されて食欲低下を引き起こしたりする可能性がある。猫背をそのままにしておくと，バレーボールやテニスのサーブで身体を反らすことができず，パフォーマンスが低下することがある。

実施問題

【1】 がんの予防や治療に関する次の文章を読んで，以下の問いに答えなさい。

　　日本人の死因で最も多い「がん」に関するさまざまな対策を施すため，わが国では A 2006年に制定された法律によって， B がんの治療法， C 予防法，早期発見の対策などを計画的かつ効率的に推進していくことが定められています。また，その法律ではがんの治療に対する基本理念とともに， D 国や地方公共団体，医師，患者が負うべき責務などが示されています。

1　下線部Aの法律名を書きなさい。

2　下線部Bについて，4大治療法とされているものは，「手術療法」，「化学療法」，「免疫療法」以外にあと1つ何があるか書きなさい。

3　下線部Cについて，がんになるリスク軽減のための「5つの健康習慣」とされているものは，「節酒」，「減塩」，「適切な体重管理」以外にあと2つ何があるか書きなさい。

4　下線部Dについて，厚生労働省が定める指針に基づくがん検診の内容を示す次の表に関して，表中の（　①　）～（　⑤　）に入る適切な語句や数字を書きなさい。

表

種類	検査項目	対象	受診間隔
胃がん検診	問診に加え，胃部エックス線検査又は胃内視鏡検査のいずれか	（　①　）歳以上 ※当分の間，胃部エックス線検査については（　②　）歳以上に対し実施可	2年に1回 ※当分の間，胃部エックス線検査については年1回実施可
子宮頸がん検診	問診，視診，子宮頸部の細胞診及び内診	（　③　）歳以上	2年に1回
肺がん検診	質問（問診），胸部エックス線検査及び喀痰細胞診	40歳以上	年1回
乳がん検診	問診及び乳房エックス線検査（（　④　））※視診，触診は推奨しない	40歳以上	2年に1回
（　⑤　）検診	問診及び便潜血検査	40歳以上	年1回

┃ 2024年度 ┃ 兵庫県 ┃ 難易度 ■■■□□

【2】 次の文章は，がんの治療と回復について説明したものである。次の（　A　）～（　J　）に適する語句を答えなさい。

　　がんのおもな治療法には，がんを手術によって切り取る手術療法，抗がん剤などの医薬品を服用したり，点滴・注射したりする（　A　）療

法,（　B　）をがん細胞に照射させる（　B　）療法があります。これらの治療法をがんの種類や症状などにあわせて, 単独であるいは複数を組みあわせておこなう（　C　）が推奨されています。それ以外にも, 炭素イオンを加速器で高速の約70％まで加速させ, がん病巣を狙って照射する（　D　）治療や私たちの体の免疫を強めたり, 免疫機能へのブレーキを解除したりすることにより, がん細胞を排除するがん免疫療法などの最新治療法があり, 研究が進められています。

　患者が, 医師から十分な説明を受け, 自分の病気・検査結果・治療法などについて理解した上で, どのような方法を用いるか選択する（　E　）が重要です。治療法の選択については, 医師によって異なることもあるため, 別の医師に意見を求める（　F　）もできます。

　がん治療においては, 患者やその家族1人ひとりの体や心などのさまざまなつらさをやわらげ, より豊かな人生を送ることができるように支えていく（　G　）が大切です。

　わが国では,（　H　）にもとづく「がん対策推進基本計画」によって, 社会的対策が総合的かつ計画的に進められています。たとえば, がんの予防方法の普及啓発だけではなく, がん検診などを利用した早期発見・早期治療の取り組み, がん診療をおこなうがん診療連携拠点病院の整備, 遺伝子情報を活用した（　I　）の推進などです。一般的に15歳未満を指す小児, 15歳から39歳くらいの思春期・若年成人を指す（　J　）世代の患者に対応した小児がん拠点病院の整備など, 患者個人に最適化されたがん医療の実現も目指されています。

2024年度 ▎佐賀県 ▎難易度

【3】がんに関する次の文を読み, 各問いに答えなさい。

　がんが国民の生命及び健康にとって重大な問題となっている現状にかんがみ, がん対策の一層の充実を図るため, がん対策に関し, 基本理念等を定めた「がん対策基本法」にもとづく,（　①　）によって総合的かつ計画的に推進している。

　人間の体は, 細胞からできており, 正常な細胞の（　②　）に傷がついてできる異常な細胞のかたまりの中で（　③　）のものを「がん」という。がんは, 進行すればするほど治りにくくなる病気である。がん

の種類によって差はあるが，多くのがんは早期に発見すれば約9割が治る。

　がん治療には<u>三つの柱</u>があり，がんの種類と進行度などを踏まえて，これらを単独あるいは組み合わせて行うことが，標準的な治療法として推奨されている。また，がんの治療では，病気を治すことだけではなく，がん患者の「（　④　）」をできるだけ維持・向上することも大切にする方針が採られるようになってきている。

(1)　文中の（　①　）～（　④　）に入る語句を答えなさい。

(2)　下線部の「三つの柱」のうちの二つは手術療法と化学療法(抗がん剤など)である。もう一つを答えなさい。

‖ 2024年度 ‖ 長野県 ‖ 難易度 ■■■□□

【4】空欄にあてはまるものを【解答群】から一つ選び，記号で答えよ。

　感染症には，感染から発病までの期間(このことを[　1　]という)が短いもの，長いものがあり，感染しても発病しない場合(このことを[　2　]という)もある。また，感染する力(このことを[　3　]という)や発病する割合にも違いがある。

【解答群】

①　感染力　　　②　感染経路　　　③　不顕性感染　　④　無感染

⑤　潜伏期間　　⑥　無症状期間　　⑦　感染源　　　　⑧　有症状

‖ 2024年度 ‖ 愛知県 ‖ 難易度 ■■■□□

【5】次の(1)，(2)の問いに答えよ。

(1)　次の文の（　①　）～（　④　）に当てはまる語句を，以下のア～クからそれぞれ一つ選び，記号で記せ。なお，同じ番号には同じ記号が入るものとする。

　事故は単独の原因で発生するのではなく，複数の様々な要因が関係して発生している。その原因は，大きく（　①　）要因と環境要因に分けることができる。（　①　）要因としては，知識不足などによって周りの状況を把握できないことや，不注意や先入観などによる判断の誤りが挙げられる。

　自動車の運転席からの（　②　）などの車両特性をよく理解してお

くことは，交通事故の危険(③)・危険(④)の基礎となる。

　ア　死角　　イ　直面　　ウ　目視　　エ　人的　　オ　予測
　カ　物的　　キ　回避　　ク　実測

(2)　交通事故や交通違反をした運転者は，次の三つの責任を負うことになる。(a)～(c)に当てはまる語句をそれぞれ記せ。

　　他人を死傷させたり，飲酒運転や速度超過などの危険運転をしたりすると，罰金刑や懲役刑が科される(a)上の責任。

　　他人を死傷させたり，ものを壊したりすることに対して，損害を賠償する(b)上の責任。

　　違反や事故の種類，過失の程度に応じて，反則点数が科せられ，点数が一定以上になると免許停止・取り消しの処分を受ける(c)上の責任。

2024年度 ▎山梨県 ▎難易度 ■■■□□

【6】事故防止及び安全管理に関する次の各問に答えよ。

〔問1〕　事故防止に関する記述として適切なものは，次の1～4のうちのどれか。

1　心臓検診について，新入生の場合は，まず，保健調査票等で既往症のチェックを行い，心臓検診の結果が出るまでは，途中で中断しにくい強度の強い運動を行い，生徒の様子を観察する。

2　WBGT33℃以上で熱中症警戒アラートが発表された地域の場合，熱中症の危険が高いので，激しい運動では，30分おきくらいに休息をとる。

3　サッカーゴールは，固定されていない場合，ぶら下がることや強風によって容易に転倒してしまうことから，ぶら下がり，懸垂などの危険を生徒に伝え，危険行為を禁止していく。

4　食物アレルギーの既往者は，アレルゲンとなる食物に関して，普段は食べても反応が出ない量を摂取した後に，運動が刺激となってアナフィラキシー反応が起きたときは，解熱剤や鎮痛剤を服用する。

〔問2〕　水泳の安全管理に関する記述として適切なものは，次の1～4のうちのどれか。

1　排水口の吸い込み事故を防止するため，排水口が多数あり，かつ1つの排水口にかかる吸水圧が弱く，構造上吸い込み・吸い付き事故発生の危険性がない施設においても，吸い込み防止金具等を設置するなど，必ず二重構造の安全対策を施す。

2　学校におけるプール水の日常点検の検査項目は，遊離残留塩素，pH値及び透明度で，プール使用前にプール水の水質が基準に適合していれば，プール使用日はどの項目も毎時間点検する必要はない。

3　水中においては，苦しんだり慌てたりするようなパニック症状を示すことなく，一時的な平衡機能の失調や瞬間的な呼吸停止，また意識消失等を発症する場合があるので，泳力があるからといっても油断することなく，常に様子を観察する。

4　プールにおいて児童生徒に着衣したままでの水泳を体験させることは，事故防止の観点から有意義なことであり，指導に当たっては，クロールや背泳ぎで，浮力を利用しながら速く泳ぐことを理解させる。

▌2024年度 ▌東京都 ▌難易度 ■■■■□

【7】健康な生活と疾病の予防について，次の(1)～(5)の問いに答えよ。

(1)　学校のアレルギー疾患に対する取り組みガイドライン《令和元年度改訂》(令和2年3月公益財団法人日本学校保健会)の「食物アレルギー・アナフィラキシー」に示されている内容として，正しいものを次のA～Dから一つ選び，その記号を書け。

A　食物アレルギーの最も典型的な病型は，口腔アレルギー症候群である。

B　特定の食物を食べた後に運動することによってアナフィラキシーが誘発される病型はない。

C　アレルギー反応により，じんましんなどの皮膚症状，腹痛や嘔吐などの消化器症状，ゼーゼー，呼吸困難などの呼吸器症状が，複数同時にかつ急激に出現した状態をアナフィラキシーという。

D　アナフィラキシーやアナフィラキシーショックなどの重篤な症状には，アドレナリン自己注射薬を注射するよりも内服薬をすぐ

に服用する必要がある。

(2) ICTの活用に当たっての児童生徒の目の健康に関する配慮事項として誤っているものを次のA〜Dから一つ選び，その記号を書け。

A 端末を使用する際に良い姿勢を保ち，机と椅子の高さを正しく合わせて，目と端末の画面との距離を30cm以上離すようにすること。

B 睡眠前に強い光を浴びると，入眠作用があるホルモン「オキシトシン」の分泌が阻害され寝つきが悪くなることから，就寝1時間前からはICT機器の利用を控えるようにすること。

C 児童生徒が自らの健康について自覚を持ち，時間を決めてできるだけ遠くを見て目を休めたり，目が乾かないよう意識的に時々まばたきをしたりするなど，リテラシーとして習得するようにすること。

D 長時間にわたって継続して画面を見ないよう，30分に1回は，20秒以上，画面から目を離して，遠くを見るなどして目を休めること。

(3) 次の文は，厚生労働省e−ヘルスネットに示されたメタボリックシンドロームについての説明の一部である。文中の(　　)に当てはまる言葉を書け。

> メタボリックシンドロームとは，内臓肥満に高血圧・(　　)・脂質代謝異常が組み合わさることにより，心臓病や脳卒中などになりやすい病態を指す。単に腹囲が大きいだけでは，メタボリックシンドロームに当てはまらない。

(4) 次の文は，「生きる力」を育む学校での歯・口の健康づくり　令和元年度改訂(令和2年2月公益財団法人日本学校保健会)第2章　歯・口の健康づくりの理論と基礎知識　第3節「むし歯の原因とその予防」に示されている内容の一部である。文中の(　ア　)，(　イ　)に当てはまる最も適切な言葉を以下のA〜Fから一つずつ選び，その記号を書け。

○ むし歯は，細菌(歯垢)，歯(溝の形，歯質など)，糖類(細菌が酸をつくるもと)の要因と時間の経過が関わり合って発生する。特に(ア)と呼ばれる細菌が主因となって発生する。

○ 糖類のなかでも(イ)は，「歯垢をつくる材料になる」，「細菌が酸をつくる材料になる」という点で，むし歯を起こす主要な因子となっている。

A オリゴ糖　　　　B 黄色ブドウ球菌　　　C 緑膿菌
D ミュータンス菌　　E 砂糖(ショ糖)　　　　F ステビア

(5) 次の文は，医薬品について説明したものである。文中の(ア)〜(ウ)に当てはまる言葉の組合せとして最も適切なものを以下のA〜Dから一つ選び，その記号を書け。

○ 医薬品には，一般の薬局・薬店で販売されている「一般用医薬品」と「要指導医薬品」，医療機関で診察を受けたときに(ア)から処方される「医療用医薬品」がある。さらに，「医療用医薬品」には，新しく開発・販売される「先発医薬品(新薬)」と，先発医薬品の特許が切れた後に先発医薬品と同じ有効成分を同量含み，他の医薬品メーカーにより製造・販売される「後発医薬品」があり，後者を「(イ)医薬品」という。

○ (ウ)は，自分が使用した薬の名前や量，使用方法，使用時期などを継時的に記録しておくものであり，医師や薬剤師に見せると適切なアドバイスを受けることができる。

	ア	イ	ウ
A	医師	ジェネリック	お薬手帳
B	薬剤師	ジェネリック	処方箋
C	薬剤師	OTC	お薬手帳
D	医師	OTC	処方箋

▌2024年度 ▌愛媛県 ▌難易度 ▌■■■■■

【8】健康・安全に関する内容について，次の問いに答えなさい。

(1) (a)〜(d)に当てはまる言葉を選び，番号を書きなさい。

ア　1986年，WHOがカナダのオタワで開催した会議の中で示された考え方は（　a　）といい，「人々が自らの健康をコントロールし，改善できるようにするプロセスである」と定義されている。

イ　自主性，主体性，協調性，責任感など，社会生活をしていくために必要な技能や態度，能力や行動の方法を（　b　）という。

ウ　心臓がけいれんしたり，停止したりして血液を送り出せない場合に，心臓のポンプ機能を代行するために，体の外から心臓を圧迫することによって，血液の流れを人工的に作り出す方法を（　c　）という。

エ　気温の低い高地や海で遭難すると，体温が著しく低下し，体の中心部の温度が下がることによって起こる（　d　）になる危険が高まる。体の中心部の温度が35℃以下になった状態である。

① 凍傷　　　　　　② 凍死　　　　　③ 健康日本21
④ 社会性　　　　　⑤ 情意機能　　　⑥ 人工呼吸
⑦ 保健・医療制度　⑧ 自立　　　　　⑨ AED
⑩ 胸骨圧迫　　　　⑪ 適応機制　　　⑫ 低体温症
⑬ ヘルスプロモーション

(2)　「感染症の予防」について，次の問いに答えなさい。

ア　皮膚や粘膜にできた傷を通して侵入してきた病原体などから，体を守る仕組みを何というか書きなさい。

イ　おもな感染経路の説明文について，（　A　），（　B　）に当てはまる言葉を漢字で書きなさい。

（ア）咳やくしゃみで飛び散った病原体を含む唾液が口や鼻などの粘膜から入ることを（　A　）感染という。

（イ）飛沫の水分が蒸発して飛沫核になり，空気中に広くただよったものを吸い込むことを（　B　）感染という。

ウ　感染症を予防するための三原則について，（　C　），（　D　）に当てはまる言葉を書きなさい。

（ア）（　C　）をなくす　　（イ）感染経路を断ち切る

（ウ）（　D　）を高める

(3)　「身体機能の発達」について，以下の問いに答えなさい。

> 大人になるまでに，身長や体重が急に発育する時期が2度ある。この時期を(　E　)という。第2(　E　)は時期や程度には個人差がある。身長や体重が発育するのは，骨や筋肉，肺，心臓などの大部分の器官が発育するのに伴い，筋力が高まり，呼吸器・循環器の機能も発達する。

ア　(　E　)に当てはまる言葉を書きなさい。

イ　次に示すグラフは，スキャモンによってつくられた各器官の発育の仕方について，出生後20歳までの発育量を100とした比率で表したものである。(　F　)，(　G　)に当てはまる言葉を書きなさい。

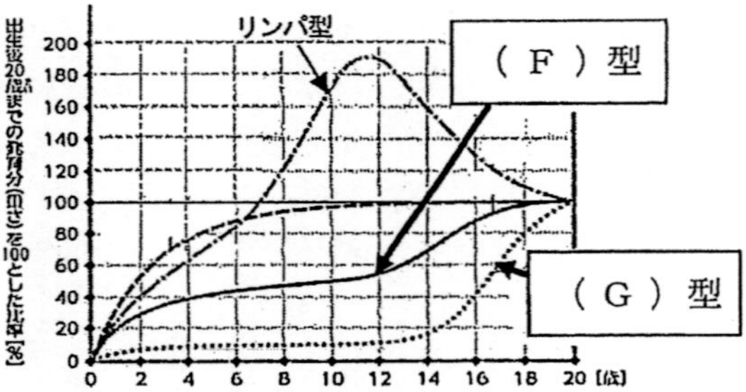

出典：「新しい保健体育」東京書籍

ウ　呼吸器の発達について，(　H　)，(　I　)に当てはまる言葉を書きなさい。

吸い込んだ空気の中の酸素と，身体の中でできた二酸化炭素を交換することを(　H　)といい，肺全体が大きくなることは(　I　)が増えることで起こる。

▌2024年度 ▌静岡県・静岡市・浜松市 ▌難易度

【9】次の(1)～(3)に答えなさい。

(1)　かぜなどの日常みられる病気の診察や健康管理などを行ったり，地域における個人や家庭の健康相談・健康管理の役割を担ったりする医療機関を何というか，書きなさい。

(2)　「スポーツ活動中の熱中症予防ガイドブック」(2019年5月改訂日

本スポーツ協会)に示されている内容について，次の①～④の説明が正しいものには○を，誤っているものには×を書きなさい。

---

① 人の体温は，脳に組み込まれたサーモスタットの働きによって，ほぼ37℃になるように調節されている。

② 暑さ寒さに関係する環境因子として気温，湿度，輻射熱，気流の4つがあるが，WBGTは湿球温度，黒球温度と乾球温度の3項目から算出されるため，4因子全てを反映した指標ではない。

③ 学校管理下の熱中症死亡事故(1975年～2017年)において，女子より男子の発生件数が多く，小学校や中学校より高校での発生件数が多い。

④ 学校管理下の熱中症死亡事故(1990年～2017年)の7割は肥満者であり，肥満の人は特に注意しなければならない。

---

(3) 次の文は，「タバコ規制枠組み条約(FCTC)国内実行ガイド日本語版」(日本禁煙学会)に示されているものである。①～④に最も適する語句を以下のア～タから1つずつ選び，その記号を書きなさい。

・ FCTCの目的は「タバコの消費と(①)によってもたらされる健康・社会・環境・経済の破壊から，現在と未来の世代をまもること」である。

・ タバコ包装の少なくとも(②)%，望ましくは50%を占める大きさで主な表示領域に(例えば，包装の表と裏の両方に)政府の承認した数種類の有害警告を交替で表示すること。

・ (③)と値上げは，特に若年者においてタバコ消費を減らす最も有効な手段と広く認められている。第6条は財政的な措置だけではなく保健対策としてタバコ(③)を取り上げることを各締約国に義務付けている。

・ FCTCがその国で発効してから5年以内にタバコ(④)，販売促進とスポンサー活動の包括的禁止を実行する。

ア 10　　　イ 20　　　ウ 30　　　エ 40

● 保健分野

オ	広告	カ	販売店	キ	テレビ	ク	新聞
ケ	分煙	コ	禁煙	サ	法律	シ	増税
ス	受動喫煙	セ	タール	ソ	ニコチン	タ	一酸化炭素

┃ 2024年度 ┃ 青森県 ┃ 難易度 ▆▆▆▆▆

【10】次の文は,『高等学校学習指導要領(平成30年告示)解説　保健体育編　体育編　第1部　保健体育編　第2章　保健体育科の目標及び内容　第2節　各科目の目標及び内容　「保健」　3　内容　(3)　生涯を通じる健康』から抜粋したものである。以下の各問いに答えなさい。

---

(3)　生涯を通じる健康について，自他や社会の課題を発見し，その解決を目指した活動を通して，次の事項を身に付けることができるよう指導する。

　ア　生涯を通じる健康について理解を深めること。

　　(ア)　生涯の各段階における健康

　　　　生涯を通じる健康の保持増進や回復には，生涯の各段階の健康課題に応じた自己の(①)が関わっていること。

　　(イ)　労働と健康

　　　　労働災害の防止には，(②)に起因する傷害や職業病などを踏まえた適切な健康管理及び安全管理をする必要があること。

　イ　生涯を通じる健康に関する情報から課題を発見し，健康に関する原則や概念に着目して解決の方法を(③)し(④)するとともに，それらを(⑤)すること。

---

(1)　上の文中の(①)に当てはまる語句を，次の選択肢から1つ選び，記号で答えなさい。

　ア　健康管理及び環境づくり

　イ　目標設定及び自己管理

　ウ　生活環境及び健康状態

　エ　意思決定及び行動選択

(2)　上の文中の(②)に当てはまる語句を，次の選択肢から1つ選び，

374

　　記号で答えなさい。
　　ア　生活環境の変化
　　イ　健康状態の変化
　　ウ　精神状態の変化
　　エ　労働環境の変化

(3)　上の文中の(　③　)(　④　)(　⑤　)に当てはまる語句として正しい組合せを，次の選択肢から1つ選び，記号で答えなさい。
　　ア　③　設定　　④　管理　　⑤　実現
　　イ　③　選択　　④　実践　　⑤　評価
　　ウ　③　思考　　④　判断　　⑤　表現
　　エ　③　模索　　④　決定　　⑤　履行

┃ 2024年度 ┃ 宮崎県 ┃ 難易度 ■■■□□

【11】保健分野の内容「健康な生活と疾病の予防」について，次の1・2に答えなさい。
1　医薬品には，主作用と副作用があります。薬の副作用に特に注意が必要な人は，どのような人ですか。簡潔に2つ書きなさい。
2　医薬品は，医療用医薬品，要指導医薬品，一般用医薬品の3つに大別されます。要指導医薬品と一般用医薬品の違いについて，生徒に説明することとします。どのような説明をしますか。2つの医薬品を比較して，簡潔に書きなさい。

┃ 2024年度 ┃ 広島県・広島市 ┃ 難易度 ■■■□□

【12】生涯を通じる健康について，次の(1)～(3)の問いに答えなさい。
(1)　次の文は，思春期と健康について述べたものである。[　ア　]・[　イ　]に当てはまることばを書きなさい。

> 　初経を迎えてから数年間は，排卵が起きなかったり，起きても不規則だったりすることが少なくありません。思春期後半に向かうにつれて，排卵と[　ア　]が一定のリズムをもつようになり，多くの人は性周期が安定しますが，[　ア　]時には心身の不調をともなうこともあります。性周期は[　イ　]の変化で知ることができます。

(2) 次の文は，避妊法と人工妊娠中絶について述べたものである。[　ア　]・[　イ　]に当てはまることばを書きなさい。

> 　コンドームが破損して避妊に失敗したり，意思に反して性交を強要されたりした場合など，望まない妊娠を避けるために[　ア　]法という手段が用いられることがあります。一般的には，性交後72時間以内に決められた用量の女性ホルモン剤を服用する方法が用いられます。また，120時間以内に子宮内に[　イ　]を入れる方法もあります。

(3) 次の文は，結婚生活と健康について述べたものである。①・②の問いに答えなさい。

> 　夫婦関係が良好であれば，お互いの精神的健康度は高く，仕事などにもよい影響があることがわかっている。良好な夫婦関係を築き，保っていくためには，お互いを尊重しつつ自分の主張もするコミュニケーションをとることが大切である。一方，夫婦関係が悪化した場合，精神的健康に悪影響を与える。とりわけA. 家庭内暴力の被害者は，けがやうつ病など心身ともに不健康リスクが高い。
>
> 　親子関係，特に子育てスタイルが，子どもの健康，発達に大きな影響を与える。親が子どもの要求に敏感に反応し，きちんと応えることによって，B. 子どもが親のことを「自分を守ってくれる安全基地だ」と捉える気持ちを育むことは，将来，子どもが人間関係を築く上で非常に重要になる。

① 下線部Aの別の呼び方を頭文字をとってアルファベット2文字(大文字)で書きなさい。

② 下線部Bのことを何というか，カタカナで書きなさい。

∥ 2024年度 ∥ 福島県 ∥ 難易度 ▮▮▮▮▮

【13】次の文章は，「中学校学習指導要領解説　保健体育編　第2章　保健体育科の目標及び内容　第2節　各分野の目標及び内容〔保健分野〕　2　内容　(1)　健康な生活と疾病の予防　ア　知識　(カ)　健康を守る

社会の取組」の抜粋である。文章中の(a)，(b)にあてはまる最も適当な語句を，以下の①〜④のうちからそれぞれ一つずつ選びなさい。

> (カ) 健康を守る社会の取組
>
> 　健康の保持増進や疾病の予防には，健康的な生活行動など個人が行う取組とともに，社会の取組が有効であることを理解できるようにする。社会の取組としては，(a)には保健所，保健センターなどがあり，個人の取組として各機関が持つ機能を有効に利用する必要があることを理解できるようにする。その際，住民の健康診断や健康相談などを適宜取り上げ，健康増進や疾病予防についての(a)の保健活動についても理解できるようにする。
>
> 　また，心身の状態が不調である場合は，できるだけ早く医療機関で受診することが重要であることを理解できるようにする。さらに，医薬品には，主作用と(b)があること及び，使用回数，使用時間，使用量などの使用法があり，正しく使用する必要があることについて理解できるようにする。

【解答群】
a　①　地域　　　②　政令指定都市　　③　都市部
　　④　総合病院
b　①　相互作用　②　副反応　　　　　③　副作用
　　④　拒否反応

‖ 2024年度 ‖ 千葉県・千葉市 ‖ 難易度 ■■■□□□

【14】代表的な生活習慣病について述べた文として適切でないものを，次の①〜⑥の中から一つ選べ。
①　虚血性心疾患は，心臓病の代表的な例である。
②　脳卒中は，正式には脳血管疾患という。
③　脂質異常症とは，血液中の脂質のうち，中性脂肪やLDLコレステロールが過剰な状態，あるいはHDLコレステロールが少ない状態をいう。

377

保健分野

④　糖尿病とは，インスリンというホルモンの作用不足により，血液中の糖の濃度が高くなってしまう病気である。

⑤　高血圧症は，症状が進むと血管壁の弾力性が失われ，血管壁にHDLコレステロールなどが沈着すると動脈硬化が進む。

⑥　COPDは，慢性閉塞性肺疾患とも呼ばれる。

┃ 2024年度 ┃ 岐阜県 ┃ 難易度 ┃■■■□□

【15】次の文章は，「中学校学習指導要領(平成29年告示)解説　保健体育編(平成29年7月　文部科学省)　第2章　保健体育科の目標及び内容　第2節　各分野の目標及び内容　〔保健分野〕　2　内容　(1)　健康な生活と疾病の予防　ア　知識　(イ)　生活習慣と健康」の一部である。(ア)～(オ)に当てはまる語句の組合せとして正しいものを，以下の①～⑥の中から一つ選べ。

---

⑦　運動と健康

　運動には，身体の各器官の機能を刺激し，その(ア)を促すとともに，気分転換が図られるなど，(イ)的にもよい効果があることを理解できるようにする。また，健康を保持増進するためには，年齢や生活(ウ)等に応じて運動を続けることが必要であることを理解できるようにする。

⑦　食生活と健康

　食事には，健康な身体をつくるとともに，運動などによって消費されたエネルギーを(エ)する役割があることを理解できるようにする。

(中略)

⑦　休養及び睡眠と健康

　休養及び睡眠は，心身の疲労を(オ)するために必要であること，健康を保持増進するためには，年齢や生活環境等に応じて休養及び睡眠をとる必要があることを理解できるようにする。

---

① ア　発育　　イ　精神　　ウ　環境　　エ　補給　　オ　改善

② ア　発育　　イ　肉体　　ウ　習慣　　エ　補充　　オ　回復

③	ア	発育	イ	肉体	ウ	習慣	エ	補充	オ	改善
④	ア	発達	イ	精神	ウ	環境	エ	補給	オ	回復
⑤	ア	発達	イ	精神	ウ	習慣	エ	補給	オ	改善
⑥	ア	発達	イ	肉体	ウ	環境	エ	補充	オ	回復

▌ 2024年度 ▌ 岐阜県 ▌ 難易度 ■■□□□

【16】次の1，2の問いに答えよ。

1 日本の一般廃棄物に関する次の問いに答えよ。

(1) A市の家庭から出される可燃ごみは，約4割が生ごみである。このことによる課題を，一般廃棄物の処理方法のうち，最も多くの割合を占める方法に触れながら述べよ。

(2) (1)を踏まえ，その課題解決に向けて個人が取り組める対策について，循環型社会の視点から述べよ。

2 次の【Ⅰ】，【Ⅱ】は，紙巻たばこのパッケージの注意文言表示について表している。2005年から【Ⅰ】が適用されていたが，見直しが図られ，2020年から【Ⅱ】が全面適用されている。【Ⅰ】，【Ⅱ】を読んで，あとの(1)，(2)の問いに答えよ。

【Ⅰ】 A，Bから1種類ずつをたばこ製品の包装の主要な2面へそれぞれ30％以上の面積を使って表示する。

A	喫煙は，あなたにとって肺がんの原因の一つとなります。疫学的な推計によると，喫煙者は肺がんにより死亡する危険性が非喫煙者に比べて約2倍から4倍高くなります。
	喫煙は，あなたにとって心筋梗塞の危険性を高めます。疫学的な推計によると，喫煙者は心筋梗塞により死亡する危険性が非喫煙者に比べて約1.7倍高くなります。
	喫煙は，あなたにとって脳卒中の危険性を高めます。疫学的な推計によると，喫煙者は脳卒中により死亡する危険性が非喫煙者に比べて約1.7倍高くなります。
	喫煙は，あなたにとって肺気腫を悪化させる危険性を高めます。
B	妊娠中の喫煙は，胎児の発育障害や早産の原因の一つとなります。疫学的な推計によると，たばこを吸う妊婦は，吸わない妊婦に比べ，低出生体重の危険性が約2倍，早産の危険性が約3倍高くなります。
	たばこの煙は，あなたの周りの人，特に乳幼児，子供，お年寄りなどの健康に悪影響を及ぼします。喫煙の際には，周りの人の迷惑にならないように注意しましょう。
	人により程度は異なりますが，ニコチンにより喫煙への依存が生じます。
	未成年者の喫煙は，健康に対する悪影響やたばこへの依存をより強めます。周りの人から勧められても決して吸ってはいけません。

【Ⅱ】 表示面積を主要面の50％以上とする。Aに関する注意文言を表面に，B及びCに関する注意文言を裏面にそれぞれ一つずつ表示する。

A	たばこの煙は，周りの人の健康に悪影響を及ぼします。健康増進法で禁じられている場所では喫煙できません。
	望まない受動喫煙が生じないよう，屋外や家庭でも周囲の状況に配慮することが，健康増進法上，義務付けられています。
	たばこの煙は，あなただけでなく，周りの人が肺がん，心筋梗塞など虚血性心疾患，脳卒中になる危険性も高めます。

	たばこの煙は，子供の健康にも悪影響を及ぼします。たばこの誤飲を防ぐため，乳幼児の手が届かない所に保管・廃棄を。
	妊娠中の喫煙は，胎児の発育不全のほか，早産や出生体重の減少，乳幼児突然死症候群の危険性を高めます。
	喫煙は，様々な疾病になる危険性を高め，あなたの健康寿命を短くするおそれがあります。ニコチンには依存性があります。
B	喫煙は，肺がんをはじめ，あなたが様々ながんになる危険性を高めます。
	喫煙は，動脈硬化や血栓形成傾向を強め，あなたが心筋梗塞や虚血性心疾患や脳卒中になる危険性を高めます。
	喫煙は，あなたが肺気腫など慢性閉塞性肺疾患（COPD）になり，呼吸困難となる危険性を高めます。
	喫煙は，あなたが歯周病になる危険性を高めます。
C	20歳未満の者の喫煙は，法律で禁じられています。

「注意文言表示規制・広告規制の見直し等について(平成30年12月28日　財政制度等審議会)」より作成

(1) 次の文は，注意文言表示規制の見直しの内容について，【Ⅰ】と【Ⅱ】を比較して述べたものである。[①]，[②]にあてはまる適切な文を答えよ。

　[①]に関する注意文言を必ず表示することとなった。
　[①]に関する注意文言表示規制の具体的な見直し内容は次のとおりである。
　　・注意文言については，【Ⅰ】は2種類であるが，【Ⅱ】では，Aにあるように5種類となり充実された。
　　・表示面の見直し内容については二つあり，[②]こととされた。

(2) 下線部について，具体的に禁じられている施設を明らかにしながら，(1)の見直しが図られた理由を説明せよ。なお，下線部を明らかにする際には，「敷地内禁煙」「原則屋内禁煙」の二つの語句を使用すること。

2024年度 ▎ 栃木県 ▎ 難易度 ■■■■■

【17】健康と環境について，次の(1)～(3)の問いに答えよ。
(1) 次の図は，安全な水が供給されるための浄水場の仕組みを示したものである。図中の(ア)～(エ)に当てはまる言葉の組合せとして最も適切なものを以下のA～Dから一つ選び，その記号を書け。

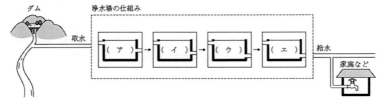

	ア	イ	ウ	エ
A	沈殿	ろ過	水質検査	消毒
B	沈殿	ろ過	消毒	水質検査
C	ろ過	沈殿	水質検査	消毒
D	ろ過	沈殿	消毒	水質検査

(2)　次の文は，一酸化炭素の健康への影響について説明したものである。文中の(　　)に当てはまる言葉を書け。

> 　一酸化炭素は無色・無臭のため発生しても気付かず吸い込んでしまうことがある。体内に入ると，赤血球中の(　　)と結びついて酸素欠乏になり，一酸化炭素中毒を引き起こす。

(3)　次の文は，「学校における熱中症対策ガイドライン作成の手引き」(令和3年5月環境省・文部科学省)に示されている「運動量の調整」の内容の一部である。文中の(　　)に当てはまる言葉を書け。

> 　運動強度が高いほど熱の産生が多くなり，熱中症の危険性は高くなる。環境条件・体調に応じた運動量にする。暑い時期の運動はなるべく涼しい時間帯にするようにし，休憩を頻繁に入れる。激しい運動では休憩は(　　)に1回以上とることが望ましい。

▌ 2024年度 ▌ 愛媛県 ▌ 難易度 ▐▐▐□□□

【18】次の表は，おもな大気汚染物質と健康への影響についてまとめたものである。　ア　～　ウ　に当てはまることばを書きなさい。

おもな汚染物質	健康への影響
ア	血液中のヘモグロビンと結びつき，酸素の運搬能力を弱めるので，細胞の酸素不足を起こす。
二酸化硫黄	水に溶けやすく，上部気道・気管支の粘液に溶けて硫酸となり，刺激する。慢性気管支炎・気管支ぜんそくなどを起こす。
イ	微細な粒子のため，細気管支・肺胞に沈着し，長い年月にわたると肺気腫，肺がん，肺線維症などを起こす。
ウ	さまざまな刺激性物質が含まれており，目を刺激したり，呼吸困難，手足のしびれを起こす。

▌ 2024年度 ▌ 福島県 ▌ 難易度 ▐▐▐▐▐▐

● **保健分野**

【19】「健康を支える環境づくり」について，問1，問2に答えなさい。

問1　高等学校学習指導要領解説(保健体育編)(平成30年7月)における「健康を支える環境づくり」の思考力，判断力，表現力等の例示として，誤っているものを選びなさい。

ア　交通安全について，習得した知識を基に，事故につながる危険を予測し回避するための自他や社会の取組を評価すること。

イ　医薬品の制度とその活用について，医薬品には承認制度があり，販売に規制が設けられていることと関連付けながら，生活の質の向上のために利用の仕方を整理すること。

ウ　食品の安全性と食品衛生に関わる活動について，習得した知識を自他の日常生活に適用して，健康被害の防止と健康を保持増進するための計画を立てること。

エ　ヘルスプロモーションの考え方に基づいた，健康に関する環境づくりへ積極的に参加していくために，適切な情報を選択・収集して，分析・評価し計画を立てること。

オ　人間の生活や産業活動などによって引き起こされる自然環境汚染について，事例を通して整理し，疾病等のリスクを軽減するために，環境汚染の防止や改善の方策に応用すること。

問2　次の文は，大気汚染の発生源について述べたものである。空欄に当てはまる語句の組合せとして，正しいものを選びなさい。

　　大気汚染の発生源としては，[　①　]，固定発生源，[　②　]があり，それらから気体や粒子状の汚染物質が放出されている。固定発生源，[　②　]で問題となるのは，石油，石炭，天然ガスなどの[　③　]の燃焼によって排出される二酸化窒素などの窒素酸化物や炭化水素と，浮遊粒子状物質(SPM)などである。

	①	②	③
ア	移動発生源	自然発生源	合成燃料
イ	移動発生源	自然発生源	化石燃料
ウ	自然発生源	移動発生源	バイオマス燃料
エ	自然発生源	移動発生源	合成燃料
オ	自然発生源	移動発生源	化石燃料

▌2024年度 ▌北海道・札幌市 ▌難易度 ■■■■□□

【20】「大気汚染と健康」に関して述べた文ア〜オについて，内容が適切であるものを「○」，適切でないものを「×」として，その組合せの正しいものを，以下の①〜⑥の中から一つ選べ。

ア　1967年に公害対策基本法，1968年に大気汚染防止法が制定された。

イ　光化学オキシダントとは，複数の大気汚染物質が太陽からの強い紫外線を受け，化学変化を起こして作られる酸化力の強い物質である。

ウ　2015年のパリ協定では地球温暖化対策として，温室効果ガスの排出量を減少させることが目標として掲げられた。

エ　光化学オキシダントによって，目が刺激されたり，呼吸困難や手足のしびれが引き起こされたりする。

オ　PM2.5とは大気中に浮かぶ粒子状物質のうち，その大きさが2.5μmより大きいものをいう。

	ア	イ	ウ	エ	オ
①	○	○	○	○	×
②	○	○	○	×	○
③	○	○	×	○	○
④	○	×	○	○	×
⑤	×	○	○	○	×
⑥	×	○	○	○	○

▌2024年度▌岐阜県▌難易度 ■■□□□

解答・解説

【1】1　がん対策基本法　　2　放射線(療法)　　3　禁煙，適度な運動
4　①　50　　②　40　　③　20　　④　マンモグラフィ　　⑤　大腸がん

○**解説**○　1　がん対策基本法に基づき，現在は「第4期がん対策推進基本計画」が示されており，「誰一人取り残さないがん対策を推進し，全

ての国民とがんの克服を目指す。」という全体目標を掲げている。概要を確認しておくこと。　2　近年は化学療法や放射線療法が進歩し，がんの種類やステージ(病期)によっては手術と変わらない効果が認められるようになってきた。　3　国立がん研究センターをはじめとする研究グループでは，日本人を対象としたこれまでの研究を調べた結果，日本人のがんの予防にとって重要な，この5つの改善可能な生活習慣に「感染」を加えた6つの要因を取りあげ，「日本人のためのがん予防法(5＋1)」とした。　4　出題の5つのがん検診は死亡率を減少させる効果を認め，国が推奨している。がんの治療では死亡率を低くするために早期発見が大切なので，症状がなくても定期的にがん検診を受けることが重要である。

【2】A　化学　　B　放射線　　C　標準治療　　D　重粒子線
　　E　インフォームド・コンセント　　F　セカンドオピニオン
　　G　緩和ケア　　H　がん対策基本法　　I　がんゲノム医療
　　J　AYA

○**解説**○　A　「化学療法」とは，抗がん剤などを服用したり，点滴・注射をしたりすることで，がん細胞の増殖を抑える方法である。
B　「放射線療法」とは，放射線をがん細胞に照射させることによって，がん細胞の増殖を防いで減らしていく方法である。　C　「標準治療」とは，手術療法，化学療法，放射線療法をその人の体質に合わせて組み合わせて行う方法である。標準的な普通の治療法ではなく，現在の医療において科学的根拠に基づく最良の治療方法である。
D　「重粒子線治療」とは，がん病巣にピンポイントで放射線を当てる治療法である。重粒子線は，体の表面では放射線量が弱く，がん病巣に届くと放射線量がピークになる特性があり，正常細胞へのダメージを最小限におさえられるとともに，がん細胞を殺傷する能力も高い。
E　「インフォームド・コンセント」とは，医師から治療法や副作用，成功率などについて十分な説明を受け，患者が理解した上で同意して治療が行われること。　F　「セカンドオピニオン」とは，医師の診断や治療に納得ができない場合や確かめたい場合などに，別の医師に意見を求めること。　G　「緩和ケア」とは，患者本人やその家族の体や

心の痛み，つらさを和らげ，自分らしく豊かな人生を過ごせるように支えていくこと。　Ｈ　「がん対策基本法」とは，がんの治療法，予防法，早期発見の対策などを計画的かつ効率的に推進するための法律で，2006年に制定された。この法律に基づいて「がん対策推進基本計画」の策定が進められた。　Ｉ　「がんゲノム医療」とは，がん細胞の中の遺伝子を調べることで，その人のがんに対して，薬剤ごとの効きやすさや効きにくさ，副作用の有る無しなどの効果を予測して，1人ひとりに最適な治療を行うこと。なお，ゲノムとは「遺伝情報」のことである。　Ｊ　「AYA世代」とは，がん患者における15歳から39歳くらいの思春期・若年成人を指し，「Adolescent and Young Adult」の略である。なお，がん患者における小児とは15歳未満を指す。

【3】①　がん対策推進基本計画　②　遺伝子　③　悪性　④　生活の質(クオリティ・オブ・ライフ，QOL)　(2)　放射線療法

○**解説**○　(1)　①　「がん対策推進基本計画」は，「がん対策基本法」(2006年)にもとづき策定され，がん対策の総合的かつ計画的な推進を図るための基本的な方向を定め，都道府県のがん対策推進計画の基本となるものである。　②　人体の細胞は遺伝子情報に即して作られる。がんは，遺伝子が傷つくことによって起こる病気である。　③　遺伝子にできた傷のことを変異といい，遺伝子の変異によって，細胞が無秩序に増え続けることがあり，このようにしてできた細胞のかたまりを腫瘍という。腫瘍は，細胞の増え方や広がり方の違いから，悪性腫瘍と良性腫瘍に分けられる。細胞が無秩序に増えながら周囲にしみ込むように広がったり(浸潤)，リンパ管や血管などを通して体のあちこちに飛び火して新しいかたまりを作ったり(転移)する腫瘍が悪性腫瘍で，「がん」ともいう。一方，浸潤や転移をすることなくゆっくりと大きくなる腫瘍が良性腫瘍である。　④　がん治療においては，患者やその家族一人一人の体や心の様々な辛さを和らげ，より豊かな人生を送ることができるように「生活の質(クオリティ・オブ・ライフ)」を高めることが大切であり，そのようなことへの支援を緩和ケアという。　(2)　「放射線療法」とは，放射線をがん細胞に照射させることで，がん細胞を弱らせたり死滅させたりする方法。「手術療法」とは，

がんを手術によって切除する方法。「化学療法」とは，抗がん剤など
の医薬品を服用したり，点滴や注射をしたりすることによって，がん
細胞の増殖を抑える方法。

【4】1　⑤　　2　③　　3　①
〇**解説**〇　人からうつる感染症には，接触感染，飛沫感染，空気感染の3
つの経路があり，感染症を予防するためには，それぞれにおいて感染
経路を断ち切るための対策が必要になる。

【5】(1)　①　エ　　②　ア　　③　オ　　④　キ　（※③④は順不同）
　　(2)　a　刑事　　b　民事　　c　行政
〇**解説**〇　(1)　①　　人的要因は，運転者の心身の状況や行動，規範を守る
意識，危険予知能力のこと。環境要因は，天候や道路の状況のこと。
その他，車両の特性，安全機能，整備状況に起因する車両要因もおさ
えておきたい。　②　　自動車の死角とは，運転席から目視ではどうし
ても見えない範囲のこと。　③・④　安全な社会をつくるためには，
周囲の状況から事故や事件，災害の危険を予測する危険予測と，その
危険を避ける危険回避が重要である。　(2)　a　刑事上の責任は，罰
金刑や懲役刑などの刑罰が科せられること。　b　民事上の責任は，
人身事故や物損事故における被害者の損害を賠償する責任のこと。
c　行政上の責任は，免許停止処分や反則減点などの行政処分を受け
ること。

【6】問1　3　　問2　3
〇**解説**〇　問1　1　新入生の場合は「途中で中断しにくい強度の強い運動
は控える」が正しい。　2　運動を原則中止にするのは，WBGTが
「31℃以上」である。また，激しい運動で30分おきぐらいに休憩をと
るのは，WBGTが25℃～28℃のときである。　4　解熱剤や鎮痛剤を
内服している場合は，アナフィラキシー反応がより起きやすくなるの
で，アナフィラキシー反応が起きた時の対応として服用することは不
適切である。なお，重い症状の場合はエピペンを打ち，直ちに119番
に連絡して救急車を要請する。　問2　1　「プールの安全標準指針」

(平成19年文部科学省)第2章「プールの安全利用のための施設基準」には，「ただし，排(環)水口が多数あり，かつ1つの排(環)水口にかかる吸水圧が弱く，1つを利用者の身体で塞いだとしても，吸い込みや吸い付きを起こさないこと(幼児であっても確実かつ容易に離れることができること)が明らかである施設等，構造上吸い込み・吸い付き事故発生の危険性がない施設は必ずしも二重構造の安全対策を施す必要はない」と記されている。　2　水中の遊離残留塩素は，残留塩素測定器で容易に測定できるので，使用前には必ず測定し，使用時には1時間ごとに1回以上測定するよう決められている。　4　着衣のままでの水泳は，水の抵抗を大きく受け，水着でかなりの泳力を有する者であっても思うように泳ぐことができないことから，速く泳ぐことを強調することは危険であり，長い間浮くこと(浮き身)の練習が大切であることを理解させるようにする。

【7】(1)　C　　(2)　B　　(3)　高血糖　　(4)　ア　D　　イ　E
(5)　A

○**解説**○　(1)　Aは，口腔アレルギー症候群ではなく「即時型」が正しい。Bは，病型は「ある」が正しい。「食物依存性運動誘発アナフィラキシー」という病型である。Dは，「内服薬よりもアドレナリン自己注射薬(「エピペン®」)をすぐに注射する必要がある」が正しい。　(2)　Bは，オキシトシンではなく「メラトニン」が正しい。A，Dに出ている数字もしっかり覚えておこう。　(3)　メタボリックシンドロームは生活習慣病として有名である。定義は正確に把握しておきたい。　(4)　ミュータンス菌，ショ糖(砂糖)はむし歯の発生要因として重要な用語である。　(5)　一般の薬局・薬店で販売されている薬(処方箋がなくても買える)を「OTC医薬品」と呼ぶ。OTCとはOver The Counter「カウンター越しに薬を販売する」という意味である。従来は「市販薬」と呼ばれたが，現在は「OTC医薬品」に統一された。

【8】(1)　ア　a　⑬　　イ　b　④　　ウ　c　⑩　　エ　d　⑫
(2)　ア　免疫　　イ　A　飛沫　　B　空気　　ウ　C　感染源
D　(体の)抵抗力　　(3)　ア　E　発育急進期　　イ　F　一般

　G　生殖腺(生殖・生殖器官)　　ウ　H　ガス交換　　I　肺胞

○**解説**○　(1)　ア　ヘルスプロモーションとは，WHOがオタワ憲章(1986年)のなかで提唱した概念である。バンコク憲章(2005年)など，その後もヘルスプロモーションの定義については検討が加えられている。ヘルスプロモーションの3つの柱として，すぐれたガバナンス，健康的な町づくり，ヘルスリテラシーが挙げられている。　イ　社会性の捉え方としては，「集団を作って生活しようとする，人間の根本的性質」「他人との関係など，社会生活を重視する性格。社会生活を営む素質・能力」「広く社会に通じる性質。社会生活に関連する度合い」の3つが挙げられる。　　ウ　心肺停止直後は体内に酸素が残っているため，人工呼吸をせずに胸骨圧迫のみであっても十分な救命効果が期待できる。むしろ，一般市民が行う際には，人工呼吸の実施によって胸骨圧迫の実施が遅れたり，胸骨圧迫が中断したりすることにより救命効果が低下することがあるため，胸骨圧迫のみが奨励されている。心室細動は，心臓全体が細かく震えて規則正しい血液を送り出せない状態の事である。その際は，AEDの使用により除細動を行う。　　エ　低体温症は，体の深部の温度が35度以下になる状態のことである。一般的に，体の深部温度が35度になると，体温を維持するために血管の収縮や熱を生産するためのシバリングと呼ばれる体の震えなどの症状が現れる。深部体温が31度以下になってしまうと，シバリングができなくなり，筋肉の硬直や脳の活動が低下して反応が鈍くなり，錯乱や幻覚の症状が発生する。さらなる体温の低下は，脈拍や呼吸の減少，血圧の低下などを引き起こし，28度で昏睡状態となり，適切な治療が行われないままでいると，25度で仮死状態，20度で心肺停止してしまう。
(2)　ア　体の中に細菌やウイルスなどの自分でないものが入ってくると，その侵入者＝抗原に対して攻撃をする。このようにからだが自然に反応する最初の免疫を自然免疫という。また，同じ種類の抗原が二度目に体内に侵入してくると，すでに記憶されている免疫がすぐに反応する。これを獲得免疫という。これらの自然免疫と獲得免疫のはたらきをするのが，さまざまな免疫細胞である。免疫細胞は，体内を移動し抗原を処理しながら，からだを健康な状態に保ってくれている。イ・ウ　感染症は，①病原体(感染源)，②感染経路，③宿主の3つの要

因が揃うことで感染する。感染対策においては，これらの要因のうちひとつでも取り除くことが重要である。特に，感染経路の遮断は，感染拡大防止のためにも重要な対策である。　(3)　ア・イ　発育急進期とは，大人になるまでに身長や体重が急に発育する時期であり，思春期は第2発育急進期に当たる。身長や体重が急に発育するのは，骨や筋肉，肺，心臓などの大部分の器官が発育するからである。卵巣や精巣などの生殖器は，思春期に急速に発育する。また，脳や脊髄などの神経は，思春期には大人と同じくらい発育が進んでいる。　ウ　肺胞では，膜と毛細血管の壁を通して，呼吸による二酸化炭素と酸素の交換(ガス交換)が行われている。息を吸えば，酸素は毛細血管を通じて体内に運ばれ，息を吐けば，二酸化炭素が出される。このようなガス交換は，濃度の高低によって物質が移動する拡散と呼ばれる現象によってなされている。

【9】(1)　かかりつけ医　(2)　①　○　②　×　③　○　④　○　(3)　①　ス　②　ウ　③　シ　④　オ

○**解説**○ (1)　かかりつけ医は，日常的な診療や健康管理などを行ってくれる身近な医療機関である。病歴や体質，生活習慣なども理解した上で診察をしてもらえるので，家族医ともいう。　(2)　②　暑さ寒さに関係する環境因子は，気温，湿度，輻射熱，気流の4つである。WBGTは，気温(乾球温度)，湿度(湿球温度)，輻射熱(黒球温度)から計算をするが，湿球温度と黒球温度には気流の影響も含まれるため，WBGTは4要因すべてを取り入れた指標といえる。　(3)　①　受動喫煙については，FCTCの第8条で「受動喫煙からの人々の保護。これを実施するためにはすべての屋内職場及び公共スペースを禁煙にすることが要求されるだろう」と示されている。　②　タバコ製品の包装とラベルに健康上の警告とメッセージの表示をさせる具体的で強制力のある義務を課すとともに，虚偽，誤解，あるいはタバコの特徴・健康への影響・危険性についての誤った印象を形成するような「低タール」「ライト」「マイルド」などの語句の禁止を奨励している。　③　タバコ消費を減らすように作用する税金と価格の政策を適用するよう奨励している。　④　ラジオやテレビの広告のみといった部分的な禁止や，

● 保健分野

学校のそばの広告のみといった制限では効果がないため，広告，販売促進とスポンサー活動の包括的な禁止を実施することを要求している。

【10】(1)　ア　　(2)　エ　　(3)　ウ
○**解説**○ (1)　生涯にわたって健康に生きていくためには，生涯の各段階と健康との関わりを踏まえて，適切な意思決定や行動選択及び社会環境づくりにより，自他の健康管理，安全管理及び環境づくりを行う必要がある。　(2)　労働災害は，労働形態や労働環境の変化に伴い質や量が変化してきている。労働災害を防止するには，労働形態や労働環境の改善，長時間労働をはじめとする過重労働の防止を含む健康管理と安全管理が必要である。　(3)　「(3)生涯を通じる健康」における，思考力，判断力，表現力等に関する資質・能力の育成について示したものである。健康に関わる事象や健康情報などから自他や社会の課題を発見し，よりよい解決に向けて思考したり，様々な解決方法の中から適切な方法を選択するなどの判断をしたりするとともに，それらを他者に表現することができるようにすることを目指している。

【11】1　・アレルギーのある人　　・過去にひどい副作用を経験したことがある人　　・医師の治療を受けている人　　・肝臓や腎臓など，薬の成分を代謝・排泄する臓器に疾患のある人　　・他にも薬を飲んでいる人　　・妊娠の可能性がある女性，妊娠している女性，授乳中の女性　　・高齢者　　・高いところで作業をする人　　・乗り物・機械類の運転操作をする人　から2つ　　2　要指導医薬品は，薬剤師から対面での情報提供や指導を受けなければ購入できず，インターネットでの購入もできないのに対し，一般用医薬品は，症状などを自分で判断して薬局などで購入でき，インターネットでの購入もできる。
○**解説**○ 1　医薬品は正しく使っていても，副作用の発生を防げない場合がある。そこで，医薬品を適正に使用したにもかかわらず，その副作用により入院治療が必要になるほど重篤な健康被害が生じた場合に，医療費や年金などの給付を行う公的な制度(医薬品副作用被害救済制度)をつくっている。　2　医療用医薬品は，病院などで医師が診断

390

した上で発行する処方箋に基づいて, 薬剤師が調剤して渡される薬である。

【12】(1) ア 月経 イ 基礎体温 (2) ア 緊急避妊 イ 子宮内避妊具(IUD)(子宮内避妊システム(IUS)) (3) ① DV ② アタッチメント

○**解説**○ (1) ア 最初, 排卵と月経の周期性が不安定なのは, 卵巣などの性周期に関わる内分泌系の諸器官や子宮の発達が不十分だからである。 イ 排卵をすると黄体ホルモンの影響で高温期となり, この時期に妊娠しなかった場合は, ホルモン量が低下して低温期になる。 (2) ア 緊急避妊法として, 黄体ホルモンを成分とする緊急避妊薬(レボノルゲストレル)を服用することで, 排卵を抑制したり遅らせたりする方法がある。 イ 子宮内避妊具(IUD)は, 子宮内に装着する避妊具である。精子の運動を抑制し受精を阻害したり, 子宮内膜に作用して着床を阻害したりする。なお, 子宮内避妊システム(IUS)は, 子宮内に装着し, 黄体ホルモンを子宮の中に持続的に放出するものである。子宮内膜を薄くして受精卵の着床を防いだり, 黄体ホルモンが子宮の入口の粘液を変化させて精子が腟から子宮内へ進入するのを防いだりする。 (3) ① DVは, ドメスティック・バイオレンスのことで, 英語の「Domestic Violence」のカタカナ表記で, Domestic＝「家庭内の」, Violence＝「暴力, 乱暴」の意味。配偶者や恋人など親密な関係にある, または, あった者から振るわれる暴力という意味で使用される。 ② アタッチメントには, 「接続, 接着」などの意味があるが, 心理学的には「愛着, 愛情」などの意味で使われている。子どもが母親や父親などの主たる養育者との間に築く情緒的な絆をいい, 自分をいつも大事にケアしてくれる人に寄せる信頼や安心感のことである。

【13】a ① b ③

○**解説**○ 保健分野の内容から(1)健康な生活と疾病の予防の(ア)～(カ)まである項目のうち(カ)の知識から出題された。他の項目についても, 同資料には表でまとめられているので系統立てて覚え, 内容を理解し

ておくこと。

【14】⑤

○**解説**○ 「LDLコレステロール(悪玉コレステロール)」が正しい。コレステロールは，細胞膜やホルモンの構成成分として重要な働きをしているが，LDLコレステロールが多すぎると動脈壁にコレステロールが沈着してしまう。一方，HDLコレステロール(善玉コレステロール)には動脈壁に溜まった余分なコレステロールを回収・処理する働きがある。動脈硬化は，血管の壁にコレステロールなどが溜まり弾力性がなくなった結果，血管が狭くなったり塞がってしまったりする病気で，10代からすでに始まるが40歳を過ぎるころから症状が出やすくなる。動脈硬化が進行すると，心筋梗塞や脳梗塞といった深刻な病気を引き起こす。日本人の10人に3人はこれが原因で亡くなっている。

【15】④

○**解説**○ 意味の似た用語が選択肢に並べてあるため，普段から学習指導要領解説には目を通して，どの用語が使用されているか確実に把握しておきたい。

【16】1 (1) 日本の一般廃棄物の多くは焼却処分されており，水分の多い生ごみは焼却時の不完全燃焼を起こし，有害物質を発生させる場合があることから，生ごみの発生抑制をしていくことが課題である。(2) リサイクルの視点から，コンポストを活用することで，食品廃棄物を含む動植物の廃棄物削減に繋げることができると考える。2 (1) ① 受動喫煙による非喫煙者や子供，胎児への影響(他者への影響) ② 【Ⅰ】では表裏の指定はされていないが，【Ⅱ】では必ず表面に表示し，さらに表示面積も大きくする。 (2) 受動喫煙については，世界各国の規制の状況に動きがみられるなど，望まない受動喫煙の防止への社会的要請が強まっている。こうした中，多数の者が利用する施設等の区分に応じ，学校や病院などを敷地内禁煙，飲食店やホテルなどを原則屋内禁煙とする「健康増進法の一部を改正する法律」が成立した。これらを踏まえ，注意文言規制の見直しが図られた。

○**解説**○ 1 (1) 一般廃棄物とは，家庭から排出される廃棄物と，事業活動に伴って発生するごみのうち，産業廃棄物以外のごみ(事務所や商店から排出される紙ごみ，飲食店から排出される生ごみなど)をいう。例えば，使わなくなったパソコンは，企業の事務所から出た場合は産業廃棄物，家庭から出た場合は一般廃棄物となる。 (2) コンポストとは，堆肥，もしくは，堆肥にする，という意味である。家庭から出る生ごみや落ち葉，下水汚泥などの有機物を，微生物の働きを活用して発酵・分解させ，堆肥を作る。 2 (1) たばこのパッケージには，たばこ事業法や財務省令により注意文言を表示することが義務づけられている。加熱式たばこの注意文言が新設され，また，タール量やニコチン量を表示する場合の注意文言表示も義務づけられている。
(2) 敷地内禁煙に関して，学校，病院，児童施設，行政機関，路線バスなどの旅客運送事業自動車，航空機などは，屋内だけでなく敷地内の全てが原則として禁煙である。必要な措置がとられない限り，喫煙室を設けることもできない。

【17】(1) B (2) ヘモグロビン (3) 30分
○**解説**○ (1) 浄水場の仕組みの順序である「沈殿→ろ過→消毒→水質検査」は記憶しよう。ろ過とは，水をこして混じり物を除くことである。
(2) 空気中に大量の一酸化炭素(CO)が発生した状況で呼吸すると，一酸化炭素は酸素の230～270倍もヘモグロビン(Hb)と結合しやすいため，一酸化炭素ヘモグロビン(CO-Hb)となる。 (3) 「激しい運動では休憩は30分に1回以上とることが望ましい」という箇所は覚えておきたい。

【18】ア 一酸化炭素(CO) イ 浮遊粒子状物質(SPM) ウ 光化学オキシダント
○**解説**○ ア 「一酸化炭素」は，主に物質が不完全燃焼することによって発生する，無色，無臭の気体である。体内に入ると，赤血球中のヘモグロビンと結び付くため酸素が欠乏し，一酸化炭素中毒を引き起こす。 イ 「浮遊粒子状物質(SPM)」は，大気中に浮遊する微細な粒子状物質のうち，大きさが0.01mm以下のものをいう。SPMよりも小さい2.5μm (1μm＝1mmの1000分の1)以下のものが「PM2.5」と呼ばれてい

る。　ウ　「光化学オキシダント」は，工場の煙や自動車の排気ガスなどに含まれている窒素酸化物(NOx)や炭化水素(HC)が，太陽からの紫外線を受けて光化学反応を起こしてつくられる酸化力の強い物質のこと。吐き気，頭痛などの症状も引き起こす。

【19】問1　ア　　　問2　オ
○**解説**○　問1　アは，「(2)安全な社会生活」の思考力，判断力，表現力等の例示である。　　問2　自然発生源とは，火山灰や黄砂など，固定発生源とは，工場，火力発電所，家庭など，移動発生源とは，自動車，船舶，航空機などのことである。

【20】①
○**解説**○　オ　「小さい」が正しい。微小粒子状物質(PM2.5)とは，大気中に浮遊する小さな粒子のうち，粒子の大きさが2.5μm(1μm＝1mmの1000分の1)以下の非常に小さな粒子のことである。

【1】次の問いに答えなさい。

1　次の(1)〜(3)の文章は，熱中症の病型について述べたものである。それぞれの文章が述べている病型として最も適切なものを，以下のア〜エの中からそれぞれ一つずつ選び，記号で答えなさい。

(1)　塩分の含まれた大量の汗をかき，水だけ(あるいは塩分の少ない水)を補給して血液中の塩分濃度が低下した時に起こる。痛みをともなうこむら返りのような状態が，下肢の筋だけでなく上肢や腹筋などにもみられる。生理食塩水(0.9％食塩水)など濃い目の食塩水の補給や点滴により通常は回復する。

(2)　過度に体温が上昇(40℃以上)して脳機能に異常をきたした状態で，体温調節も働かなくなる。種々の程度の意識障害がみられ，応答が鈍い，言動がおかしいといった状態から進行すると昏睡状態になる。高体温が持続すると脳だけでなく，肝臓，腎臓，肺，心臓などの多臓器障害を併発し，死亡率が高くなる。救急車を要請し，速やかに冷却処置を開始する。

(3)　発汗による脱水と皮膚血管の拡張による循環不全の状態で，脱力感，倦怠感，めまい，頭痛，吐き気などの症状がみられる。スポーツドリンクなどで水分と塩分を補給することにより通常は回復する。嘔吐などにより水が飲めない場合は，点滴などの医療処置が必要である。

　ア　熱疲労　　イ　熱射病　　ウ　熱けいれん　　エ　熱失神

2　次の文章は，「『ギャンブル等依存症』などを予防するために」(平成31年3月　文部科学省)で示された「依存症」についてまとめたものである。文章中の空欄(　①　)，(　②　)にあてはまる最も適切なものを，以下のア〜カの中からそれぞれ一つずつ選び，記号で答えなさい。

　　「依存症」とは，一般的に「やめたくてもやめられない」状態のことで，医学的には「(　①　)」という。その対象は，ニコチン，アルコールなどの特定の「物質」の摂取と，ギャンブル等やゲーム

● 保健分野

の「(②)」に分けられる。

ア　愛好　　イ　悪癖　　ウ　嗜癖　　エ　射幸行為　　オ　偏好

カ　行動

2024年度 山形県 難易度 ▰▰▰▱▱

【2】保健分野について，次の[問1]～[問3]に答えよ。

[問1]　次の文は，たばこの煙に含まれるおもな有害物質について述べたものである。文中の(ア)，(イ)にあてはまる語句を，それぞれ書け。

> 　たばこの煙に含まれる(ア)は，脳に働いてたばこをやめにくくさせる(依存性)ほか，毛細血管を収縮させるため，心臓に負担をかけたり，肌の老化を進めたりします。また，(イ)は，体内での酸素の運搬を妨害し，運動能力を低下させるほか，心臓病などを起こしやすくします。

[問2]　どのような性別の人が恋愛の対象となるかを「性的指向」といい，自分の性をどのように認識しているかを「性自認」という。この「性的指向」と「性自認」の英語表記の略称をアルファベット4文字で何というか，書け。

[問3]　「女性同性愛者」，「男性同性愛者」，「両性愛者」，「出生時に診断された性と自らが認める性が一致しない人」，「性自認や性的指向を定めない人」の英語表記の頭文字をとった略称をアルファベット5文字で何というか，書け。

2024年度 和歌山県 難易度 ▰▰▱▱▱

【3】保健分野について，次の各問いに答えよ。

1　次の文は，平成29年告示の中学校学習指導要領「保健体育〔保健分野〕」の「2内容」の一部である。(①)～(③)に当てはまる語句を書け。

> （オ）　感染症は，(①)が主な要因となって発生すること。また，感染症の多くは，(②)をなくすこと，(③)を遮断すること，主体の抵抗力を高めることによって予防で

きること。

2 次の文やグラフは，日本国内におけるある性感染症に関して，厚
生労働省が示した内容の一部である。この性感染症名を書け。

> 報告数が年間約11,000人であった1967年以降減少していた
> が，2011年頃から再び増加傾向となった。

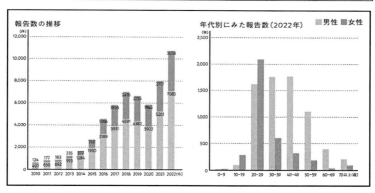

【4】保健について，次の(1)〜(5)の各問いに答えよ。

(1) 次の文は，中学校学習指導要領解説保健体育編(平成29年7月)に示
されている保健分野の知識についての抜粋である。文中の
(①)〜(④)に入る適切な語句をそれぞれ答えよ。

> (ア) 健康の成り立ちと疾病の発生要因
>
>   健康は，主体と環境を良好な状態に保つことにより成り立っ
> ていること，また，健康が阻害された状態の一つが疾病である
> ことを理解できるようにする。また，疾病は，主体の要因と環
> 境の要因とが相互に関わりながら発生することを理解できるよ
> うにする。
>
>   その際，主体の要因には，年齢，性，免疫，遺伝などの素因
> と，生後に獲得された運動，(①)，休養及び睡眠を含む生活

上の様々な習慣や行動などがあることを理解できるようにする。環境の要因には，温度，湿度や有害化学物質などの（　②　）的・化学的環境，ウイルスや細菌などの（　③　）的環境及び人間関係や保健・医療機関などの（　④　）的環境などがあることを理解できるようにする。

(2)　多量な出血がある場合，ガーゼやハンカチなどを当てて，直接，患部を強く押さえて止血する方法を何というか，答えよ。

(3)　人は生まれてから大人になるまでの間に，身長や体重が急激に発育する時期が2回ある。この時期のことを何というか，答えよ。

(4)　循環器官が発育・発達することで，拍出量と心拍数はどのように変化するか，簡潔に説明せよ。

(5)　暮さ，寒さの感じ方に関係する温熱条件を3つ答えよ。

‖ 2024年度 ‖ 山口県 ‖ 難易度 ■■□□□

【5】保健分野について，次の各問いに答えなさい。

(1)　「中学校学習指導要領」(平成29年3月　文部科学省)第2章　第7節　保健体育　第2　各学年の目標及び内容　〔保健分野〕　2　内容　に即して，次の文の（　a　）～（　c　）に当てはまる語句をそれぞれ書きなさい。

> 2　内容
> (1)　健康な生活と疾病の予防について，課題を発見し，その解決を目指した活動を通して，次の事項を身に付けることができるよう指導する。
> ア　健康な生活と疾病の予防について（　a　）を深めること。
> (ア)～(エ)略
> (オ)　感染症は，病原体が主な要因となって発生すること。また，感染症の多くは，（　b　）をなくすこと，感染経路を遮断すること，主体の（　c　）を高めることによって予防できること。
> 略

(2)　次の文は，「学校において予防すべき感染症の解説」(平成
30(2018)年3月発行　公益財団法人　日本学校保健会)の一部である。
(d)～(f)に当てはまる語句をそれぞれ書きなさい。

> 　主な感染経路には，①(d)感染((e)核感染)，②(e)
> 感染，③(f)感染，④経口感染(糞口感染)，⑤節足動物媒介
> 感染等がある。

【6】保健分野について，次のそれぞれの問いに答えなさい。
　問1　次の記述は，「中学校学習指導要領(平成29年告示)」の中で，第7
　　節保健体育〔保健分野〕の内容の取扱いについて示されているもの
　　の一部である。[1]，[2]に当てはまるものとして最も適切
　　なものを，それぞれの語群の①～④のうちから選びなさい。

> 　3　内容の取扱い
> 　　～中略～
> 　(3)　内容の(1)のアの(イ)及び(ウ)については，食育の観点も踏
> 　　まえつつ健康的な生活習慣の形成に結び付くように配慮する
> 　　とともに，必要に応じて，コンピュータなどの情報機器の使
> 　　用と健康との関わりについて取り扱うことにも配慮するもの
> 　　とする。また，[1]についても取り扱うものとする。
> 　　～中略～
> 　(10)　内容の(4)については，[2]の実態に即して公害と健
> 　　康との関係を取り扱うことにも配慮するものとする。また，
> 　　生態系については，取り扱わないものとする。

[1]の語群
①　薬物　　②　性教育　　③　がん　　④　社会情勢
[2]の語群
①　国　　②　保護者　　③　地域　　④　生活習慣
　問2　次の記述は，「中学校学習指導要領(平成29年告示)」の中で，第7
　　節保健体育〔保健分野〕の目標について示されているものである。

[   ]に当てはまるものとして最も適切なものを，以下の語群の①
〜④のうちから選びなさい。

---

(1)　個人生活における健康・安全について理解するとともに，
基本的な技能を身に付けるようにする。

(2)　健康についての自他の課題を発見し，よりよい解決に向
けて思考し判断するとともに，他者に伝える力を養う。

(3)　生涯を通じて心身の健康の保持増進を目指し，[   ]を
営む態度を養う。

語群
①　明るく豊かな生活　　②　主体的・協働的な生活
③　安全で安心な生活　　④　健康で安全な生活

問3　次の記述は，「中学校学習指導要領(平成29年告示)解説　保健体
育編」の中で，健康な生活と疾病の予防の知識について示されてい
るものの一部である。[　1　]，[　2　]に当てはまるものとして最
も適切なものを，それぞれの語群の①〜④のうちから選びなさい。

ア　知識
　〜中略〜
(イ)　生活習慣と健康
　〜中略〜
　　⑦　食生活と健康
　　食事には，健康な身体をつくるとともに，運動などに
　よって[　1　]を補給する役割があることを理解できるよ
　うにする。また，健康を保持増進するためには，毎日適
　切な時間に食事をすること，年齢や運動量等に応じて栄
　養素のバランスや食事の量などに配慮することが必要で
　あることを理解できるようにする。
　〜中略〜
(オ)　感染症の予防
　　⑦　感染症の予防
　〜中略〜
　　感染症を予防するには，[　2　]により発生源をなくす

> こと，周囲の環境を衛生的に保つことにより感染経路を
> 遮断すること，栄養状態を良好にしたり，予防接種の実
> 施により免疫を付けたりするなど身体の抵抗力を高める
> ことが有効であることを理解できるようにする。

[1]の語群

① 増加した筋肉量　　② 溜まった疲労感や倦怠感
③ 蓄積されたストレス　④ 消費されたエネルギー

[2]の語群

① 生活習慣の改善等　② 運動や睡眠等
③ 消毒や殺菌等　　　④ 体調管理の調整等

問4　次の記述は，「中学校学習指導要領(平成29年告示)解説　保健体育編」の中で，心身の機能の発達と心の健康の知識及び技能について示されているものの一部である。[1]，[2]，[3]に当てはまるものとして最も適切なものを，それぞれの語群の①〜④のうちから選びなさい。

> ア　知識及び技能
> 　〜中略〜
> (イ)　生殖に関わる機能の成熟
> 　　思春期には，下垂体から分泌される性腺刺激ホルモンの働きにより生殖器の発育とともに生殖機能が発達し，男子では射精，女子では月経が見られ，妊娠が可能となることを理解できるようにする。また，身体的な成熟に伴う性的な発達に対応し，[1]はあるものの，性衝動が生じたり，異性への関心などが高まったりすることなどから，異性の尊重，性情報への対処など性に関する適切な[2]の選択が必要となることを理解できるようにする。
> 　〜中略〜
> (ウ)　精神機能の発達と自己形成
> 　〜中略〜

> ④ 自己形成
>
> 　自己形成については，思春期になると，自己を客観的に見つめたり，他人の立場や考え方を理解できるようになったりするとともに，物の考え方や興味・関心を広げ，次第に自己を認識し自分なりの[　3　]をもてるようになるなど自己の形成がなされることを理解できるようにする。

[　1　]の語群

① 理解　　② 個人差　　③ 整合性　　④ 関係性

[　2　]の語群

① 知識や態度　　② 態度や行動　　③ 知識や行動
④ 資質や能力

[　3　]の語群

① 存在感　　② 達成感　　③ 安心感　　④ 価値観

問5　次の記述は，「中学校学習指導要領(平成29年告示)解説　保健体育編」の中で，傷害の防止の知識及び技能について示されているものの一部である。[　　]に当てはまるものとして最も適切なものを，以下の語群の①～④のうちから選びなさい。

> ア　知識及び技能
>
> 　～中略～
>
> (ウ)　自然災害による傷害の防止
>
> 　～中略～
>
> 　自然災害による傷害の防止には，日頃から災害時の安全の確保に備えておくこと，緊急地震速報を含む災害情報を正確に把握すること，地震などが発生した時や発生した後，[　　]を的確に判断し，自他の安全を確保するために冷静かつ迅速に行動する必要があることを理解できるようにする。
>
> 　また，地域の実情に応じて，気象災害や火山災害などについても触れるようにする。

語群
① 周囲の状況　　② 精神状態　　③ 家族の現状
④ 二次災害の有無

問6　次の記述は,「中学校学習指導要領(平成29年告示)解説　保健体育編」の中で,健康と環境の知識について示されているものの一部である。[　]に当てはまるものとして最も適切なものを,以下の語群の①～④のうちから選びなさい。

> ア　知識
> (ア)　身体の環境に対する適応能力・至適範囲
> 　～中略～
> 　　㋑　温熱条件や明るさの至適範囲
> 　　　　温度,湿度,気流の温熱条件には,人間が活動しやすい至適範囲があること,温熱条件の至適範囲は,[　]を容易に一定に保つことができる範囲であることを理解できるようにする。その際,これらの範囲は,学習や作業及びスポーツ活動の種類によって異なること,その範囲を超えると,学習や作業の能率やスポーツの記録の低下が見られることにも触れるようにする。

語群
① 気温　　② 環境　　③ 照度　　④ 体温

┃ 2024年度 ┃ 神奈川県・横浜市・川崎市・相模原市 ┃ 難易度 ▰▰▰▱▱

【7】次の各問に答えよ。

問1　次の表は乱用薬物名とその俗称を示したものである。(　①　)～(　⑧　)に該当する俗称を以下の語群から選び,ア～クの記号で答えよ。

乱用薬物名	俗　称
覚醒剤	(　①　), エス, (　②　), 氷, シャブ
大　麻	(　③　), (　④　), チョコ, グラス, 野菜

コカイン	（　⑤　），　スノウ，　（　⑥　）
MDMA	（　⑦　），　バツ，　タマ
危険ドラッグ	合法ドラッグ，　（　⑧　）

【語群】　ア　スピード　　　イ　コーク　　　ウ　エクスタシー
　　　　　エ　マリファナ　　オ　クラック　　カ　アイス
　　　　　キ　脱法ハーブ　　ク　ハッパ

問2　ごみの減量化のための3Rについて，文章中の（　①　）〜（　③　）に該当する語句をカタカナで答えよ。

> 　ごみの減量化のためには，まず物を大切に使う，使う量を減らすなど，ごみの発生抑制を行う（　①　）がある。次に，使えるものは繰り返し使う，不要な物は欲しい人に譲るなど，再使用して利用する（　②　）がある。さらに，不要となったものを資源として再び利用する（　③　）の3Rを心がけることが大切である。

問3　骨折や打撲，肉離れなどの応急手当の基本がRICE法である。RICE法のそれぞれの処置名（　①　）〜（　④　）を漢字2文字で答えよ。また，処置の方法（　⑤　）〜（　⑧　）について該当する語句を答えよ。

	処置名	処置の方法
R	（　①　）	副木やテーピング等で（　⑤　）して処置する。
I	（　②　）	（　⑥　）や（　⑦　）の炎症を抑えるために患部を氷などで冷やして処置する。
C	（　③　）	（　⑥　）や（　⑦　）の炎症を抑えるために患部を包帯やテーピングなどで処置する。
E	（　④　）	患部を（　⑧　）より高くすることで血流を少なくし（　⑥　）や（　⑦　）を抑えて処置する。

問4　災害や事故で経験した恐怖や悲しみは深い心のきずとなり，悪夢に苦しむなどの症状を長期的に繰り返すことがある。この障害の

ことを何というか答えよ。

問5　障害の有無や年齢・国籍にかかわらず，できるだけ多くの人が気持ちよく使えるように，建物や製品，空間などをデザインする考え方を何というか答えよ。

問6　障害のある人などが災害時や日常生活のなかで困ったときに，周囲に自己の障害への理解や支援を求めるために使用するカードを何というか答えよ。

問7　交通事故が起きた場合の法的な3つの責任について，(　①　)～(　③　)に該当する語句を答えよ。

(①)の責任	他人を死傷させたり，飲酒運転や速度超過などの危険運転をしたりすると，罰金刑や懲役刑が科される。
(②)の責任	他人を死傷させたり，ものを壊したりすることに対して，損害を賠償する責任を負う。
(③)の責任	違反や事故の種類，過失の程度に応じて反則点数が科せられ，点数が一定以上になると免許停止・取り消しの処分を受ける。

▌2024年度 ▌鹿児島県 ▌難易度 ■■■□□

【8】教科「保健体育」保健分野に関連する(1)～(6)の問いに答えよ。

(1)　次の図は，厚生労働省が示しているメタボリックシンドロームの診断基準をまとめたものである。空欄(　A　)～(　E　)に入る語句の正しい組合せはどれか。1～5から一つ選べ。

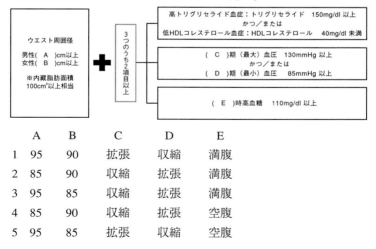

	A	B	C	D	E
1	95	90	拡張	収縮	満腹
2	85	90	収縮	拡張	満腹
3	95	85	収縮	拡張	満腹
4	85	90	収縮	拡張	空腹
5	95	85	拡張	収縮	空腹

● 保健分野

(2)　次の表は，「令和4年人口動態統計月報年計(概数)の概況」(厚生労働省)に示されている死因を死亡数の順に並べたものである。第3位の死因はどれか。1〜5から一つ選べ。

死因順位	第 1 位	第 2 位	第 3 位	第 4 位	第 5 位
死亡数（人）	385,787	232,879	179,524	107,473	74,002

1　腎不全　　　　2　老衰　　3　心疾患
4　脳血管疾患　　5　肺炎

(3)　「がん教育推進のための教材」(平成28年4月，令和3年3月一部改訂　文部科学省)に示されている内容について，正しいものを○，誤っているものを×とした場合，正しい組合せはどれか。1〜5から一つ選べ。

A　健康な人の体でも毎日，多数のがん細胞が発生しているが，免疫が働いてがん細胞を死滅させている。

B　子宮頸がんについては，日本では，小学校6年〜高校3年相当の女の子を対象に，子宮頸がんの原因となるHPV(ヒトパピローマウイルス)の感染を防ぐワクチンの接種を提供している。

C　国は，平成19年より，がん検診の受診率を50％とすることを目標として，様々な取組みを進めており，2019年男女別がん検診受診率をみると，男性の肺がん検診を除いたがん検診の受診率が目標を達成している。

D　厚生労働省「人口動態統計(2017年)」を基に国立がん研究センターがん情報サービスが作成した年齢階級別がん罹患率によると，20歳代から50歳代前半までは，がんの罹患率は女性が男性よりやや高く，60歳代以降は男性が女性より顕著に高くなっている。

	A	B	C	D
1	×	○	○	×
2	○	×	○	○
3	○	×	×	○
4	×	○	×	×
5	○	○	×	×

(4)　次のグラフは，令和4年度に厚生労働省が公表した，ある性感染症における報告数を示したものである。このグラフが示す性感染症

406

名はどれか。1〜5から一つ選べ。

■報告数の推移※

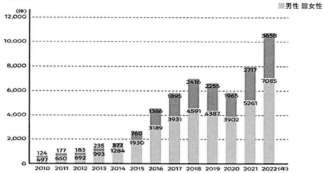

■年代別に見た報告数（2022年）※

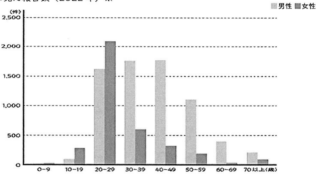

※2010年〜2020年は，感染症発生動向調査事業年報による。

2021年は，第1〜52週2022年10月8日時点集計値(暫定値)，

2022年は第1〜44週2022年11月9日時点集計値の報告を対象。

1 　性器クラミジア感染症

2 　性器ヘルペスウイルス感染症

3 　尖圭コンジローマ

4 　梅毒

5 　淋菌感染症

(5) 　大麻に関する説明について，正しいものを○，誤っているもの
を×とした場合，正しい組合せはどれか。1〜5から一つ選べ。

A 　大麻に含まれる有害成分，メタンフェタミンは，幻覚作用や記

憶への影響，学習能力の低下等をもたらす。

B 大麻取締法では，営利目的を除き，大麻を，みだりに，所持し，譲り受け，又は譲り渡した者は，五年以下の懲役に処するとされている。

C 大阪府における大麻事犯の検挙人員は，平成21年から毎年増加している。

D 全国における令和4年の薬物事犯別検挙件数のうち，大麻事犯の占める割合は，35％を超えている。

E 全国における令和4年の人口10万人当たりの大麻事犯年齢層別検挙人員数は，20歳代が最多である。

	A	B	C	D	E
1	○	×	○	○	×
2	×	○	×	○	○
3	○	○	×	×	○
4	×	×	×	○	○
5	○	○	○	×	×

(6) 次の各文は，「学校における熱中症対策ガイドライン作成の手引き」(令和3年5月　環境省・文部科学省)に示されている内容をまとめたものである。空欄(A)～(D)に入る語句の正しい組合せはどれか。1～5から一つ選べ。

○ 私たちの体は，運動や体の営みによって常に熱が産生されるので，暑熱環境下でも，異常な体温上昇を抑えるための効率的な体温調節機能が備わっている。暑い時には，(A)を介して末梢血管が拡張する。そのため皮膚に多くの血液が分布し，外気への放熱により体温低下を図ることができる。

○ 令和元年度の独立行政法人日本スポーツ振興センターの災害共済給付のデータから熱中症の発生件数を学校種・学年別にみると，高等学校等，中学校，小学校の順番に多くなっているが，特に(B)時に最も多くの生徒が熱中症を発症している。

○ 汗からは水分と同時に塩分も失われることから，汗で失われた塩分を適切に補うためには，(C)％程度の塩分を補給できる経口補水液やスポーツドリンクを利用するとよい。

○ 体重の(D)％以上の水分が失われると体温調節に影響する
といわれている。

	A	B	C	D
1	副交感神経	中学3年生	0.8〜0.9	2
2	副交感神経	高校1年生	0.1〜0.2	3
3	副交感神経	高校1年生	0.8〜0.9	2
4	自律神経	高校1年生	0.1〜0.2	3
5	自律神経	中学3年生	0.8〜0.9	2

┃ 2024年度 ┃ 大阪府・大阪市・堺市・豊能地区 ┃ 難易度 ■■■□□

【9】保健について，次の1〜5の問いに答えなさい。

1 次の文は，心肺蘇生法について述べたものである。正しい組み合
わせを，以下のa〜eから一つ選びなさい。

① 急な病気やけがで倒れている人を見つけたら，すぐに駆け寄り，
傷病者の反応を確認する。

② 傷病者の呼吸は，胸と腹の動きの観察を通して普段通りの呼吸
があるか確認する。確認は30秒程度で行う。

③ しゃくり上げるような途切れ途切れの呼吸を死戦期呼吸と呼
び，直ちに胸骨圧迫を開始してよい。

④ 胸骨圧迫を行う際は，胸が約5cm沈むように胸骨の上半分を圧
迫する。1分間に100〜120回の速さで行う。

⑤ 胸骨圧迫と人工呼吸を行う際は，胸骨圧迫30回と人工呼吸2回
の組み合わせを繰り返す。

a ①・③   b ②・④   c ③・⑤   d ①・②
e ④・⑤

2 次の文は，喫煙と健康について述べたものである。正しい組み合
わせを，以下のa〜eから一つ選びなさい。

① たばこを吸うと，毛細血管が収縮する。

② たばこを吸うと，血圧が低下する。

③ たばこの煙に含まれる有害物質は，主流煙よりも副流煙に多く
含まれている。

④ たばこの煙に含まれるタールには依存性がある。

⑤　日本では環境基本法により，受動喫煙防止のための対策が義務
　　付けられている。

a　①・④　　　b　①・③　　　c　②・③　　　d　②・⑤

e　③・④

3　次の表は，精神疾患の症状について示したものである。表中の
　（　①　）～（　⑤　）に該当する語句の正しい組み合わせを，以下のa
　～eから一つ選びなさい。

（　①　）	・気分が沈み，憂うつな気持ちが続く。 ・不安や焦り，イライラが強まる。意欲が低下する。 ・不眠または過眠，体重減少など。
（　②　）	・（　③　）：実在しない声がありありと聴こえる。 ・（　④　）：現実にはないことを強く信じたり，他人の行動の意図を誤って受け取る。 ・感情表現の幅が狭くなったり，自発的な行動が減り，引きこもるなど。
不安症	（　⑤　）：動悸，発汗，震え，息苦しさなどの発作が起こり，「そのような発作がまた起きたらどうしよう」という不安や，発作が起きると困る特定の場面を避ける。

a　①　摂食障害　　　　②　強迫性障害　　　③　妄想
　　④　パーキンソン症状　⑤　パニック症

b　①　うつ病　　　　　②　強迫性障害　　　③　幻聴
　　④　妄想　　　　　　⑤　パニック症

c　①　うつ病　　　　　②　統合失調症　　　③　妄想
　　④　パーキンソン症状　⑤　依存症

d　①　摂食障害　　　　②　強迫性障害　　　③　妄想
　　④　パーキンソン症状　⑤　依存症

e　①　うつ病　　　　　②　統合失調症　　　③　幻聴
　　④　妄想　　　　　　⑤　パニック症

4　次の文は，厚生労働省が示している「健康づくりのための睡眠指
　針」(2014)睡眠12箇条の一部である。正しくないものの個数を，以
　下のa～eから一つ選びなさい。

①　適度な運動，しっかり朝食，ねむりとめざめのメリハリを。

②　良い睡眠は，生活習慣病予防につながります。

③　睡眠による休養感は，こころの健康に重要です。

④　若年世代は夜更かし避けて，体内時計のリズムを保つ。

⑤　勤労世代は朝晩メリハリ，ひるまに適度な運動で良い睡眠。

　　a　1個　　　b　2個　　　c　3個　　　d　4個　　　e　5個

5　次の文は，身体活動・運動と健康について述べたものである。正しくないものを，次のa〜eから一つ選びなさい。

　　a　身体活動は，身体を動かすことで安静時よりも多くのエネルギーを消費するすべての身体動作を指す。身体活動量は，身体活動の強度(メッツ)と活動時間の積で定量化される。

　　b　身体活動量が不足していると，体力の低下だけでなく，がんや骨粗しょう症を含めた生活習慣病の原因になる。

　　c　WHOは，中強度の身体活動を週150分以上行っていない状態を身体不活動と定義している。日本におけるリスク要因別の死亡者数を見ると，身体不活動は，喫煙，高血圧に次ぐ第3位(2012年)である。

　　d　厚生労働省が示している「健康づくりのための身体活動指針(アクティブガイド)」(2013)によれば，18歳〜64歳の身体活動の目標は1日90分である。また，65歳以上は1日60分体を動かすことが目標に掲げられている。

　　e　強度の高い競技・スポーツ活動においては，思わぬ事故やけがのみならず，スポーツ障害にも注意が必要である。

▌2024年度▐高知県▐難易度 ■■■□□

【10】保健分野について，次の各問いに答えなさい。

(1)　次のグラフを見て，以下の文章の空欄(　A　)〜(　C　)に当てはまる語句を答えなさい。

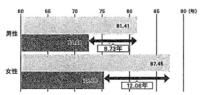

> このグラフは，日本の令和元年の寿命について示したものである。（　A　）寿命とは，0歳児の平均余命であり，（　B　）寿命とは，（　C　）に制限のない期間である。
>
> わが国の高齢化が急速に進む中，国民一人ひとりの生活の質を維持し，社会保障制度を持続可能なものとするためには，（　A　）寿命の伸びを上回る（　B　）寿命の延伸，即ち，（　B　）寿命と（　A　）寿命との差を縮小することが重要である。

(2) 生活習慣病の一次予防について，具体例をあげて説明しなさい。

(3) 応急手当について，次の各問いに答えなさい。

① AEDの名称を漢字9字で答えなさい。

② 次のア〜エの文は，応急手当について説明したものである。正しいものには○，誤っているものには×としてそれぞれ答えなさい。

ア　包帯は患部を保護するためのものである。また患部を圧迫して再び出血するのを防ぐ目的もある。

イ　患部が手や足にある場合は，患部を心臓より低くする。

ウ　身の回りで起こる外傷では切り傷，擦り傷が多い。まずは汚れを水で洗い流し，患部を清潔にする。

エ　鼻出血の場合，小鼻の奥に向かってしっかりつまみ，あごを上に上げて安静にする。

(4) 次の文を読んで，以下の各問いに答えなさい。

> 日本では現在，妊娠した場合でも特別な理由があれば，胎児が母体外において生命を保続することができない時期(満（　　）週未満)までは，A手術によって胎児を母体外に出すことがB法律で認められている。

① 空欄(　　)に当てはまる数字を答えなさい。

② 下線部Aを何というか，答えなさい。

③ 下線部Bの法律名を答えなさい。

【11】保健について，次の各問いに答えなさい。

問1　次の記述は，「高等学校学習指導要領(平成30年告示)解説　保健体育編　体育編(平成30年7月)」の中で，現代社会と健康について示されているものの一部である。空欄[　ア　]～[　エ　]に当てはまるものの組合せとして最も適切なものを，以下の①～⑥のうちから選びなさい。

3　内容

(1)　現代社会と健康

　(中略)

ア　知識

　(ア)　健康の考え方

　(中略)

　　⑦　健康の考え方と成り立ち

　　　健康水準の向上，[　ア　]の変化に伴い，個人や集団の健康についての考え方も変化してきていることについて理解できるようにする。このことを，疾病や[　イ　]の有無を重視する健康の考え方や，生活の質や生きがいを重視する健康の考え方などを例として理解できるようにする。それらを踏まえて免疫，遺伝，生活[　ウ　]などの主体要因と，自然，経済，文化，保健・[　エ　]などの環境要因が互いに影響し合いながら健康の成立に関わっていることについて理解できるようにする。

(第1部　保健体育編　第2章　保健体育科の目標及び内容　第2節　各科目の目標及び内容「保健」)

① 　ア　生活様式　　イ　疾患　　ウ　行動　　エ　医療サービス
② 　ア　疾病構造　　イ　症状　　ウ　習慣　　エ　福祉制度
③ 　ア　疾病構造　　イ　疾患　　ウ　行動　　エ　福祉制度
④ 　ア　生活様式　　イ　症状　　ウ　習慣　　エ　医療サービス

⑤　ア　生活様式　　イ　疾患　　ウ　習慣　　エ　福祉制度
⑥　ア　疾病構造　　イ　症状　　ウ　行動　　エ　医療サービス

問2　「令和4年版　厚生労働白書」の麻しん・風しん対策について，次の下線部(ア)〜(エ)の正誤の組合せとして最も適切なものを，以下の①〜⑥のうちから選びなさい。

2　麻しん・風しん対策について

　麻しんについては，2015(平成27)年3月27日にWHO西太平洋地域事務局により日本が(ア)<u>排除状態</u>にあることが認定された。

　一方で，海外渡航歴のある者や海外からの入国者を発端とする，麻しんの集団発生が散発しており，厚生労働省では，麻しんの発生を意識した診療や，診断した場合の速やかな届出，(イ)<u>飛沫核感染</u>対策の実施について，自治体や医療機関に対して注意喚起を行うとともにポスターなどを使用し，普及啓発を継続している。

　2018(平成30)年3月に，海外からの入国者を発端として，沖縄県を中心に麻しん患者の増加が報告された際や2019(平成31)年2月以降，関西地域で麻しん患者の増加が報告された際には，国立感染症研究所から専門家を派遣し，(ウ)<u>積極的疫学調査</u>を実施するとともに，予防・感染拡大防止策の更なる徹底について自治体や医療機関へ注意喚起を行い，海外渡航者に向けたリーフレットを作成し，自治体や関係省庁等を通じた周知を行った。厚生労働省では，定期の予防接種を推進する普及啓発や，先天性風しん症候群の予防の観点から妊娠を希望する女性を主な対象とした(エ)<u>抗体検査の費用の助成</u>といった取組みを行っている。

(第2部　現下の政策課題への対応　第8章　健康で安全な生活の確保　第3節　感染症対策，予防接種の推進)

①　(ア)－誤　　(イ)－正　　(ウ)－誤　　(エ)－誤
②　(ア)－誤　　(イ)－誤　　(ウ)－正　　(エ)－正
③　(ア)－正　　(イ)－誤　　(ウ)－正　　(エ)－正

④　(ア)－正　　(イ)－誤　　(ウ)－正　　(エ)－誤
⑤　(ア)－誤　　(イ)－正　　(ウ)－誤　　(エ)－正
⑥　(ア)－正　　(イ)－正　　(ウ)－誤　　(エ)－誤

問3　「国民の健康の増進の総合的な推進を図るための基本的な方針(平成24年厚生労働大臣)」について，次の下線部(ア)～(エ)の正誤の組合せとして最も適切なものを，以下の①～⑥のうちから選びなさい。

第1　国民の健康の増進の推進に関する基本的な方向
　一　(ア)平均余命の延伸と健康格差の縮小
　　(中略)
　二　(イ)生活習慣病の発症予防と重症化予防の徹底(NCDの予防)
　　(中略)
　三　(ウ)社会生活を営むために必要な機能の維持及び向上
　　(中略)
　四　健康を支え，守るための社会環境の整備
　　(中略)
　五　栄養・食生活，身体活動・運動，休養，飲酒，喫煙及び(エ)歯・口腔の健康に関する生活習慣及び社会環境の改善

---

①　(ア)－正　　(イ)－誤　　(ウ)－正　　(エ)－正
②　(ア)－誤　　(イ)－誤　　(ウ)－誤　　(エ)－正
③　(ア)－誤　　(イ)－正　　(ウ)－誤　　(エ)－正
④　(ア)－正　　(イ)－誤　　(ウ)－正　　(エ)－誤
⑤　(ア)－誤　　(イ)－正　　(ウ)－正　　(エ)－正
⑥　(ア)－正　　(イ)－正　　(ウ)－誤　　(エ)－誤

問4　次の記述は，「令和4年版　厚生労働白書」の中で，こころの健康対策について示されているものの一部である。空欄[　ア　]～[　エ　]に当てはまるものの組合せとして最も適切なものを，以下の①～⑥のうちから選びなさい。

3　こころの健康対策

(中略)

　その他，各地方公共団体において，保健所，精神保健福祉センター等での精神疾患や心の健康に関する相談，相談活動に従事する者の養成と技術の向上，精神保健に関する普及啓発活動などにより，[　ア　]に合った取組みを推進している。

　一方，医療や福祉サービスにつながっていない段階からアウトリーチ(多職種チームによる訪問支援)を実施し，精神障害者等に対し支援を行うことや，薬剤のみの治療に頼らない治療法である[　イ　]療法の普及を推進するなど，精神保健医療提供体制の充実と質の向上を図っている。

　また，[　ウ　]の影響により，不安やストレス等の心の悩みを抱えた国民の心のケアを行うため，精神保健福祉センター等において，相談内容に応じて，必要な助言を行うとともに，適切な機関等につなぐ等の対応を行っている。

(中略)

　また，[　エ　]への対応としては，ハローワークにおいて求職者のための各種相談窓口の設置や，各種生活支援に関する専門家による巡回相談，メール相談事業などの支援策を強化しているところである。

(第2部　現下の政策課題への対応　第9章　障害者支援の総合的な推進　第3節　精神保健医療福祉について)

① ア　患者の状況　　　　　　　イ　認知行動
　 ウ　障害者総合支援法　　　　エ　経済・生活問題
② ア　地域の実情　　　　　　　イ　認知行動
　 ウ　障害者総合支援法　　　　エ　就労援助
③ ア　地域の実情　　　　　　　イ　心理行動
　 ウ　新型コロナウイルス感染症　エ　就労援助
④ ア　地域の実情　　　　　　　イ　認知行動
　 ウ　新型コロナウイルス感染症　エ　経済・生活問題

⑤　ア　患者の状況　　　　　　　イ　心理行動
　　ウ　障害者総合支援法　　　　エ　就労援助

⑥　ア　患者の状況　　　　　　　イ　心理行動
　　ウ　新型コロナウイルス感染症　エ　経済・生活問題

問5　「令和4年版　警察白書」の交通事故の現状について，次の下線部(ア)〜(オ)の正誤の組合せとして最も適切なものを，以下の①〜⑥のうちから選びなさい。

１　交通事故の現状

　(1)　令和3年(2021年)の概況

　　　令和3年中の交通事故による死者数(注)(以下単に「死者数」という。)は2,636人と，6年連続で減少し，前年に引き続き，警察庁が統計を保有する昭和23年(1948年)以降の最少を更新した。

　(2)　過去10年間の死者数等の推移

　　　平成24年(2012年)と比較して，令和3年中の死者数は全年齢層で40.6％，65歳以上で33.3％減少し，人口10万人当たり死者数は全年齢層で39.8％，65歳以上で44.9％減少した。

　　　他方，令和3年中の65歳以上の人口10万人当たり死者数は全年齢層の(ア)約3倍，死者数全体に占める65歳以上の割合は57.7％と，いずれも引き続き高い水準となっており，高齢者の交通事故防止対策が重要となっている。

　(3)　状態別・類型別の特徴

　　　状態別人口10万人当たり死者数をみると，(イ)歩行中，二輪車乗車中，自動車乗車中，自転車乗車中の順に多いが，令和3年中は，前年と比べていずれも(ウ)減少した。

　　　また，類型別運転免許保有者10万人当たり死亡事故件数(注1)をみると，令和3年中は，(エ)正面衝突等(注2)，歩行者横断中，出会い頭衝突の順に多い。

　(4)　時間帯別・月別の特徴

　　　最近5年間における時間帯別死亡事故件数をみると，

_(オ)7時台から8時台にかけて多く発生している。
　　また，薄暮時間帯(注3)の死亡事故は，10月から12月に
　かけて特に多く発生している。
注：交通事故発生から24時間以内の死者数
注1：自動車，自動二輪車及び原動機付自転車の運転者による
　　事故を計上
注2：正面衝突，路外逸脱又は工作物衝突
注3：日没前後1時間以内

(第2部　本編　第5章　安全かつ快適な交通の確保　第1節　交通事
故情勢)

① 　(ア)－誤　　(イ)－正　　(ウ)－正　　(エ)－誤　　(オ)－誤
② 　(ア)－誤　　(イ)－誤　　(ウ)－正　　(エ)－正　　(オ)－誤
③ 　(ア)－誤　　(イ)－誤　　(ウ)－誤　　(エ)－正　　(オ)－正
④ 　(ア)－正　　(イ)－正　　(ウ)－正　　(エ)－誤　　(オ)－誤
⑤ 　(ア)－正　　(イ)－誤　　(ウ)－誤　　(エ)－正　　(オ)－正
⑥ 　(ア)－正　　(イ)－正　　(ウ)－誤　　(エ)－誤　　(オ)－正

問6　次の記述は，各ライフステージにおける健康診断等の根拠とな
　る法律の一部である。ア～エの内容について，それぞれの法律の組
　合せとして最も適切なものを，以下の①～⑥のうちから選びなさい。

　　ア　(就学時の健康診断)
　　　　第11条　市(特別区を含む。以下同じ。)町村の教育委員会
　　　　は，学校教育法第17条第1項の規定により翌学年の初
　　　　めから同項に規定する学校に就学させるべき者で，当
　　　　該市町村の区域内に住所を有するものの就学に当たっ
　　　　て，その健康診断を行わなければならない。
　　イ　(児童生徒等の健康診断)
　　　　第13条　学校においては，毎学年定期に，児童生徒等(通
　　　　信による教育を受ける学生を除く。)の健康診断を行わ
　　　　なければならない。
　　　2　学校においては，必要があるときは，臨時に，児童生

　　　　徒等の健康診断を行うものとする。
　ウ　第20条　保険者は，特定健康検査等実施計画に基づき，
　　　　厚生労働省令で定めるところにより，40歳以上の加入
　　　　者に対し，特定健康診査を行うものとする。ただし，
　　　　加入者が特定健康診査に相当する健康診査を受け，そ
　　　　の結果を証明する書面の提出を受けたとき，又は第26
　　　　条第2項の規定により特定健康診査に関する記録の送付
　　　　を受けたときは，この限りでない。
　エ　第12条の6　保健所は，この法律の施行に関し，主として
　　　　次の業務を行うものとする。
　　　　　一　児童の保健について，正しい衛生知識の普及を図
　　　　　　ること。
　　　　　二　児童の健康相談に応じ，又は健康診査を行い，必
　　　　　　要に応じ，保健指導を行うこと。
　　　　　三　身体に障害のある児童及び疾病により長期にわた
　　　　　　り療養を必要とする児童の療育について，指導を行
　　　　　　うこと。
　　　　　四　児童福祉施設に対し，栄養の改善その他衛生に関
　　　　　　し，必要な助言を与えること。
　　　　2　児童相談所長は，相談に応じた児童，その保護者又は
　　　　　妊産婦について，保健所に対し，保健指導その他の必
　　　　　要な協力を求めることができる。

① ア　教育基本法
　イ　学校教育法
　ウ　高齢者の医療の確保に関する法律
　エ　児童虐待の防止等に関する法律
② ア　学校保健安全法
　イ　学校保健安全法
　ウ　高齢者の医療の確保に関する法律
　エ　児童福祉法
③ ア　学校保健安全法

　　　　イ　学校教育法
　　　　ウ　高年齢者等の雇用の安定等に関する法律
　　　　エ　児童虐待の防止等に関する法律
　　④　ア　教育基本法
　　　　イ　学校保健安全法
　　　　ウ　高年齢者等の雇用の安定等に関する法律
　　　　エ　児童虐待の防止等に関する法律
　　⑤　ア　学校保健安全法
　　　　イ　学校保健安全法
　　　　ウ　高年齢者等の雇用の安定等に関する法律
　　　　エ　児童福祉法
　　⑥　ア　教育基本法
　　　　イ　学校教育法
　　　　ウ　高齢者の医療の確保に関する法律
　　　　エ　児童福祉法

問7　次の記述は，「性同一性障害に係る児童生徒に対するきめ細かな
　　　対応の実施等について(平成27年4月30日文部科学省初等中等教育局
　　　児童生徒課長)」に示されているものの一部である。空欄[　ア　]～
　　　[　オ　]に当てはまるものの組合せとして最も適切なものを，以下
　　　の①～⑥のうちから選びなさい。

> 性同一性障害に係る児童生徒に対するきめ細かな対応の実施
> 等について
>
> 　性同一性障害に関しては社会生活上様々な問題を抱えてい
> る状況にあり，その治療の効果を高め，社会的な不利益を解
> 消するため，[　ア　]，性同一性障害者の性別の取扱いの特例
> に関する法律(以下「法」という。)が議員立法により制定され
> ました。また，学校における性同一性障害に係る児童生徒へ
> の支援についての[　イ　]の関心も高まり，その対応が求めら
> れるようになってきました。
> 　こうした中，文部科学省では，平成22年，「児童生徒が抱え

る問題に対しての教育相談の徹底について」を発出し，性同一性障害に係る児童生徒については，その心情等に十分配慮した対応を要請してきました。また，平成26年には，その後の全国の学校における対応の状況を調査し，様々な配慮の実例を確認してきました。

　このような経緯の下，性同一性障害に係る児童生徒についてのきめ細かな対応の実施に当たっての具体的な[　ウ　]等を下記のとおりとりまとめました。また，この中では，悩みや不安を受け止める必要性は，性同一性障害に係る児童生徒だけでなく，いわゆる「[　エ　]」とされる児童生徒全般に共通するものであることを明らかにしたところです。これらについては，「[　オ　]総合対策大綱」（平成24年8月28日閣議決定）を踏まえ，教職員の適切な理解を促進することが必要です。

① ア　平成15年　　　イ　保護者　　ウ　配慮事項
　　エ　LGBTQ　　　　オ　教育
② ア　平成15年　　　イ　社会　　　ウ　禁止事項
　　エ　LGBTQ　　　　オ　自殺
③ ア　平成15年　　　イ　社会　　　ウ　配慮事項
　　エ　性的マイノリティ　オ　自殺
④ ア　平成20年　　　イ　保護者　　ウ　配慮事項
　　エ　性的マイノリティ　オ　教育
⑤ ア　平成20年　　　イ　社会　　　ウ　禁止事項
　　エ　性的マイノリティ　オ　教育
⑥ ア　平成20年　　　イ　保護者　　ウ　禁止事項
　　エ　LGBTQ　　　　オ　自殺

問8　次の記述は，「高等学校学習指導要領(平成30年告示)解説　保健体育編　体育編(平成30年7月)」の中で，食品と健康について示されているものの一部である。空欄[　ア　]～[　オ　]に当てはまるものの組合せとして最も適切なものを，以下の①～⑥のうちから選びなさい。

● 保健分野

> (4) 健康を支える環境づくり
>
> (中略)
>
> ア　知識
>
> (中略)
>
> (イ)　食品と健康
>
> ⑦　食品の安全性
>
> 　　人々の健康を支えるためには，食品の安全性を確保することが重要であり，食品の安全性が損なわれると，[　ア　]に深刻な被害をもたらすことがあり，食品の安全性を確保することは健康の保持増進にとって重要であることについて理解できるようにする。なお，[　イ　]による食物アレルギーを起こす可能性もあることについて，取り上げるよう配慮する。
>
> ⑦　食品衛生に関わる活動
>
> 　　食品の安全性を確保するために，食品衛生法などの法律等が制定されており，様々な基準に基づいて食品衛生活動が行われていることや，食品の製造・加工・保存・流通など，各段階での適切な管理が重要であることについて理解できるようにする。
>
> 　　その際，衛生管理の一つの方法である危害要因分析重要管理点([　ウ　])方式などについても触れるようにする。
>
> 　　また，食品衛生に関わる[　エ　]の防止と健康の保持増進には，適切に情報を公開，活用するなど行政・生産者・製造者・[　オ　]などが互いに関係を保ちながら，それぞれの役割を果たすことが重要であることについて理解できるようにする。

(第1部　保健体育編　第2章　保健体育科の目標及び内容　第2節　各科目の目標及び内容「保健」3　内容)

① ア　国民　　イ　添加物　　ウ　HACCP　　エ　健康被害

オ　販売者
② ア　健康　　イ　添加物　　ウ　HACCP　　エ　不正
オ　販売者
③ ア　健康　　イ　食品　　ウ　ISO　　エ　不正
オ　販売者
④ ア　健康　　イ　食品　　ウ　HACCP　　エ　健康被害
オ　消費者
⑤ ア　国民　　イ　食品　　ウ　ISO　　エ　健康被害
オ　消費者
⑥ ア　国民　　イ　添加物　　ウ　ISO　　エ　不正
オ　消費者

‖ **2024年度** ‖ 神奈川県・横浜市・川崎市・相模原市 ‖ 難易度 ■■■□□

【12】次の(1)～(5)の各問いに答えなさい。

(1) 次は，中学校学習指導要領(平成29年告示)「第2章　各教科　第7節　保健体育　第2　各学年の目標及び内容　〔保健分野〕　2　内容」の一部です。①に入る語句を，以下の1～4の中から1つ選びなさい。

> (1)　健康な生活と疾病の予防について，課題を発見し，その解決を目指した活動を通して，次の事項を身に付けることができるよう指導する。
> ア　健康な生活と疾病の予防について理解を深めること。
> 　(オ)　感染症は，病原体が主な要因となって発生すること。また，感染症の多くは，発生源をなくすこと，感染経路を遮断すること，主体の(　①　)を高めることによって予防できること。

1　抵抗力　　2　体力　　3　免疫力　　4　回復力

(2) 次は，中学校学習指導要領(平成29年告示)「第2章　各教科　第7節　保健体育　第2　各学年の目標及び内容　〔保健分野〕　2　内容」の一部です。①，②に入る語句の組み合わせとして正しいものを，以下の1～4の中から1つ選びなさい。

> (3) 傷害の防止について，課題を発見し，その解決を目指した活動を通して，次の事項を身に付けることができるよう指導する。
>
> ア　傷害の防止について理解を深めるとともに，（　①　）をすること。
>
> (イ)　交通事故などによる傷害の多くは，安全な行動，（　②　）の改善によって防止できること。
>
> (エ)　（　①　）を適切に行うことによって，傷害の悪化を防止することができること。また，心肺蘇生法などを行うこと。

1　①　救命処置　　②　環境　　2　①　応急手当　　②　車両

3　①　救命処置　　②　車両　　4　①　応急手当　　②　環境

(3) 次は，中学校学習指導要領(平成29年告示)「第2章　各教科　第7節　保健体育　第2　各学年の目標及び内容〔保健分野〕3　内容の取扱い」の一部です。①～③に入る語句の組み合わせとして正しいものを，以下の1～4の中から1つ選びなさい。

> (7)　内容の(2)のアの(イ)については，妊娠や出産が可能となるような成熟が始まるという観点から，受精・妊娠（　①　）ものとし，妊娠の経過（　②　）ものとする。また，身体の機能の成熟とともに，性衝動が生じたり，異性への関心が高まったりすることなどから，異性の尊重，情報への適切な対処や行動の選択が必要となることについて取り扱うものとする。
>
> (10)　内容の(4)については，地域の実態に即して公害と健康との関係を取り扱うことにも配慮するものとする。また，生態系については，（　③　）ものとする。

1　①　を取り扱う　　②　は取り扱わない
　③　取り扱う

2　①　を取り扱う　　②　は取り扱わない
　③　取り扱わない

3 ① は取り扱わない　　② を取り扱う
　　③ 取り扱う
4 ① は取り扱わない　　② を取り扱う
　　③ 取り扱わない

(4) 次は，中学校学習指導要領(平成29年告示)解説　保健体育編「第2章　保健体育科の目標及び内容　第2節　各分野の目標及び内容〔保健分野〕　2　内容　(4)　健康と環境　ア　知識　(イ)　飲料水や空気の衛生的管理　㋑　空気の衛生的管理」の一部です。①，②に入る語句の組み合わせとして正しいものを，以下の1〜4の中から1つ選びなさい。

> 　室内の(　①　)は，人体の呼吸作用や物質の燃焼により増加すること，そのため，室内の空気が汚れてきているという指標となること，定期的な換気は室内の(　①　)の濃度を衛生的に管理できることを理解できるようにする。
> 　また，空気中の(　②　)は，主に物質の不完全燃焼によって発生し，吸入すると(　②　)中毒を容易に起こし，人体に有害であることを理解できるようにするとともに，そのために基準が決められていることにも触れるようにする。

1 ① 二酸化炭素　　② 一酸化炭素
2 ① 二酸化炭素　　② 窒素
3 ① 酸素　　　　② 窒素
4 ① 酸素　　　　② 一酸化炭素

(5) 次は，「生きる力」を育む中学校保健教育の手引(令和2年　文部科学省)「第1章　総説　第2節　指導の基本的な考え方　2. 保健教育の推進とカリキュラム・マネジメント」に示されている「保健における体系イメージ」です。①，②に入る語句の組み合わせとして正しいものを，以下の1〜4の中から1つ選びなさい。

● 保健分野

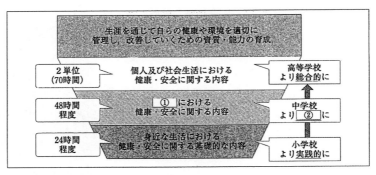

1　①　個人生活　　②　発展的
2　①　個人生活　　②　科学的
3　①　集団生活　　②　発展的
4　①　集団生活　　②　科学的

┃ 2024年度 ┃ 埼玉県・さいたま市 ┃ 難易度 ┃■■■■■□┃

【13】「保健」に関する次の各問に答えよ。
〔問1〕　次の図は，我が国の性感染症報告数の年次推移を示したものである。図中のア・イ及び以下の記述A・Bには，それぞれ梅毒又は性器クラミジア感染症のいずれかが当てはまる。梅毒に当てはまるものの組合せとして適切なものは，あとの1～4のうちのどれか。
図

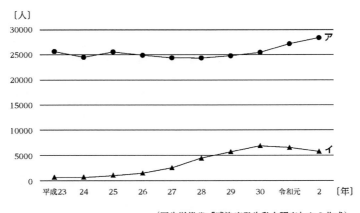

（厚生労働省「感染症発生動向調査」から作成）

426

A　症状と特徴は経過期間によって異なり，しこりやリンパ節の腫れ，全身の赤い発疹などが出る。妊娠中の場合，胎児に感染することがある。

B　男女とも自覚症状がない場合が多い。男性は，排尿時に軽い痛みがある。女性は，不妊症の原因となる。

1　ア－A　　2　ア－B　　3　イ－A　　4　イ－B

〔問2〕　次の表1は，2019年におけるがん罹患数の順位をまとめたものである。また，以下の表2は，2020年におけるがん死亡数の順位をまとめたものである。表1及び表2中のア～ウには，それぞれ大腸，前立腺，肺，食道のいずれかが当てはまる。アに当てはまる部位として適切なものは，あとの1～4のうちのどれか。

表1

	1位	2位	3位	4位	5位
男女計	ア	イ	胃	乳房	ウ
男性	ウ	ア	胃	イ	肝臓
女性	乳房	ア	イ	胃	子宮

（国立がん研究センターがん情報サービス「がん統計」（全国がん登録）から作成）

表2

	1位	2位	3位	4位	5位
男女計	イ	ア	胃	膵臓	肝臓
男性	イ	胃	ア	膵臓	肝臓
女性	ア	イ	膵臓	乳房	胃

（国立がん研究センターがん情報サービス「がん統計」（厚生労働省人口動態統計）から作成）

1　大腸　　2　前立腺　　3　肺　　4　食道

〔問3〕　ICT機器を利用する際の健康面への配慮に関する記述として適切なものは，次の1～4のうちのどれか。

1　端末を使用する際に良い姿勢を保ち，机と椅子の高さを正しく合わせて，目と端末の画面との距離を30cm以上離す。

2　長時間にわたって継続して画面を見ないよう，50分に1回は，20秒以上，画面から目を離して，近くのものを見るなどして目を休める。

3　夜に自宅で使用する際には，昼間に学校の教室で使用する際よりも，明るさ(輝度)を上げることが推奨される。

　　4　睡眠前に強い光を浴びると，入眠作用があるホルモンの分泌が
　　　促進されるため，就寝1時間前からのICT機器の利用が適切である。
〔問4〕　薬物乱用防止に関する記述として，「『第五次薬物乱用防止五か
　年戦略』フォローアップ」(薬物乱用対策推進会議　令和4年6月)に
　照らして適切なものは，次の1～4のうちのどれか。
　　1　令和3年の薬物情勢として，覚醒剤事犯の検挙人員は6年連続で
　　　増加しており，再犯者率も増加し続けている。
　　2　取締りのより一層の強化や若年層に焦点を当てた効果的な広
　　　報・啓発活動を推進するとともに，「大麻等の薬物対策のあり方
　　　検討会」において示された基本的な方向性を踏まえ，関連法令の
　　　制度改正に向けた議論を行っている。
　　3　令和3年度から「依存症対策総合支援事業」を新規に実施し，依
　　　存症専門医療機関及び依存症治療拠点機関の選定を推進してい
　　　る。
　　4　関係機関間における緊密な連携を強化したことで，薬物密輸入
　　　事犯の検挙件数，検挙人員ともに近年大幅に減少している。
〔問5〕　次の記述は，あるスポーツ障害に関するものである。このスポ
　ーツ障害の名称として適切なものは，以下の1～4のうちのどれか。

　　　　ジャンプやキックなど同じ動作を繰り返していると，膝蓋
　　骨と脛骨を結んでいる膝蓋腱によって脛骨粗面部が引っ張ら
　　れるストレスがかかるため，その部分の骨がはがれたり炎症
　　が起きる。膝蓋骨の下方にある脛骨粗面に限局した疼痛と強
　　い圧痛が主な症状である。応急手当はアイシングが最も有効
　　であり，予防には大腿四頭筋のストレッチングが最も重要で
　　ある。

　　1　ジャンパー膝　　2　オスグッド病　　3　シンスプリント
　　4　インピンジメント症候群
〔問6〕　健康と環境に関する記述として適切なものは，次の1～4のうち
　のどれか。
　　1　明るさには，物が見えやすく，目が疲労しにくい至適範囲があ
　　　り，その範囲は，学習や作業の内容によって異なる。教室の照度

は，100ルクス〜200ルクスが望ましいとされている。

2　温熱条件には，体温を無理なく一定に保つことができ，生活や活動がしやすい至適範囲がある。温度について，15℃以上，28℃以下であることが望ましいとされている。

3　体内の水分は，生命を維持するために重要な働きをしている。学校の水道水を水源とする飲料水(専用水道を除く。)の水質については，大腸菌やpH値，臭気，色度などの検査項目がある。

4　一酸化炭素は，体内に入ると，酸素と白血球の結合を妨げる性質があり，体の組織や細胞が酸素不足となり一酸化炭素中毒を起こし，頭痛やめまいが起こり，意識がなくなり死に至ることもある。一酸化炭素濃度は，15ppm以下であることとされている。

2024年度 ▌ 東京都 ▌ 難易度 ▰▰▰▰▰

【14】保健分野に関する内容について，次の問いに答えよ。

(1)　次の文は，「高等学校学習指導要領解説　保健体育編　体育編」(平成30年7月　文部科学省)における「保健分野の精神疾患の特徴」に関する記述の一部である。文中の(ア)〜(ウ)にあてはまる語句の適切な組合せを①〜⑤から選び，番号で答えよ。

> 精神疾患は，精神機能の基盤となる心理的，生物的，または社会的な機能の障害などが原因となり，認知，(ア)，行動などの不調により，精神活動が不全になった状態であることを理解できるようにする。
>
> また，うつ病，(イ)，不安症，摂食障害などを適宜取り上げ，誰もが罹患しうること，若年で発症する疾患が多いこと，適切な対処により回復し生活の質の向上が可能であることなどを理解できるようにする。
>
> その際，アルコール，薬物などの物質への依存症に加えて，(ウ)等への過剰な参加は習慣化すると嗜癖行動になる危険性があり，日常生活にも悪影響を及ぼすことに触れるようにする。

① ア　情動　　イ　統合失調症　　ウ　ギャンブル
② ア　情動　　イ　気分障害　　ウ　仮想通貨取引

429

③　ア　感情　　　イ　統合失調症　　　ウ　仮想通貨取引
④　ア　情動　　　イ　気分障害　　　　ウ　ギャンブル
⑤　ア　感情　　　イ　気分障害　　　　ウ　仮想通貨取引

(2)　次の文は，「高等学校学習指導要領解説　保健体育編　体育編」(平成30年7月　文部科学省)における生活習慣病などの予防と回復に関する記述の一部である。文中の(　ア　)～(　ウ　)にあてはまる語句の適切な組合せを①～⑤から選び，番号で答えよ。

> 　がんについては，肺がん，大腸がん，胃がんなど様々な種類があり，生活習慣のみならず細菌やウイルスの感染などの原因もあることについて理解できるようにする。がんの回復においては，手術療法，化学療法(抗がん剤など)，(　ア　)などの治療法があること，患者や周囲の人々の生活の質を保つことや(　イ　)が重要であることについて適宜触れるようにする。
> 　また，生活習慣病などの予防と回復には，個人の取組とともに，(　ウ　)やがん検診の普及，正しい情報の発信など社会的な対策が必要であることを理解できるようにする。

①　ア　PRP療法　　　イ　心理的ケア　　　ウ　予防接種
②　ア　放射線療法　　イ　心理的ケア　　　ウ　予防接種
③　ア　PRP療法　　　イ　心理的ケア　　　ウ　健康診断
④　ア　放射線療法　　イ　緩和ケア　　　　ウ　健康診断
⑤　ア　放射線療法　　イ　緩和ケア　　　　ウ　予防接種

(3)　次の文は，「中学校学習指導要領解説　保健体育編」(平成29年7月　文部科学省)における健康を守る社会の取組に関する記述の一部である。文中の(　ア　)～(　ウ　)にあてはまる語句の適切な組合せを①～⑤から選び，番号で答えよ。

> 　健康の保持増進や疾病の予防には，健康的な生活行動など個人が行う取組とともに，社会の取組が有効であることを理解できるようにする。社会の取組としては，地域には保健所，(　ア　)などがあり，個人の取組として各機関が持つ機能を有効に利用する必要があることを理解できるようにする。
> 　また，心身の状態が不調である場合は，できるだけ早く医

療機関で受診することが重要であることを理解できるように
する。さらに，医薬品には，(　イ　)があること及び，使用回
数，(　ウ　)，使用量などの使用法があり，正しく使用する必
要があることについて理解できるようにする。

① ア 福祉センター 　イ 主作用と副作用 　ウ 使用時間
② ア 保健センター 　イ 主効果と副効果 　ウ 使用時間
③ ア 保健センター 　イ 主作用と副作用 　ウ 使用時間
④ ア 保健センター 　イ 主効果と副効果 　ウ 使用間隔
⑤ ア 福祉センター 　イ 主効果と副効果 　ウ 使用間隔

(4)　次の文は，「中学校学習指導要領解説　保健体育編」(平成29年7
月　文部科学省)における指導方法の工夫に関する記述の一部であ
る。文中の(　ア　)～(　ウ　)にあてはまる語句の適切な組合せを
①～⑤から選び，番号で答えよ。

指導に当たっては，生徒の内容への興味・関心を高めたり，
思考を深めたりする(　ア　)を工夫すること，自他の日常生活
に関連が深い教材・教具を活用すること，事例などを用いた
ディスカッション，(　イ　)，心肺蘇生法などの実習，実験，
課題学習などを取り入れること，また，必要に応じてコンピ
ュータ等を活用すること，学校や地域の実情に応じて，保
健・医療機関等の(　ウ　)を推進すること，必要に応じて養護
教諭や栄養教諭，学校栄養職員などとの連携・協力を推進す
ることなど，多様な指導方法の工夫を行うよう配慮すること。

① ア 発問 　イ ロールプレイング 　　ウ 協力
② ア 課題 　イ ロールプレイング 　　ウ 参画
③ ア 課題 　イ ブレインストーミング 　ウ 協力
④ ア 発問 　イ ブレインストーミング 　ウ 参画
⑤ ア 発問 　イ ブレインストーミング 　ウ 協力

(5)　次の文は，リラクセーションの方法である，漸進的筋弛緩法につ
いて説明した文である。文中の(　ア　)～(　ウ　)にあてはまる語
句の適切な組合せを①～⑤から選び，番号で答えよ。

　　筋肉の緊張と弛緩(緩めること)を繰り返し行うことで，リラックスすることができる。各部位の筋肉について意識しながら，10秒間ほど力を入れて緊張させたあと，15秒ほど時間をかけて脱力・弛緩することを繰り返す。背中であれば，腕を外に広げ，(　ア　)を引き付ける。肩であれば，首を(　イ　)ようにして肩を上げる。腹部であれば，腹部に手を当て，その手を(　ウ　)ようにする。

① ア　上腕　　　イ　曲げる　　　ウ　感じる
② ア　肩甲骨　　イ　すぼめる　　ウ　押し返す
③ ア　肩甲骨　　イ　すぼめる　　ウ　感じる
④ ア　上腕　　　イ　すぼめる　　ウ　押し返す
⑤ ア　肩甲骨　　イ　曲げる　　　ウ　押し返す

(6)　次の文は，胸骨圧迫についての記述である。文中の下線部a〜cの正誤の適切な組合せを①〜⑤から選び，番号で答えよ。

　　両肘を_a伸ばしたまま，組んだ手をしっかり見て，垂直に体重をかける。指を組むと，基部にだけ力が加わるので，肋骨の骨折を防ぐことができる。傷病者が成人であれば，胸骨が_b約5cm沈むくらいまで押す。手を胸骨に置いたまま，力を緩める。これを1分間に，_c100〜120回の速さで行う。

① a ○　b ○　c ×
② a ×　b ○　c ○
③ a ○　b ○　c ○
④ a ○　b ×　c ×
⑤ a ×　b ○　c ×

(7)　次の文は，捻挫や打撲，肉離れ等で行う応急手当について説明したものである。説明文ア〜エと，その処置A〜Dの適切な組合せを①〜⑤から選び，番号で答えよ。

ア　けがをしたら，すぐに運動をやめて，安静にし，動かすことによるけがの拡大を抑える。
イ　患部を心臓より高く上げ，重力を利用して，内出血や腫れを抑

える。

ウ　冷却により，内出血や腫れを抑える。冷やしすぎて凍傷にならないように，まず伸縮包帯を何周か巻き付けてから，患部に氷のうを当てる。

エ　圧迫により，内出血や腫れを抑える。しっかりと包帯を巻き付け，圧迫する。

〔A　Elevation　　B　Compression　　C　Icing　　D　Rest〕

① 　ア－A　　イ－D　　ウ－B　　エ－C
② 　ア－A　　イ－D　　ウ－C　　エ－B
③ 　ア－D　　イ－B　　ウ－A　　エ－C
④ 　ア－D　　イ－A　　ウ－B　　エ－C
⑤ 　ア－D　　イ－A　　ウ－C　　エ－B

(8)　次の図は，熱中症の応急手当の流れを示したものである。その説明として適切でないものを①〜⑤から選び，番号で答えよ。

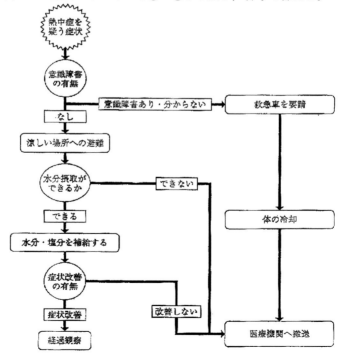

● 保健分野

① 涼しい場所への避難では，衣服は緩めて寝かせる。

② 体の冷却では，ホースで水をかけてはいけない。

③ 体の冷却では，氷水に全身を漬ける。

④ 水分・塩分の補給では，スポーツドリンクや食塩水(塩分0.1～0.2％)を摂取させる。

⑤ 水分・塩分の補給では，熱けいれんの場合は生理食塩水(塩分0.9％)を摂取させる。

(9) 次のグラフは，がんによる死亡のうちの主な部位別割合である。グラフ中の　ア　～　エ　にあてはまる語句の適切な組合せを①～⑤から選び，番号で答えよ。

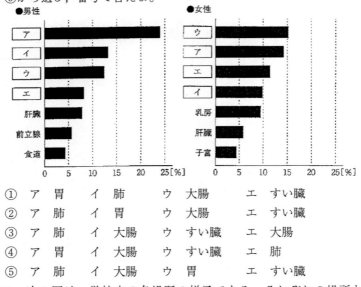

① ア 胃 イ 肺 ウ 大腸 エ すい臓
② ア 肺 イ 胃 ウ 大腸 エ すい臓
③ ア 肺 イ 大腸 ウ すい臓 エ 大腸
④ ア 胃 イ 大腸 ウ すい臓 エ 肺
⑤ ア 肺 イ 大腸 ウ 胃 エ すい臓

(10) 次の図は，学校内の各場所の様子である。それぞれの場所と，照度基準の適切な組合せを①～⑤から選び，番号で答えよ。

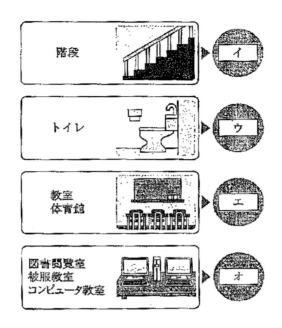

① ア　150ルクス　　イ　100ルクス　　ウ　300ルクス
　　エ　500ルクス　　オ　200ルクス

② ア　150ルクス　　イ　100ルクス　　ウ　200ルクス
　　エ　500ルクス　　オ　300ルクス

③ ア　100ルクス　　イ　150ルクス　　ウ　200ルクス
　　エ　300ルクス　　オ　500ルクス

④ ア　150ルクス　　イ　200ルクス　　ウ　100ルクス
　　エ　300ルクス　　オ　500ルクス

⑤ ア　100ルクス　　イ　200ルクス　　ウ　150ルクス
　　エ　300ルクス　　オ　500ルクス

(11)　次の文は，生活習慣病についての記述である。文中の下線部a〜
　　cの正誤の適切な組合せを①〜⑤から選び，番号で答えよ。

　　　　生活習慣病は，運動，食事，休養・睡眠，喫煙，飲酒など
　　　の生活習慣が，その発病や進行に深くかかわる病気の呼び名
　　　である。代表的なものに_a結核と脳卒中があり，がんを含めて

日本の死亡数の約半分を占めている。_b糖尿病や歯周病なども
生活習慣病といわれている。ただし，それらの病気もすべて
が生活習慣で起きるわけでなく，_c遺伝や環境などもかかわっ
てくる。

① a ○ b ○ c ×
② a × b ○ c ○
③ a ○ b ○ c ○
④ a ○ b × c ×
⑤ a × b ○ c ×

(12) 次の文は，飲料水についての記述である。文中の下線部のa〜c
の正誤の適切な組合せを①〜⑤から選び，番号で答えよ。

人間は1日に_a約2.5リットルの水を必要とする。体重の
_b5〜6％の水分が体内から失われると脱水症状があらわれ始
め，20％以上では死亡する危険性が高まる。生きるために不
可欠な水が，病原体や有害物質に汚染されていると健康が損
なわれる。そのため，飲料水には_c水質基準が設けられており，
基準を満たした衛生的な水しか飲めないことになっている。

① a ○ b ○ c ×
② a × b ○ c ○
③ a ○ b ○ c ○
④ a ○ b × c ○
⑤ a × b ○ c ×

(13) 次の文は，自律神経のはたらきについての記述である。文中の
下線部a〜dの正誤の適切な組合せを①〜⑤から選び，番号で答えよ。

自律神経には内臓などの活動を意識せずに調節する働きが
あり，交感神経と副交感神経に分けられる。交感神経が活発
になると，心拍数や呼吸数が_a減少し，瞳孔が開く。一方で，
胃腸などの消化器官の働きは_b活発になる。副交感神経が活発
になると，心拍数や呼吸数が_c増加し，脳は_dリラックスする。

① a ✕ b ✕ c ✕ d ○
② a ✕ b ○ c ✕ d ✕
③ a ○ b ○ c ○ d ○
④ a ○ b ✕ c ○ d ✕
⑤ a ✕ b ○ c ✕ d ○

(14) 次の図は，病原体の侵入を防ぐ体のしくみを示したものである。
その説明として適切でないものを①〜⑤から選び，番号で答えよ。

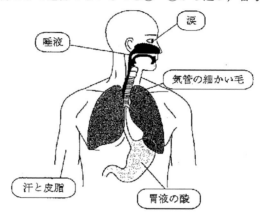

涙

唾液

気管の細かい毛

汗と皮脂

胃液の酸

① 唾液は口内の細菌を退治する。
② 涙は眼球への感染を予防する。
③ 気管の細かい毛は，痰と一緒に病原体を押し出す。
④ 胃液は強力な酸で溶かし，腸へ侵入を防ぐ。
⑤ 汗と皮脂は，細菌が皮膚上で繁殖するのを防ぐ。

(15) 次の図1〜3は，喫煙が及ぼす影響に関するグラフである。その
説明として適切でないものを①〜⑤から選び，番号で答えよ。

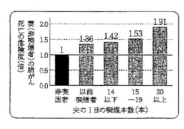

図1　夫の喫煙が妻の健康におよぼす影響

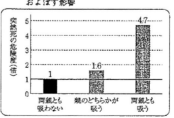

図2　両親の喫煙が乳幼児の突然死に
およぼす影響

図3 喫煙開始年齢と肺がん死亡率

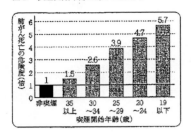

① 夫婦で夫が喫煙していると，妻は非喫煙者であっても肺がん死亡の危険度が高まる。

② 両親とも喫煙していると，乳幼児の突然死の危険度は，両親とも喫煙していないときの約5倍になる。

③ 喫煙開始年齢が早いほど，肺がん死亡の危険度が高まる。

④ 喫煙開始年齢がいくら遅くても，喫煙しない人よりは肺がん死亡の危険度が高まる。

⑤ 男性よりも女性のほうが，夫より妻のほうが肺がん死亡の危険度が高い。

(16) 次の表は，性感染症の病名と特徴，症状を示したものである。表中の ア ～ オ にあてはまる語句の適切な組合せを①～⑤から選び，番号で答えよ。

病名	病原体	潜伏期	症状
ア		1～3週	女性…無症状、おりものの増加、腹膜炎 男性…尿道からのうみ、排尿痛
イ		2～9日	女性…無症状、うみのようなおりもの、腹膜炎 男性…尿道からのうみ、排尿痛
ウ		2～10日	無症状、性器やその周辺の痛み、水膨れ
エ		3週～8か月	性器やその周辺に先のとがったいぼ 痛みはない
オ		3～4週	感染後3～6週で性器や足の付け根にしこり 約3か月後から全身に赤い斑点

① ア 性器クラミジア感染症
　 イ 淋菌感染症
　 ウ 性器ヘルペスウイルス感染症
　 エ 梅毒
　 オ 尖圭コンジローマ

② ア 淋菌感染症
　 イ 性器クラミジア感染症
　 ウ 性器ヘルペスウイルス感染症
　 エ 尖圭コンジローマ
　 オ 梅毒

③ ア 性器クラミジア感染症
　 イ 淋菌感染症
　 ウ 尖圭コンジローマ
　 エ 梅毒
　 オ 性器ヘルペスウイルス感染症

④ ア 性器クラミジア感染症
　 イ 淋菌感染症
　 ウ 性器ヘルペスウイルス感染症
　 エ 尖圭コンジローマ
　 オ 梅毒

⑤ ア 淋菌感染症
　 イ 性器ヘルペスウイルス感染症
　 ウ 性器クラミジア感染症
　 エ 尖圭コンジローマ
　 オ 梅毒

(17) 次のグラフは，中学生(13〜15歳)の自転車事故の原因(上位7種，2019年)について示したものである。グラフ中の ア 〜 オ にあてはまる語句の適切な組合せを①〜⑤から選び，番号で答えよ。

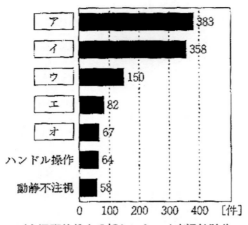

(交通事故総合分析センター「交通統計」)

①　ア　一時不停止　　　　　イ　安全不確認　　ウ　前方不注意
　　エ　信号無視　　　　　　オ　交差点進行義務違反

②　ア　一時不停止　　　　　イ　安全不確認　　ウ　前方不注意
　　エ　交差点進行義務違反　オ　信号無視

③　ア　一時不停止　　　　　イ　前方不注意　　ウ　安全不確認
　　エ　交差点進行義務違反　オ　信号無視

④　ア　安全不確認　　　　　イ　一時不停止　　ウ　前方不注意
　　エ　交差点進行義務違反　オ　信号無視

⑤　ア　安全不確認　　　　　イ　一時不停止　　ウ　信号無視
　　エ　交差点進行義務違反　オ　前方不注意

▌2024年度▌神戸市▌難易度▐■■■□□

【15】保健分野・科目保健について，次の(1)〜(4)の問いに答えよ。

(1)　次の文は，「改訂『生きる力』を育む中学校保健教育の手引(令和
2年3月　文部科学省)」第2章　第1節　5　○性に関する指導の留意
点についての内容の一部である。文中の(　ア　)〜(　オ　)に入る
語句の組合せとして，最も適切なものを，以下の1〜6のうちから一
つ選べ。

・生徒の(　ア　)の段階をふまえること

・学校全体で(イ)を図ること
・家庭・地域との(ウ)を推進し保護者や地域の(エ)を得ること
・集団指導と個別指導の(ウ)を密にして(オ)に行うこと

1 ア　発達　　イ　共通理解　　ウ　協力　　エ　支援
　　オ　効果的

2 ア　発達　　イ　指導体制　　ウ　協力　　エ　理解
　　オ　継続的

3 ア　発達　　イ　共通理解　　ウ　連携　　エ　理解
　　オ　効果的

4 ア　発育　　イ　指導体制　　ウ　連携　　エ　支援
　　オ　継続的

5 ア　発育　　イ　共通理解　　ウ　協力　　エ　理解
　　オ　継続的

6 ア　発育　　イ　指導体制　　ウ　連携　　エ　支援
　　オ　効果的

(2)　次の内容は，「改訂『生きる力』を育む高等学校保健教育の手引(令和3年3月　文部科学省)」第1章　第3節　2　(2)指導方法の具体例の一部である。主な指導方法の正誤の組合せとして，最も適切なものを，以下の1〜6のうちから一つ選べ。

ア　ブレインストーミング‥特定の場面などでの登場人物の言動(演技)を観察して，役割の特性や役割に関わる言動などについて理解する

イ　ロールプレイング・・・特定の事例などについて，登場人物の気持ち，考え，行動，それらの背景要因等を明らかにするため，日常生活で起こりそうな場面について，考えたり話し合ったりする

ウ　実習・・・・・・・・・ある技能などを習得するために，実際にまたは模擬的に，特定の行為や操作などを行い，振り返る

　　エ　ケーススタディ・・・・・特定のテーマなどについて，様々な
　　　　　　　　　　　　　　　　アイデアや意見などを明らかにする
　　　　　　　　　　　　　　　　ために，それらを積極的に提案し記
　　　　　　　　　　　　　　　　録して，結果を分類，整理などする

　　1　ア　正　　イ　正　　ウ　誤　　エ　誤
　　2　ア　正　　イ　正　　ウ　誤　　エ　正
　　3　ア　正　　イ　誤　　ウ　正　　エ　正
　　4　ア　誤　　イ　正　　ウ　正　　エ　誤
　　5　ア　誤　　イ　誤　　ウ　誤　　エ　正
　　6　ア　誤　　イ　誤　　ウ　正　　エ　誤

(3)　次の内容は，「がん教育推進のための教材(平成28年4月　文部科学省：平成29年6月，令和3年3月一部改訂)」5　がんの早期発見とがん検診の内容の一部である。国が推奨しているがん検診の対象年齢と検診間隔の組合せとして，適切でないものを，次の1～5のうちから一つ選べ。

　　1　胃がん検診・・・・対象年齢：50歳以上の男女，受診間隔：2年に1回
　　2　大腸がん検診・・・対象年齢：40歳以上の男女，受診間隔：年1回
　　3　肺がん検診・・・・対象年齢：50歳以上の男女，受診間隔：年2回
　　4　乳がん検診・・・・対象年齢：40歳以上の女性，受診間隔：2年に1回
　　5　子宮頸がん検診・・対象年齢：20歳以上の女性，受診間隔：2年に1回

(4)　次の内容は，「『ギャンブル等依存症』などを予防するために　生徒の心と体を守るための指導参考資料(平成31年3月　文部科学省)」1「依存症」とはの内容の一部である。文中の（　ア　）～（　エ　）に入る語句の組合せとして，最も適切なものを，以下の1～6のうちから一つ選べ。

　　3　やめられなくなる脳の仕組み
　　　脳には，美味しいものを食べる，試験に合格するなどによって快

感や幸せを感じる機能があります。これは，行動嗜癖が生まれるプロセスに重要な役割を果たしています。

　ギャンブル等を行ったり，依存物質を摂取したりすることにより，脳内で(　ア　)という神経伝達物質が分泌されます。(　ア　)が脳内に放出されることで(　イ　)が興奮して快感・(　ウ　)が得られます。この感覚を脳が「報酬(ごほうび)」と認識すると，その報酬(ごほうび)を求める回路が脳内にできあがります。

　しかし，その行為が繰り返されると次第に「報酬(ごほうび)」回路の機能が低下していき，「快感・喜び」を感じにくくなります。そのため，以前と同じ快感を得ようとして，依存物質の使用量が増えたり，行動がエスカレートしたりしていきます。また，脳の思考や創造性を担う部位((　エ　))の機能が低下し，自分の意思でコントロールすることが困難になります。特に子供は(　エ　)が十分に発達していないため，嗜癖行動にのめり込む危険性が高いといわれています。

1　ア　ドーパミン　　　イ　副交感神経　　ウ　多幸感
　　エ　側頭葉
2　ア　アドレナリン　　イ　中枢神経　　　ウ　満足感
　　エ　側頭葉
3　ア　ドーパミン　　　イ　中枢神経　　　ウ　満足感
　　エ　側頭葉
4　ア　アドレナリン　　イ　副交感神経　　ウ　多幸感
　　エ　前頭前野
5　ア　ドーパミン　　　イ　中枢神経　　　ウ　多幸感
　　エ　前頭前野
6　ア　アドレナリン　　イ　副交感神経　　ウ　満足感
　　エ　前頭前野

▎2024年度 ▎大分県 ▎難易度 ▨▨▨▨▨▢

<h1>解答・解説</h1>

【1】1 (1) ウ　(2) イ　(3) ア　2 ①　ウ　②　カ

○**解説**○　1　熱中症はその重症度に従いⅠ～Ⅲ度に分類されており，Ⅰ度，Ⅱ度，Ⅲ度の順に症状が重くなる。各重症度において，Ⅰ度はめまい・失神・筋肉痛・筋肉の硬直，Ⅱ度は頭痛・気分の不快・吐き気・嘔吐・倦怠感・虚脱感，Ⅲ度は意識障害・痙攣・手足の運動障害，高体温の症状が現れる。なお，熱失神は，炎天下にじっとしていたり，立ち上がったりした時，運動後等に起こるめまいや失神などの症状である。涼しい場所で足を高くして寝かせたり，水分補給や身体の冷却をしたりすることで通常はすぐに回復する。　2　嗜癖の対象が特定の物質(ニコチン，アルコール，薬物等)の場合，「物質依存」といい，ギャンブル等の行動を自分の意思ではコントロールできなくなる場合，「行動嗜癖」という。どちらの場合でも健康や生活面に支障が出てくる。

【2】問1　ア　ニコチン　イ　一酸化炭素　問2　SOGI
問3　LGBTQ

○**解説**○　問1　たばこには，ニコチン(依存症を引き起こし，血管を収縮させ，血液の流れを悪くする)，タール(発がん性物質を含んでおり，がんの発生を促進したり，発育を加速させたりする)，一酸化炭素(身体を酸素欠乏状態にするため，動脈硬化症や心筋梗塞，脳梗塞などを引き起こす)のような発がん性物質が多く含まれている。　問2　SOGIとは，Sexual Orientation and Gender Identityのことで，性的指向(好きになる性)，性自認(自分の心の性)のことをいう。　問3　LGBTQとは，Lesbian(レズビアン，女性同性愛者)，Gay(ゲイ，男性同性愛者)，Bisexual(バイセクシュアル，両性愛者)，Transgender(トランスジェンダー，性自認が出生時に割り当てられた性別とは異なる人)，Queer, Questioning(クイア，クエスチョニング)のことで，性的マイノリティ(性的少数者)を表す総称であり，多様性社会，共生社会を代表する言葉の一つである。

444

【3】1 ① 病原体 ② 発生源 ③ 感染経路 2 梅毒

○**解説**○ 1 ①「病原体」とは，感染症の発生要因となるウイルスや細菌などのこと。麻疹ウイルス，インフルエンザウイルス，風疹ウイルス，ノロウイルス，コレラ菌，結核菌，マラリア原虫などがある。② 「発生源」とは，感染症の病原体を保有する人，動物，昆虫や，病原体に汚染された物などのことで，「感染源」ともいう。対策としては感染患者の早期発見・早期治療，動物や昆虫の駆除，汚染物の消毒・殺菌などがある。 ③ 「感染経路」とは，病原体が宿主から他の宿主にうつる道筋のこと。対策としては，手洗い，マスク，換気，学級閉鎖などがある。 2 「梅毒」の報告数は，2011年頃から増加傾向となり，2019年から2020年に一旦減少したものの，2021年以降大きく増加した。2022年には，統計開始(1999年)以降最多の約1万3,000例の報告があった。地域別の報告数では人口の多い東京都や大阪府が多く，年代別の報告数では，男性20代～50代，女性は20代が突出して増えている。

【4】(1) ① 食事 ② 物理 ③ 生物学 ④ 社会
(2) 直接圧迫止血法 (3) 発育急進期 (4) 1回の拍出量が増加し，心拍数は減少する。 (5) 温度，湿度，気流

○**解説**○ (1) 「物理的・化学的」，「生物学的」，「社会的」な環境要因が，主体要因と合わせて疾病を発生させていることに留意しよう。
(2) 問題文中にヒントが多く出されているから分かりやすい。間接圧迫止血法は，主に手や足からの出血の場合，出血している部位より心臓側に近い部位の止血点を手や指で圧迫して血流を遮断し，止血する方法。 (3) 第一発育急進期は出生時から乳児期まで(0～2歳頃)を指す。第二発育急進期は思春期(10歳頃～15歳頃)で，子どもの身体から大人の身体に変化していく時期である。 (4) 成人男性の心拍数は毎分65～70回，成人女性は70～80回であるが，幼児の心拍数は110回前後であり，6歳頃には90回程度になる。 (5) 人体の熱的快適感(暑さ，寒さ)に影響する要素には，解答例のほかにも放射，代謝量，着衣量がある。

● **保健分野**

【5】(1) a　理解　　b　発生源　　c　抵抗力　　(2) d　空気
e　飛沫　　f　接触

○**解説**○ (1)　保健分野は，「(1)健康な生活と疾病の予防」，「(2)心身の機
能の発達と心の健康」，「(3)傷害の防止」，「(4)健康と環境」という4つ
の内容で構成される。本問は「(1)健康な生活と疾病の予防」からの出
題である。　a　「(1)健康な生活と疾病の予防」と「(4)健康と環境」に
は，保健分野の指導内容である「知識及び技能」のうち「技能」がな
く，「知識」のみとなっている。そのため，出題のアの文末が「理解
を深めること」と示されている。一方，「知識及び技能」の両方があ
る「(2)心身の機能の発達と心の健康」と「(3)傷害の防止」では，「理
解を深めるとともに，…をすること。」と示されている。　b・c　感
染症予防の三原則には，感染源となる病原体そのものをなくす感染源
(発生源)対策，手洗いやマスク着用などで感染経路を遮断する感染経
路対策，予防接種などで抵抗力をつける感受性(者)対策がある。
(2)　d　空気感染(飛沫核感染)とは，空気中の塵や飛沫核(5μm以下の
微粒子で，空気中を1m以上浮遊する)を介する感染である。感染して
いる人が咳やくしゃみ，会話をした際に，口や鼻から飛散した病原体
がエアロゾル(微粒子)化し感染性を保ったまま空気の流れによって拡
散し，同じ空間にいる人もそれを吸い込んで感染する。　e　飛沫感
染とは，唾液の水分などでコーティングされた飛沫(5μm以上の粒子
で，1m程度で落下し空気中を浮遊し続けることはない)を介する感染
である。感染している人が咳やくしゃみをした際に，口や鼻から病原
体が多く含まれた小さな水滴が放出され，それを近くにいる人が吸い
込むことで感染する。　f　接触感染とは，感染している人との接触や
汚染された物に触れることによる感染である。握手や抱っこなど感染
している人に触れることで起こる直接接触感染と，ドアノブや手すり，
遊具などの汚染されたものを介して起こる間接接触感染に分けられ
る。なお，経口感染(糞口感染)は，病原体に汚染された食物などが手
を介して口に入ることによる感染，節足動物媒介感染は，病原体を保
有する昆虫(蚊やダニ)による感染である。

【6】問1 1 ③　　2 ③　　問2 ①　　問3 1 ④　　2 ③
問4 1 ②　　2 ②　　3 ④　　問5 ①　　問6 ④

○**解説**○ 問1　全部で11項目あげられているうち，(3)と(10)から出題された。指導に直結する具体的な内容なので他の項目についても，文言は覚え内容を理解しておくこと。　問2　体育分野の第1学年及び第2学年，第3学年，保健分野の目標はそれぞれ違いを整理して，文言は必ず覚えること。　問3　中学校学習指導要領解説では，(1)健康な生活と疾病の予防の内容を，(ア)健康の成り立ちと疾病の発生要因，(イ)生活習慣と健康，(ウ)生活習慣病などの予防，(エ)喫煙，飲酒，薬物乱用と健康，(オ)感染症の予防，(カ)健康を守る社会の取組にわけて解説している。(イ)生活習慣と健康は，㋐運動と健康，㋑食生活と健康，㋒休養及び睡眠と健康，㋓調和のとれた生活の4つの項目が示されている。文言を覚えるだけでなく理解を深めておきたい。(オ)感染症の予防は，㋐感染症の予防，㋑エイズ及び性感染症の予防の項目がある。(エ)喫煙，飲酒，薬物乱用と健康に関する問題も頻出なので確認しておくこと。　問4　(2)心身の機能の発達と心の健康は(ア)身体機能の発達，(イ)生殖に関わる機能の成熟，(ウ)精神機能の発達と自己形成，(エ)欲求やストレスへの対処と心の健康について解説されている。ここでは(イ)と(ウ)から出題された。近年，ストレスや心の健康についての出題が増えているので，この項目についても理解を深めておきたい。　問5　(3)傷害の防止は，(ア)交通事故や自然災害などによる傷害の発生要因，(イ)交通事故などによる傷害の防止，(ウ)自然災害による傷害の防止，(エ)応急手当の意義と実際にわけて解説されている。ここでは(ウ)から出題された。(エ)の応急手当の意義と実際についての出題は頻出である。気道確保，人工呼吸，胸骨圧迫，AED(自動体外式除細動器)使用の心肺蘇生法，止血法について理解しておくこと。　問6　(4)健康と環境は，(ア)身体の環境に対する適応能力・至適範囲，(イ)飲料水や空気の衛生的管理，(ウ)生活に伴う廃棄物の衛生的管理にわけて解説されている。ここでは(ア)のうち㋑から出題された。近年，熱中症に関する問題は頻出なので㋐についても理解を深めておきたい。

【7】問1　①　ア(カ)　　②　カ(ア)　　③　エ(ク)　　④　ク(エ)
⑤　イ(オ)　　⑥　オ(イ)　　⑦　ウ　　⑧　キ　　問2　①　リデュ
ース　　②　リユース　　③　リサイクル　　問3　①　安静
②　冷却　　③　圧迫　　④　挙上　　⑤　固定　　⑥　内出血(腫
れ)　　⑦　腫れ(内出血)　　⑧　心臓　　問4　心的外傷後ストレス
障害(PTSD)　　問5　ユニバーサルデザイン　　問6　ヘルプカード
問7　①　刑事上　　②　民事上　　③　行政上

○**解説**○　問1　薬物犯罪の大部分を占めるのは覚せい剤だが，最近では
大麻，合成麻薬，睡眠薬や精神安定剤などの向精神薬の乱用も増加し
てきている。また，女性や未成年の乱用者も増加し，学校にまで持ち
込まれるなど，低年齢化の傾向にある。　　問2　3Rとは「リデュース」，
「リユース」，「リサイクル」の3つのRの総称である。　　問3　RICE法
とは，Rest(安静)・Ice(冷却)・Compression(圧迫)・Elevation(挙上)の4つ
の処置の頭文字から名付けられた。内出血・腫れ・痛みを抑え，回復
を助ける効果がある。　　問4　PTSDとは，通常経験する範囲をはるか
にこえた強い心的外傷を受けたあとに発症する精神障害で，症状が1
カ月以上続くものである。　　問5　ユニバーサルデザインには，「誰で
も使えて手にいれることが出来る(公平性)」，「柔軟に使用できる(自由
度)」，「使い方が簡単にわかる(単純性)」，「使う人に必要な情報が簡単
に伝わる(わかりやすさ)」，「間違えても重大な結果にならない(安全
性)」，「少ない力で効率的に，楽に使える(省体力)」，「使うときに適当
な広さがある(空間性)」の7つの原則がある。　　問6　ヘルプカードは，
医療機関を受診する時や災害時，日常生活で困った時などに，障害者
のコミュニケーションを支援するツールとして活用できる。
問7　①は社会の法秩序の維持，②は被害者の被った損害を補償し金
銭により現状回復を図る，③は道路交通の安全の確保という目的があ
る。

【8】(1)　4　　(2)　2　　(3)　3　　(4)　4　　(5)　2　　(6)　4
○**解説**○　(1)　日本では，2005年に日本内科学会などの8つの医学系の学
会が合同してメタボリックシンドロームの診断基準を策定した。内臓
脂肪の蓄積があり，かつ血圧，血糖，血清脂質のうち2つ以上が基準

値から外れている状態を指す。なお，海外では異なる基準を用いている点に注意が必要である。　(2)　第1位は悪性新生物，第2位は心疾患，第3位は老衰，第4位は脳血管疾患，第5位は肺炎となっている。老衰が第3位である背景として，高齢化社会や医療の発達などが窺える。(3)　B　ワクチン接種は小学校6年～高校1年相当の女の子を対象にしている。　C　男性の肺がん検診を除いた，すべてのがん検診の受診率が目標を達していない。　(4)　日本では1948年から梅毒の発生について報告の制度があるが，報告数は1967年以降減少していた。しかし，2011年頃から報告数は再び増加傾向となった。2019年から2020年に一旦減少したものの，2021年以降大きく増加している。　(5)　A　大麻に含まれる有害成分は，メタンフェタミンではなくTHC(テトラヒドロカンナビノール)。メタンフェタミンは覚醒剤の一種である。　C　大阪府のウェブサイト「大阪府における薬物乱用の推移(平成10年～30年)」および「大麻事犯検挙人員の推移(大阪)」，さらに大阪府警察のウェブサイト「薬物事犯の検挙人員」によれば，平成21年は246件，22年221件，23年162件，24年124件，25年121件と減少したが，26年の146件以降年々増加しており，令和4年には580件に達している。

(6)　体内で本来必要な重要臓器への血流が皮膚表面へ移動すること，また大量に汗をかくことで体から水分や塩分(ナトリウムなど)が失われるなどの脱水状態になることに対して，体が適切に対処できなければ，筋肉のこむら返りや失神(いわゆる脳貧血：脳への血流が一時的に滞る現象)を起こす。そして，熱の産生と熱の放散とのバランスが崩れてしまえば，体温が急激に上昇する。このような状態が熱中症である。学校での熱中症による死亡事故は，ほとんどが体育・スポーツ活動によるものである。部活動においては，屋外で行われるスポーツ，また，屋内で行われるスポーツでは，厚手の衣類や防具を着用するスポーツで多く発生する傾向がある。また，学校行事など部活動以外のスポーツでは，長時間にわたって行うスポーツで多く発生する傾向にある。

【9】1　c　　2　b　　3　e　　4　a　　5　d
○解説○　1　①　まず行うことは，周囲を見渡して安全を確かめることである。近くに危険物がないか，車の往来はないか等を最初に確認す

る。　②　呼吸の有無の確認は10秒以内で行う。　④　胸骨の上半分
ではなく下半分に手のひらのつけ根を置いて圧迫する。　2　②　血
管が収縮するため血圧は上がる。　④　依存性があるのはニコチンで
ある。タールには発がん作用やがん促進作用がある。　⑤　環境基本
法ではなく健康増進法が正しい。この法律は，2002年に制定され，
2018年に一部改正となり，望まない受動喫煙を防止するための取組が，
マナー(努力義務)からルール(義務)へと変更された。　3　精神疾患の
要因として，脳機能の障害などの生理的な要因，個人の物事の捉え方
や考え方の特徴といった心理的要因，過労の結果としての睡眠不足や
身体疾患などの身体的要因，人間関係のトラブルによるストレスや環
境の変化といった社会的要因が挙げられる。　4　⑤は「勤労世代」
ではなく「熟年世代」の指針である。勤労世代の指針は「勤労世代の
疲労回復・能率アップに，毎日十分な睡眠を」とされている。
5　18〜64歳では1日90分ではなく60分以上，65歳以上では1日60分で
はなく40分以上の身体活動が，目標として掲げられている。

【10】(1)　A　平均　　B　健康　　C　日常生活　　(2)　基本的な生活
習慣を身に付ける。　　(3)　①　自動体外式除細動器　　②　ア　○
イ　×　ウ　○　エ　×　　(4)　①　22　　②　人工妊娠中絶
③　母体保護法

○解説○　(1)　令和元(2019)年における日本人の平均寿命と健康寿命に
は，男女でそれぞれ約9年，約12年の差がある。国民一人一人が健や
かで心豊かに生活できる活力ある社会を実現するためには，平均寿命
の増加分を上回る健康寿命の延伸を実現することが必要である。
(2)　病気にならないように取り組むことを，予防医学という。一次予
防は，生活習慣や生活環境の改善，健康教育などによって健康増進を
図り，病気の発生を防ぐことである。二次予防は，病気や障害の重症
化を予防することである。三次予防は，すでに発病している病気を管
理し，社会復帰できる機能を回復させることである。　(3)　①
AED(自動体外式除細動器)は，心臓がけいれんし，血液を流すポンプ
機能を失った状態(心室細動)になった心臓に電気ショックを与え，正
常なリズムに戻すための医療機器である。平成16(2004)年より医療従

事者ではない一般市民でも使用できるようになって，病院や診療所，救急車のほかに，空港，駅，スポーツクラブ，学校など人が多く集まるところを中心に設置されている。　②　イ　心臓より高くする。エ　下を向く。あごを上げると，鼻血が気管に入ってしまう危険性がある。　(4)　妊娠初期(12週未満)には，子宮内容除去術として掻爬法や吸引法が行われる。妊娠12週〜22週未満では，子宮収縮剤で人工的に陣痛を起こして流産させる方法をとる。母体保護法は，母性の生命健康を保護することを目的とし，不妊手術と人工妊娠中絶について定めたものである。平成8(1996)年に，優生保護法から優生思想に基づく規定が削除され，名称が改められた。

【11】問1　⑥　　　問2　③　　　問3　⑤　　　問4　④　　　問5　②
問6　②　　　問7　③　　　問8　④

○**解説**○　問1「保健」の内容から(1)現代社会と健康の項目より出題された。このうち，ア知識は(ア)健康の考え方，(イ)現代の感染症とその予防，(ウ)生活習慣病などの予防と回復，(エ)喫煙，飲酒，薬物乱用と健康，(オ)精神疾患の予防と回復からなっている。ここでは(ア)から出題されたがいずれも頻出事項なので学習しておきたい。　問2　厚生労働白書を確認しておくこと。正しくは(イ)院内である。　問3　健康増進法に基づき国民の健康の増進の総合的な推進を図るための基本的な方針が改正された。全文を確認しておきたい。正しくは(ア)健康寿命である。　問4　厚生労働白書を確認しておくこと。うつ病が重症化する前に早期に治療を行うことができるよう，うつ病等に罹患している者を早期に発見し適切に対応することが重要である。労働者へのメンタルヘルス対策としては，「労働安全衛生法」に基づく指針を定め，事業場におけるメンタルヘルス対策の取組方法を示し，事業者への周知・指導等を行うほか，うつ病等メンタルヘルス不調により休業した労働者の職場復帰のための取組みの普及を図っている。　問5　警察白書を確認しておくこと。正しくは(ア)約2倍，(イ)歩行中，自動車乗車中，二輪車乗車中，自転車乗用中，(オ)17時台から19時台である。問6「学校保健安全法」は，学校における児童生徒等及び職員の健康の保持増進を図るため，学校における保健管理に関し必要な事項を定

めるとともに，学校における教育活動が安全な環境において実施され，児童生徒等の安全の確保が図られるよう，学校における安全管理に関し必要な事項を定め，もって学校教育の円滑な実施とその成果の確保に資することを目的としている。「高齢者の医療の確保に関する法律」は，国民の高齢期における適切な医療の確保を図るため，医療費の適正化を推進するための計画の作成及び保険者による健康診査等の実施に関する措置を講ずるとともに，高齢者の医療について，国民の共同連帯の理念等に基づき，前期高齢者に係る保険者間の費用負担の調整，後期高齢者に対する適切な医療の給付等を行うために必要な制度を設け，もって国民保健の向上及び高齢者の福祉の増進を図ることを目的としている。「児童福祉法」では，全て児童は，児童の権利に関する条約の精神にのっとり，適切に養育されること，その生活を保障されること，愛され，保護されること，その心身の健やかな成長及び発達並びにその自立が図られること，その他の福祉を等しく保障される権利を有することを保障するとしている。　問7　性同一性障害者とは，法においては，「生物学的には性別が明らかであるにもかかわらず，心理的にはそれとは別の性別(以下「他の性別」という。)であるとの持続的な確信をもち，かつ，自己を身体的及び社会的に他の性別に適合させようとする意思を有する者であって，そのことについてその診断を的確に行うために必要な知識及び経験を有する二人以上の医師の一般に認められている医学的知見に基づき行う診断が一致しているもの」と定義されている。性的マイノリティに対する配慮について，十分な知識が必要である。　問8　HACCPとは，食品等事業者自らが食中毒菌汚染や異物混入等の危害要因を把握した上で，原材料の入荷から製品の出荷に至る全工程の中で，それらの危害要因を除去又は低減させるために特に重要な工程を管理し，製品の安全性を確保しようとする衛生管理の手法である。

【12】(1)　1　　(2)　4　　(3)　2　　(4)　1　　(5)　2

○**解説**○ (1)「健康な生活と疾病の予防」「(オ)感染症の予防」は，第3学年の学習内容である。感染症は，病原体が環境を通じて主体へ感染することで起こる疾病である。感染症を予防するには，消毒や殺菌等に

より発生源をなくすこと，周囲の環境を衛生的に保つことにより感染経路を遮断すること，栄養状態を良好にしたり，予防接種の実施により免疫を付けたりするなど身体の抵抗力を高めることが有効である。抵抗力を高めるには，食事・運動・休養(睡眠)の質を上げることが重要となる。　(2)「傷害の防止」は，第2学年の学習内容である。① 「傷害の防止」の内容は知識及び技能と思考力，判断力，表現力等で構成されており，知識及び技能の「技能」としては，応急手当を実習を通してできるようにすることなどである。胸骨圧迫，AED使用などの心肺蘇生法，包帯法や止血法としての直接圧迫法などを取り上げて実習が行われる。　② 交通事故の要因としては，人的要因と環境要因がある。環境要因に対しては，環境を安全にするために，道路などの交通環境などの整備，改善などが挙げられる。　(3) ①・② 思春期には，性腺刺激ホルモンの働きにより生殖器の発育とともに生殖機能が発達し，男子では射精，女子では月経が見られ，妊娠が可能となることを学習する。また，異性の尊重，性情報への対処など性に関する適切な態度や行動の選択について学習する。ただし，妊娠の経過は取り扱われない。　③ 「(4)健康と環境」では，主として身体に直接関わりのある環境を取り上げて指導するとしている。　(4) ① 「人体の呼吸作用や物質の燃焼により増加する」とあることから，「二酸化炭素」である。　② 「主に物質の不完全燃焼によって発生」とあることから，「一酸化炭素」である。　(5) 保健教育においては，小学校では「身近な生活における健康・安全に関する基礎的な内容を実践的に理解」し，中学校では「主として個人生活における健康・安全に関する内容を科学的に理解」し，高等学校では「個人生活のみならず社会生活との関わりを含めた健康・安全に関する内容を総合的に理解」することを通して，生涯を通じて健康や安全の課題に適切に対応できるようにすることを目指している。

【13】問1　3　　問2　1　　問3　1　　問4　2　　問5　2　　問6　3
○解説○ 問1　性器クラミジア感染症の年次推移及び記述である。性器クラミジア感染症の報告数は，2002年(平成14年)をピークに減少傾向にあったが，2016年(平成28年)から増加しており，その傾向が続いて

いる。最近の報告数は25,000人を超え，性感染症の中では最も多い。性器クラミジア感染症の特徴的な症状は，男性は尿道からうみ，排尿痛などがあるが，女性はあまり自覚症状がない。梅毒は，年間約11,000人が報告された1967年以降は減少していた。ところが2011年(平成23年)頃から再び増加傾向となり，2019年(平成31年)から2020年(令和2年)には一旦減少したものの，2021年以降にまた急増してきている。梅毒の特徴的な症状は，リンパ節の腫れ，全身の赤い発疹などがある。

問2　ア　大腸が当てはまる。大腸の罹患数が男女とも2位のため男女計は1位となり，死亡数は男性が3位，女性が1位のため男女計は2位となっている。　イ　がんによる死亡数がもっとも多いのは肺がんである。　ウ　男性の罹患数が最も多いのは前立腺がんである。

問3　「端末利用に当たっての児童生徒の健康への配慮等に関する啓発リーフレット」(文部科学省)を参照しておきたい。　2　長時間にわたって画面を見ないよう「30分に1回は20秒以上，画面から目を離して，遠くを見る」が正しい。　3　夜に自宅で使用する際には，一般には「昼間に学校の教室で使用する際よりも，明るさ(輝度)を下げる」ことが推奨されている。　4　睡眠前に強い光を浴びると，「入眠作用があるホルモン『メラトニン』の分泌が阻害され寝つきが悪くなる。少なくとも，寝る1時間前からは，デジタル機器の利用を控えるようにする」が正しい。　問4　1　令和3年の覚醒剤事犯の検挙人員は，7,970人(前年比：－684人/－7.9%)で6年連続減少しているが，再犯者率は増加している。　3　「依存症対策総合支援事業」は平成29年から実施している事業であり，令和3年度から新規に実施した事業ではない。　4　薬物密輸入事犯の検挙件数は，286件(前年同値)，検挙人員は367人(前年比：＋37人/＋11.2%)と，前年より検挙人員が増加しており，今後も貨物等に隠匿して密輸入する事犯等の増加が懸念されている。

問5　1　ジャンパー膝は，ジャンプ動作の繰り返しによって膝に負荷がかかり，大腿四頭筋腱(太もも前面の筋肉とひざの皿のところの骨をつないでいる腱)や膝蓋腱(ひざの皿のところの骨とすねの骨をつないでいる腱)といった，骨と靱帯の連結部分が炎症して痛みが生じる。3　シンスプリントは，陸上競技やサッカーなど走ることの多いスポーツで多く発生し，足のすねの内側にある脛骨に痛みが生じる。

4 インピンジメント症候群は，野球やバドミントン，水泳などオーバーヘッドスポーツで生じやすい障害で，肩関節を動かす際に骨や腱が衝突し，組織が炎症を起こし痛みが生じる。 問6 学校の教室等の環境に係る基準は「学校環境衛生基準」により定められ，2022年(令和4年)5月にその一部が改訂されている。 1 教室及びそれに準ずる場所は，明るいとよく見えるが，明るすぎるとまぶしさの原因となる場合が多い。教室及びそれに準ずる場所の照度については，晴天の日でも雨の日でも常に300ルクス以上必要であり，500ルクス以上であることが望ましい。 2 教室の温度は，2022年に「18℃以上，28℃以下であることが望ましい」と改訂された。なお，それまでは「17℃以上，28℃以下であることが望ましい」であった。 4 酸素と結合するのは，「白血球」ではなくて「赤血球」である。一酸化炭素の基準値については，学校が児童生徒等の生活の場，学習の場であることを考えて，「一酸化炭素濃度は10ppm 以下であること」から，2022年に「6ppm 以下であること」に改訂された。

【14】 (1) ① (2) ④ (3) ③ (4) ④ (5) ② (6) ③
(7) ⑤ (8) ② (9) ② (10) ③ (11) ② (12) ④
(13) ① (14) ④ (15) ⑤ (16) ④ (17) ②

○**解説**○ (1) 「情動」とは，怒り，恐れ，喜び，悲しみなどの，急速に引き起こされた一時的で急激な感情の動きのことである。情動によって身体的，生理的そして行動上の変化が惹起される。精神疾患の場合，情動が大きくなりすぎて激しい言動を起こすことがある。「嗜癖」とは，あるものを特に好きこのむ癖である。これはときに中毒性を現出し，人をそれなしでは生きられないように錯覚させてしまうことがある。 (2) がんの回復について，手術，化学(抗がん剤)，放射線の各治療法があることはしっかり記憶しておくこと。「緩和ケア」は家族の生活の質(QOL)を図る目的がある点に注目したい。 (3) 医薬品の使用法について「回数」(1日に何回)，「時間」(いつ)，「量」(1回にどれくらい)が重要であることを押さえよう。 (4) 「ブレインストーミング」とは，複数人でアイデアを出し合い，短時間で多くの新しい考えを集めることで，「集団発想法」ともいう。「ロールプレイング」は，

実際に近い疑似場面をイメージし，そこで自分の役割を演じることで
スキルを身につける学習方法のことである。 (5)「リラクセーション」
はリラクゼーションとはいわないことに注意。漸進的とは，段階を追
って次第にゆっくり進むことである。ゆっくりと筋肉の緊張と弛緩を
繰り返すというリラクセーション法があることを覚えておこう。

(6) 胸骨圧迫は5cm沈むくらい押すという点，1分間に100〜120回の速
さで繰り返すという点を確実に記憶したい。 (7) 外傷等の応急処置
では，RICEすなわち，患部を安静(Rest)にし，冷却(Icing)し，弾性包
帯やテーピングで圧迫(Compression)し，患部を挙上(Elevation)するこ
とが基本である。 (8) 身体を冷却する方法は，氷水に全身を浸して
冷却する「氷水浴法」が最も効果的である。次に，水道につないだホ
ースで全身に水をかけ続ける「水道水散布法」が推奨される。これら
が困難な場合は，エアコンの利いた部屋に患者を収容し，冷やした濡
れタオルを全身にのせる。このとき，タオルは次々に冷えたものに取
り換える。扇風機等も併用する。氷やアイスパックなどを太い血管の
ある部位(頸，腋の下，脚の付け根など)に当てて追加的に冷やすのも
よい。 (9) 男性は肺がんによる死亡が突出して多く，女性は大腸が
んと肺がんがほぼ同等となっている。なお，出題のグラフの出典は不
明であるが2019年度の統計と思われる。最新の情報を確認しておくこ
と。 (10) 学校における環境衛生基準については，「学校環境衛生管
理マニュアル『学校環境衛生基準』の理論と実践[平成30年度改訂版]」
が役立つが，本書の発行後，環境衛生基準値は複数回改正されている。
文部科学省のホームページの「学校環境衛生基準」に目を通し，最新
の数値を確認しておくこと。 (11) aは結核ではなく「心臓病」が正
しい。 (12) bは5〜6％ではなく「4〜5％」が正しい。脱水症状では，
疲労感や頭痛，めまいなどが現れる。 (13) aは「増加」，bは「抑制
される」，cは「減少」が正しい。 (14) 胃液には，食物と一緒に入
ってきたウイルスや細菌の増殖をおさえたり，殺菌したりする働きが
ある。よって，「侵入を防ぐ」というのは誤り。 (15) ⑤の内容は3
つのグラフからは読み取れない。 (16) 潜伏期や症状などから性感
染症の各種類の特徴を把握しておこう。特に梅毒患者は近年増加傾向
にあるのでしっかり理解しておきたい。 (17) イの「安全不確認」

は，一時停止あるいは徐行はしたものの，確認が不足したため，相手車両を見落としたり，見誤ったりした結果，事故に至った場合をいう。

【15】(1)　3　　(2)　6　　(3)　3　　(4)　5
○**解説**○ (1)　学校全体で共通理解を図ることと，保護者の理解を得ることは必ず押さえておきたい。　(2)　アはロールプレイング，イはケーススタディ，エはブレインストーミングである。　(3)　肺がん検診は対象年齢が40歳以上の男女，受診間隔は年1回が正しい。　(4)　ドーパミンが中枢神経を刺激して多幸感を生むこと，脳の前頭前野が思考・創造性を担っており，その機能が低下すると自己統制がしにくくなることを押さえておきたい。

学習指導要領・指導法

要点整理

中央教育審議会答申(平成28年12月21日)では「何ができるようになるか」という学習の意義を明確にするという方針から，全ての教科を①知識及び技能，②思考力，判断力，表現力等，③学びに向かう力，人間性等の3つの柱で整理するという方針が示された。

また，今回の学習指導要領改訂では生徒の主体的・対話的で深い学びの実現を図ることが全教科にわたり示されることとなった。答申では，保健体育科における学びに対する視点について，以下の通り示されている。

「主体的な学び」の視点

「主体的な学び」は，運動の楽しさや健康の意義等を発見し，運動や健康についての興味や関心を高め，課題の解決に向けて粘り強く自ら取り組み，それを考察するとともに学習を振り返り，課題を修正したり新たな課題を設定したりする学びの過程と捉えられる。各種の運動の特性や魅力に触れたり，自他の健康の保持増進や回復を目指したりするための主体的な学習を重視するものである。

「対話的な学び」の視点

「対話的な学び」は，運動や健康についての課題の解決に向けて，児童生徒が他者(書物等を含む)との対話を通して，自己の思考を広げ深めていく学びの過程と捉えられる。自他の運動や健康についての課題の解決を目指して，協働的な学習を重視するものである。

「深い学び」の視点

「深い学び」は，自他の運動や健康についての課題を発見し，解決に向けて試行錯誤を重ねながら，思考を深め，よりよく解決する学びの過程と捉えられる。児童生徒の発達の段階に応じて，これらの深い学びの過程を繰り返すことにより，体育科，保健体育科の「見方・考え方」を豊かで確かなものとすることを重視するものである。

また，保健体育科における今後の課題としては，次のようなものが示された。

> ・習得した知識や技能を活用して課題解決すること
> ・学習したことを相手に分かりやすく伝えること
> ・運動する子供とそうでない子供の二極化傾向が見られること
> ・子供の体力について，低下傾向には歯止めが掛かっているものの，体力水準が高かった昭和60年ごろと比較すると，依然として低い状況が見られること
> ・健康課題を発見し，主体的に課題解決に取り組む学習が不十分であり，社会の変化に伴う新たな健康課題に対応した教育が必要

　これらの課題を踏まえ，具体的には以下の方針で内容の改善を図ることとなった。

【中学校保健体育】

○　中学校体育分野については，生涯にわたって運動やスポーツに親しみ，スポーツとの多様な関わり方を場面に応じて選択し，実践することができるよう，「知識・技能」，「思考力・判断力・表現力等」，「学びに向かう力・人間性等」の育成を重視する観点から内容等の改善を図る。また，保健分野との一層の関連を図った内容等について改善を図る。

　・　各領域で身に付けたい具体的な内容を，資質・能力の三つの柱に沿って明確に示す。特に，「思考力・判断力・表現力等」及び「学びに向かう力・人間性等」の内容の明確化を図る。また，体力や技能の程度，年齢や性別及び障害の有無等にかかわらず，運動やスポーツの多様な楽しみ方を共有することができるよう配慮する。

　・　体を動かす楽しさや心地よさを味わうとともに，健康や体力の状況に応じて体力を高める必要性を認識し，運動やスポーツの習慣化につなげる観点から，体つくり運動の内容等について改善を図る。

　・　スポーツの意義や価値等の理解につながるよう，内容等について改善を図る。特に，東京オリンピック・パラリンピック競技大会がもたらす成果を次世代に引き継いでいく観点から，知識に関

する領域において，オリンピック・パラリンピックの意義や価値等の内容等について改善を図る。

・　グローバル化する社会の中で，我が国固有の伝統と文化への理解を深める観点から，日本固有の武道の考え方に触れることができるよう，内容等について一層の改善を図る。

○　保健分野については，個人生活における健康・安全についての「知識・技能」，「思考力・判断力・表現力等」，「学びに向かう力・人間性等」の育成を重視する観点から，内容等の改善を図る。その際，心の健康や疾病の予防に関する健康課題の解決に関わる内容，ストレス対処や心肺蘇生法等の技能に関する内容等を充実する。また，個人生活における健康課題を解決することを重視する観点から，健康な生活と疾病の予防の内容を学年ごとに配当するとともに，体育分野との一層の関連を図った内容等について改善を図る。

【高等学校保健体育】

○　高等学校科目体育については，生涯にわたって豊かなスポーツライフを継続し，スポーツとの多様な関わり方を状況に応じて選択し，卒業後も継続して実践することができるよう，「知識・技能」，「思考力・判断力・表現力等」，「学びに向かう力・人間性等」の育成を重視する観点から内容等の改善を図る。また，科目保健との一層の関連を図った内容等について改善を図る。

・　各領域で身に付けたい具体的な内容を，資質・能力の三つの柱に沿って明確に示す。特に，「思考力・判断力・表現力等」及び「学びに向かう力・人間性等」の内容の明確化を図る。また，体力や技能の程度，年齢や性別及び障害の有無等にかかわらず，運動やスポーツの多様な楽しみ方を社会で実践することができるよう配慮する。

・　体を動かす楽しさや心地よさを味わうとともに，健康や体力の状況に応じて自ら体力を高める方法を身に付け，運動やスポーツの習慣化につなげる観点から，体つくり運動の内容等について改善を図る。

・　スポーツの意義や価値等の理解につながるよう，内容等について改善を図る。特に，東京オリンピック・パラリンピック競技大

　　会がもたらす成果を次世代に引き継いでいく観点から，知識に関
　　する領域において，オリンピック・パラリンピックの意義や価値
　　及びドーピング等の内容等について改善を図る。
○　科目保健については，個人及び社会生活における健康・安全につ
　いての総合的な「知識・技能」，「思考力・判断力・表現力等」，「学
　びに向かう力・人間性等」の育成を重視する観点から内容等の改善
　を図る。その際，少子高齢化や疾病構造の変化による現代的な健康
　課題の解決に関わる内容や，ライフステージにおける健康の保持増
　進や回復に関わる内容及び一次予防のみならず，二次予防や三次予
　防に関する内容を改善するとともに，人々の健康を支える環境づく
　りに関する内容の充実を図る。また，科目体育と一層の関連を図り，
　心身の健康の保持増進や回復とスポーツとの関連等の内容等につい
　て改善を図る。

中学校

【1】中学校学習指導要領保健体育の「各学年の目標及び内容」の〔保健分野〕の「目標」に関する記述として適切なものは，次の1~4のうちのどれか。

1　個人及び社会生活における健康・安全について理解を深めるとともに，技能を身に付けるようにする。

2　健康についての自他の課題を発見し，よりよい解決に向けて思考し判断するとともに，他者に伝える力を養う。

3　健康についての自他や社会の課題を発見し，合理的，計画的な解決に向けて思考し判断するとともに，目的や状況に応じて他者に伝える力を養う。

4　生涯を通じて自他の健康の保持増進やそれを支える環境づくりを目指し，明るく豊かで活力ある生活を営む態度を養う。

‖ 2024年度 ‖ 東京都 ‖ 難易度 ■■□□□

【2】中学校学習指導要領解説「保健体育編」について，(1)~(4)に答えよ。

(1)　次は，「第3章　指導計画の作成と内容の取扱い　1　指導計画の作成」についての一部である。以下の①~③に答えよ。

> (1)　単元など内容や時間のまとまりを見通して，その中で育む資質・能力の育成に向けて，生徒の_A主体的・対話的で深い学びの実現を図るようにすること。その際，体育や保健の見方・考え方を働かせながら，運動や健康についての自他の課題を発見し，その（　a　）な解決のための活動の充実を図ること。また，運動の楽しさや喜びを味わったり，健康の大切さを実感したりすることができるよう（　b　）すること。

(2) 授業時数の配当については，次のとおり扱うこと。
　ア　保健分野の授業時数は，3学年間で（　c　）単位時間程度配当すること。
　イ　保健分野の授業時数は，3学年間を通じて適切に配当し，各学年において効果的な学習が行われるよう考慮して配当すること。
　ウ　体育分野の授業時数は，各学年にわたって適切に配当すること。その際，体育分野の内容の「A体つくり運動」については，各学年で（　d　）単位時間以上を，「H（　e　）」については，各学年で3単位時間以上を配当すること。
　エ　体育分野の内容の「B（　f　）」から「Gダンス」までの領域の授業時数は，それらの内容の習熟を図ることができるよう考慮して配当すること。

(3)　B障害のある生徒などについては，学習活動を行う場合に生じる困難さに応じた（　g　）や指導方法の工夫を計画的，（　h　）に行うこと。

① （　a　）～（　h　）にあてはまることばと数字を，それぞれ記せ。
② 下線部Aについて，次の文の（　i　）にあてはまる三つのことばを記せ。

　主体的・対話的で深い学びの実現に向けた授業改善を進めるに当たり，特に「深い学び」の視点に関して，各教科等の学びの深まりの鍵となるのが「見方・考え方」である。各教科等の特質に応じた物事を捉える視点や考え方である「見方・考え方」を，（　i　）という学びの過程の中で働かせることを通じて，より質の高い深い学びにつなげることが重要である。

③ 下線部Bについて，次の文（　ii　）にあてはまることばを記せ。なお，（　ii　）には同じことばが入るものとする。

特に，保健体育科においては，実技を伴うことから，全ての生徒に対する健康・安全の確保に細心の(ⅱ)が必要である。そのため，生徒の障害に起因する困難さに応じて，複数教員による指導や個別指導を行うなどの(ⅱ)をすることが大切である。

(2) 次は，「〔保健分野〕2 内容 (1)健康な生活と疾病の予防」の一部である。以下の①～③に答えよ。

(1) 健康な生活と疾病の予防について，課題を発見し，その解決を目指した活動を通して，次の事項を身に付けることができるよう指導する。
　ア　健康な生活と疾病の予防について理解を深めること。
　(ア)　健康は，主体と(a)の相互作用の下に成り立っていること。また，疾病は，主体の要因と(a)の要因が関わり合って(b)すること。
　(イ)　健康の保持増進には，(c)，生活環境等に応じた運動，食事，休養及び睡眠の(d)のとれた生活を続ける必要があること。
　(ウ)　生活習慣病などは，(e)，食事の量や質の偏り，休養や睡眠の不足などの生活習慣の(f)が主な要因となって起こること。また，生活習慣病などの多くは，適切な運動，食事，休養及び睡眠の(d)のとれた生活を実践することによって予防できること。

① (a)～(f)にあてはまることばを，それぞれ記せ。なお，同じアルファベットには同じことばが入るものとする。
② 上記の(ア)と(ウ)を取り扱う学年を，それぞれ記せ。
③ 下線部Aについて，「保健体育編」には，次のような記述がある。(ⅰ)と(ⅱ)にあてはまることばを，それぞれ記せ。

　　　食事には，健康な身体をつくるとともに，運動などによって消費された（　i　）を補給する役割があることを理解できるようにする。また，健康を保持増進するためには，毎日適切な時間に食事をすること，年齢や運動量等に応じて栄養素の（　ii　）や食事の量などに配慮することが必要であることを理解できるようにする。

(3)　次は，「G　ダンス　［第3学年］　(1)知識及び技能」である。（　a　）～（　e　）にあてはまることばを，以下の①～⑩からそれぞれ一つ選び，記号で記せ。

　(1)　次の運動について，感じを込めて踊ったり，みんなで（　a　）に踊ったりする楽しさや喜びを味わい，ダンスの名称や用語，踊りの特徴と表現の仕方，交流や発表の仕方，（　b　）の方法，体力の高め方などを理解するとともに，イメージを深めた表現や踊りを通した交流や発表をすること。
　　ア　創作ダンスでは，表したいテーマにふさわしいイメージを捉え，個や群で，緩急（　c　）のある動きや空間の使い方で変化を付けて即興的に表現したり，簡単な作品にまとめたりして踊ること。
　　イ　フォークダンスでは，日本の民踊や外国の踊りから，それらの踊り方の特徴を捉え，音楽に合わせて特徴的な（　d　）や動きと組み方で踊ること。
　　ウ　現代的なリズムのダンスでは，リズムの特徴を捉え，変化と（　e　）を付けて，リズムに乗って全身で踊ること。

①　一斉　　　②　仲間の観察　　③　ステップ
④　ビート　　⑤　高低　　　　　⑥　まとまり
⑦　自由　　　⑧　強弱　　　　　⑨　運動観察
⑩　シンコペーション

(4) 次は，「A　体つくり運動　[第1学年及び第2学年]　(3)学びに向か
う力，人間性等」である。（　a　）〜（　c　）にあてはまることばを，
それぞれ記せ。

> (3)　体つくり運動に（　a　）に取り組むとともに，仲間の学習
> を援助しようとすること，一人一人の（　b　）に応じた動き
> などを認めようとすること，話合いに（　c　）しようとする
> ことなどや，健康・安全に気を配ること。

║ 2024年度 ║ 山梨県 ║ 難易度 ■■■■□

【3】「中学校学習指導要領(平成29年告示)解説　保健体育編」の目標と
内容について，次の問いに答えなさい。

(1)　「教科の目標」に関する以下の問いに答えなさい。

> 　体育や保健の（　A　）・考え方を働かせ，課題を発見し，（　a　）
> な解決に向けた学習過程を通して，心と体を一体として捉え，
> 生涯にわたって心身の健康を保持増進し豊かなスポーツライフ
> を実現するための資質・（　B　）を次のとおり育成することを
> 目指す。
> (1)　各種の運動の（　b　）に応じた技能等及び（　c　）におけ
> る健康・安全について理解するとともに，（　d　）な技能
> を身に付けるようにする。
> (2)　運動や健康についての自他の課題を発見し，（　a　）な
> 解決に向けて思考し判断するとともに，(ア)他者に伝える
> 力を養う。
> (3)　生涯にわたって運動に親しむとともに健康の保持増進と
> 体力の向上を目指し，明るく豊かな生活を営む態度を養う。

ア　（　A　），（　B　）に当てはまる言葉を書きなさい。
イ　（　a　）〜（　d　）に当てはまる言葉を選び，番号を書きなさい。
① 目的　　　　② ねらい　　　③ 特徴　　　　④ 特性
⑤ 日常生活　　⑥ 個人生活　　⑦ 社会生活　　⑧ 実践的
⑨ 基礎的　　　⑩ 基本的　　　⑪ 科学的　　　⑫ 効果的

⑬　合理的　　　⑭　具体的

ウ　<u>(ア)他者に伝える</u>とは，どのようなことを示しているか。（　e　），
　　（　f　）に当てはまる言葉の組み合わせが正しいものを選び，番号
　　を書きなさい。

> 　自己や仲間の課題について，思考し判断したことを，言葉や
> （　e　）などで表したり，（　f　）などに理由を添えて伝えたりす
> ること

① 　e　動作　　　　　　 f　友達
② 　e　文章　　　　　　 f　友達
③ 　e　文章　　　　　　 f　仲間や教師
④ 　e　文章及び動作　　 f　仲間や教師
⑤ 　e　動作　　　　　　 f　仲間や教師
⑥ 　e　文章及び動作　　 f　友達

(2)　「教科の内容」について，（　C　）～（　E　）に当てはまる言葉を
　　書きなさい。

> 　体育分野は，運動に関する領域である「（　C　）」，「器械運
> 動」，「（　D　）」，「水泳」，「球技」，「武道」及び「ダンス」の
> 七つの領域と，知識に関する領域である「体育理論」の計八つ
> の領域で構成されている。
> 　保健分野は「健康な生活と疾病の予防」，「心身の機能の発達
> と心の健康」，「（　E　）の防止」及び「健康と環境」の四つの
> 内容で構成されている。

(3)　第1学年及び2学年の体育分野の目標」に関する以下の問いに答え
　　なさい。

> (3)　運動における競争や（　F　）の経験を通して，公正に取り
> 　組む，互いに協力する，自己の役割を果たす，<u>(ア)一人一人
> 　の違いを認めようとする</u>などの（　G　）を育てるとともに，
> 　<u>(イ)健康・安全に留意し</u>，自己の最善を尽くして運動をする
> 　態度を養う。

ア （ F ），（ G ）に当てはまる言葉を書きなさい。

イ 下線部(ア)一人一人の違いを認めようとするは，以下のように示されている。（ g ）に当てはまる言葉を選び，番号を書きなさい。

> 体力や技能，性別や（ g ）等による，動きや課題及び挑戦などに違いがあることに気付き，その違いを可能性として捉え，積極的に互いを認めようとする意思をもつことが大切であること

① 健康状態　　② 運動の難易度　　③ 障害の有無
④ 学習への意欲

ウ 下線部(イ)健康・安全に留意しが示す内容について，練習や試合を行うに当たり，適さないことを次の選択肢より一つ選び，番号を書きなさい。
① 自己の健康状態や体力を十分に理解すること
② 運動やスポーツの多様性を知ること
③ 運動の難易度や自己の技能の程度を把握すること
④ 体育施設・用具等の安全を確かめること

▌2024年度 ▌静岡県・静岡市・浜松市 ▌難易度 ■■■■□

【4】中学校学習指導要領(平成29年3月告示)「第2章 各教科 第7節 保健体育」に示されている内容について，次の(1)・(2)の問いに答えよ。
(1) 「第2 各学年の目標及び内容 体育分野 第1学年及び第2学年 2 内容 H 体育理論」において，第2学年で取り上げるものとして記述されているものはどれか。1〜5から一つ選べ。
1 運動やスポーツは，身体の発達やその機能の維持，体力の向上などの効果や自信の獲得，ストレスの解消などの心理的効果及びルールやマナーについて合意したり，適切な人間関係を築いたりするなどの社会性を高める効果が期待できること。
2 運動やスポーツは，体を動かしたり健康を維持したりするなどの必要性及び競い合うことや課題を達成することなどの楽しさから生みだされ発展してきたこと。

3 世代や機会に応じて，生涯にわたって運動やスポーツを楽しむためには，自己に適した多様な楽しみ方を見付けたり，工夫したりすることが大切であること。

4 文化としてのスポーツの意義について，自己の課題を発見し，よりよい解決に向けて思考し判断するとともに，他者に伝えること。

5 スポーツは，文化的な生活を営みよりよく生きていくために重要であること。

(2) 「第2 各学年の目標及び内容 保健分野 2 内容」において，第2学年で取り扱うものとして記述されているものはどれか。1〜5から一つ選べ。

1 感染症は，病原体が主な要因となって発生すること。また，感染症の多くは，発生源をなくすこと，感染経路を遮断すること，主体の抵抗力を高めることによって予防できること。

2 健康の保持増進や疾病の予防のためには，個人や社会の取組が重要であり，保健・医療機関を有効に利用することが必要であること。また，医薬品は，正しく使用すること。

3 知的機能，情意機能，社会性などの精神機能は，生活経験などの影響を受けて発達すること。また，思春期においては，自己の認識が深まり，自己形成がなされること。

4 身体には，環境に対してある程度まで適応能力があること。身体の適応能力を超えた環境は，健康に影響を及ぼすことがあること。また，快適で能率のよい生活を送るための温度，湿度や明るさには一定の範囲があること。

5 喫煙，飲酒，薬物乱用などの行為は，心身に様々な影響を与え，健康を損なう原因となること。また，これらの行為には，個人の心理状態や人間関係，社会環境が影響することから，それぞれの要因に適切に対処する必要があること。

| 2024年度 | 大阪府・大阪市・堺市・豊能地区 | 難易度 |

【5】 次の文は，中学校学習指導要領(平成29年3月告示)「保健体育」に示されている〔保健分野〕の内容の一部である。文中の(ア)，(イ)に当てはまる言葉を書け。

○ 心身の機能の発達と心の健康について理解を深めるとともに，ストレスへの対処をすること。
・ 思春期には，(ア)の働きによって生殖に関わる機能が成熟すること。また，成熟に伴う変化に対応した適切な行動が必要となること。
○ 傷害の防止について理解を深めるとともに，応急手当をすること。
・ 応急手当を適切に行うことによって，傷害の悪化を防止することができること。また，(イ)などを行うこと。

┃ 2024年度 ┃ 愛媛県 ┃ 難易度 ■■■□□

【6】「中学校学習指導要領(平成29年告示)解説　保健体育編(平成29年7月)」に示されている内容について，次の各問いに答えよ。
問1　次の文は，「A　体つくり運動」の〔第3学年〕における「知識及び運動」に示されている指導内容(一部抜粋)である。文中の(①)，(②)に入る適切な語句を正確に答えよ。

ア　体ほぐしの運動では，(①)な運動を行い，心と体は互いに影響し変化することや心身の状態に気付き，仲間と自主的に関わり合うこと。
イ　(②)に生かす運動の計画では，ねらいに応じて，健康の保持増進や調和のとれた体力の向上を図るための運動の計画を立て取り組むこと。

問2　次の文は，「B　器械運動」の〔第1学年及び第2学年〕における「知識及び技能」に示されている指導内容(一部抜粋)である。文中の(①)，(②)に入る適切な語句を正確に答えよ。

跳び箱運動では，(①)系や回転系の基本的な技を滑らかに行うこと，条件を変えた技や(②)を行うこと。

472

問3　次の文は，「C　陸上競技」の〔第3学年〕における「エ　走り幅跳び」，「オ　走り高跳び」の「技能」の用語の説明である。文中の（　①　），（　②　）に入る適切な語句を答えよ。

> 　走り幅跳びにおける「（　①　）」とは，踏み切った後に空中で体全体を反らせた状態になり，その後，両腕を下ろしながら両足を前方に出して着地する跳び方のことである。
> 　走り高跳びにおける「（　②　）」とは，バーに対して斜め後方から助走し，助走後半は曲線を描くように走り，踏み切った後，身体を仰向けにして上体を大きく反り，バーを越えた後に背部や肩からマットに着地する跳び方のことである。

問4　次の文は，「D　水泳」の〔第1学年及び第2学年〕における「学びに向かう力，人間性等」に示されている指導内容(一部抜粋)である。文中の（　①　）〜（　③　）に入る適切な語句を正確に答えよ。

> 　水泳に（　①　）に取り組むとともに，勝敗などを認め，ルールやマナーを守ろうとすること，分担した役割を果たそうとすること，一人一人の違いに応じた課題や（　②　）を認めようとすることなどや，水泳の（　③　）に関する心得を遵守するなど健康・安全に気を配ること。

問5　次の文は，「F　武道」の〔第3学年〕における「イ　剣道」の「技能」の例示である。文中の（　①　）〜（　③　）に入る適切な語句を答えよ。ただし，同一番号には同一語句が入る。

> ＜例示＞
> ○基本動作
> ・構えでは，相手の動きの変化に応じた（　①　）で中段に構えること。
> ・（　②　）では，相手の動きの変化に応じて体の移動を行うこと。
> ・基本の（　③　）の仕方と受け方では，（　②　）や竹刀操作を用いて打ったり，応じ技へ発展するよう受けたりすること。

● 学習指導要領・指導法

問6 次の文は,「H 体育理論」の〔第1学年及び第2学年〕における「運動やスポーツの意義や効果と学び方や安全な行い方」の「知識」に示されている指導内容である。文中の(①)~(③)に入る適切な語句を正確に答えよ。

> ア 運動やスポーツの意義や効果と学び方や安全な行い方について理解すること。
> (ア) 運動やスポーツは,身体の発達やその機能の維持,体力の向上などの効果や自信の獲得,ストレスの解消などの心理的効果及びルールやマナーについて合意したり,適切な人間関係を築いたりするなどの(①)を高める効果が期待できること。
> (イ) 運動やスポーツには,特有の(②)があり,その学び方には,運動の課題を合理的に解決するための一定の方法があること。
> (ウ) 運動やスポーツを行う際は,その特性や目的,発達の段階や(③)などを踏まえて運動を選ぶなど,健康・安全に留意する必要があること。

2024年度 ▌ 長崎県 ▌ 難易度■■■□□

【7】次の表は,中学校学習指導要領(平成29年告示)解説 保健体育編に示されている体育分野の領域及び内容の取扱いをまとめたものである。以下の(1)・(2)の問いに答えよ。

領域及び領域の内容	1年	2年	内容の取扱い
【A 体つくり運動】			ア、イ 必修
ア 体ほぐしの運動	必修	必修	(各学年（ Ⅵ ）単位時間以上)
イ 体の動きを高める運動			
【B 器械運動】			
ア マット運動			
イ 鉄棒運動	必修		2年間でアを含む②選択
ウ 平均台運動			
エ 跳び箱運動			
【C 陸上競技】			
ア 短距離走・リレー、（ Ⅰ ）又は（ Ⅱ ）	必修		2年間でア及びイのそれぞれの中から選択
イ 走り幅跳び又は走り高跳び			

474

【D 水泳】		
ア　クロール	必修	2年間でア又はイを含む②選択
イ　平泳ぎ		
ウ　背泳ぎ		
エ　バタフライ		
【E 球技】		
ア　ゴール型	必修	2年間でア～ウの全てを選択
イ　ネット型		
ウ　ベースボール型		
【F 武道】		
ア　柔道	必修	（　Ⅶ　）
イ　剣道		
ウ　相撲		
【G ダンス】		
ア　（　Ⅲ　）ダンス	必修	2年間でア～ウから選択
イ　（　Ⅳ　）ダンス		
ウ　（　Ⅴ　）ダンス		
【H 体育理論】		
(1) 運動やスポーツの多様性	必修	必修	(1) 第１学年必修
(2) 運動やスポーツの意義や効果と　学び方や安全な行い方			(2) 第２学年必修　（各学年（　Ⅷ　）単位時間以上）

(1)　表中の空欄（　Ⅰ　）～（　Ⅷ　）を記せ。

(2)　表中【E 球技】のア～ウにおいて，適宜取り上げることとされている運動種目を全て答えよ。

┃2024年度┃ 大阪府・大阪市・堺市・豊能地区 ┃ 難易度 ┃▪▪▪▫▫

【8】「中学校学習指導要領(平成29年告示)解説　保健体育編　第2章　保健体育科の目標及び内容　第2節　各分野の目標及び内容　[保健分野]　1　目標」について，次の各問いに答えなさい。

(1)　〔保健分野〕目標(1)として正しいものを次の選択肢から1つ選び，記号で答えなさい。

　　ア　社会生活における健康・安全について理解するとともに，基本的な技能を身に付けるようにする。

　　イ　社会生活における健康・安全について理解するとともに，応用的な技能を身に付けるようにする。

　　ウ　個人生活における健康・安全について理解するとともに，応用的な技能を身に付けるようにする。

　　エ　個人生活における健康・安全について理解するとともに，基本的な技能を身に付けるようにする。

(2) 〔保健分野〕目標(3)として正しいものを次の選択肢から1つ選び，記号で答えなさい。

ア　心身の健康の保持増進を目指し，豊かな生活を営む態度を養う。

イ　心身の健康の保持増進を目指し，明るく豊かな生活を営む態度を養う。

ウ　生涯を通じて心身の健康の保持増進を目指し，豊かな生活を営む態度を養う。

エ　生涯を通じて心身の健康の保持増進を目指し，明るく豊かな生活を営む態度を養う。

(3) 〔保健分野〕目標(2)の説明として誤っているものを次の選択肢から1つ選び，記号で答えなさい。

ア　健康に関わる事象や健康情報などから自他の課題を発見し，よりよい解決に向けて思考したり，様々な解決方法の中から適切な方法を選択するなどの判断をしたりするとともに，それらを他者に表現することができるようにすることを目指したものである。

イ　現在及び将来の生活における健康に関する課題に直面した場合などに，的確な思考・判断・表現等を行うことができるよう，健康を適切に管理し改善していく思考力，判断力，表現力等の資質・能力を育成することにつながるものである。

ウ　学習の展開の基本的な方向として，小学校での身近な生活における健康・安全に関する基礎的な内容について思考，判断し，それらを表現することができるようにするという考え方を生かす。

エ　抽象的な思考なども可能になるという発達の段階を踏まえて，個人生活における健康・安全に関する内容について総合的に思考し，判断するとともに，それらを筋道を立てて他者に表現できるようにすることを目指している。

┃ 2024年度 ┃ 宮崎県 ┃ 難易度 ■■■■□□

【9】次の表は，中学校学習指導要領解説保健体育編の「運動領域，体育分野の「学びに向かう力，人間性等」系統表」の一部である。（　①　）〜（　⑤　）に最も適する語句を以下のア〜セから1つずつ選び，その記号を書きなさい。

領域	中学校 第1学年及び第2学年	中学校 第3学年
体つくり運動	・体つくり運動に（ ① ）に取り組む ・仲間の学習を（ ③ ）しようとする ・一人一人の違いに応じた動きなどを認めようとする ・話合いに参加しようとする ・健康・安全に気を配る	・体つくり運動に（ ② ）に取り組む ・互いに助け合い教え合おうとする ・一人一人の違いに応じた動きなどを大切にしようとする ・話合いに（ ⑤ ）しようとする ・健康・安全を確保する
器械運動	・器械運動に（ ① ）に取り組む ・よい（ ⑤ ）を認めようとする ・仲間の学習を（ ③ ）しようとする ・一人一人の違いに応じた課題や挑戦を認めようとする ・健康・安全に気を配る	・器械運動に（ ② ）に取り組む ・よい（ ⑤ ）を讃えようとする ・互いに助け合い教え合おうとする ・一人一人の違いに応じた課題や挑戦を大切にしようとする ・健康・安全を確保する

表

ア	紹介	イ	能動的	ウ	支援	エ	積極的
オ	動き	カ	貢献	キ	自主的	ク	集中
ケ	意見	コ	自発的	サ	主体的	シ	攻防
ス	援助	セ	演技				

┃ 2024年度 ┃ 青森県 ┃ 難易度 ■■■□□

【10】次の文は，中学校学習指導要領「保健体育」の「指導計画の作成と内容の取扱い」の一部である。以下の(1)，(2)に答えなさい。

> 2　第2の内容の取扱いについては，次の事項に配慮するものとする。
> (1)　体力や技能の程度，性別や障害の有無等に関わらず，運動の多様な楽しみ方を共有することができるよう留意すること。
> (2)　言語能力を育成する言語活動を重視し，筋道を立てて練習や作戦について話し合う活動や，個人生活における健康の保持増進や回復について話し合う活動などを通して，（ ① ）や（ ② ）な思考力の育成を促し，自主的な学習活動の充実を図ること。
> (3)　第2の内容の指導に当たっては，コンピュータや（ ③ ）などの情報手段を積極的に活用して，各分野の特質に応じた学習活動を行うよう工夫すること。
> (4)　体育分野におけるスポーツとの多様な関わり方や保健分

(4) 体育分野における<u>スポーツとの多様な関わり方</u>や保健分野の指導については，具体的な体験を伴う学習の工夫を行うよう留意すること。

(5) 生徒が学習内容を確実に身に付けることができるよう，学校や生徒の実態に応じ，学習内容の習熟の程度に応じた指導，個別指導との連携を踏まえた教師間の協力的な指導などを工夫改善し，個に応じた指導の充実が図られるよう留意すること。

(6) 第1章総則の第1の2の(3)に示す学校における体育・健康に関する指導の趣旨を生かし，特別活動，運動部の活動などとの関連を図り，日常生活における体育・健康に関する活動が適切かつ継続的に実践できるよう留意すること。なお，体力の測定については，計画的に実施し，運動の指導及び体力の向上に活用するようにすること。

(7) 体育分野と保健分野で示された内容については，相互の関連が図られるよう留意すること。

(1) 文中の(①)～(③)にあてはまる語句を書きなさい。

(2) 下線部について，中学校学習指導要領解説保健体育編で示しているスポーツとの関わり方を4つすべて書きなさい。

‖ 2024年度 ‖ 青森県 ‖ 難易度 ‖■■■■□

高等学校

【1】次の文は，「高等学校学習指導要領(平成30年告示)解説　保健体育編　体育編　第1部　保健体育編　第3章　各科目にわたる指導計画の作成と内容の取扱い　第2節　内容の取扱いに当たっての配慮事項　3　運動の多様な楽しみ方」から抜粋したものである。以下の各問いに答えなさい。

(①)や(②)の程度及び性別の違い等にかかわらず，仲間とともに学ぶ体験は，生涯にわたる(③)に向けた重要な学習の機会であることから，原則として男女共習で学習を行うことが求められる。

(1)　上の文中の（　①　）に当てはまる語句を, 次の選択肢から1つ選び,
記号で答えなさい。

ア　環境　　イ　身体　　ウ　能力　　エ　体力

(2)　上の文中の（　②　）に当てはまる語句を, 次の選択肢から1つ選び,
記号で答えなさい。

ア　技能　　イ　習得　　ウ　技術　　エ　理解

(3)　上の文中の（　③　）に当てはまる語句を, 次の選択肢から1つ選び,
記号で答えなさい。

ア　スポーツを通じた共生社会の実現

イ　多様なスポーツの実践

ウ　スポーツ実践力の育成

エ　豊かなスポーツライフの実現

| 2024年度 | 宮崎県 | 難易度 |

【2】次の文章は, 高等学校学習指導要領(平成30年告示)解説　保健体育
編　体育編(平成30年7月)「第1章　総説　第2節　保健体育科改訂の趣
旨及び要点　2　保健体育科改訂の要点」について述べたものである。
文中の[　1　], [　2　], [　3　]にあてはまる語句を, それぞれ以下
の①から⑥までの中から一つ選び, 記号で答えよ。

(1)　「2　(3)内容及び内容の取扱いの改善」では, 次のように示されて
いる。

> 　3年間の見通しをもった年間指導計画の作成及び指導計画の
> 実施, 評価, 改善等を重視した「カリキュラム・マネジメン
> ト」を実現する観点及び「主体的・対話的で深い学び」の実
> 現に向けた授業改善を推進する観点から, 小学校から高等学
> 校までの12年間を見通して, 各種の運動の基礎を培う時期,
> 多くの領域の学習を経験する時期, 卒業後も運動やスポーツ
> に多様な形で関わることができるようにする時期といった
> [　1　]のまとまりを踏まえ, 系統性を踏まえた指導内容の見
> 直しを図るとともに指導内容の重点化を図ることとした。

[　1　]　①　発達の段階　　　　②　成長の段階

③　学校段階　　　　④　学習段階
⑤　指導内容の段階　　⑥　学年段階

　　豊かなスポーツライフを継続していくためには，運動の技能を高めていくことのみならず，体力や技能の程度，性別や障害の有無，目的等の違いを越えて，運動やスポーツの多様な楽しみ方を社会で実践することが求められる。そのため，新たに[　2　]の視点を踏まえて指導内容を示すこととした。

[　2　]　①　生涯スポーツ　　②　共生　　　　③　持続可能
　　　　④　参画　　　　　　⑤　健康・安全　⑥　公正

(2)　「2　(4)各科目にわたる指導計画の作成と内容の取扱いの改善」では，次のように示されている。

　　内容の「A体つくり運動」に対する授業時数については，各年次で[　3　]単位時間程度を，内容の「H体育理論」に対する授業時数については，各年次で6単位時間以上を配当することとした。

---

①　6〜8　　②　6〜10　　③　7〜9　　④　7〜10　　⑤　8〜10
⑥　10〜15

┃ 2024年度 ┃ 沖縄県 ┃ 難易度 ■■□□□

【3】高等学校学習指導要領(平成30年3月告示)「第2章　各学科に共通する各教科　第6節　保健体育」に示されている内容について，次の(1)・(2)の問いに答えよ。

(1)　「第2款　各科目　第1　体育　2　内容　H　体育理論」において，入学年次で取り上げることとして記述されているものはどれか。1〜5から一つ選べ。

1　スポーツは，人類の歴史とともに始まり，その理念が時代に応じて多様に変容してきていること。また，我が国から世界に普及し，発展しているスポーツがあること。

2　生涯にわたってスポーツを継続するためには，ライフスタイルに応じたスポーツとの関わり方を見付けること，仕事と生活の調和を図ること，運動の機会を生み出す工夫をすることなどが必要

であること。

3 運動やスポーツの技術は，学習を通して技能として発揮されるようになること。また，技術の種類に応じた学習の仕方があること。現代のスポーツの技術や戦術，ルールは，用具の改良やメディアの発達に伴い変わり続けていること。

4 運動やスポーツの技能と体力は，相互に関連していること。また，期待する成果に応じた技能や体力の高め方があること。さらに，過度な負荷や長期的な酷使は，けがや疾病の原因となる可能性があること。

5 スポーツは，各ライフステージにおける身体的，心理的，社会的特徴に応じた多様な楽しみ方があること。また，その楽しみ方は，個人のスポーツに対する欲求などによっても変化すること。

(2) 「第2款 各科目 第2 保健 2 内容」の記述として，正しいものはどれか。1〜5から一つ選べ。

1 身体には，環境に対してある程度まで適応能力があること。身体の適応能力を超えた環境は，健康に影響を及ぼすことがあること。また，快適で能率のよい生活を送るための温度，湿度や明るさには一定の範囲があること。

2 生活習慣病などは，運動不足，食事の量や質の偏り，休養や睡眠の不足などの生活習慣の乱れが主な要因となって起こること。また，生活習慣病などの多くは，適切な運動，食事，休養及び睡眠の調和のとれた生活を実践することによって予防できること。

3 自然災害による傷害は，災害発生時だけでなく，二次災害によっても生じること。また，自然災害による傷害の多くは，災害に備えておくこと，安全に避難することによって防止できること。

4 健康の保持増進や疾病の予防のためには，個人や社会の取組が重要であり，保健・医療機関を有効に利用することが必要であること。また，医薬品は，正しく使用すること。

5 労働災害の防止には，労働環境の変化に起因する傷害や職業病などを踏まえた適切な健康管理及び安全管理をする必要があること。

2024年度 大阪府・大阪市・堺市・豊能地区 難易度

【4】 次の文章は,「高等学校学習指導要領解説　保健体育編　体育編　第1部　保健体育編　第3章　各科目にわたる指導計画の作成と内容の取扱い　第1節　指導計画作成上の配慮事項　1「体育」　(3)「体育」の授業時数等の配当」の一部抜粋である。文章中の(ア)～(エ)にあてはまる最も適当な語句を,以下の①～④のうちからそれぞれ一つずつ選びなさい。

---

(3)「体育」の授業時数等の配当

－ (中略) －

〈各年次の「体育」の単位数〉

「体育」の単位数は,従前どおり,標準単位数を(ア)としている。

「体育」の単位数の各年次別の配当については,各年次継続して(イ)できるようにするとともに,各年次になるべく均分して配当することとしている。これは,知・徳・体の調和のとれた教育課程を編成するという観点と総則に示す「健やかな体」で求めている体力の向上,健康の保持増進,さらには,日常生活における適切な体育的活動の実践を促すという観点などによるものである。

〈各領域に配当する授業時数〉

「体育」の指導計画の作成に当たっては,特に,体つくり運動については,各年次で(ウ)程度を,体育理論については,各年次で(エ)単位時間以上を配当することとし,指導内容の確実な定着が図られるようにしている。

－ (略) －

【解答群】

ア	①	6～8	②	7～8	③	7～9	④	6～9

イ　①　修得　　　②　習得　　③　履修　　④　学習

ウ　①　7単位時間　②　6単位時間～8単位時間

　　③　10単位時間　④　7単位時間～10単位時間

エ　①　3　　　　②　6　　　③　7　　　④　10

‖ 2024年度 ‖ 千葉県・千葉市 ‖ 難易度 ■■■□□□

【5】「高等学校学習指導要領解説　保健体育編　体育編」(平成30年7月
　　文部科学省)に関する内容について，次の問いに答えよ。

(1)　次の文は，主体的・対話的で深い学びの実現に向けた授業改善に
　　関する記述の一部である。文中の(　ア　)〜(　ウ　)にあてはまる
　　語句の適切な組合せを①〜⑤から選び，番号で答えよ。

> 　単元など内容や時間の(　ア　)を見通して，その中で育む資
> 質・能力の育成に向けて，生徒の主体的・対話的で深い学び
> の実現を図るようにすること。その際，体育や保健の(　イ　)
> を働かせながら，運動や健康についての自他や社会の課題を
> 発見し，その合理的，(　ウ　)な解決のための活動の充実を図
> ること。また，運動の楽しさや喜びを深く味わったり，健康
> の大切さを実感したりすることができるよう留意すること。

① 　ア　まとまり　　イ　関連性　　　　ウ　断続的
② 　ア　配分　　　　イ　見方・考え方　ウ　計画的
③ 　ア　まとまり　　イ　関連性　　　　ウ　計画的
④ 　ア　まとまり　　イ　見方・考え方　ウ　計画的
⑤ 　ア　配分　　　　イ　見方・考え方　ウ　断続的

(2)　次の文は，中学校との関連による，単位数の配当に関する記述の
　　一部である。文中の(　ア　)〜(　ウ　)にあてはまる語句の適切な
　　組合せを①〜⑤から選び，番号で答えよ。

> 　各年次の単位数は，各学校の判断によって各年次に(　ア　)
> 単位を配当することとなるが，学校や生徒の実態等に応じ，
> 標準単位数を7単位とするのか8単位とするのかについては，
> 各学校における教育課程編成の方針を踏まえつつ十分に検討
> する必要がある。いずれの場合においても，必要がある場合，
> は入学年次に(　イ　)単位を配当するなどの工夫も考えられ
> る。また，各年次の単元計画を検討する際に，(　ウ　)の違い
> などの生徒の実態を把握するための機会や，それまでの学習
> 内容を復習する機会を一定時間確保した上で必履修科目の内
> 容を学習させたり，関連する中学校の内容を適宜取り入れた
> 指導をしたりするなどの工夫をすることも大切である。

① ア　2～3　　イ　3　　ウ　種目選択
② ア　2～4　　イ　2　　ウ　種目選択
③ ア　2～4　　イ　4　　ウ　種目選択
④ ア　2～3　　イ　2　　ウ　学習経験
⑤ ア　2～3　　イ　3　　ウ　学習経験

(3)　次の文は，思考力，判断力，表現力等に関する記述の一部である。文中の（　ア　）～（　ウ　）にあてはまる語句の適切な組合せを①～⑤から選び，番号で答えよ。

> 　高等学校においては，多くの運動の中から，自らに適した領域を選択し，卒業後も運動やスポーツに（　ア　）で関わることができるようにするため，各領域で学習した内容を，他の運動にも適用することが求められることから，「する，みる，支える，知る」の視点から（　イ　）の課題を発見し，合理的，計画的に解決したり，新たな課題の発見につなげたりすることができるよう知識を活用したり，応用したりして，思考し判断したことを，根拠を示したり他者に配慮したりしながら，言葉や動作などで即座に表したり，図や文章及び映像等を用いて（　ウ　）伝えたりすることを示している。

① ア　積極的な姿勢　　イ　自己や仲間　　ウ　わかりやすく
② ア　多様な形　　　　イ　グループ内　　ウ　わかりやすく
③ ア　多様な形　　　　イ　自己や仲間　　ウ　筋道を立てて
④ ア　多様な形　　　　イ　自己や仲間　　ウ　わかりやすく
⑤ ア　積極的な姿勢　　イ　グループ内　　ウ　筋道を立てて

(4)　次の文は，障害のある生徒などへの指導に関する記述の一部である。文中の（　ア　）～（　ウ　）にあてはまる語句の適切な組合せを①～⑤から選び，番号で答えよ。

> 　障害者の権利に関する条約に掲げられた（　ア　）教育システムの構築を目指し，生徒の自立と社会参加を一層推進していくためには，通常の学級，通級による指導，特別支援学級，特別支援学校において，生徒の十分な学びを確保し，一人一人の生徒の障害の状態や発達の段階に応じた指導や支援を一

層充実させていく必要がある。

　通常の学級においても，発達障害を含む障害のある生徒が在籍している可能性があることを前提に，全ての教科等において，一人一人の(イ)に応じたきめ細かな指導や支援ができるよう，(ウ)の指導の工夫のみならず，各教科等の学びの過程において考えられる困難さに対する指導の工夫の意図，手立てを明確にすることが重要である。

		ア		イ		ウ	
①	ア	アダプテッド	イ	教育的欲求	ウ	障害種別
②	ア	インクルーシブ	イ	教育的ニーズ	ウ	障害種別
③	ア	インクルーシブ	イ	教育的ニーズ	ウ	段階別
④	ア	アダプテッド	イ	教育的ニーズ	ウ	障害種別
⑤	ア	インクルーシブ	イ	教育的欲求	ウ	段階別

┃ 2024年度 ┃ 神戸市 ┃ 難易度 ┃

【6】次の文章は，高等学校学習指導要領(平成30年告示)解説　保健体育編　体育編(平成30年7月)「第2章　保健体育科の目標及び内容　第2節　各科目の目標及び内容　「保健」　1　性格」について述べたものである。文中の[1]，[2]にあてはまる語句を，それぞれ以下の①から⑥までの中から一つ選び，記号で答えよ。

　「保健」は，これらの健康・安全に関する基礎的・基本的な内容を生徒が体系的に学習することにより，健康課題を認識し，これを[1]思考・判断し，適切に対処できるようにすることをねらいとしており，生涯を通じて健康で安全な生活を送るための基礎を培うものである。

[1]　①　論理的に　　②　経験的に　　③　主体的に
　　　　④　科学的に　　⑤　積極的に　　⑥　自主的に

　「保健」の指導に当たっては，健康課題を解決する学習活動を重視して，思考力，判断力，表現力等を育成していくとともに，「保健」で身に付けた知識及び技能を生かすことができるように健康に関する[2]を高めることが重要である。

[2] 　① 　実践力　　　　② 　資質能力　　　　③ 　価値観
　　　　④ 　関心や意欲　　⑤ 　見方・考え方　　⑥ 　思考力

‖ 2024年度 ‖ 沖縄県 ‖ 難易度 ■■■□□

【7】 次の表は，高等学校学習指導要領(平成30年告示)解説　保健体育編
　体育編に示されている「体育」の領域及び内容の取扱いをまとめたも
　のである。以下の(1)・(2)の問いに答えよ。

領域及び領域の内容	内容の取扱い			
	入学年次	その次の年次	それ以降の年次	各領域の取扱い
A　体つくり運動	必修	必修	必修	ア、イ　必修（各年次（ Ⅵ ）～（ Ⅶ ）単位時間程度）
ア　体ほぐしの運動				
イ　実生活に生かす運動の計画				
B　器械運動	B、C、D、Gから（ Ⅴ ）以上選択	B、C、D、E、F、Gから②以上選択	B、C、D、E、F、Gから②以上選択	ア～エから選択
ア　マット運動				
イ　鉄棒運動				
ウ　平均台運動				
エ　跳び箱運動				
C　陸上競技				ア～ウに示す運動から選択
ア　短距離走・リレー、長距離走、ハードル走				
イ　走り幅跳び、走り高跳び、三段跳び				
ウ　砲丸投げ、やり投げ				
D　水泳				ア～オから選択
ア　クロール				
イ　平泳ぎ				
ウ　背泳ぎ				
エ　バタフライ				
オ　複数の泳法で（ Ⅰ ）又はリレー				
E　球技	E、Fから①以上選択			入学年次では、ア～ウから②選択（ Ⅷ ）では、ア～ウから選択
ア　ゴール型				
イ　ネット型				
ウ　ベースボール型				
F　武道				ア又はイのいずれか選択
ア　柔道				
イ　剣道				
G　ダンス	B、C、D、Gから（ Ⅴ ）以上選択			ア～ウから選択
ア　（ Ⅱ ）ダンス				
イ　（ Ⅲ ）ダンス				
ウ　（ Ⅳ ）ダンス				
H　体育理論	必修	必修	必修	(1)は入学年次、(2)はその次の年次、(3)はそれ以降の年次で必修(各年次6単位時間以上)
(1) スポーツの文化的特性や現代のスポーツの発展				
(2) 運動やスポーツの効果的な学習の仕方				
(3) 豊かなスポーツライフの設計の仕方				

(1) 　表中の空欄(Ⅰ)～(Ⅷ)を記せ。

(2) 　表中「E　球技」のア～ウにおいて，適宜取り上げることとされ
　　ている運動種目を全て答えよ。

‖ 2024年度 ‖ 大阪府・大阪市・堺市・豊能地区 ‖ 難易度 ■■■■□

【8】 次の文章は，高等学校学習指導要領(平成30年告示)解説　保健体育編　体育編「第1部　第3章　第1節　3　体育　及び　保健　(2)　障害のある生徒などへの指導」の一部である。以下の(1)，(2)の問いに答えよ。

> (6)　障害のある生徒などについては，学習活動を行う場合に生じる困難さに応じた指導内容や指導方法の工夫を計画的，(　①　)に行うこと。

　障害者の権利に関する条約に掲げられた(　②　)教育システムの構築を目指し，児童生徒の自立と(　③　)を一層推進していくためには，通常の学級，(　④　)による指導，小・中学校における特別支援学級，特別支援学校において，児童生徒の十分な学びを確保し，一人一人の児童生徒の障害の状態や発達の段階に応じた指導や支援を一層(　⑤　)させていく必要がある。

　高等学校の通常の学級においても，発達障害を含む障害のある生徒が在籍している可能性があることを前提に，全ての教科等において，一人一人の教育的ニーズに応じた(　⑥　)指導や支援ができるよう，障害種別の指導の工夫のみならず，各教科等の学びの過程において考えられる困難さに対する指導の工夫の意図，(　⑦　)を明確にすることが重要である。

　(中略)

　特に，保健体育科においては，(　⑧　)を伴うことから，全ての生徒に対する健康・安全の確保に細心の配慮が必要である。そのため，生徒の障害に起因する困難さに応じて，(　⑨　)教員による指導や(　⑩　)を行うなどの配慮をすることが大切である。また，個々の生徒の困難さに応じた指導内容や指導方法については，学校や地域の実態に応じて適切に設定することが大切である。

　(後略)

(1)　(　①　)～(　⑩　)に当てはまる語句を記せ。

(2) 下線部について，次のア，イの場合の指導に際して，考えられる
配慮の例を記せ。
ア　見えにくさのため活動に制限がある場合
イ　身体の動きに制約があり，活動に制限がある場合

▌2024年度▐ 山梨県 ▐ 難易度 ▬▬▬▬▬

【9】「高等学校学習指導要領(平成30年告示)解説　保健体育編　体育編
(平成30年7月)」「第2章　保健体育科の目標及び内容」に示されている
科目「体育」について，次の各問いに答えよ。
問1　次の文は，「保健体育科改訂の趣旨及び要点」(一部抜粋)である。
文中の(①)〜(③)に入る適切な語句を答えよ。

> ア　高等学校「体育」については，平成28年12月の中央教育
> 審議会答申において「生涯にわたって豊かなスポーツライ
> フを継続し，スポーツとの多様な関わり方を状況に応じて
> 選択し，(①)も継続して実践することができるよう，
> 『知識・技能』，『思考力・判断力・表現力等』，『学びに向か
> う力・人間性等』の育成を重視する観点から内容等の改善
> を図る。また，『保健』との一層の関連を図った内容等につ
> いて改善を図る。
> イ　「保健」については，平成28年12月の中央教育審議会答申
> において「個人及び社会生活における健康・安全について
> の総合的な『知識・技能』，『思考力・判断力・表現力等』，
> 『学びに向かう力・人間性等』の育成を重視する観点から内
> 容等の改善を図る。その際，少子高齢化や(②)の変化に
> よる現代的な健康課題の解決に関わる内容や，ライフステ
> ージにおける健康の保持増進や(③)に関わる内容及び一
> 次予防のみならず，二次予防や三次予防に関する内容を改
> 善するとともに，人々の健康を支える環境づくりに関する
> 内容の充実を図る。

問2　次の文は，科目「体育」における「4　内容の取扱い」の「各領
域の取扱い」(一部抜粋)である。文中の(①)，(②)に入る適

488

切な語句を正確に答えよ。

> (5) 集合，整頓，列の増減，（ ① ）などの行動の仕方を身に付け，能率的で安全な集団としての行動ができるようにするための指導については，内容の「A 体つくり運動」から「G ダンス」までの領域において適切に行うものとする。
> (6) 筋道を立てて練習や作戦について話し合う活動などを通して，（ ② ）や論理的な思考力の育成を促し，主体的な学習活動が充実するよう配慮するものとする。

問3　次の表は，科目「体育」において，各段階で示されている「思考力，判断力，表現力等」の主な表記(一部抜粋)である。表中の（ ① ）〜（ ⑤ ）に入る適切な語句を答えよ。

<表>

	中学校1年・2年	中学校3年・高校入学年次	高校その次の年次以降
学習指導要領	自己の課題を発見し，合理的な解決に向けて運動の取り組み方を工夫するとともに，自己（や仲間）の考えたことを他者に伝えること	自己や仲間の課題を発見し，合理的な解決に向けて運動の取り組み方を工夫するとともに，自己（や仲間）の考えたことを他者に伝えること	生涯にわたって運動を豊かに継続するための自己や仲間の課題を発見し，合理的，（ ① ）な解決に向けて取り組み方を工夫するとともに，自己や仲間の考えたことを他者に伝えること
体の動かし方や行い方	課題や（ ② ）を伝える	合理的な動きと比較して成果や改善すべきポイントと理由を伝える	動きを分析して良い点や修正点を指摘する
体力や健康・安全	安全上の留意点を他の学習場面に当てはめ，伝える	体調や（ ③ ）に応じた適切な練習方法等について振り返る	危険を回避するための活動の仕方を（ ④ ）する
運動実践につながる態度	違いを踏まえて楽しむ方法を見付け，伝える	違いに配慮して楽しむ活動の方法や修正の仕方を見付ける	違いを越えて楽しむための（ ⑤ ）の仕方を見付ける

‖ 2024年度 ‖ 長崎県 ‖ 難易度 ■■■□□

【10】「高等学校学習指導要領解説保健体育編　体育編」(平成30年7月文部科学省)第1部保健体育編第2章第2節における「保健」について，(1)〜(6)の問いに答えよ。

(1) 次の文は，「1　性格」についての解説の一部である。文中の（ ① ）〜（ ④ ）に当てはまる言葉をそれぞれ書け。

　　少子化や情報化など社会の急激な変化による近年の児童生徒の成育環境や生活行動の変化，国民の疾病構造等の変化に関わって深刻化している心の健康，食生活をはじめとする生活習慣の乱れ，生活習慣病など，薬物乱用，（　①　）に関する問題など現代社会における健康・安全の問題は多様化しており，児童生徒のみならず国民全てにとって心身の健康の保持増進が大きな課題となってきている。

　　これらの問題に対処するためには，（　②　）の考え方を生かし，健康に関する個人の適切な意思決定や（　③　）及び健康的な環境づくりの重要性について理解を深めるとともに，生涯の各段階における健康課題への対応と（　④　）や地域の保健・医療機関の適切な活用及び社会生活における健康の保持増進について理解できるようにし，心身の健康の保持増進を図るための思考力，判断力，表現力等や健康を大切にし明るく豊かに生活する態度などの資質や能力を育成することが重要である。

(2)　次の文は，「2　目標」「(2)健康についての自他や社会の課題を発見し，合理的，計画的な解決に向けて思考し判断するとともに，目的や状況に応じて他者に伝える力を養う。」についての解説の一部である。文中の(　①　)～(　③　)に当てはまる言葉を書け。ただし，同じ番号には同じ言葉が当てはまる。

　　学習の展開の基本的な方向として，中学校での個人生活における健康・安全に関する内容について科学的に思考し，判断し，それらを，（　①　）を立てて他者に表現できるようにするという考え方を生かすことを目指している。また，自我の確立に加えて(　②　)に対する興味・関心が広がり，自ら考え判断する能力なども身に付きつつあるという発達の段階を考慮し，個人及び社会生活における健康・安全に関する内容について科学的に思考・判断し，（　③　）に捉えるとともに，それらを，（　①　）を立てて他者に表現できるようにすることを目指している。

(3) 次の文は，「3　内容」「(1)　現代社会と健康」「ア　知識」「(ア)健康の考え方」における「⑦国民の健康課題」についての解説の一部である。文中の(①)～(④)に当てはまる言葉を書け。

> 国民の健康課題について，我が国の死亡率，(①)，平均寿命，健康寿命など各種の指標や疾病構造の変化を通して理解できるようにする。その際，(②)，生活習慣病，感染症，精神疾患及び(③)における健康課題等があることについて触れるようにする。また，健康水準，及び疾病構造の変化には，科学技術の発達，及び生活様式や(④)を含む社会の状況が関わっていることについて理解できるようにする。

(4) 次の文は，「3　内容」「(2)　安全な社会生活」「ア　知識及び技能」「(ア)　安全な社会づくり」における「⑦交通安全」についての解説の一部である。文中の(①)～(③)に当てはまる言葉を書け。

> 交通事故を防止するには，自他の生命を尊重するとともに，自分自身の心身の状態や周りの環境，(①)の特性などを把握すること，及び個人の適切な行動，交通環境の整備が必要であることを理解できるようにする。また，交通事故には補償をはじめとする(②)などが生じることを理解できるようにする。
>
> その際，将来，二輪車及び自動車などの運転者として，交通社会の一員となることもあることを考慮し，運転者としての責任，(③)の防止や事故発生時の適切な対処が必要であるという視点を重視する。

(5) 次の文は，「3　内容」「(4)　健康を支える環境づくり」「ア　知識」における「(エ)　様々な保健活動や社会的対策」についての解説の一部である。文中の(①)～(③)に当てはまる言葉を書け。

> 我が国や世界では，健康を支えるために，健康課題に対応して各種の保健活動や社会的対策が行われていることについて理解できるようにする。その際，(①)などの民間の機関や，(②)(NPO)・非政府組織(NGO)の諸活動，(③)など

の国際機関等の活動について，ヘルスプロモーションの考え方に基づくものも含めて触れるようにする。また，このような活動や対策を充実させるためには，一人一人がそれらを理解し支えることが重要であることに触れるようにする。

(6)　次の文は，保健の「4　内容の取扱い」についての解説の一部である。文中の（　①　）～（　③　）に当てはまる言葉を書け。

実習を取り入れるねらいは，技能を習得することだけでなく，実習を自ら行う活動を重視し，（　①　）や原則といった指導内容を理解できるようにすることに留意する必要がある。また，実験を取り入れるねらいは，実験の方法を習得することではなく，内容について（　②　）を設定し，これを（　③　）したり，解決したりするという実証的な問題解決を自ら行う活動を重視し，科学的な事実や法則といった指導内容を理解できるようにすることに主眼を置くことが大切である。

▌2024年度▕▌愛媛県▕▌難易度▕

解答・解説

中学校

【1】2
○**解説**○　2は中学校の「保健分野」の「目標」に関する記述であるが，1・3・4はいずれも高等学校の「科目保健」の「目標」に関する記述である。

【2】(1)　①　a　合理的　　b　留意　　c　48　　d　7　　e　体育理論　f　器械運動　　g　指導内容　　h　組織的　　②　習得・活用・探究　③　配慮　　(2)　①　a　環境　　b　発生　　c　年齢　　d　調和

e　運動不足　　f　乱れ　　②　(ア)　第1学年　　(ウ)　第2学年
③　i　エネルギー　　ii　バランス　　(3) a ⑦　　b ⑨　　c ⑧
d ③　　e ⑥　　(4) a　積極的　　b　違い　　c　参加

○**解説**○ (1)　①　a　合理的な解決とは，これまで学習した運動に関わ
る一般原則や運動に伴う事故の防止等の科学的な知識や技能を，自己
や仲間の課題に応じて学習場面に適用したり，応用したりすること。
b　運動の楽しさや喜びを味わったり，健康の大切さを実感したりす
ることができるよう留意するとは，各運動領域の特性や魅力に応じた
体を動かす楽しさや特性に触れる喜びを味わうことができるよう，ま
た，健康の大切さを実感することができるよう指導方法を工夫するこ
と。　　c　3学年間で各分野に当てる授業時数は，全315単位時間中，
体育分野は267単位時間程度，保健分野は48単位時間程度を配当する
こととしている。　　d・e　「A体つくり運動」と「H体育理論」につい
ては，豊かなスポーツライフの実現に向けての基盤となる学習である
ことから，授業時数として，「A体つくり運動」は各学年で7単位時間
以上を，「H体育理論」は各学年で3単位時間以上を配当することとし
ている。　　f　「B器械運動」から「Gダンス」までの領域で，各領域に
対する授業時数の配当をどのようにするかは，それぞれの領域につい
て，どの程度習熟を図るかが重要な目安となる。　　g　障害特性に配
慮した指導内容や指導方法の工夫が必要であり，個々の生徒の困難さ
に応じた指導内容や指導方法については，学校や地域の実態に応じて
適切に設定することが大切である。　　h　学級担任や障害のある児童
生徒本人を組織として支えるために，同学年の教員，専科担当教員，
ティームティーチング担当教員等，その他学校内外の人材を活用して，
教師一人による支援ではなく学校全体で組織として支援することが大
切である。　　②　「習得」は，基礎的な知識及び技能を身に付けること。
「活用」は，基礎的な知識及び技能を使う思考力・判断力・表現力を
身に付けること。「探究」は，自己が見つけた課題を，習得した知
識・技能を活用して解決すること。なお，「活用」は教師が課題を出
すこともあるが，「探究」は子どもが自ら課題を発見するもの。
③　障害のある人が，教育や就業，その他社会生活において平等に参
加できるよう，それぞれの障害特性や困りごとに合わせたり，障壁を

取り除いたりするために行われる調整や変更への配慮(合理的配慮)が必要である。　(2)　①　a　環境の要因には，温度や湿度などの物理的環境，有害化学物質などの化学的環境，ウイルスや細菌などの生物学的環境，人間関係や保健・医療機関などの社会的環境の要因がある。主体の要因には，年齢，性，免疫，遺伝などの素因と，生後に獲得された運動，食事，休養及び睡眠を含む生活上の習慣や行動の要因がある。　b　疾病の発生とは，健康が阻害された状態になること。

c　年齢に応じた運動とは，生涯の各段階のライフステージにある身体的，心理的，社会的特徴に応じた運動を行うこと。生活環境に応じた運動とは，その人のライフスタイルに関わる生き方や暮らし方に応じた運動を行うこと。　d　休養及び睡眠の調和とは，長時間の運動，学習，作業などは疲労をもたらすため，適切な休養及び睡眠によって疲労を蓄積しないようにすること。　e　運動不足は，体力の低下だけでなく，肥満症や動脈硬化，糖尿病などの生活習慣病の原因となる。一方，適度な運動は，体の各器官を発達させたり，体力を高めたり，気分転換など精神的にもよい効果がある。　f　生活習慣の乱れとは，運動不足，食事の量や質の偏り，休養や睡眠の不足，喫煙，過度の飲酒などの不適切な生活行動のこと。　②　(ア)・(ウ)　保健分野の「(1)健康な生活と疾病の予防」は，(ア)から(カ)の6項目で構成されており，(ア)・(イ)は第1学年，(ウ)・(エ)は第2学年，(オ)・(カ)は第3学年で取り扱うものとしている。　③　i　1日に消費するエネルギー量は，基礎代謝量に生活活動や運動によって消費されるエネルギー量を加えたものであり，消費したエネルギーは食事によって補給している。ii　食物には様々な栄養素があり，栄養素の不足やとりすぎ，偏りは健康を害する原因となるため，体に必要な栄養素をバランスよくとる必要がある。　(3)　a　自由に踊るとは，フォークダンスなどの定型の踊りや，既存の振り付けを模倣する踊りではなく，全身を自由に動かして踊ること。　b　運動観察の方法には，自己や仲間の動き方を分析するための，自己観察や他者観察がある。例えば，ダンスを見せ合うことでお互いの動きを観察したり，ICTなどで自己やグループの表現や踊りを観察したりすることなどがある。　c　緩急強弱のある動きや空間の使い方で変化を付けて即興的に表現するとは，緩急(時間

的要素)や強弱(力の要素)の動きや，列・円などの空間の使い方に変化を付けて，思いつくままに捉えたイメージをすぐに動きに変えて表現すること。　d　特徴的なステップや動きと組み方とは，躍動的な動きや手振りの動きを強調する日本の民踊などの特徴的な動き，外国のフォークダンスでのパートナーとのステップや動きと組み方のこと。e　変化とまとまりを付けてとは，短い動きを繰り返す，対立する動きを組み合わせる，ダイナミックなアクセントを加えるなどの変化や，個と群の動きを強調してまとまりを付けること。　(4)　a　体つくり運動に積極的に取り組むとは，発達の段階や学習の段階に適した課題を設定したり，運動を選んだり組み合わせたりする学習などに積極的に取り組むこと。　b　一人一人の違いに応じた動きなどを認めようとするとは，体の動きには，体力や性別，障害の有無等に応じた違いがあることを認めようとすること。　c　話合いに参加しようとするとは，ねらいに応じた行い方を話し合ったり，課題の合理的な解決に向けて話し合ったりする場面で，自らの考えを述べるなど積極的に参加しようとすること。

【3】(1)　ア　A　見方　B　能力　イ　a　⑬　b　④　c　⑥
d　⑩　ウ　④　(2)　C　体つくり運動(陸上競技)　D　陸上競技(体つくり運動)　E　傷害　(3)　ア　F　協働　G　意欲
イ　③　ウ　②

○**解説**○(1)　ア　体育の見方・考え方については，生涯にわたる豊かなスポーツライフを実現する観点を踏まえ，「運動やスポーツを，その価値や特性に着目して，楽しさや喜びとともに体力の向上に果たす役割の視点から捉え，自己の適性等に応じた『する・みる・支える・知る』の多様な関わり方と関連付けること」，保健の見方・考え方については，疾病や傷害を防止するとともに，生活の質や生きがいを重視した健康に関する観点を踏まえ，「個人及び社会生活における課題や情報を，健康や安全に関する原則や概念に着目して捉え，疾病等のリスクの軽減や生活の質の向上，健康を支える環境づくりと関連付けること」である。生涯にわたって豊かなスポーツライフを実現するための資質・能力とは，体育を通して培う包括的な目標を示したものであ

る。　イ　教科の目標には，はじめにリード文が示され，それついて
どう資質能力を身に付けさせるのか，「知識及び技能」，「思考力，判
断力，表現力等」，「学びに向かう力，人間性等」の3本柱で示されて
いる。　ウ　体育の中での他者に伝えるは，身振り手振りや実際に動
きながら伝えることが考えられる。　(2)　体育分野では，第1学年及
び第2学年はすべての領域が必修である。一方，保健分野では，「健康
な生活と疾病の予防」の学習内容を1学年から3学年までそれぞれ2項
目ずつ振り分けて学習することとなっている。　(3)　ア　運動におけ
る競争や協働の経験を通してとは，運動には，一定の条件の下で技な
どを競い合うこと，仲間と協働して演技や表現をすること，作戦を立
てて攻防をすることなどがあるが，体育分野の学習が技能の獲得のみ
にとどまらず，社会生活における望ましい態度や行動にもつながるこ
とを示している。公正に取り組む，互いに協力する，自己の役割を果
たす，一人一人の違いを認めようとするなどの意欲を育てるとは，第
1学年及び第2学年の段階において，運動における競争や協働の経験を
通して，生徒に身に付けさせたい情意面の目標を示したものである。
イ　これは，新しく加えられた共生の視点である。　ウ　「②運動や
スポーツの多様性を知ること」は，知識の内容である。

【4】(1)　1　　(2)　5
○解説○　(1)　1　正しい。第2学年で取り扱う「運動やスポーツの意義や
効果と学び方や安全な行い方」の「(ア)運動やスポーツが心身及び社
会性に及ぼす効果」の内容である。　2　第2学年ではなく，第1学年
の「運動やスポーツの多様性　(ア)運動やスポーツの必要性と楽しさ」
の内容である。　3　第2学年ではなく，第1学年の「運動やスポーツ
の多様性　(ウ)運動やスポーツの多様な楽しみ方」の内容である。
4・5　第2学年ではなく，第3学年の「文化としてのスポーツの意義」
の内容である。　(2)　1と2は第3学年で取り扱うことになっている。1
は「(1)健康な生活と疾病の予防」の「(オ)感染症の予防」の内容，2は
「(カ)健康を守る社会の取組」の内容である。　3は，「(2)心身の機能の
発達と心の健康　(ウ)精神機能の発達と自己形成」の内容であり，第1
学年で取り扱う。4は，「(4)健康と環境　(ア)身体の環境に対する適応

能力・至適範囲」の内容であり，第3学年で取り扱う。

【5】ア　内分泌　　イ　心肺蘇生法
○**解説**○　いずれも学習指導要領「保健」からの空所補充問題である。何度も読み返して空所になりそうなワードを押さえておこう。

【6】問1　①　手軽　　②　実生活　　問2　①　切り返し　　②　発展技　　問3　①　そり跳び　　②　背面跳び　　問4　①　積極的　②　挑戦　　③　事故防止　　問5　①　自然体　　②　体さばき　③　打突　　問6　①　社会性　　②　技術　　③　体調
○**解説**○　問1　手軽な運動とは，誰もが簡単に取り組むことができる運動，仲間と協力して楽しくできる運動，心や体が弾むような軽快な運動を示している。また，中学校学習指導要領解説において実生活に生かす運動の計画の行い方の例として，「健康に生活するための体力の向上を図る運動の計画と実践」，「運動を行うための体力の向上を図る運動の計画と実践」が示されている。　問2　切り返し系の技の例示として，基本的な技：開脚跳び→発展技：開脚伸身跳び，基本的な技：かかえ込み跳び→発展技：屈身跳びが示されている。　問3　「背面跳び」は競技者の間に広く普及している合理的な跳び方であるが，全ての生徒を対象とした学習では，中学生の技能レベル，器具や用具等の面から危険な場合もあると考えられるため，指導に際しては，個々の生徒の技能，器具や用具等の安全性などの条件が十分に整っており，さらに生徒が安全を考慮した段階的な学び方を身に付けている場合に限って実施すること。　問4　「事故防止に関する心得」とは，体の調子を確かめてから泳ぐ，プールなど水泳場での注意事項を守って泳ぐ，水深が浅い場所での飛び込みは行わないなどの健康・安全の心得を示している。この文言は，他領域の「学びに向かう力，人間性等」にはない言い回しであるので注意したい。　問5　該当の例示は，相手の動きの変化に応じた基本動作における例示である。「自然体」とは，剣道の構えのもととなる体勢であり，安定感があり身体のどこにも無理がなく，相手のどのような変化にも適切に対応できる永続性のある姿勢のことである。　問6　ここでの指導内容は，運動やスポ

ーツを行うことは，心身の発達や社会性を高める効果が期待できること，運動やスポーツに応じた合理的な高め方や学び方があること，運動やスポーツを行う際は，健康・安全に留意する必要があることなどを中心として構成されている。

【7】(1) Ⅰ 長距離走　Ⅱ ハードル走　Ⅲ 創作　Ⅳ フォーク　Ⅴ 現代的なリズムの　Ⅵ 7　Ⅶ 2年間でア～ウから①選択　Ⅷ 3　(2) ア バスケットボール，ハンドボール，サッカー　イ バレーボール，卓球，テニス，バドミントン
ウ ソフトボール

○解説○ (1)　特に器械運動のマット運動は，全ての器械運動の種目の基礎感覚を身に付けることができることから，必修となっている。ダンスについては，3つの種目から選択としか示されていない。なお，問題の表では1学年及び2学年の項のみ抜粋されているが，体つくり運動及び体育理論については3学年でも必修となっており，全ての学年で扱う重要な領域である。　(2)　学校や地域の実態に応じて，例えばタグラグビーなどの運動についても履修させることができるが，原則として，その他の運動は，内容の取扱いに示された各運動種目に加えて履修させることとし，学校や地域の特別の事情がある場合には，替えて履修させることもできる。

【8】(1) エ　(2) エ　(3) エ
○解説○ (1)　ア，イ，ウ 「社会生活における健康・安全」や「応用的な技能」が誤りである。　(2)　ア，イ，ウ それぞれ「生涯を通じて」と「明るく」の言葉がないので誤りである。　(3) エ 「個人生活における健康・安全に関する内容について『科学的』に思考し，判断するとともに」が正しく，「健康・安全に関する内容について『総合的』に思考し，判断する」は誤りである。

【9】① エ　② キ　③ ス　④ カ　⑤ セ
○解説○ ①　「積極的に取り組む」とは，各領域の学習に進んで取り組めるようにすること。　②　「自主的に取り組む」とは，義務教育の修了段階であることを踏まえ，各領域に自ら進んで取り組めるようにす

ること。　③「仲間の学習を援助しようとする」とは，自分のことだけでなく共に学ぶ仲間に対して必要な支援をしたりすること。また，「互いに助け合い教え合おうとする」とは，仲間の技能の程度にかかわらず，課題を共有して互いに助け合ったり教え合ったりすること。④「話合いに参加しようとする」とは，ねらいに応じた行い方を話し合ったり，課題の合理的な解決に向けて話し合ったりする場面で，自らの考えを述べるなど積極的に参加しようとすること。また，「話合いに貢献しようとする」とは，自己や仲間の課題の解決の場面で，自己の考えを述べたり相手の話を聞いたりするなど，話合いに責任をもって関わろうとすること。　⑤「よい演技を認めようとする」とは，仲間の演技のよさを称賛したり，努力を認めたりすること。また，「よい演技を讃えようとする」とは，人にはそれぞれ違いがあることを認めた上で，仲間の演技のよさを指摘したり，讃えたりすること。

【10】(1)　①　コミュニケーション能力　②　論理的　③　情報通信ネットワーク　(2)　・する(行う)　・見る(みる)　・知る　・支える

○**解説**○　(1)　①・②　筋道を立てて練習や作戦について話し合うことや，身近な健康の保持増進について話し合うことなど，コミュニケーション能力や論理的な思考力の育成を促すための言語活動を積極的に行うことに留意する。　③　保健体育科においても，各分野の特質を踏まえ，情報モラル等にも配慮した上で，必要に応じてコンピュータや情報通信ネットワークなどを適切に活用し，学習の効果を高めるよう配慮する。　(2)「する」は，直接行うこと。「見る」は，テレビなどのメディアや競技場等での観戦を通して一体感を味わったり，研ぎ澄まされた質の高い動きに感動したりすること。「支える」は，運動の学習で仲間の学習を支援したり，大会や競技会の企画をしたりすること。「知る」は，運動やスポーツの歴史や記録などを書物やインターネットなどを通して調べること。

高等学校

【1】 (1)　エ　　(2)　ア　　(3)　エ

○解説○　生涯にわたって豊かなスポーツライフを実現する資質・能力の育成に向けては，体力や技能の程度，性別や障害の有無等にかかわらず，運動やスポーツとの多様な関わり方を状況に応じて選択し，卒業後も継続して実践することができるようにすることが重要である。

【2】 (1)　1　①　　2　②　　(2)　3　④

○解説○　(1)　1　「各種の運動の基礎を培う時期」は小学校第1学年から第4学年，「多くの領域の学習を経験する時期」は小学校第5学年から中学校第2学年，「卒業後も運動やスポーツに多様な形で関わることができるようにする時期」は中学校第3学年から高等学校第3学年である。2　新学習指導要領では，体力や技能の程度，性別や障害の有無等に関わらず，運動の多様な楽しみ方を共有することができるよう留意することが明記された。このことは，多様性を認める共生社会の実現に向けて，学校教育全体でどのように取り組んでいくかを問うものである。　(2)　体つくり運動における配当を7単位時間〜10単位時間程度としているのは，授業時数が2単位の学年については7単位時間以上とし，3単位の学年については10単位時間を目安として配当することを想定したためである。

【3】 (1)　1　　(2)　5

○解説○　(1)　1は正しい。「1　スポーツの文化的特性や現代のスポーツの発展　(ア)スポーツの歴史的発展と多様な変化」の内容で，入学年次で取り扱う。2は「3　豊かなスポーツライフの設計の仕方　(イ)ライフスタイルに応じたスポーツとの関わり方」の，5は「(ア)ライフステージにおけるスポーツの楽しみ方」の内容であり，それぞれその次の年次以降で取り扱う。3は「2　運動やスポーツの効果的な学習の仕方　(イ)スポーツの技術と技能及びその変化」の，4は「(ア)運動やスポーツの技能と体力及びスポーツによる障害」の内容であり，それぞれその次の年次以降で取り扱う。　(2)　1〜4は中学校の保健分野の内容である。5は正しい。高等学校の保健科で取り扱う「(3)生涯を通じ

る健康　(イ)労働と健康」の内容である。

【4】ア　②　　イ　③　　ウ　④　　エ　②
○**解説**○　高等学校学習指導要領解説より，指導計画作成上の配慮事項1「体育」の(3)から出題された。「体育」は3項目，「保健」は4項目，「体育」及び「保健」が2項目あげられているので確認しておくこと。体つくり運動と体育理論で求められる授業時数と，科目保健の標準単位数は必ず把握しておきたい。

【5】(1)　④　　(2)　⑤　　(3)　③　　(4)　②
○**解説**○　(1)　この事項は，保健体育科の指導計画の作成に当たり，生徒の主体的・対話的で深い学びの実現を目指した授業改善を進めることとし，保健体育科の特質に応じて，効果的な学習が展開できるように配慮すべき内容を示したものである。「見方・考え方を働かせ」は，現行の学習指導要領のキーフレーズといえるのでしっかり押さえたい。　(2)　高等学校学習指導要領の第1章総則には，「単位については，1単位時間を50分とし，35単位時間の授業を1単位として計算することを標準とする」と示されている。つまり，1単位は，1単位時間(50分)の授業を35回行うことで修得となる。高等学校では「体育」の標準単位数は7～8単位，「保健」の標準単位数は2単位である。出題文では，3年次では受験準備があるため，体育の単位はなるべく1年次に多く取っておくよう工夫すべき点が示されている。　(3)　表現力は近年の教育界で特に重要な課題となっている。そのため，高校段階では「筋道を立てて伝える」という論理性の側面に言及していることがポイントとなろう。　(4)　「インクルーシブ教育システム」は重要用語である。障害者権利条約の存在と合わせて覚えておきたい。それとともに「共生体育」という考え方が近年クローズアップされていることも把握しておこう。出題は，障害のある生徒などへの指導の一つである「障害のある生徒などについては，学習活動を行う場合に生じる困難さに応じた指導内容や指導方法の工夫を計画的，組織的に行うこと」を解説した部分である。

【6】1　④　　2　④

○**解説**○ 1 「科学的」とは，経験的，実証的な方法で知識や技能を獲得
したり，思考・判断したりすることであり，その結果いつでも，どこ
でも，誰でも，同じ答えや結果にたどり着くことができるもの。
2 「健康に関する関心や意欲」とは，自他の健康やそれを支える環境
づくりに関心をもち，現在だけでなく生涯を通して健康の保持増進や
回復を目指す実践力につながる意欲である。

【7】(1)　Ⅰ　長く泳ぐ　　Ⅱ　創作　　Ⅲ　フォーク　　Ⅳ　現代的
なリズムの　　Ⅴ　①　　Ⅵ　7　　Ⅶ　10　　Ⅷ　その次の年次以
降　　(2)　ア　バスケットボール，ハンドボール，サッカー，ラグビ
ー　　イ　バレーボール，卓球，テニス，バドミントン　　ウ　ソフ
トボール

○**解説**○ (1)　入学年次は，中学校第3学年と同様の取扱いとなる。体つ
くり運動及び体育理論については，全ての学年で扱う重要な領域であ
る。　(2)　学校や地域の実態に応じて，その他の運動についても履修
させることができるが，原則として，その他の型及び運動は，内容の
取扱いに示された各型及び運動種目に加えて履修させることとし，学
校や地域の特別の事情がある場合には，替えて履修させることもでき
る。

【8】(1)　①　組織的　　②　インクルーシブ　　③　社会参加
④　通級　　⑤　充実　　⑥　きめ細かな　　⑦　手立て　　⑧　実
技　　⑨　複数　　⑩　個別指導　　(2)　ア　音が出る用具を使用し
たりする。　イ　用具やルールの変更を行う。

○**解説**○ (1)　①　学級担任や障害のある児童生徒本人を組織として支え
るために，同学年の教員，専科担当教員，ティームティーチング担当
教員等，その他学校内外の人材を活用して，教師一人による支援では
なく学校全体で組織として支援することが大切である。　②　インク
ルーシブ教育とは，障害のある者と障害のない者が共に学ぶ仕組みの
こと。　③　社会参加とは，社会の中で主体的に役割を果たすことで
あり，社会的，職業的自立に向けて必要な基盤となる資質・能力を身

に付けていくことが大切である。なお，自立とは，能力や障害の程度に関係なく，支援を受けながらも主体的に行動できること。　④　通級による指導とは，通常の学級に在籍し，通常の学級での学習におおむね参加でき，一部特別な指導を必要とする児童生徒に対して，障害に応じた特別の指導を行う指導形態のこと。　⑤　平成28年4月に「障害を理由とする差別の解消の推進(障害者差別解消法)」が施行され，同年12月中央教育審議会の答申「幼稚園，小学校，中学校，高等学校及び特別支援学校の学習指導要領等の改善及び必要な方策等について」により，「子供たちの十分な学びを確保し，一人一人の子供の障害の状態や発達の段階に応じた指導や支援を一層充実させていく必要がある」と，特別支援教育の充実が示された。　⑥　保健体育における「きめ細かな指導」とは，教材，練習やゲーム及び試合や発表の仕方等を検討し，障害の有無にかかわらず，参加可能な学習の機会を設けたりするなど，生徒の実態に応じたきめ細かな指導に配慮すること。⑦　ここでいう手立ては，学習活動を行う場合に生じる困難さが異なることに留意し，個々の生徒の困難さに応じた指導内容や指導方法を工夫すること。　⑧　実技は，「体育」では各運動種目の技能練習やゲーム及び試合，発表など，「保健」ではストレスへの対処や心肺蘇生法などに技能の内容がある。指導に際しては，特に健康・安全に十分に留意するとともに，実習の手順や方法が理解できるよう，それらを視覚的に示したり，一つ一つの技能を個別に指導したりするなどの配慮をする。　⑨・⑩　保健体育科は実技を伴う教科のため，健康や安全の確保には細心の配慮が必要であり，健康を維持したり安全を保持したりするためには，生徒の障害に起因する困難さに応じて，複数教員による指導や個別指導を行うなどの配慮をすることが大切である。　(2)　ア　見えにくさのため活動に制限がある場合には，不安を軽減したり安全に実施したりすることができるよう，活動場所や動きを事前に確認したり，仲間同士で声を掛け合う方法を事前に決めたり，音が出る用具を使用したりするなどの配慮をする。　イ　身体の動きに制約があり，活動に制限がある場合には，生徒の実情に応じて仲間と積極的に活動できるよう，用具やルールの変更を行ったり，それらの変更について仲間と話し合う活動を行ったり，必要に応じて補助用

具の活用を図ったりするなどの配慮をする。

【9】問1　①　卒業後　　②　疾病構造　　③　回復　　問2　①　方向
変換　　②　コミュニケーション能力　　問3　①　計画的
②　出来映え　　③　環境　　④　提案　　⑤　調整

○**解説**○　問1　「高等学校学習指導要領解説　第2章　保健体育科の目標
及び内容　1　保健体育科改訂の趣旨」の「③改善の具体的事項」か
らの出題である。この改訂の趣旨に従って高等学校保健体育科では，
生涯にわたって豊かなスポーツライフを継続し，スポーツとの多様な
関わり方を状況に応じて選択するとともに，卒業後も継続して実践す
ることができるよう，また，個人及び社会生活における健康・安全に
ついての「知識及び技能」，「思考力，判断力，表現力等」，「学びに向
かう力，人間性等」の育成を重視する改善を図ったと示されている。
問2　主体的な学習活動が充実するようにするために，指導に際して
は，必要な知識の習得を図る，単元のはじめに課題解決の方法を確認
する，練習中やゲーム後に話合いをするなどの機会を設ける，学習ノ
ートを活用するなどの工夫をするとともに，指導内容の精選を図るこ
とや，話合いのテーマや学習の段階的な課題を明確にするなどによっ
て，ねらいに即した言語活動が取り入れられるよう配慮する必要があ
ると示されている。　　問3　「高等学校学習指導要領解説　第2章　保健
体育科の目標及び内容　第2節　各科目の目標及び内容　3　内容」か
らの出題である。思考力，判断力，表現力等に関する指導内容におい
て，各領域に共通して，生涯にわたって運動を豊かに継続するための
課題を発見し，合理的，計画的な解決に向けて思考し判断するととも
に，自己や仲間の考えたことを他者に伝えるということを，成長段階
に応じて3段階で示している。

【10】(1)　①　性　　②　ヘルスプロモーション　　③　行動選択
④　保健・医療制度　　(2)　①　筋道　　②　社会的な事象
③　総合的　　(3)　①　受療率　　②　がん　　③　少子高齢社会
④　労働形態　　(4)　①　車両　　②　法的責任　　③　加害事故
(5)　①　日本赤十字社　　②　特定非営利活動法人　　③　世界保健

機関　　(6)　① 概念　　② 仮説　　③ 検証

○**解説**○ (1)　高等学校学習指導要領解説体育編保健編では，「体育」「保健」とも，目標，内容の前に「性格」という項目がたてられていることに留意したい。冒頭の案内(ガイド)といった意味合いがある。④の保健・医療については「制度」と「機関」があることと，その違いについて着目しておこう。　(2)　いずれも難易度は高い。これらの用語が空所補充問題になるという事実をしっかりと捉えておこう。

(3)　高校の科目保健では，「労働」や「結婚」がテーマの一つとなっていることに意識を向けておこう。　(4)　自動車や二輪車の運転が法律上可能となる高校生という発達段階に見合ったテーマが車両事故，運転者責任の問題である。　(5)　NPOは「特定非営利活動法人」，NGOは「非政府組織」，WHOは「世界保健機関」としっかり覚えよう。

(6)　「概念」「原則」「仮説」「検証」「実証」はこの箇所でのキーワードである。

中学校

【1】第3学年の体つくり運動「実生活に生かす運動の計画」の学習について，次の(1)，(2)の問いに答えなさい。

(1) 自己の日常生活を振り返り，健康の保持増進や調和のとれた体力の向上を図るため，体の動きを高める運動の計画を立てて取り組むことが大切である。生徒が運動を組み合わせ，計画を立てて実践できるようにする際，教師として着目させる点を2つ書きなさい。

(2) 総合的に体の動きを高めることで調和のとれた体力の向上が図られるよう配慮する必要がある。新体力テストの測定結果を利用して，運動の計画を立てる際，留意する点を書きなさい。

┃2024年度┃群馬県┃難易度┃■■■□□┃

【2】体育の授業に関する次の問いに答えなさい。

(1) 運動やスポーツへの多様な関わり方の一つに「支える」がある。「支える」以外の関わり方を，三つ書きなさい。

(2) 運動やスポーツへの多様な関わり方としての「支える」とは，授業においてどのような関わり方が考えられるか，場面と状況を明確にして書きなさい。

(3) 授業において，各領域における単元の目標を次のように設定した。その目標に当てはまる資質・能力を選び，番号を書きなさい。

　ア　陸上競技
　　・練習や競争をする場面で，最善を尽くす，勝敗を受け入れるなどのよい取組を見付け，理由を添えて他者に伝えることができるようにする。

　イ　ダンス
　　・人間の感情の中からイメージを捉え，緩急や強弱，静と動などの動きを組み合わせて変化やメリハリを付けて，表現することができるようにする。

　① 知識及び技能　　② 思考力，判断力，表現力等

③　学びに向かう力，人間性等

(4)　体つくり運動において，主体的に学習に取り組む態度に課題のある生徒への配慮として，不適切なものを選び，番号を書きなさい。

①　自己の課題を見付けることに意欲的に取り組めない生徒に，仲間に気付きを言ってもらうなどし，徐々に自己の課題を見付けていくことができるようにする。

②　達成感をもてないために運動に意欲的に取り組めない生徒に，運動の記録をとるようにしたり，わずかな変化を見付けて，称賛したりする。

③　技能の習得に困難さがあって意欲的に取り組めない生徒に，スローモーションを撮影した動画を用意し，個人のタブレット端末から見ることができるようにする。

④　仲間との身体接触を嫌がる生徒に，バトンやひもなどの用具を用いて触れ合う運動を工夫する。

(5)　陸上競技において，次の問いに答えなさい。

ア　リレーの授業において，テイク・オーバー・ゾーン内で，次走者にバトンが触れた時点でバトンを落とした。日本陸上競技連盟競技規則(2022)では，競技を継続するためには，落としたバトンはどのように扱うのが正しいか。「前走者」，「次走者」という言葉を入れて，説明しなさい。

イ　走り高跳びの授業で助走スピードに問題はないが，力強く踏み切ることに課題がある生徒がいる。技能面においてどのような表れが考えられるか，2つ答えなさい。また，それらの課題に生徒自身が気付くことができるようにするために考えられる手立てを答えなさい。

(6)　水泳の授業におけるプールの衛生基準に関して，(A)～(C)に当てはまる数値を書きなさい。

> 遊離残留塩素濃度は，プールの対角線上におけるほぼ等間隔の位置(A)か所以上の水面下20cm及び循環ろ過装置の取水口付近の水について測定し，すべての点で(B)mg/L以上であること。また，(C)mg/L以下であることが望ましい。

(7) 剣道の授業において，次の問いに答えなさい。

ア　竹刀の握り方について，適切な文を選び，番号を書きなさい。

①　右手の小指をつか頭いっぱいに小指をかけて握り，左手はつば元に添える感じで握る。

②　左手の小指をつか頭いっぱいに小指をかけて握り，右手はつば元に添える感じで握る。

③　左手の小指をつか頭からわずかに離して小指をかけて握り，右手はつば元に添える感じで握る。

④　右手の小指をつか頭からわずかに離して小指をかけて握り，左手はつば元に添える感じで握る。

イ　打突の仕方について，次の文の（　Ａ　）に当てはまる言葉を書きなさい。

・剣道の「打突」は大きく分けて4つある。その4つとは，「面」，「胴」，「（　Ａ　）」と「突き」である。

(8) バレーボールの授業において，参加した生徒から，授業終了後に利き手側の人差し指に痛みがあり，突き指の疑いがあるとの申し出があった。養護教諭が不在のため，応急手当をすることになった。一定時間冷却した後に固定したい。固定の仕方を具体的に書きなさい。

(9) ベースボール型の授業において，通常のルールで行うと，攻撃がいっこうに終わらない表れがある。攻撃の時間を短くするために，どのようにルールを工夫することが考えられるか。「チェンジに必要なアウトの数を少なくする。」以外に考えられる方法を2つ書きなさい。

║ 2024年度 ║ 静岡県・静岡市・浜松市 ║ 難易度 ■■■□□

【3】次の文は「中学校学習指導要領(平成29年告示)解説　保健体育編　第2章　保健体育科の目標及び内容　第2節　各分野の目標及び内容〔体育分野〕　3　内容の取扱い」の一部である。以下の各問いに答えなさい。

> (3) 内容の「A体つくり運動」から「Gダンス」までの領域及び
> 運動の選択並びにその指導に当たっては，学校や地域の実態
> 及び生徒の特性等を考慮するものとする。また，_(ア)<u>第3学年の</u>
> <u>領域の選択に当たっては，安全を十分に確保した上で，生徒</u>
> <u>が自由に選択して履修することができるよう配慮する</u>こと。
> その際，指導に当たっては，内容の「B器械運動」から「Gダ
> ンス」までの領域については，それぞれの運動の特性に触れ
> るために必要な体力を生徒自ら高めるように留意するものと
> する。
>
> (中略)
>
> (5) _(イ)<u>集合，整頓</u>，<u>列の増減，方向変換などの行動の仕方を身</u>
> <u>に付け，能率的で安全な集団としての行動ができるようにす</u>
> <u>るための指導</u>については，(以下省略)。

(1) 下線部_(ア)<u>第3学年の領域の選択に当たっては，安全を十分に確保</u>
<u>した上で，生徒が自由に選択して履修することができるよう配慮す</u>
<u>る</u>についての説明として誤っているものを次の選択肢から2つ選び，
記号で答えなさい。ただし，解答の順序は問わない。

   ア　複数教員配置校においては，学習指導要領の趣旨を踏まえ，生
   徒が領域や領域の内容の選択ができるようにすること，単数教員
   配置校については，生徒が希望する領域や領域の内容を可能な範
   囲で学習できるよう教育課程を編成することが求められる。

   イ　領域や領域の内容を選択できるようオリエンテーションの充実
   や自主的な学習を促す指導の充実を図る必要がある。

   ウ　生徒の自主性を尊重するあまり，指導の充実や健康・安全の確
   保が困難となる選択の拡大を促すものではないことにも配慮し計
   画する必要がある。

   エ　「B器械運動」，「C陸上競技」，「D水泳」のまとまりから1領域
   以上を生徒が選択して履修することができるようにする。

   オ　「E球技」，「F武道」，「Gダンス」のまとまりから1領域以上を
   生徒が選択して履修することができるようにする。

(2) 下線部_(イ)<u>集合，整頓，列の増減，方向変換などの行動の仕方を</u>

身に付け，能率的で安全な集団としての行動ができるようにするための指導についての説明として誤っているものを次の選択肢から1つ選び，記号で答えなさい。

ア　集団として必要な行動の仕方を身に付け，能率的で安全な集団としての行動ができるようにすることは，運動の学習においても大切なことである。

イ　能率的で安全な集団としての行動については，運動の学習に直接必要なものを取り扱うようにする。

ウ　体つくり運動からダンスまでの各運動に関する領域の学習との関連を図って適切に行うことに留意する必要がある。

エ　集団行動の指導の効果を上げるためには，保健体育科だけに絞って指導する必要がある。

▐ 2024年度 ▐ 宮崎県 ▐ 難易度 ■■■■□□

【4】「中学校学習指導要領(平成29年告示)解説　保健体育編(平成29年7月)」に示されている「指導計画の作成と内容の取扱い」(一部抜粋)について，次の各問いに答えよ。

問1　指導計画の作成に示されている授業時数について適切な数字を答えよ。

(1)　保健体育の「年間標準授業時数」(3カ年合計)

(2)　体育分野の授業時数(3カ年合計)

(3)　保健分野の授業時数(3カ年合計)

問2　次の文は，指導計画作成時に配慮する事項について示している。文中の(①)，(②)に入る適切な語句を正確に答えよ。

> (1)　体力や技能の程度，性別や(①)の有無等にかかわらず，運動の多様な楽しみ方を(②)することができるよう留意すること。

▐ 2024年度 ▐ 長崎県 ▐ 難易度 ■■■■□□

【5】「中学校学習指導要領」(平成29年3月告示　文部科学省)「第2章　各教科　第7節　保健体育　第2　各学年の目標及び内容〔体育分野

第1学年及び第2学年〕 2　内容」について，次の問いに答えなさい。

1　「A　体つくり運動」においては，体の動きを高める運動を行うこととされている。その上で，巧みな動きを高めるための運動の指導の際，運動をどのように発展させることが大切であるか，「ゆっくりした動きから素早い動き」以外について簡潔に書きなさい。

2　「C　陸上競技」においては，走り幅跳びにおいてスピードに乗った助走から素早く踏み切って跳ぶこととされている。その上で，走り幅跳びの指導の際，踏み切りについて，学習の始めの段階ではどのように指導することが大切であるか，簡潔に書きなさい。

■ 2024年度 ■ 山形県 ■ 難易度 ■■■■■

高等学校

【1】保健の指導について，次の(1)，(2)に答えなさい。

(1)　「改訂『生きる力』を育む高等学校保健教育の手引(令和3年3月文部科学省)」について，次の①，②に答えなさい。

①　次の図は，小学校体育科保健領域，中学校保健体育科保健分野，高等学校保健体育科「科目保健」の学習内容を「保健における体系イメージ」として示したものである。図中の(ア)～(エ)に当てはまる語句を書きなさい。

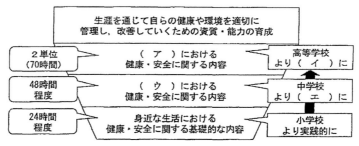

②　小学校から高等学校にかけての保健教育の特徴を，次の語句を用いて書きなさい。

系統的

(2)　「高等学校学習指導要領」(平成30年3月)の「第6節保健体育第3款各科目にわたる指導計画の作成と内容の取扱い」において，「保健」

は，原則として入学年次及びその次の年次の2か年にわたり履修させることとしている。その理由を書きなさい。

2024年度 ┃ 新潟県・新潟市 ┃ 難易度■■■□□

【2】体育の授業におけるICTの活用について，次の(1)，(2)に答えなさい。
  (1) ICTの活用方法に触れながら，運動学習時のフィードバックの効果的な与え方を，次の語句を用いて書きなさい。
    内在的フィードバック　　外在的フィードバック
  (2) 現状の学習評価の課題をふまえ，ICTを活用することによって，「指導と評価の一体化」をどのように図っていくか，書きなさい。

2024年度 ┃ 新潟県・新潟市 ┃ 難易度■■■■□

【3】高等学校学習指導要領(平成30年告示)解説　保健体育編　体育編　第1部　保健体育編について，次の(1)，(2)の問いに答えよ。
  (1) 「第2章　第2節「保健」3　内容　(3)　生涯を通じる健康　ア　知識　(ア)　生涯の各段階における健康　⑦　思春期と健康」の指導に当たって，配慮することが大切な事項を記せ。
  (2) 「第3章　第1節　2「保健」(3)「保健」の標準単位数と履修学年」に，「保健は，原則として入学年次及びその次の年次の2か年にわたり履修させること。」と示されているが，その理由を記せ。

2024年度 ┃ 山梨県 ┃ 難易度■■■■□

【4】次の文は，『高等学校学習指導要領(平成30年告示)解説　保健体育編　体育編　第1部　保健体育編　第3章　各科目にわたる指導計画の作成と内容の取扱い　第1節　指導計画作成上の配慮事項　3　「体育」及び「保健」』から抜粋したものである。以下の各問いに答えなさい。

> (2) 障害のある生徒などへの指導
>
> > (6) 障害のある生徒などについては，学習活動を行う場合に生じる(①)に応じた指導内容や指導方法の工夫を計画的，(②)に行うこと。

  (1) 上の文中の(①)に当てはまる語句を，次の選択肢から1つ選び，

記号で答えなさい。
　ア　困難さ　　イ　状況　　ウ　困り感　　エ　課題
(2)　上の文中の(　②　)に当てはまる語句を，次の選択肢から1つ選び，
　記号で答えなさい。
　ア　継続的　　イ　組織的　　ウ　弾力的　　エ　合理的

【5】次の文は，「高等学校学習指導要領解説保健体育編　体育編」(平成
30年7月文部科学省)第1部保健体育編第3章第1節における「3「体育」
及び「保健」」の「(2)障害のある生徒などへの指導」に関する記載の
一部である。文中の(　①　)〜(　⑩　)に当てはまる言葉を以下の語群
A〜Tの中からそれぞれ一つずつ選び，その記号を書け。ただし，同じ
番号には同じ言葉が入る。

---

(2)　障害のある生徒などへの指導
(中略)
　　指導に際しては，学校や地域の実態に応じて，次のよう
　な配慮の例が考えられる。
・見えにくさのため活動に制限がある場合には，(　①　)を
　軽減したり安全に実施したりすることができるよう，活
　動(　②　)や動きを事前に確認したり，仲間同士で声を
　掛け合う方法を事前に決めたり，音が出る用具を使用し
　たりするなどの配慮をする。
・身体の動きに制約があり，活動に制限がある場合には，
　生徒の実情に応じて仲間と積極的に活動できるよう，用
　具や(　③　)の変更を行ったり，それらの変更について
　仲間と(　④　)合う活動を行ったり，必要に応じて補助
　用具の活用を図ったりするなどの配慮をする。
・リズムやタイミングに合わせて動くことや(　⑤　)な動き
　をすること，ボールや用具の操作等が難しい場合には，
　動きを理解したり，自ら積極的に動いたりすることがで
　きるよう，動きを(　⑥　)又は言語情報に変更したり簡
　素化したりして提示する，動かす体の部位を意識させる，

操作が易しい用具の使用や用具の(⑦)を工夫したり
するなどの配慮をする。
・試合や記録測定，発表などの状況の変化への対応が求め
られる学習活動への参加が難しい場合には，生徒の実情
に応じて状況の変化に対応できるようにするために，挑
戦することを(⑧)合う(⑨)づくりに配慮したり，
(③)の弾力化や場面設定の簡略化を図ったりするな
どの配慮をする。
・日常生活とは異なる環境での活動が難しい場合には，
(①)を解消できるよう，学習の(⑩)や具体的な内
容を段階的に説明するなどの配慮をする。

A	視覚的	B	学び方	C	順序	D	讃え
E	リスク	F	ルール	G	合理的	H	人間関係
I	場所	J	話し	K	約束事	L	目標
M	大きさ	N	複雑	O	認め	P	教え
Q	雰囲気	R	不安	S	イメージ	T	材質

‖ 2024年度 ‖ 愛媛県 ‖ 難易度 ▮▮▮□□

解答・解説

中学校

【1】(1) ・ねらいは何か　・いつ，どこで運動するのか　・どの
ような運動を選ぶのか　・どの程度の運動強度，時間，回数で行う
か　から2つ　(2) ・測定項目は体力の一部を測定するものであり，
いろいろな動きで体力を高める必要がある。　・成長の段階によっ
て発達に差があることなどを理解させ，測定項目の運動のみを行うこ
とがないようにする。　・測定値の向上のために過度な競争をあお
ったりすることのないようにする。

○**解説**○ (1) 実生活に生かす運動の計画の行い方としては，運動不足の解消や体調維持を目的とした「健康に生活するための体力の向上を図る運動の計画と実践」と，調和のとれた体力の向上を図ったり，選択した運動やスポーツの場面で必要とされる体の動きを高めたりすることを目的とした「運動を行うための体力の向上を図る運動の計画と実践」とが考えられる。　(2)　新体力テストは，8項目の実技テスト項目に対応していて，運動能力評価では，走跳投に関わる走能力，跳躍能力，投球能力の3つの運動能力を評価している。一方，体力評価では，スピード，全身持久力，瞬発力，巧緻性，筋力，筋持久力，柔軟性，敏捷性の8つの体力要因を評価している。あくまで一つの指標であり，それらを高めるための運動は多種多様にある。

【2】(1)　する(行う)，見る，知る　(2)　バドミントンの練習で仲間にアドバイスをしたり，ゲームの審判をしたりする。　(3)　ア　②イ　①　(4)　③　(5)　ア　前走者が拾って，次走者に渡さなくてはならない。　イ　表れ①…自己に適した踏切位置でない。手立て①…助走開始の位置に印を置く。　表れ②…助走がリズミカルでない。　手立て②…タンバリン等で音を出し，音に合わせる。(6)　A　3　B　0.4　C　1.0　(7)　ア　②　イ　A　小手(8)　中指と人差し指をくっつけてテーピングする。　(9)　方法1…1回の攻撃で打つ人数を決める。　方法2…フライのボールを取ったら2アウトにするなどアウトを取りやすくする。

○**解説**○ (1) 体育理論の「運動やスポーツの多様性，(イ)運動やスポーツへの多様な関わり方」で学習する内容である。運動やスポーツには，直接「行うこと」に加えて，「見ること(テレビなどのメディアや競技場等での観戦を通して一体感を味わったり，研ぎ澄まされた質の高い動きに感動したりするなどの多様な関わり方があること)」，「支えること(運動の学習で仲間の学習を支援したり，大会や競技会の企画をしたりするなどの関わり方があること)」，「知ること(運動やスポーツの歴史や記録などを書物やインターネットなどを通して調べる関わり方があること)」などの多様な関わり方があることを理解できるようにしたい。　(2)　他にも，用具の準備をして練習の場やゲームの場を整える

 こともその一つである。　(3)　ア　理由を添えて伝えられるようにするということは，表現力についての資質・能力である。　イ　ここでいうダンスの表現は，技能に関する資質・能力である。　(4)　③は運動の苦手な生徒への配慮の例である。　(5)　ア　もしバトンを落した場合，落とした競技者がバトンを拾って継続しなければならない。この場合，競技者は距離が短くならないことを条件にバトンを拾うために自分のレーンから離れてもよい。加えて，バトンを落とした時，バトンが横や進行方向(フィニッシュラインの先も含む)に転がり，レーンから離れて拾い上げた後は，競技者はバトンを落とした地点に戻ってレースを再開しなければならない。これらの手続きが適正になされ，他の競技者を妨害しない限りはバトンを落としても失格とはならない。　イ　助走をリズミカルに行うことについては，3歩・5歩・7歩といった短い助走で，123，12123，1234123といったように，最後の3歩を意識できるように指導する必要がある。手拍子や声を出して助走のリズムを合わせることも考えられる。　(6)　学校環境衛生管理マニュアル「学校環境衛生基準」の理論と実践[平成30年度改訂版](文部科学省)や，学校体育実技指導資料第4集「水泳指導の手引(三訂版)」に記載されている。　(7)　ア　竹刀を握るときに力を入れるのは，両手の小指，薬指，中指で，人さし指と親指は添える程度の力の入れ具合にする。右手の位置は，竹刀を握ったときに右肘が軽く曲がるくらいで，つばには人さし指だけが触れるようにし，卵を握るような感覚で全体に柔らかく握る。左手は，傘をさすようなイメージで，つか頭をいっぱいに握る。　イ　中学校の体育授業においては，生徒の心身の発達の段階から「突き技」を扱わないこととしている。　(8)　骨折の可能性があることから，固定することが考えられる。他にも，RIC処置が適当であると考えられる。RICE処置とは，「rest(安静)」「ice(冷却)」「compression(圧迫)」「elevation(拳上)」の四つの頭文字を並べた処置法である。　(9)　他にも，攻守交代を打数やアウト数などの数によって行うのではなく，時間制とすることも一つの方法である。

【3】(1)　エ，オ　　(2)　エ
○解説○ (1)　エ　「B器械運動，C陸上競技，D水泳のまとまりから……」

が誤りである。正しくは，技を高めたり，記録に挑戦したり，表現したりする楽しさや喜びを味わうことができる「B器械運動」，「C陸上競技」，「D水泳」，「Gダンス」のまとまりから1領域以上を選択する。オ 「E球技，F武道，Gダンスのまとまりから……」が誤りである。正しくは，集団や個人で，相手との攻防を展開する楽しさや喜びを味わうことができる「E球技」，「F武道」のまとまりから1領域以上を選択する。 (2) エ「保健体育科だけに絞って指導する必要がある」が誤りで，正しくは「集団行動の指導の効果を上げるためには，保健体育科だけでなく，学校の教育活動全体において指導するよう配慮する必要がある」である。

【4】問1 (1) 315 (2) 267 (3) 48 問2 ① 障害
② 共有
○**解説**○ 問1 保健体育の年間標準時数は，従前どおり各学年105時間であるので，合計315時間となる。また，体育分野の授業時数は3学年間を通して267単位時間程度，保健分野は48単位時間程度と示されている。 問2 誰もが運動の多様な楽しみ方を知り，味わうことができることの大切さを「共有」という熟語で示している。ここでの指導に際しては，仲間とともに楽しむための活動の方法や修正の仕方を見付けたり，違いに配慮して状況に応じた行動をしたりしようとするなど，「思考力，判断力，表現力等」及び「学びに向かう力，人間性等」の内容との関連を図ることが大切である。

【5】1 小さい動きから大きい動き，弱い動きから強い動き，易しい動きから難しい動きへと発展させること。 2 踏切線に足を合わせることを強調せずに行うようにすること。
○**解説**○ 1 行い方の例として，「いろいろなフォームで様々な用具を用いて，タイミングよく跳んだり転がしたりすること。」「大きな動作で，ボールなどの用具を，力を調整して投げたり受けたりすること。」等があげられている。 2 踏切線に足を合わせることを学習の最初に強調すると，足を踏切線に合わせることに集中し，スピードに乗った助走が疎かになる場合がある。学習の始めの段階では，踏切線に足を

合わせることを強調せずに行うようにし，技能が高まってきた段階で踏切線に足を合わせるような指導を行うことが望ましい。

高等学校

【1】(1)　①　ア　個人及び社会生活　　イ　総合的　　ウ　個人生活　エ　科学的　　②　おおむね同様の内容について系統的・発展的に学びを深めていくこと。　　(2)　中学校まで学んできた保健を，高等学校においてもできるだけ長い期間継続して学習し，健康や安全についての興味・関心や意欲を持続させ，生涯にわたって健康で安全な生活を送るための基礎となるよう配慮したため。

○解説○ (1)　同資料には「高等学校では，『現代社会と健康』，『安全な社会生活』，『生涯を通じる健康』，『健康を支える環境づくり』の4つの単元について学習するが，小学校，中学校，高等学校において，おおむね同様の内容について系統的・発展的に学びを深めていくのも保健の特徴である。指導に当たっては，それぞれの発達の段階に応じた指導を工夫することが求められる」と示されており，小学校，中学校，高等学校での系統性について図が示されているので学習しておくこと。　　(2)　高等学校学習指導要領解説の指導計画の作成と内容の取扱いの項目には，「『保健』の年間指導計画については，課程の種別にかかわらず，原則として入学年次及びその次の年次の2か年にわたり履修させるよう作成しなければならない。『保健』については，小学校第3学年から中学校第3学年まで毎学年学習することとなっている。高等学校では，これに継続して学習させることによって，学習の効果を上げることをねらったものである。」とある。

【2】(1)　まずは内在的フィードバックを使って自己評価を行わせ，次にタブレット端末に保存させた記録や映像を用いた外在的フィードバックとつき合わせて修正点を考えさせる。　　(2)　学習評価の課題として，学期末や学年末などの事後の評価に終始し，生徒の学習改善につながっていないなどの指摘がある。ICTを活用し，学習中に記録した画像を時系列や学習課題ごとに整理し，生徒の学習の過程を振り返

ることで，指導改善や多角的な評価のための資料とすることにより，学習の成果だけでなく，学習の過程を一層重視し，生徒が目標や課題をもって学習を進めていけるように評価を行い，指導と評価の一体化を図っていく。

○**解説**○ (1)　内在的フィードバックとは，自分自身の感覚に基づいて，自らの運動を評価し，学習することである。内在的フィードバックと外在的フィードバックの差が少なくなることがより良いパフォーマンスとなる。　(2)　国立教育政策研究所の「『指導と評価の一体化』のための学習評価に関する参考資料」には必ず目を通しておくこと。問題としても頻出の資料である。

【3】(1)　発達の段階を踏まえること。　　(2)　高等学校では，小学校3学年から中学校第3学年まで毎学年学習することを踏まえ，継続して学習させることによって，学習の効果を上げることをねらっているから。

○**解説**○ (1)　「思春期と健康」では，性に関する情報等への適切な対処などを理解できるようにする。指導に当たっては，「発達の段階を踏まえること」，「学校全体で共通理解を図ること」，「保護者の理解を得ること」などに配慮することが大切である。　(2)　「保健」の年間指導計画については，「原則として入学年次及びその次の年次の2か年にわたり履修させるよう作成しなければならない」としている。これは，継続して学習させることによって，学習の効果を上げることをねらったものである。また，高等学校においてもできるだけ長い期間継続して学習し，健康や安全についての興味・関心や意欲を持続させ，生涯にわたって健康で安全な生活を送るための基礎となるよう配慮したものである。

【4】(1)　ア　　(2)　イ

○**解説**○ (1)　個々の生徒によって，見えにくさ，聞こえにくさ，道具の操作の困難さ，移動上の制約，健康面や安全面での制約，発音のしにくさ，心理的な不安定，人間関係形成の困難さ，読み書きや計算等の困難さ，注意の集中を持続することが苦手であることなど，学習活動

を行う場合に生じる困難さが異なることに留意し，個々の生徒の困難さに応じた指導内容や指導方法を工夫することが大切である。

(2)　指導に当たっては，生徒の障害に起因する困難さに応じて，個別の指導計画を作成し，必要な配慮を記載して他教科の教員とも共有し，複数教員による指導や個別指導を行うなど，計画的，組織的な指導が大切である。

【5】① R　　② I　　③ F　　④ J　　⑤ N　　⑥ A
　　　⑦ M　　⑧ O　　⑨ Q　　⑩ C

○**解説**○　「共生体育」のあり方を説明した文章である。今後の体育授業の一つの形態になりうるので，この箇所は熟読しておきたい。場や用具の工夫，雰囲気づくりがカギとなる。

総合問題

【1】　次の文章は，「スポーツ基本法(平成23年法律第78号)」の前文の一部である。(ア)～(オ)に当てはまる語句の組合せとして正しいものを，以下の①～⑥の中から一つ選べ。

> 　スポーツは，(ア)を担う青少年の(イ)を向上させるとともに，他者を尊重しこれと(ウ)する精神，公正さと規律を尊ぶ態度や(エ)心を培い，実践的な思考力や判断力を育む等(オ)の形成に大きな影響を及ぼすものである。

①	ア	次代	イ	体力	ウ	協同	エ	探求	オ	人格
②	ア	次代	イ	体格	ウ	協力	エ	克己	オ	人間
③	ア	次代	イ	体力	ウ	協同	エ	克己	オ	人格
④	ア	時代	イ	体格	ウ	共同	エ	探求	オ	人間
⑤	ア	時代	イ	体力	ウ	協力	エ	探求	オ	人格
⑥	ア	時代	イ	体格	ウ	共同	エ	克己	オ	人間

‖ 2024年度 ‖ 岐阜県 ‖ 難易度 ■■■□□

【2】　次の文は，『スポーツ基本計画』(令和4年3月25日文部科学省)「第1部　第2章　中長期的なスポーツ政策の基本方針と第3期計画における新たな視点」の一部を抜粋したものである。(a)～(j)に入る語句を，以下の語群より選び記号で答えなさい。

> 　第2期計画期間中に生じた社会変化や出来事等を踏まえると，第3期計画において施策を示すに当たっては，国民が「(a)」「(b)」「(c)」ことを真に実現できる社会を目指すため，以下の3つの「新たな視点」が必要になると考えられる。
> 　　①　社会の変化や状況に応じて，既存の仕組みにとらわれずに柔軟に対応するというスポーツを「(d)/(e)」という視点
> 　　②　様々な立場・背景・特性を有した人・組織が「(f)」，「(g)」活動し「(h)」を感じながらスポーツに取り組

522

める社会の実現を目指すという視点

③　性別，年齢，(　i　)，経済的事情，地域事情等にかかわらず，全ての人がスポーツにアクセスできるような社会の実現・機運の醸成を目指すという視点

なお，これら3つの視点については，それぞれが完全に独立したものとして捉えるのではなく，相互に(　j　)に関係し合う側面があることにも留意する必要がある。

語群

ア	あつまり	イ	する	ウ	そだてる
エ	つくる	オ	障害の有無	カ	よろこび
キ	はぐくむ	ク	つながり	ケ	ともに
コ	みる	サ	価値	シ	たのしむ
ス	ささえる	セ	密接	ソ	人口減少社会
タ	みせる	チ	実現	ツ	環境
テ	おもしろさ	ト	身体活動の有無		

‖ 2024年度 ‖ 長野県 ‖ 難易度 ■■■□□

【3】「令和4年度全国体力・運動能力，運動習慣等調査報告書(令和4年12月　スポーツ庁)　第2章　基礎集計　Ⅱ.中学校生徒の調査結果　3 生徒質問紙の集計結果」に記載されている，「保健体育の授業は『あまり楽しくない』または『楽しくない』」と回答した中学生のうち，「今後どのようなことがあれば，今より体育の授業が楽しくなると思いますか」の問いに対する回答の割合が最も高かったものを次の①〜⑤の中から一つ選べ。

①　自分のペースで行うことができたら

②　できなかったことができるようになったら

③　人と比較されないようになったら

④　自分に合った場やルールが用意されてたら

⑤　運動のコツやポイントを分かりやすく教えてもらえたら

‖ 2024年度 ‖ 岐阜県 ‖ 難易度 ■■■□□

● 総合問題

【4】第3期「スポーツ基本計画」(令和4年3月　文部科学省)について，次の問いに答えなさい。

(1) 次の1～3の文は，第3期計画で示された「新たな3つの視点」である。空欄(①)・(②)に当てはまる語句をそれぞれ答えなさい。

> 1　スポーツを「つくる／(①)」。
> 2　「あつまり」，スポーツを「ともに」行い，「(②)」を感じる。
> 3　スポーツに「誰もがアクセス」できる。

(2) 次の文章は，第2部　今後取り組むべきスポーツ施策と目標　第2章「新たな3つの視点」を支える具体的な施策　3.スポーツに「誰もがアクセス」できる　からの抜粋である。空欄(①)～(⑥)に当てはまる語句を，以下のア～テからそれぞれ1つずつ選び，記号で答えなさい。

> 　　国は，総合型地域スポーツクラブ等の体制強化・役割の拡大等を通じて，住民の幅広いニーズに応え，地域社会が抱える課題の解決に資する地域スポーツ環境の(①)や，スポーツクラブ等の民間事業者も含めた地域の関係団体等の(②)の促進，既存施設の有効活用や(③)スペース等のスポーツ施設以外のスポーツができる場の創出，(④)，(⑤)，障害や疾病の有無等にかかわらず誰もがスポーツを行いやすくするための(⑥)化の推進等により，安全で持続可能な地域スポーツ環境の量的・質的充実を図る。

ア　オープン	イ　クローズ
ウ　アーバンスポーツ	エ　小学生
オ　中学生	カ　快適な
キ　開放的な	ク　グローバル
ケ　性別	コ　連携
サ　ユニバーサルデザイン	シ　向上
ス　資源	セ　バリアフリー
ソ　構築	タ　コミュニティ

チ　ノーマライゼーション　　ツ　高齢者
テ　年齢

┃ 2024年度 ┃ 京都府 ┃ 難易度 ┃■■■□□

【5】空欄にあてはまるものを【解答群】から一つ選び，記号で答えよ。

　　[　1　]は「全ての人が適切な予防，治療，リハビリなどの保健医療
サービスを必要なときに支払い可能な費用で受けられる状態」を意味
している。これは全ての人が経済的な困難なく保健医療サービスを受
けられることを目指すものである。また，2017年には，[　2　]で12月
12日を「[　1　]・デー」とすることにした。

【解答群】
①　WHO　　　　②　リプロダクティブ・ヘルス・ライツ
③　IOC　　　　　④　ユニバーサル・ヘルス・カバレッジ
⑤　国連総会　　⑥　ヘルシンキ宣言

┃ 2024年度 ┃ 愛知県 ┃ 難易度 ┃■■■■□

【6】「スポーツ基本計画　令和4年3月25日　文部科学省」について，次
の下線部(ア)〜(オ)の正誤の組合せとして最も適切なものを，以下の①
〜⑥のうちから選びなさい。

　　第1部　我が国における今後のスポーツ施策の方向性
　　　(中略)
　　第2章　中長期的なスポーツ政策の基本方針と第3期計画におけ
　　　る「新たな視点」
　　　(中略)
　　(第3期計画において推進するための新たな3つの視点)
　　　(中略)
　　第3期計画において施策を示すに当たっては，国民が(ア)「す
　　る」「みる」「支援する」ことを真（しん）に実現できる社会を目指す
　　ため，以下の3つの「新たな視点」が必要になると考えられる。
　　　①　社会の変化や状況に応じて，既存の仕組みにとらわれ
　　　　ずに柔軟に対応するというスポーツを(イ)「つくる/はぐく
　　　　む」という視点

② 様々な立場・背景・特性を有した人・組織が(ウ)「あつまり」,「ともに」活動し,「輪」を感じながらスポーツに取り組める社会の実現を目指すという視点

③ 性別,年齢,障害の有無,経済的事情,地域事情等にかかわらず,全ての人がスポーツに(エ)アクセスできるような社会の実現・機運の醸成を目指すという視点

なお,これらの3つの視点については,それぞれが完全に独立したものとして捉えるのではなく,(オ)価値観を共有し多様性を尊重し合う側面があることにも留意する必要がある。

① (ア)―正　(イ)―誤　(ウ)―正　(エ)―誤　(オ)―誤
② (ア)―正　(イ)―正　(ウ)―正　(エ)―誤　(オ)―正
③ (ア)―正　(イ)―正　(ウ)―誤　(エ)―正　(オ)―正
④ (ア)―誤　(イ)―正　(ウ)―正　(エ)―誤　(オ)―誤
⑤ (ア)―誤　(イ)―誤　(ウ)―誤　(エ)―誤　(オ)―正
⑥ (ア)―誤　(イ)―正　(ウ)―誤　(エ)―正　(オ)―誤

┃ 2024年度 ┃ 神奈川県・横浜市・川崎市・相模原市 ┃ 難易度 ┃

【7】次の文章は,「「生きる力」をはぐくむ学校での安全教育　平成31年(2019)3月(文部科学省)　第4章　事故等発生時における心のケア　第1節　事故等発生時における心のケア　1　事故等発生時における心のケアの必要性」の一部抜粋である。文章中の(ア)～(エ)にあてはまる語句の組合せとして,最も適当なものを,以下の解答群から選びなさい。

1　事故等発生時における心のケアの必要性

事故等の発生により,児童生徒等の心身の健康に大きな(ア)を与えることがある。事件や事故,大きな災害に遭遇し,「家や家族・友人などを失う」「事故を目撃する」「犯罪に巻き込まれる」などの強い恐怖や衝撃を受けた場合,不安や不眠などのストレス症状が現れることが多い。こうした反応は誰にでも起こり得ることであり,通常のストレスの場

合，時間の経過とともに薄らいでいくものであるが，ストレスの大きさや種類によっては症状が長引き，生活に支障を来すなどして，その後の成長や(イ)に大きな障害となることもある。そのため，日頃から児童生徒等の(ウ)を徹底し，情報の共有を図るなどして(エ)に努め，適切な対応と支援を行うことが必要である。

－ (略) －

【解答群】
① ア 影響　イ 発達　ウ 健康観察　エ 早期発見
② ア 効果　イ 発達　ウ 健康管理　エ 早期解決
③ ア 効果　イ 発育　ウ 健康観察　エ 早期解決
④ ア 影響　イ 発育　ウ 健康管理　エ 早期発見

| 2024年度 | 千葉県・千葉市 | 難易度

【8】空欄にあてはまるものを【解答群】から一つ選び，記号で答えよ。
　スポーツ庁は，令和4年7月，スポーツ産業の国際展開を支援するプラットフォームである[1]のオンラインサイトを開設した。これは，国際展開に役立つ情報や国内外のネットワークづくりの場を提供し，スポーツの[2]を支援する取り組みである。

【解答群】
① 成長産業化　② 普及　③ MINEPS　④ JSPIN
⑤ 情報共有化　⑥ WADA

| 2024年度 | 愛知県 | 難易度

【9】「GIGAスクール構想の下で整備された1人1台端末の積極的な利活用等について(通知)」(2文科初第1962号　令和3年3月12日)の別添2「ICTの活用に当たっての児童生徒の目の健康などに関する配慮事項」について述べたもののうち，誤っているものを，次の①から⑥までの中から一つ選び，記号で答えよ。
① 健康に関する意識を醸成するため，「健康面に留意する」という視点を，まずは教師が理解し，授業等における指導によって児童生

徒に伝えるとともに，保護者にも適切に説明をする。

② 端末を使用する際に良い姿勢を保ち，机と椅子の高さを正しく合わせて，目と端末の画面との距離を15cm以上離すようにする。

③ 長時間にわたって継続して画面を見ないよう，30分に1回は，20秒以上，画面から目を離して，遠くを見るなどして目を休めることとし，端末を見続ける一度の学習活動が長くならないようにする。

④ 教師が家庭学習を課す際にも，平日夜に長時間のICT機器利用につながることとならないよう，家庭学習の課し方に工夫・配慮する。

⑤ 必要に応じて，睡眠時間の変化，眼精疲労，ドライアイや視力低下の有無やその程度など心身の状況について，児童生徒にアンケート調査を行うことも検討する。

⑥ 画面の反射や画面への映り込みを防止するために，画面の角度や明るさを調整する。

┃ 2024年度 ┃ 沖縄県 ┃ 難易度 ■■■□□

【10】「スポーツ基本計画」(文部科学省　令和4年3月)に関する記述として適切なものは，次の1～4のうちのどれか。

1 運動をする子供としない子供で二極化が続いており，運動やスポーツをすることが好きな子供は中学校までは増加し，高等学校から減少傾向にあるため，卒業後にも運動やスポーツをしたいと「思う」「やや思う」児童の割合を86％(令和3年度)から90％以上に，生徒の割合を82％(令和3年度)から90％以上に増加を目指す。

2 令和3年度全国体力・運動能力，運動習慣等調査の結果から，全国的に，子供の体力レベルの低下傾向が進む状況が明らかとなり，新体力テストの総合評価がC以上である生徒の割合を44％(令和3年度)から60％以上に増加を目指す。

3 成人の週1回以上のスポーツ実施率は56.4％(令和3年度)であり，スポーツの実施に関し，性別，年齢，障害の有無等にかかわらず広く一般に向けた普及啓発や環境整備を行うことにより，成人の週1回以上のスポーツ実施率が90％になること，成人の年1回以上のスポーツ実施率が100％になることを目指す。

4 成人の障害者の週1回以上のスポーツ実施率は31.0％(令和3年度)と

なっている。障害者スポーツの実施環境を整備するとともに，一般社会に対する障害者スポーツの理解啓発に取り組むことにより，学校体育等以外について，障害者の週1回以上のスポーツ実施率を40%程度を目指す。

‖ 2024年度 ‖ 東京都 ‖ 難易度 ▆▆▢▢▢

【11】「第3期スポーツ基本計画(令和4年3月25日　文部科学省)　第2部　今後取り組むべきスポーツ施策と目標　第1章　東京大会のスポーツ・レガシーの継承・発展に向けて，特に重点的に取り組むべき施策」に掲げられている項目として適切でないものを，次の①～⑥の中から一つ選べ。

① 東京大会の成果を一過性のものとしない持続可能な国際競技力の向上

② 東京大会の成果を踏まえた東日本大震災等被災地の復興支援

③ 東京大会に向けて培われた官民ネットワーク等を活用したスポーツを通じた国際交流・協力

④ 安全・安心に大規模大会を開催できる運営ノウハウの継承

⑤ 東京大会で高まった地域住民等のスポーツへの関心をいかした地方創生，まちづくり

⑥ 東京大会の開催時に生じたスポーツに関わる者の心身の安全・安心確保に関する課題を踏まえた取組の実施

‖ 2024年度 ‖ 岐阜県 ‖ 難易度 ▆▆▆▆▢

【12】次の文と図は，『改訂「生きる力」を育む高等学校保健教育の手引』(令和3年3月　文部科学省)「第1章　総説　第2節　指導の基本的な考え方」の一部を抜粋したものである。文中及び図中の(①)～(⑤)に入る語句を答えなさい。

高等学校では，4つの単元について学習するが，小学校，中学校，高等学校において，おおむね同様の内容について(①)的・(②)的に学びを深めていくのも保健の特徴である。指導に当たっては，それぞれの(③)の段階に応じた指導を工夫することが求められる。

● 総合問題

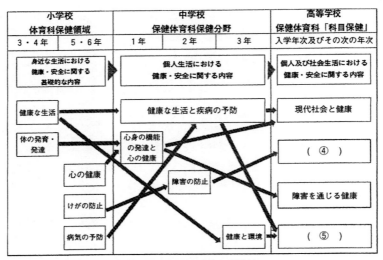

保健における内容の系統性

▌2024年度 ▌長野県 ▌難易度 ■■■■■

【13】次の文は,「スポーツ基本計画」(令和4年3月25日　文部科学省)の
「第2部　今後取り組むべきスポーツ施策と目標　第3章　今後5年間に
総合的かつ計画的に取り組む施策　(1)　多様な主体におけるスポーツ
の機会創出」の一部である。文中の(　ア　)~(　エ　)にあてはまる語
句を,それぞれ書け。

②　学校や地域における子供・若者のスポーツ機会の充実と体力
の向上

a. 運動部活動改革の推進と地域における子供・若者のスポーツ機
会の充実

[現状]

・　中学生のスポーツ活動が地域・学校等に応じて多様な形で
最適に実施されるよう,平成30年3月に「運動部活動の在り
方に関する総合的なガイドライン」を策定したところ,運動
部活動の平均活動時間は(　ア　)にあり,休養日は増加傾向
にあるものの,ガイドラインに定めた時間数等には達してい

530

ない。
〈　略　〉

[今後の施策目標]
- ✔ 中学生等の青少年にとってふさわしいスポーツ環境の実現を目指し，まずは休日の部活動の運営主体の学校から地域への移行の着実な実施とともに，地域において子供の（　イ　）に応じた多種多様なスポーツを安全・安心に実施できる環境を新たに構築するため，「運動部活動の地域移行に関する検討会議」で提言された改革の方向性・方策に基づき，運動部活動改革を着実に推進する。

[具体的施策]
- ア　国は，地方公共団体及びスポーツ団体等と連携し，部活動の運営主体の学校から地域への移行について，まずは，令和5年度以降の休日の部活動の（　ウ　）な地域移行に向けて，各地域の実態に応じた様々な課題に対応するための実践研究を行うとともに，得られた事例を効果検証し，情報発信することで取組の全国展開を図る。また，運動が苦手な生徒や障害のある生徒も含めて，どの生徒も地域においてスポーツに親しむ機会が確保されるよう，地域におけるスポーツ環境の整備充実を推進する。
- イ　国は，地方公共団体及びスポーツ団体等と連携し，総合型クラブやスポーツ少年団，競技団体，地域スポーツクラブ等の地域における子供のスポーツ実施の場を担う関係団体において，運動・スポーツ指導者の（　エ　）や相互派遣，活動の場の調整等について連携・協力を促進する。また，幼児期や運動を得意としない子供，障害のある子供等を含めた多様な子供が参加しやすい環境を整備し，地域における子供のスポーツ実施を促進する。
〈　略　〉

2024年度　和歌山県　難易度

● 総合問題

【14】次の文は，「改訂「生きる力」を育む中学校保健教育の手引　令和2年3月(文部科学省)　第2章　保健教育の展開例　第1節　保健体育科(保健分野)　4.　第2学年「(3)傷害の防止」(エ)応急手当の意義と実際6.　展開例(3／4時間)」の一部抜粋である。文中の(a)〜(d)にあてはまる最も適当な語句を，以下の①〜④のうちからそれぞれ一つずつ選びなさい。

6.　展開例(3／4時間)
　　　　　　　－　(中略)　－

3.　資料を参考にしながら心肺蘇生法の意味や実施の手順を確認する。

①胸骨圧迫
・胸骨圧迫の意味
・どこを(胸の真ん中)
・どんな感じで(強く→(a)cm沈むくらい)
(速く→毎分(b)回)
(絶え間なく)

②AEDの使用
・AEDの役割
・AEDが保管されている場所の把握
・AEDの使い方

③気道確保・人工呼吸
・気道確保したまま，傷病者の口を覆い，約(c)秒かけて傷病者の胸が上がるのがわかる程度の吹き込みを，(d)回繰り返す

　　　　　　　－　(略)　－

【解答群】

a　①　3　　　　②　5　　　　③　4
　　④　6

b　①　80〜100　　②　40〜160　　③　120〜140
　　④　100〜120

c ① 3   ② 2   ③ 1
  ④ 4
d ① 2   ② 3   ③ 4
  ④ 5

| 2024年度 ▌ 千葉県・千葉市 ▌ 難易度 ■■■■■ |

【15】 次の文は，令和4年度全国体力・運動能力，運動習慣等調査報告書(令和4年12月スポーツ庁)の「調査結果の総括」に示されている内容の一部をまとめたものである。文中の(ア)〜(ウ)に当てはまる言葉として最も適切なものを以下のA〜Iから一つずつ選び，その記号を書け。

○ 令和4年度における小学校5年生及び中学校2年生の体力合計点は，令和3年度と比較して(ア)値を示した。
○ 1週間の運動時間420分以上の児童生徒の割合は，令和3年度と比較すると(イ)増加した。
○ 小学校5年生から中学校2年生に至る3年間の記録の伸びについて，持久力が関連する20mシャトルランと(ウ)の記録の伸びが男女ともに近年鈍化しており，他の体力要素と比べて際立っている。

A　男女とも　　B　同じ　　C　男子のみ　　D　高い
E　上体起こし　F　低い　　G　反復横とび　H　女子のみ
I　50m走

| 2024年度 ▌ 愛媛県 ▌ 難易度 ■■■■■ |

解答・解説

【1】③
○**解説**○ スポーツ基本法は全35条から成る法律である。「基本法」と名のつく法律には前文を付すものが多く(例えば教育基本法，男女共同参画社会基本法など)，スポーツ基本法にも前文が付されている。スポー

ツに対する崇高な理念が掲げられているので，何度も読んで内容を理解しておきたい。特に，「他者と協同する」というフレーズ，「克己心」というワードは重要である。

【2】a　イ　　b　コ　　c　ス　　d　エ　　e　キ　　f　ア　　g　ケ
　　h　ク　　i　オ　　j　セ

○**解説**○　a・b・c　スポーツ基本計画(第3期)では，スポーツは「する」「みる」「ささえる」という様々な形での自発的な参画を通して，楽しさや喜びを感じることに本質を持つものとして捉えている。
　d・e　「つくる／はぐくむ」という視点は，社会の変化や状況に応じて，既存の仕組みにとらわれずに柔軟に見直し，改善し，最適な手法，ルールを考え，作り出すこと。　f・g・h　「あつまり，ともに，つながる」という視点は，様々な立場，背景，特性を有した人・組織が「あつまり」，「ともに」活動し，「つながり」を感じながらスポーツを楽しめる社会の実現を目指し，環境の整備や機運の醸成をし，課題の対応や活動の実施を図ること。　i　「誰もがアクセスできる」という視点は，性別，年齢，障害の有無，経済的事情，地域事情等，それぞれが置かれた状況によって，スポーツに取り組むことを諦めたり，望まずに途中で離れたりすることがないよう，全ての人がスポーツにアクセスできる社会の実現や機運の醸成を図ること。　j　3つの視点は，それぞれが個々に独立して推進するのではなく，相互に密接に関係し合いながら，スポーツ振興を推進していくことにより，どのような効果を上げているのかを総合的に評価していく必要がある。

【3】①

○**解説**○　中学生の意識調査の問題である。なお，女子の2番目は「できなかったことができるようになったら」，3番目は「人と比較されないようになったら」，男子の2番目は「その他」，3番目は「できなかったことができるようになったら」であった。

【4】(1)　①　はぐくむ　　②　つながり　　(2)　①　ソ　　②　コ
　　③　ア　　④　ケ　　⑤　テ　　⑥　サ

○**解説**○ (1)　1　社会の変化や状況に応じて，既存の仕組みにとらわれずに柔軟に見直し，最適な手法・ルールを考えてつくり出すことである。　2　様々な立場・背景・特性を有した人・組織があつまり，ともに課題に対応し，つながりを感じてスポーツを行うことである。3　性別，年齢，障害の有無，経済・地域事情等の違い等によって，スポーツの取組に差が生じない社会を実現する機運を醸成することも重要である。　(2)　ここに挙げられているのは，「新たな3つの視点」の1つ「スポーツに『誰もがアクセス』できる」に対する施策である「(1)地域において，住民の誰もが気軽にスポーツに親しめる『場づくり』等の機会の提供」の内容である。他に，「(2)アスリート育成パスウェイの構築及びスポーツ医・科学，情報等による支援の充実」「(3)本人が望まない理由でスポーツを途中で諦めることがないような継続的なアクセスの確保」の施策についても，述べられている。

【5】1　④　　2　⑤
○**解説**○　日本のユニバーサル・ヘルス・カバレッジ(UHC)への歩みは，1927年に一部の被用者に対する公的保険制度を導入することで始まった。徐々に被保険者の範囲を広げ，1961年4月に国民健康保険法が全面的に改正され，すべての国民が加入する公的医療保険が確立した。その後，一県一医大構想が1973年に閣議決定され，当時医学部のなかった県に医科大学(医学部)を設置することが示された。このように国民皆保険制度に加え，保健医療へのアクセスを改善し，早期にUHCを達成したことが日本の世界有数の健康寿命につながったといえる。

【6】⑥
○**解説**○　スポーツ基本計画の概要を理解しておくこと。正しくは(ア)「する」「みる」「ささえる」，(ウ)「あつまり」，「ともに」活動し，「つながり」，(オ)相互に密接に関係し合う側面である。

【7】①
○**解説**○　「「生きる力」をはぐくむ学校での安全教育」からの出題である。総説，学校における安全教育，学校における安全管理，事故等発

生時における心のケア，安全教育と安全管理における組織活動の項目
からなっている。学校安全の領域は，①生活安全(学校・家庭など日常
生活で起こる事件・事故を取り扱う。誘拐や傷害などの犯罪被害防止
も含まれる。)，②交通安全(様々な交通場面における危険と安全，事故
防止が含まれる。)，③災害安全(地震・津波災害，火山災害，風水(雪)
害等の自然災害に加え，火災や原子力災害も含まれる。)の3つの領域が
ある。心のケアやストレスに関する問題は近年増えている。心的外傷
後ストレス障害(PTSD)の発生と回復のメカニズムについて理解してお
くこと。

【8】1 ④ 2 ①
○解説○ JSPINは，国際展開を目指す企業・団体等に有益な情報発信・
イベント開催を行い，海外と国内のネットワークが有機的につながる
基盤となることを目指している。

【9】②
○解説○ 「GIGAスクール構想の下で整備された1人1台端末の積極的な
利活用等について(通知)」文部科学省(令和3年3月12日)，別添2「ICT
の活用に当たっての児童生徒の目の健康などに関する配慮事項」には，
次のように示されている。「端末を使用する際に良い姿勢を保ち，机
と椅子の高さを正しく合わせて，目と端末の画面との距離を30cm 以
上離すようにすること(目と画面の距離は長ければ長い方がよい)」。

【10】4
○解説○ なお，成人の障害者の年1回以上のスポーツ実施率は，70％程
度になることを目指す。 1 運動やスポーツをすることが好きな子
供は，「中学校で減少する傾向」にある。なお，運動時間は小・中学
生ともに平成29年度をピークに減少している。

【11】②
○解説○ ② 震災復興支援ではなく，「東京大会を契機とした共生社会
の実現，多様な主体によるスポーツ参画の促進」が正しい。東京オリ

ンピック・パラリンピックの開催によって，国際的な視野からより一層多様性への理解と配慮が叫ばれるようになった。

【12】① 系統　② 発展　③ 発達　④ 安全な社会生活
　⑤ 健康を支える環境づくり
○**解説**○ ①・② 小学校は「身近な生活における健康・安全に関する基礎的な内容」，中学校は「個人生活における健康・安全に関する内容」，高等学校は「個人及び社会生活における健康・安全に関する内容」のように，保健教育においては，小学校，中学校及び高等学校等での発達の段階に応じておおむね同様の内容について系統的・発展的に学びを深めていくようになっている。　③ 保健教育は，子どもたちの発育，発達の段階を考慮して，学校の教育活動全体を通じて適切に行われる必要があり，指導に当たっては，学年や生徒の発達の段階に即して計画的，系統的に指導を行うことが大切である。　④・⑤ 高等学校の「保健」の内容は，従前は「現代社会と健康」，「生涯を通じる健康」及び「社会生活と健康」の3項目であったが，個人及び社会生活における健康課題を解決することを重視する観点から，平成30年の改訂により「(1)現代社会と健康」，「(2)安全な社会生活」，「(3)生涯を通じる健康」及び「(4)健康を支える環境づくり」の4つの項目で構成されることとなった。

【13】ア 短縮傾向　イ ニーズ　ウ 段階的　エ 資質向上
○**解説**○ スポーツ基本計画は，子どものスポーツ機会の充実を目指し，学校や地域等において，すべての子どもがスポーツを楽しむことができる環境の整備を図ることを目的としたもので，2022年4月よりスポーツ基本計画(第3期)が策定された。　ア すぐあとに「休養日は増加傾向」とあるため，解答を減少傾向としてしまわないよう注意したい。イ 総合型クラブについては運営体制の強化や行政との連携が課題となっており，スポーツ少年団は年々減少するなど，地域で様々な住民が一人一人のニーズに合わせたスポーツをするための場，プログラム，指導者等の環境の充実が必要であるという現状を受けての今後の施策目標となっている。　ウ 教員の負担軽減や少子化によって学校単位

での運営が困難になりつつある部活動の存続につながるとして，国は2023年度から2025年度までの3年間を改革推進期間と定め，まずは休日の部活動移行を進めることにしている。　エ　具体的施策としては，「中学校部活動の運営主体の地域への移行の着実な実施」「総合型クラブ育成，学校開放の推進による地域スポーツ環境の整備充実」「教員研修，指導の手引き，ICT活用を通じた体育・保健体育授業の充実」「保護者等への普及啓発・運動遊び機会の充実による幼児期からの運動習慣形成」などが挙げられている。

【14】a　②　　b　④　　c　③　　d　①
○**解説**○　「改訂「生きる力」を育む中学校保健教育の手引」から，心肺蘇生法の胸骨圧迫と人工呼吸の方法に関する問題である。胸骨圧迫は「5cm」と「100〜120回」，人工呼吸は「1秒を2回繰り返す」という数字は覚えておきたい。またAEDの使用方法についての問題も頻出なので正しく扱えるようにしておくこと。

【15】ア　F　　イ　A　　ウ　E
○**解説**○　スポーツ庁が出す「調査報告書」の「総括」は入念に読んでおくべきであろう。運動時間が増えても体力合計点は低くなったという結果となっている。

【1】次の(1)～(10)の各問いに答えなさい。

(1) 乳がんの早期発見・早期治療を啓発する運動を何というか答えよ。

(2) 医師と薬剤師の役割を分離・独立させ，診察や診断などを医師が，調剤は薬剤師が専門におこなうことで，それぞれの専門性を発揮するしくみを何というか答えよ。

(3) 障害のある人などが災害時や日常生活の中で困ったときに，周囲に自己の障害への理解や支援を求められるために使用されるカードを何というか答えよ。

(4) 私たちの体が持っている病気やけがを治そうとする力のことを何というか答えよ。

(5) 医療用医薬品から一般用医薬品に移行して間もない医薬品で，インターネットでの購入はできない医薬品のことを何というか答えよ。

(6) 感染症予防の3原則のうち，感染源対策，感染経路対策と残り一つは何というか答えよ。

(7) 海洋プラスチックごみのうち，5ミリ以下になった微細なプラスチックのことを何というか答えよ。

(8) 生殖可能な年齢で，避妊をしていないにもかかわらず1年以上妊娠しない状態のことを何というか答えよ。

(9) 環境省において，熱中症の危険度を判断する数値として暑さ指数の情報を提供している。暑さ指数のことを何というか答えよ。

(10) 自動車の安全対策において，自動ブレーキのような事故を未然に防ぐ対策のことを何というか答えよ。

‖ 2024年度 ‖ 佐賀県 ‖ 難易度 ■■■□□

【2】次の各問いに答えよ。

1 打撲や捻挫，肉離れなどのけがに対して行う応急処置の基本をアルファベット4字(大文字)で答えよ。

2 新体力テストの8項目のうち，「上体起こし」で測定する体力の要

素は，筋力と何か答えよ。

3　水泳競技の種目の個人メドレーで，最初に泳ぐ泳法を答えよ。

4　環境汚染を防ぐためのゴミの減量に向けた取組である3Rとは，リデュースとリサイクルとあと一つは何かカタカナで答えよ。

5　リレーで，バトンの受け渡しをするための決められた区域を何というか答えよ。

6　赤・青のボールを使って，ジャックボール(目的球)と呼ばれる白いボールにいかに近づけるかを競う，東京2020パラリンピック競技大会の正式種目は何か答えよ。

7　東京2020パラリンピックにおいて使用された赤・青・緑の3色からなるパラリンピックのシンボルマークを何というか答えよ。

8　医薬品などの薬物を本来の目的から外れた用法・用量で用いたり，医療目的で用いない化学物質などを不正に使用したりすることを何というか。

9　同じ空間に喫煙している人がいると，喫煙していない人もたばこの煙を吸うことになる。これを何というか答えよ。

10　結核やマラリアなどのように，発生が一時期は減少したものの，再び増加に転じた感染症を何というか答えよ。

‖ 2024年度 ‖ 岡山県 ‖ 難易度 ■■■□□

【3】次の(1)～(5)の問いに答えなさい。

(1)　熱中症予防の温度指標として，WBGT(暑さ指数)が用いられるが，WBGTの数値は，3つの要素から算出される。3つの要素のうち，輻射熱と気温以外の1項目を答えよ。

(2)　ある集団の健康水準を考える際には，平均寿命や乳児死亡率，受療率などが用いられる。このようなある集団の健康状態を数値化したものを何というか答えよ。

(3)　水泳競技の個人メドレーにおける4泳法を順に答えよ。

(4)　バレーボールにおいて，サーブ権の有無に関係なく得点が得られるルールを何というか答えよ。

(5)　卓球の試合において，1ゲームは何点制か答えよ。

‖ 2024年度 ‖ 群馬県 ‖ 難易度 ■■■□□

【4】次の(1)～(3)の問いに答えよ。
(1) 陸上競技の走り高跳びにおいて，背面跳びの助走で行う曲線助走の利点を記せ。
(2) 柔道において，前回り受け身の技能のポイントを記せ。
(3) バレーボールにおいて，オーバーハンドパスの技能のポイントを記せ。

┃ 2024年度 ┃ 山梨県 ┃ 難易度 ┃■■■■■

【5】次の(1)～(4)について，それぞれ簡潔に説明せよ。
(1) ヘルスプロモーション
(2) 身体の環境に対する適応能力
(3) ピッチとストライド
(4) 予防接種

┃ 2024年度 ┃ 山梨県 ┃ 難易度 ┃■■■■■

【6】次の(1)～(10)の各問いに答えなさい。
(1) 球技において，空中に投げ出されたボールには，重力と周囲の空気の流れによって生じる力が作用するが，この力のことを何というか答えよ。
(2) 筋力のエネルギー源である，ATP(アデノシン三リン酸)の代わりに筋細胞の内部に貯蔵され，これからリン酸が離れることで，ATPが再合成される。この物質を何というか答えよ。
(3) 動きのコントロールには中枢神経系がかかわっているが，脳から筋へ伝達される神経信号を何というか答えよ。
(4) 運動をおこなったとき，運動した結果の情報が直接的，間接的に運動した人に戻される。その中で，他人や映像など，自分以外から得られる情報のことを何というか答えよ。
(5) 技能がある程度向上すると，一時的にもてる力を発揮できているが，その力が伸び悩み，停滞している状態が訪れる。このことを何というか答えよ。
(6) トレーニングの基本原理において，難度や強度の高い運動をおこなうと，疲労によって体の機能は一時的に低下するが，適度な休養をとることによって前よりも高いレベルに回復することがある。こ

のことを何というか答えよ。

(7) 体力の構成要素である行動力には，筋活動によって発揮されるエネルギーの大きさを決める能力と，そのエネルギーの使い方を調整する能力とがあるが，運動を調整する能力のことを何体力というか答えよ。

(8) スポーツ文化へのかかわり方は，多様になってきた。スポーツを「する」ことだけに限らず，スポーツを「みる」，スポーツ文化をさらに詳しく「知る」と，もう一つは何か答えよ。

(9) 球技や武道などのように，競争する相手から直接影響を受けることが大きく，たえず変化する状況の中で用いられる技能のことを何というか答えよ。

(10) 国際オリンピック委員会が正式に「オリンピック」を名称に用いてよいと認可した障害者スポーツの国際総合競技大会の中で，知的障害者のみを対象とした大会を答えよ。

▎2024年度 ▎佐賀県 ▎難易度 ■■■■■□

【7】次の(1)〜(4)について，説明せよ。

(1) HACCP

(2) 平均寿命

(3) オーバーロードの原理

(4) 正常性バイアス

▎2024年度 ▎山梨県 ▎難易度 ■■■■□

【8】次の(1)〜(5)の各問いに答えよ。

(1) パッシブセイフティとは何か。その説明を簡潔に書け。

(2) 妊娠における着床とは何か。その説明を簡潔に書け。

(3) 病院と診療所の違いとは何か。その説明を簡潔に書け。

(4) デフリンピックとは何か。その説明を簡潔に書け。

(5) レペティショントレーニングとは何か。その説明を簡潔に書け。

▎2024年度 ▎香川県 ▎難易度 ■■■■■

【9】次の文中の①〜⑬の(　　　)にあてはまる最も適切な語句をそれぞれ書け。

・　がん患者においては，小児とは，一般的に15歳未満を指し，(①)世代は，15歳から39歳くらいの思春期・若年成人を指す。

・　身体活動の強さを，安静時の何倍に相当するかで表す単位を(②)という。

・　低出生体重児とは，出生時に(③)g未満の子どものことをいう。

・　(④)は，ストレスに関連する精神疾患の1つであり，人的災害，自然災害など，死に直結するような強いストレスの後に，その場面がフラッシュバックしたり，その体験を思い出させるような場面を避けたり，神経過敏などの症状が1か月以上続くことが主な症状である。

・　健康情報を入手し，理解，評価して，活用することにより，生涯を通じて生活の質を維持・向上できる力を(⑤)という。

・　これまでの経験などにもとづいて，たとえ危険が身に迫っていても正常の範囲と自分に都合よく状況をとらえようとする心の動きのことを(⑥)という。

・　2018年12月に成立し，2019年12月1日に施行された，次の時代の社会を担う子どもや若者，その保護者，妊産婦に対し，必要な医療を切れ目なく提供するための施策を総合的に推進することをめざした理念法の略称を(⑦)という。

・　児童虐待の種類において，食事を与えない，病院に連れて行かない，学校に行かせないなど，保護者としての監護を著しく怠ることを(⑧)という。

・　日々の都合に合わせて始業・終業時刻，労働時間を自ら決められる働き方のことを(⑨)という。

・　原因物質が含まれている食品を食べたり，薬を服用したり，ハチに刺された時などに生じることがある，重いアレルギー反応のことを，(⑩)という。

・　薬剤師や登録販売者に相談し，自分の症状や体質に合った医薬品を選ぶなど，自分自身の健康に責任を持ち，軽度な身体の不調は自分で手当てすることを(⑪)という。

・ 練習やトレーニングによって技能や体力を向上させるために，それまでに行っていた運動より強度や難度が高い運動を行う必要があることを(⑫)の原理という。

・ トーナメントの組み合わせにおいて，1回戦に敗れたチームがもう一度試合する機会が与えられる方法を(⑬)という。

┃2024年度┃香川県┃難易度

【10】 保健について，次の(1)～(5)の各問いに答えよ。

(1) 体を休めるだけではなく，スポーツなどで体を動かしたり，趣味を楽しんだりする休養の方法を何というか，答えよ。

(2) 心臓全体が細かく震えて規則正しく血液を送り出せない状態を何というか，答えよ。

(3) 気温・湿度・輻射熱の3つの指標を取り入れた，熱中症の危険度を判断するための暑さ指数をアルファベットで何というか，答えよ。

(4) セカンド・オピニオンを行う場合，その目的を簡潔に説明せよ。

(5) 医薬分業について簡潔に説明せよ。

┃2024年度┃山口県┃難易度

解答・解説

【1】(1) ピンクリボン運動 (2) 医薬分業 (3) ヘルプカード (4) 自然治癒力 (5) 要指導医薬品 (6) 感受性者対策 (7) マイクロプラスチック (8) 不妊 (9) WBGT (10) アクティブセイフティ

○**解説**○ (1) 「ピンクリボン運動」とは，乳がんで亡くなられた患者さんの家族が「このような悲劇が繰り返されないように」との願いを込めて作ったピンクのリボンをきっかけに，アメリカで始まった乳がんの啓発運動のことである。乳がんについての正しい知識を知り，乳がんによって引き起こされる悲しみから一人でも多くの人を守ろうとする活動である。 (2) 「医薬分業」とは，医師と薬剤師がそれぞれの

専門分野で業務を分担して国民医療の質的向上を図るものであり，医師が患者に処方箋を交付し，薬局の薬剤師がその処方箋に基づいて調剤を行うことで有効かつ安全な薬物療法の提供に資するものである。
(3) 「ヘルプカード」は，障害のある人が災害時や困った時に自分の障害を伝え，必要な支援や配慮を周囲の人にお願いするカードであり，緊急時の連絡先や支援してほしいことなどが記載されている。
(4) 「自然治癒力」とは，病気やケガをしたときに，自然と体が正常な状態を保とうとし，特別な医療が施されなくても健康な状態に回復させようとする力のこと。　(5) 医薬品は，医師が出す処方箋に基づいて薬剤師が調剤する「医療用医薬品」，薬剤師が対面で情報を提供したり説明したりすることが定められている「要指導医薬品」，自分で判断して薬局で購入する「一般用医薬品」に分けられる。　(6) 感染症予防の3原則には，感染源となる病原体そのものをなくす「感染源対策」，手洗いやマスク着用などで感染経路を遮断する「感染経路対策」，予防接種などで抵抗力をつける「感受性者対策」がある。
(7) 海洋プラスチックごみが，波の力や紫外線の影響により直径5ミリ以下の破片になったものを「マイクロプラスチック」と呼んでいる。その中には，砂粒ほどの大きさのものや，マイクロビーズと呼ばれる0.1ミリ〜0.001ミリくらいの微細で肉眼では見えない大きさのものまで含まれている。　(8) 「不妊」とは，妊娠を望む健康な男女が避妊をしないで性交をしているにもかかわらず，一定期間妊娠しない状態のこと。一定期間について日本産科婦人科学会では，「1年というのが一般的」としている。　(9) 「WBGT」は，人体が外気と熱のやりとりをする熱バランスに影響を与える気温，湿度，輻射熱(地面や建物，身体から出る熱)の3つに着目した指標で，乾球温度，湿球温度，黒球温度の値を使って計算される。　(10) 「アクティブセイフティ」とは，予防安全ともいわれ，衝突事故などを未然に防ぐ対策のこと。一方，「パッシブセーフティ」とは，衝突安全ともいわれ，衝突事故が起きた際に乗員や歩行者の安全を確保したり傷害を軽減したりする対策のこと。

● 総合問題

【2】1　RICE　　2　筋持久力　　3　バタフライ　　4　リユース
　　5　テイク(テーク)オーバーゾーン　　6　ボッチャ　　7　スリーアギ
　　トス　　8　薬物乱用　　9　受動喫煙　　10　再興感染症

○解説○　1　「RICE」は，患部を動かさずに安静にするRest(安静)，氷な
どで冷やすIce(冷却)，テープなどで巻いて圧迫するCompression(圧迫)，
患部を心臓より高く上げるElevation(挙上)の，4つの処置の頭文字をと
ったもの。　　2　「筋力」は，筋肉が発揮できる能力(最大筋力)のこと
で，1回で持ち上げることの出来る最大重量によって計られる。「筋持
久力」とは，繰り返しの負荷を何回続けられるかという筋肉の持久力
のこと。上体起こしは，仰臥姿勢から，両肘と両大腿部がつくまで上
体を起こす動きをできるだけ繰り返すテスト運動なので，筋力と筋持
久力の両方の要素が必要となる。　　3　個人メドレーは「バタフライ
→背泳ぎ→平泳ぎ→自由形」の順，メドレーリレーは「背泳ぎ→平泳
ぎ→バタフライ→自由形」の順である。個人メドレーは飛び込みから
スタートを行うためバタフライが最初の種目である。メドレーリレー
では，背泳ぎを2番目以降にすると，他の泳法のゴールと背泳ぎのス
タートが水中で重なってしまうため，背泳ぎを最初にしている。
4　「リユース」は物を繰り返し使う「再使用」のこと。「リサイクル」
は使い終わったものを資源にして再び利用する「再生利用」，「リデュ
ース」はごみの量を減らす「発生抑制」のこと。　　5　「テイク(テーク)
オーバーゾーン」は，陸上競技のリレー種目でバトンパスが行われる
区域のこと。選手の身体の位置には関係なく，バトンの位置がその区
域内で受け渡されなければならない。　　6　「ボッチャ」は，ジャック
ボール(目標球)と呼ばれる白いボールに，赤・青のそれぞれ6球ずつの
ボールを投げたり，転がしたり，他のボールに当てたりして，いかに
近づけるかを競い合う競技である。　　7　「アギト」とは，ラテン語で
「私は動く」という意味で，困難なことがあってもあきらめずに，限
界に挑戦し続けるパラリンピアンを表現している。また，赤・青・緑
の3色は，世界の国旗で最も多く使用されている色ということで選ば
れている。　　8　「本来の医療の目的から外れた使用」とは，睡眠薬や
鎮痛剤のような向精神薬などを乱用すること。「医療が目的でない薬
物を不正に使用する」とは，本来は痛みを和らげるために使用するモ

ルヒネや，塗料を薄めたりするために使用するシンナーを，快感を得るために使用すること。これらのルールや法律から外れた目的や方法で薬物を使用することを「薬物乱用」という。　9　喫煙者が吸い込む煙を主流煙，たばこの先から出る煙を副流煙といい，喫煙者の近くにいる人が，副流煙や喫煙者が吐き出した煙を吸い込むことを「受動喫煙」という。　10　一時期は減少したが再び流行している感染症を「再興感染症」，過去には見られなかったが新たに発見された感染症を「新興感染症」という。

【3】(1)　湿度　　(2)　健康指標　　(3)　バタフライ→背泳ぎ→平泳ぎ→自由形　　(4)　ラリーポイント制　　(5)　11点

○解説○　(1)　暑さ指数(WBGT(湿球黒球温度)：Wet Bulb Globe Temperature)は，熱中症を予防することを目的として1954年にアメリカで提案された指標である。単位は気温と同じ摂氏度(℃)で示されるが，その値は気温とは異なる。暑さ指数(WBGT)は人体と外気との熱のやりとり(熱収支)に着目した指標で，人体の熱収支に与える影響の大きい①湿度，②日射・輻射(ふくしゃ)など周辺の熱環境，③気温の3つを取り入れた指標である。　(2)　健康指標とは，健康の状態を示す数値のことであり，複数の指標を総合して判断される。　(3)　メドレーリレーの泳法の順番は，背泳ぎ → 平泳ぎ → バタフライ → 自由形となっている。　(4)　1999年に導入されたラリーポイント制とは，今のバレーボールの主流となっているルールである。ラリーポイント制のルールは非常にシンプルであり，ラリーを制したチームに得点が入る。このルール改正により，保守的な守り勝つバレーから積極的な攻め勝つバレーへと戦うスタイルに変わってきた。試合展開もサイドアウト制と比較して早くなったため，テレビ中継などもされやすくなった。　(5)　サービスは2本交替で，先に11点を取ると1ゲームを取ったことになる。ただし10対10になった時には，2点差がつくまで試合が続く(その間サービスは1本交替)。

【4】(1)　曲線上を走ることによって遠心力を受けるが，体を内側に傾けることによりバランスが取れる。内傾することにより，重心を落と

すなどの踏み切り姿勢が取りやすくなる。バーに背を向ける姿勢がつくりやすくなる。　(2)　左(右)膝をつき，右(左)脚を立てた姿勢から両手を畳につく。右(左)肘を前方に軽く曲げて右(左)斜め前へ体重をかけ，腰をあげるようにしながら右(左)前方へ身体を回転させ，左(右)背中側面が着くようにする。左(右)背中側面が着く瞬間に左(右)手と両脚で畳をたたきながら受け身をとらせ，この時，腕と両脚は横受け身と同じ形になるようにする。　(3)　ボールの落下点にすばやく移動する。足は前後に開き，膝は柔らかく使う。親指と人差し指でできる菱形の窓からのぞくような感覚でボールをとらえる。ボールには指の腹から第2関節までの部分で触れる。

○**解説**○ (1)　背面跳びの助走は，3〜6歩の直線助走と4〜5歩の「曲線助走」を組み合わせたJ字助走が一般的である。後半の助走で曲線を走ることにより，バーに背を向ける姿勢がつくりやすくなったり，身体が内傾して重心が下げられることで，踏み切り動作が行いやすくなったりする。　(2)　柔道の前回り受け身は，前方に投げられた際に，自分から前転をするように回ることで，頭を強打しないようにする受け身である。前回り受け身を行うときは，頭を畳に打たないように顎を引きながら受け身を取るのがポイントで，左手は伸ばして畳に手をつき，右足は膝を立てた状態で足の裏で畳を踏み，右手はお腹の前に置くようにする。　(3)　バレーボールのオーバーハンドパスは，額の上で両手を使ってボールを扱うパスで，ボールの回転を殺して無回転にすることで，スパイカーが打ちやすくなるなど，次のプレイヤーがボール操作をしやすくなる。技能のポイントは，「ボールの下に素早く入る」，「両手に均等な力をかける」，「腕の力だけでなく下半身を上手く使う」，「身体の軸が崩れない」，「親指・人差し指・中指の第2関節まででボールを触る」，「手首を素早く引き戻し，瞬間的にボールを離す」などがある。

【5】(1)　健康的な生活を送るためには，個人の努力とそれを支援するための社会的な取り組みの両方が必要であるという考え方のこと。(2)　身体には，環境の変化に対応した調節機能があり，一定の範囲内で環境の変化に適応する能力のこと。　(3)　・ピッチは，一定時間

の歩数のこと。ストライドは，1歩の歩幅のこと。　・自分に合った大きなストライドで，ピッチを高くすれば，走るスピードは速くなること。　・ピッチとストライドは，どちらか一方を意識的に高めようとすると，もう一方が低下してしまう関係性があること。

(4)　感染症の原因となる病原体に対する免疫ができる体の仕組みを使って，病気に対する免疫をつけたり，免疫を強くしたりするために，ワクチンを接種すること。

○解説○ (1)　ヘルスプロモーションとは，1986年にWHO(世界保健機関)がオタワ憲章の中で提唱した健康戦略で，「人々が自らの健康をコントロールし，改善できるようにするプロセス」と定義されている。健康な生活を送るためには，個人が主体的に努力し，社会全体でそれを支援することが重要という考え方である。　(2)　身体には，暑さや寒さなどの外界の環境が変化した時にも，無意識のうちに体内の状態を一定に保とうとする働きがあり，この体の働きを適応といい，その能力を適応能力という。　(3)　ピッチは一定時間の歩数(脚の回転数)，ストライドは一歩の歩幅のこと。大きな歩幅で走ろうとすると脚の回転は遅くなり，回転を速くしようとすると歩幅が小さくなってしまうので，個人に合ったストライドとピッチのバランスが大事である。(4)　予防接種とは，病原体の毒性を弱めるなどをしたワクチンを，前もって体内に入れることにより免疫をつけること。

【6】(1)　流体力　(2)　クレアチンリン酸　(3)　運動指令
(4)　外在的フィードバック　(5)　プラトー　(6)　超回復
(7)　サイバネティクス的体力　(8)　支える　(9)　オープンスキル　(10)　スペシャルオリンピックス

○解説○ (1)　「流体力」とは，物体が空気や水などの流体の流れの中を進むときにその物体に作用する力のことで，物体の進行方向に平行な抗力と進行方向に垂直な揚力が作用する。　(2)　人間が筋肉を動かすためのエネルギーには，ATP(アデノシン三リン酸)が利用される。しかし，筋内に貯蔵されているATPの量は限られているため，運動を続けるにはATPを再合成する必要がある。筋肉中の「クレアチンリン酸」を分解してリン酸が離れて，ADP(アデノシン二リン酸)にリン酸を与

● 総合問題

えることでATP(アデノシン三リン酸)を再合成する。　(3)　目的にかなった良い動きをするには，動きの強さやタイミングを適切にコントロールする必要がある。動きのコントロールには中枢神経系(脳と脊髄)がかかわり，脳からの運動出力信号は脊髄を通り骨格筋に伝達され，筋活動がコントロールされる。この脳から筋へ伝達される神経信号を「運動指令」という。　(4)　フィードバックには，自分の視覚やプレーしたときの感覚などから得られる「内在的フィードバック」と，他人から言われる言語や映像，記録などの自分以外から得られる「外在的フィードバック」がある。　(5)　「プラトー」とは，運動技能が上達している過程で一時的に上達の進歩が停滞する状態のこと。一方，「スランプ」とは，運動技能がかなり上達した段階でそれを発揮できずに一時的に低下する状態のこと。　(6)　「超回復」とは，それまでより高い負荷(オーバーロード)を与えると，疲労により体の機能は一時的に低下するが，適度な休養により前よりも高いレベルに回復すること。　(7)　「サイバネティックス的体力」とは，平衡性，柔軟性，調整力などのことで，球技などにおける複雑な動きをするときのバランス調整や効率よく力を発揮するための能力のこと。一方，「エネルギー的体力」とは，筋力，敏捷性，持久力，パワーなどのことで，直接力を発揮する能力のこと。　(8)　スポーツを「支える」とは，運動の学習で仲間の学習を支援したり，大会や競技会の企画や運営をしたりすること。「する」とは，直接競技を行うこと。「見る」とは，テレビなどのメディアや競技場等での観戦を通して一体感を味わったり，感動したりすること。「知る」とは，運動やスポーツの歴史，記録などを書物やインターネットなどを通して調べること。　(9)　「オープンスキル」は，刻々と変化する状況に対してそれに応じた動きが求められる運動技能，「クローズドスキル」は，状況にあまり影響されずにあらかじめ決まった動きを確実に行う運動技能のこと。　(10)　「オリンピック」を名称に用いてよいと認可された障害者のスポーツ大会で，「スペシャルオリンピックス」は知的障害者が対象，「デフリンピック」は聴覚障害者が対象，「パラリンピック」は主に身体障害者と視覚障害者が対象となる大会である。

550

【7】(1)　安全で衛生的な食品を製造するための管理方法の1つで，問題のある製品の出荷を未然に防ぐことが可能なシステムのこと。

(2)　0歳児が今後何年生きることができるかという期待値のこと。

(3)　練習やトレーニングによって技能や体力を向上させるためには，それまで行っていた運動より強度や難度が高い運動を行うことで機能を向上させること。　(4)　これまでの経験などに基づいて自分に都合よく状況を捉えること。

○**解説**○ (1)　HACCP(ハサップ)とは，Hazard Analysis Critical Control Point(危害要因分析重要管理点)の略で，食品の製造・加工の段階で，食中毒などの発生のおそれがある危害を分析し，特に重点的に管理するポイントを決めて監視する方法。　(2)　平均寿命とは，生まれたばかりの赤ちゃん(0歳)が，平均してあと何年生きられるかを数値で示した健康指標のこと。死亡統計を用いて計算し，論理的な数値で示されている。　(3)　オーバーロードの原理は，過負荷の原理ともいわれ，身体に一定以上の負荷(過負荷)を与えることで運動機能が向上するという原理のこと。ある程度の負荷を身体に与えないと運動の効果は得られないということでもある。　(4)　正常性バイアスとは，災害などで自分の身に危険が迫っていても，これくらいなら大丈夫とこれまでの経験をもとに自分に都合よく，正常の範囲内ととらえようとする心の動きのこと。バイアス(Bias)とは偏りの意味。

【8】(1)　自動車の安全性対策として，エアバッグや衝撃吸収ボディのように事故による乗員の傷害を軽減する対策のこと。　(2)　受精卵が子宮内膜に付着して胎盤をつくり始めること。　(3)　医療機関のうち，入院患者用のベッドが20床以上のものを病院，19床以下のものを診療所という。　(4)　IOCが「オリンピック」を名称に用いることを許可した障害者スポーツの国際総合競技大会のうち，聴覚障害者のみを対象としたもの。　(5)　全力のランニングなどの運動を，十分な休息をとって数本繰り返すトレーニングのこと。

○**解説**○ (1)　パッシブセイフティとは，受動的に安全を確保する機能のことである。事故が起きてしまったときに，ドライバーや同乗者への衝撃を軽減するなど，被害を最小限におさえる役割がある。　(2)　着

床は，受精後約12日前後で完了する。着床時期に女性の体に起こる変化には，腰痛，おりもの，出血がある。また，基礎体温の変化，月経がない，便秘症状も出ることがある。　(3)　医療法第1条の5に記載されている。診療所はさらに病床を有する有床診療所と有さない無床診療所に分けられる。　(4)　パラリンピックと混同しやすいため，両者の違いを明確にしておきたい。デフリンピックが聴覚障害者のみを対象にしているのに対し，パラリンピックは身体障害者を対象としたスポーツ大会である。なお，デフリンピックの次回2025年大会は東京での開催が決まっており，今後時事問題として出題の可能性もあるため，注意しておきたい。　(5)　レペティショントレーニングとインターバル走の違いは休息の仕方である。インターバル走は不完全休養であるジョグで呼吸を整え，疾走へのつなぎを果たすが，レペティションは十分な休養を取り，完全に体力を回復させてから次の完全疾走へつなげる。

【9】　①　AYA　②　メッツ　③　2500　④　PTSD　⑤　ヘルスリテラシー　⑥　正常性バイアス　⑦　成育基本法　⑧　ネグレクト　⑨　フレックスタイム制　⑩　アナフィラキシー　⑪　セルフメディケーション　⑫　オーバーロード(過負荷)　⑬　コンソレーションマッチ

○解説○　①　AYA(アヤ)世代とは，Adolescent＆Young Adult(思春期・若年成人)のことをいい，15歳から39歳の患者があてはまる。小児に好発するがんと成人に好発するがんがともに発症する可能性がある年代であり，肉腫などAYA世代に多い特徴的ながんも存在する。　②　座位で安静にしている状態が1メッツ，普通歩行が3メッツに相当する。　③　出生体重が2500g未満を「低出生体重児」，1500g未満を「極低出生体重児」，1000g未満を「超低出生体重児」と呼ぶ。日本では出生数は減少しているが，低出生体重児の数は毎年増加している。　④　PTSDは，Post Traumatic Stress Disorder(心的外傷後ストレス障害)の略で，日本の総人口の1.3%に生じるとされており，それほど珍しい病気ではない。　⑤　健康情報の「入手」「理解」「評価」「活用」という4つの能力を，「ヘルスケア(病気の症状があるときの医療の利用場

552

面)」,「疾病予防(予防接種や検診受診などの疾病予防行動)」,「ヘルスプロモーション(生活環境の評価,健康のための活動への参加)」の3領域から測定するもの。　⑥　正常性バイアスの例として,例えば周りの人たちが逃げていないから自分も逃げなくても大丈夫だと思う状態のことが挙げられる。心の安定を保つために働く正常性バイアスが災害時においては悪い方向に働くことがあり,危険が迫っていても危険だと認識せずに逃げ遅れてしまうといった状態である。　⑦　成育基本法は,保護者や妊産婦の社会的孤立を防ぐため,健診や相談支援を通じて虐待の発生予防,早期発見を促す。科学的知見に基づいて愛着形成に関する知識や食育など,心身の健康に関する教育の普及啓発,予防接種や健診といった記録のデータベース整備,子どもが死亡した場合,死因を検証する体制づくりなどを求めている。　⑧　ネグレクトには,問題文にあるもの以外にも,「子どもにとって必要な情緒的欲求に応えていない(愛情遮断)」,「食事・衣服・住居などが極端に不適切で,健康状態を損なうほどの無関心・怠慢」,「祖父母,兄弟姉妹,保護者の恋人などの同居人が身体的虐待,性的虐待,心理的虐待を行っているにもかかわらず,それを放置すること」などが挙げられる。　⑨　フレックスタイム制のメリットには,従業員の疲労や生産性の向上,残業や休日出勤の削減,優秀な人材の確保が挙げられる。一方デメリットには,ルールを決めないとトラブルになりやすい,自己管理が苦手な従業員に向かない,勤怠管理が難しくなる,光熱費の増加が挙げられる。　⑩　食後数分から30分,遅くとも2時間以内に症状が現れる「即時型」の食品を摂った場合にアナフィラキシーが起こる可能性がある。原因としてもっとも多いのが鶏卵である。　⑪　セルフメディケーションは,処方せんがなくても購入できる一般用医薬品(OTC医薬品)を適切に利用し,病気の予防,体調管理を行い,自分の健康を自分で守ることである。　⑫　同じ強度でトレーニングを続けていっても,トレーニングの効果は高まらず,身体の変化に合わせてトレーニングの強度を段階的に高めていく必要がある。　⑬　大会の途中で敗れ,次のラウンドへの出場権を失ったチームによる試合のこと。敗者慰安試合として日程は組まれるが,エキシビション(展示・披露)の意味合いが濃く,敗者復活戦とは異なる。

● 総合問題

【10】(1) 積極的休養　　(2) 心室細動　　(3) WBGT　　(4) 主治医
などの診断，治療法の選択などに納得できない場合や，確かめたいこ
とがあった場合に，別の医療機関や医師などに意見を求めること。
(5) 医師から処方箋をもらい，薬局で医薬品を調剤してもらうこと。
○**解説**○ (1)　ウォーキングやジョギングなどの有酸素運動は疲労回復に
効果的である。一定のリズムで動作を繰り返す有酸素運動は「幸せホ
ルモン」とも呼ばれるセロトニンの分泌を促す。　　(2)　心室細動が起
きると，心臓から血液が送り出されなくなり，心停止の状態になって
しまうため直ちに命にかかわる。一方，心房細動が起きても，心臓か
ら血液が全身に送り出されるため，直ちに命にかかわる可能性は低い
(ただし，脳梗塞や心不全を起こす危険はある)。　　(3)　WBGT(Wet
Bulb Globe Temperature)は，湿球黒球温度の略称である。　　(4)　治療
方針は患者にとって重要な決断である。 現在ではセカンドオピニオン
は肯定的に捉えられているため，他の医師の見解を知りたい場合は躊
躇せずに主治医に相談するとよい。　　(5)　医薬分業のねらいは，医師
と薬剤師が独立の立場から機能を発揮して，患者の安全性を確保する
ことである。薬剤師は薬学的見地から医師の処方箋を確認し，ミスを
防ぐと同時に，患者の薬歴を確認し，副作用が出ないように指導する。

●書籍内容の訂正等について

　弊社では教員採用試験対策シリーズ（参考書，過去問，全国まるごと過去問題集），公務員試験対策シリーズ，公立幼稚園・保育士試験対策シリーズ，会社別就職試験対策シリーズについて，正誤表をホームページ（https://www.kyodo-s.jp）に掲載いたします。内容に訂正等，疑問点がございましたら，まずホームページをご確認ください。もし，正誤表に掲載されていない訂正等，疑問点がございましたら，下記項目をご記入の上，以下の送付先までお送りいただくようお願いいたします。

---

① **書籍名，都道府県（学校）名，年度**
　（例：教員採用試験過去問シリーズ　小学校教諭 過去問　2025年度版）
② **ページ数**（書籍に記載されているページ数をご記入ください。）
③ **訂正等，疑問点**（内容は具体的にご記入ください。）
　（例：問題文では"ア～オの中から選べ"とあるが，選択肢はエまでしかない）

〔ご注意〕
○ 電話での質問や相談等につきましては，受付けておりません。ご注意ください。
○ 正誤表の更新は適宜行います。
○ いただいた疑問点につきましては，当社編集制作部で検討の上，正誤表への反映を決定させていただきます（個別回答は，原則行いませんのであしからずご了承ください）。

●情報提供のお願い

　協同教育研究会では，これから教員採用試験を受験される方々に，より正確な問題を，より多くご提供できるよう情報の収集を行っております。つきましては，教員採用試験に関する次の項目の情報を，以下の送付先までお送りいただけますと幸いでございます。お送りいただきました方には謝礼を差し上げます。
（情報量があまりに少ない場合は，謝礼をご用意できかねる場合があります）。
◆あなたの受験された面接試験，論作文試験の実施方法や質問内容
◆教員採用試験の受験体験記

<table>
<tr><td rowspan="5">送付先</td><td>○電子メール：edit@kyodo-s.jp</td><td rowspan="5"></td></tr>
<tr><td>○FAX：03-3233-1233（協同出版株式会社　編集制作部 行）</td></tr>
<tr><td>○郵送：〒101-0054　東京都千代田区神田錦町2-5</td></tr>
<tr><td>　　　　　協同出版株式会社　編集制作部 行</td></tr>
<tr><td>○HP：https://kyodo-s.jp/provision（右記のQRコードからもアクセスできます）</td></tr>
</table>

　※謝礼をお送りする関係から，いずれの方法でお送りいただく際にも，「お名前」「ご住所」は，必ず明記いただきますよう，よろしくお願い申し上げます。

教員採用試験「全国版」過去問シリーズ⑫

全国まるごと過去問題集
保健体育科

編　集	ⓒ 協同教育研究会
発　行	令和6年1月25日
発行者	小貫　輝雄
発行所	協同出版株式会社
	〒101-0054　東京都千代田区神田錦町2‐5
	電話　03－3295－1341
	振替　東京00190－4－94061
印刷所	協同出版・POD工場

落丁・乱丁はお取り替えいたします。